日本語ロマンス語基本語彙集

伊藤太吾 著

東京 大学書林 発行

まえがき

　本辞典は,『ロマンス語基本語彙集』の姉妹編である。『ロマンス語基本語彙集』はルーマニア語を中心にイタリア語・フランス語・スペイン語・ポルトガル語の3,200語を比較したものであるが, 本辞典は日本語を中心に, ポルトガル語・スペイン語・フランス語・イタリア語・ルーマニア語を比較するべく, 基礎語彙の5,500余語を選んだ。「基礎語彙・基本語彙」という場合, いつも困惑するのは, その定義である。今までに「基本語彙」の定義を試みた人は多いが, 意見の一致を見ていなく, 従って, 実際に認定・選択された語彙数に差異があることは承知している。また, たとえ定義自身同じでも, 学習者の立場が異なれば, すなわち, 日本語を中心にする場合と, ルーマニア語を中心にする場合とでは, 認定・選択される語彙は異なる。ヨーロッパには「竹」がないから, ルーマニア語を中心とする場合は話題にならないが, 日本語を中心にする場合は必須の単語である。本辞典では「目・鼻・口」といった身体の部分を示す単語や日常生活を表現する単語はもとより,「エイズ・光化学スモッグ」といった単語も, 現実の社会を反映する基礎語彙ととらえ, 収録した。

　本辞典の特徴はロマンス語の語源を記したことである。語源を知ることによって, 単語の意味がより正確になり, ロマンス語間の関連が明確になると考えたからである。ロマンス語であるから, 語源

はラテン語が多いのが当然であるが，ラテン語以外にも，ギリシア語・ケルト語・ゲルマン語一般・英語・オランダ語・フランク語・ゴート語・アラブ語・トルコ語・ハンガリー語・スラブ語一般・ブルガリア語・セルビア－クロアチア語・サンスクリット・ペルシア語・中南米の土着語・バスク語など，多種多様である。前述の「竹」の語源はマレー語である。語源をどの言語まで遡るかについては逡巡した。例えば，ルーマニア語は19世紀，フランス語から多くの語彙を借用したが，その語源がラテン語の場合は，語源は共にラテン語という記述にした。また，「道」を表すルーマニア語の単語はdrumであるが，その語源をブルガリア語と判定するべきか新ギリシア語と判定するべきか，実は困難な問題である。その類の例がいくつかある。ラテン語とギリシア語との関係も複雑である。ラテン語は多くの語彙をギリシア語から借用したが，ラテン語として定着していた単語はラテン語として扱った。ラテン語とケルト語との関係も複雑である。「(駑)馬」を表すラテン語はCABALLUSであり，その起源はケルト語にある。しかし，ギリシア語との関係と同じく，ラテン語とした。ラテン語のみ大文字で表記し，それ以外の言語は小文字で記した。ラテン語の名詞は原則として主格形をあげた。西ロマンス語の多くの名詞はラテン語の対格から派生し，東ロマンス語の多くの名詞はラテン語の主格から派生したという事実があるが，複雑になるのを避けるためである。同様の理由で，形容詞は男性単数主格形をあげ，動詞は不定形をあげた。ギリシア語の動詞も不定形をあげた。ゲルマン語一般やゴート語・フランク語は著者には実証不可能なので，「ゲ*gruppo 集まり」のようにアス

テリスクを付した。ラテン語と俗ラテン語の区別も厳密には難しいが，辞書で確認できる単語はラテン語とし，反対に辞書で確認できない単語は俗ラテン語としてアステリスクを付した。例えば「小さな」を表すルーマニア語の語源はラテン語としては確認できないが，理論上ラテン語に遡ることができるので，「*miccus 小さな」のように表記した。紙幅の関係で「ゲルマン語」を指すのに「ゲ」とするなど，言語名を表すのに略号を用いたが，何を指すかは容易に理解していただけよう。

　各ロマンス語の名詞の性は男性(m)・女性(f)・中性(n)のように記した。ルーマニア語の不定詞にはaを前置するのが通例であるが，紙幅の関係で省略した。

　ロマンス語と呼ばれる言語は全部で10以上あり，一固有言語に通じるのにも外国人には困難が伴う。一固有言語をある程度知った人が，二つ目の固有言語へアプローチするにはいろいろな方法があるが，本辞典を用いて比較しながら全体の概要を知るのも，一つの方法であろう。本辞典が引く辞典としてだけではなく，読む辞典としても用いられ，ロマンス言語学の発展に少しでも役立てば幸いである。

　末筆ながら，本辞典の執筆を勧めてくれて，激励と助言を惜しまなかった，大学書林社長佐藤政人氏に衷心より感謝する次第である。

　　　　　　　　　　　花満つを待ちて逝きけり骨の父　伊藤太吾

日本語ロマンス語基本語彙集

日本語	ポルトガル語	スペイン語

―あ―

日本語	ポルトガル語	スペイン語
愛	amor(m)	amor(m)
愛嬌	graça(f)	gracia(f)
挨拶	saudação(f)	saludo(m)
愛する	amar	amar
愛情	afeição(f)	afecto(m)
合図	sinal(m)	señal(f)
アイスクリーム	gelado(m)	helado(m)
愛想のよい	amável	amable
間(〜の間)	durante	durante
相手(ライバル)	rival(mf)	rival(mf)
生憎	infelizmente	infelizmente
曖昧な	ambíguo	ambiguo
愛らしい	engraçadinho	encantador
アイロン	ferro(m) (de passar)	plancha(f)

【愛】AMOR(m) 愛　スラブ ljubiti「愛する」の名詞化　【愛嬌】GRATIA(f) 優美　CARMEN(n) 歌・神託　【挨拶】SALUS(f) 健康・挨拶　SALUTATIO(f) 挨拶　【愛する】AMARE 愛する　スラブ ljubiti 愛する　【愛情】AFFECTUS(M) 愛情　AFFECTIO(f) 愛情　スラブ dragosti「貴重」から派生　【合図】SIGNUM(n)「記号」から派生　【アイスクリーム】GELARE「凍らせる」に由来する動詞の過去分詞　GLACIES 氷　INGLACIARE「凍らせる」に由来する動詞の過去分詞　【愛想のよい】AMABILIS 愛らしい　【間(〜の間)】DURARE「存続する」の現在分詞 DURANS から派生　仏 pendre「ぶら下がる」の現在分詞 IN 〜に　TEMPUS(n) 時　ILLE あの　【相手(ライバル)】RIVALIS[＜RIVUS

フランス語	イタリア語	ルーマニア語
amour(m)	amore(m)	iubire(f)
charme(m)	grazia(f)	graţie(f)
salutation(f)	saluto(m)	salut(n)
aimer	amare	iubi
affection(f)	affetto(m)	dragoste(f)
signal(m)	segnale(m)	semn(n)
glace(f)	gelato(m)	îngheţată(f)
aimable	amabile	amabil
pendant	durante	în timpul
rival(m)	rivale(mf)	rival(m)
malheureusement	purtroppo	din păcate
ambigu	ambiguo	ambiguu
charmant	carino	drăguţ
fer(m) (à repasser)	ferro(m) da stiro	fier(n) de călcat

川」「対岸の」に由来 【生憎】IN-「否定」を表す接頭辞+FELIX 幸福な+MENS(f)「心」の奪格 MALUS 悪い AUGURIUM(n) 占い PURE 清く+フランク*truppa 速く DE ～から+IN ～に PECCATUM(n) 罪 【曖昧な】AMBIGUUS 中間の 【愛らしい】GRATIA(f) 優美 INCANTARE「魔法にかける」の現在分詞INCANTANSから派生 CARUS 愛すべき スラブdragŭ「貴重な」から派生 【アイロン】FERRUM(n) 鉄 PASSUS(m)「歩み」の動詞化 仏planche 板 DE ～から+AB ～から イタリア語のtirareの語源は不詳 CALCARE 踏む

日本語	ポルトガル語	スペイン語
開いた	aberto	abierto
合う(適合する)	ajustar-se	ajustarse
遇う	ver	ver
会う	encontrar-se	encontrarse
敢えて〜する	atrever-se a	atreverse a
青い	azul	azul
青白い	pálido	pálido
仰向けに	de costas	boca arriba
垢	sujeira(f)	mugre(f)
赤い	vermelho	rojo
赤字	déficit(m)	déficit(m)
明かり	luz(f)	luz(f)
上がる	subir	subir
明るい	claro	claro
赤ん坊	nené(m)	nene(m)
秋	outono(m)	otoño(m)

【開いた】APERIRE「開く」の完了分詞APERTUSに由来　DISCLUDERE「分かつ」から派生　CARMEN「歌」から派生　【合う(適合する)】JUSTUS「合法的な」から派生　ADAPTARE 適合させる　SE[再帰代名詞対格]　スラブprotiva「〜に反する」から派生　【遇う】VIDERE 見える　【会う】IN 〜に + CONTRA 〜に対して→動詞化　SE[再帰代名詞対格]　ルーマニア語の語源は不詳　【敢えて〜する】TRIBUERE 区別する　SIBI[再帰代名詞奪格]　AD 〜へ　AUDERE 敢えて〜する　俗ラ*cottizare あえて〜する　【青い】アラブlazuward 瑠璃　ALBUS 白い　【青白い】PALLIDUS 青白い　【仰向けに】DE 〜に関して　COSTA(f) 肋骨　BUCCA(f) 頬・口　RIPA(f) 岸辺

フランス語	イタリア語	ルーマニア語
ouvert	aperto	deschis
s'adapter	adattarsi	se potrivi
voir	vedere	vedea
rencontrer	incontrare	se întâlni
oser	osare	cuteza
azur	azzurro	ablastru
pâle	pallido	palid
sur le dos	sul dorso	pe spate
crasse(f)	sporcizia(f)	murdărie(f)
rouge	rosso	roşu
déficit(m)	deficit(m)	deficit(n)
lumière(f)	luce(f)	lumină(f)
se lever	salire	se sui
clair	chiaro	clar
bébé(m)	bebè(m)	bebe(m)
automne(m)	autunno(m)	toamnă(f)

SUPER 上に　DORSUM(n) 背中　PER 〜に関して　SPATHA(f) サーベル【垢】SUCIDUS「液のある」から派生　MUCOR(m) カビ　CRASSUS 厚い　SPURCUS 不潔な　トルコmurdar 垢【赤い】VERMICULUS(m) 深紅色　RUSSUS 赤い【赤字】DEFICERE「尽きる」の直説法現在三人称単数 DEFICITの名詞化【明かり】LUX(f) 光　LUMEN(n) 光【上がる】SUBIRE 上がる　LEVARE 軽くする　SALIRE 跳びはねる　SE[再帰代名詞]【明るい】CLARUS 明るい【赤ん坊】ポルトガル語・スペイン語の語源は不詳　英語baby 赤ん坊【秋】AUTUMNUS(m) 秋

日本語	ポルトガル語	スペイン語
明らかな(明白な)	óbvio	obvio
明らかな(明解な)	claro	claro
諦める(断念する)	desistir de	desistir de
飽きる	cansar-se de	cansarse de
呆れる	assombrar-se	asombrarse
開く	abrir-se	abrirse
悪	mal(m)	mal(m)
悪意	malícia(f)	malicia(f)
悪質な	malvado	malvado
握手する	apertar as mãos	estrechar la mano
アクセサリー	acesório(m)	accesorio(m)
アクセント	acento(m)	acento(m)
悪人	pessoa(f) má	mal hombre(m)
悪魔	diabo(m)	diablo(m)
悪用する	abusar	abusar

【明らかな(明白な)】OBVIUS 手近な　EVIDENS 明白な　【明らかな(明解な)】CLARUS 明るい　【諦める(断念する)】DESISTERE 止める　DE 〜から　RENUNTIARE 報告する　ILLAC そこに　【飽きる】CAMPSARE 曲がる　SE[再帰代名詞]　INODIARE 憎む　ギéplixa[plissó「飽きる」のアオリスト]　【呆れる】sombra[＜UMBRA 影]「影」から派生　ATTONARE 驚かす　SE[再帰代名詞]　STUPERE びっくりしている　MIRARI 驚く　【開く】APERIRE 開ける　SE[再帰代名詞]　DISCLUDERE 分かつ　【悪】MALUS「悪い」から派生　REUS「罪のある」から派生　【悪意】MALITIA(f) 悪意　スラブčudo「奇跡」から派生　【悪質な】MALUS 悪い＋FATUM 運命　REUS「罪のあ

フランス語	イタリア語	ルーマニア語
évident	evidente	evident
clair	chiaro	clar
renoncer à	rinunciare a	renunţa la
s'ennuyer	annoiarsi	se plictisi
s'étonner	stupirsi	se mira
s'ouvrir	aprirsi	se deschide
mal(m)	male(m)	rău(n)
malice(f)	malizia(f)	ciudă(f)
mauvais	malevolo	răutăcios
serrer la main	stringere la mano	strânge mână
accessoires(m)	accessorio(m)	accesoriu(n)
accent(m)	accento(m)	accent(n)
homme(m)	persona(f) cattiva	om(m) rău
méchant		
diable(m)	diavolo(m)	diavol(m)
abuser	abusare	abuza

る」から派生 【握手する】ポルトガル語の語源は不詳　ILLE あの　MANUS(f) 手　SERRARE 閉じる　STRICTUS「緊張した」の動詞化　STRINGERE 触れる　【アクセサリー】ACCESSORIUM(n) 従物　BULLA(f) 球＋縮小辞　【アクセント】ACCENTUS(m) アクセント　【悪人】PERSONA(f) 仮面　MALUS 悪い　HOMO(m) 人　CAPTIVUS「囚われた」から派生　REUS 罪のある　【悪魔】DIABOLUS(m) 悪魔　【悪用する】ABUSUS(m)「乱用」の動詞化

日本語	ポルトガル語	スペイン語
開ける	abrir	abrir
上げる	levantar	levantar
揚げる（掲揚する）	hastear	izar
揚げる（フライにする）	fritar	freír
憧れる	aspirar	aspirar
顎	queixo(m)	mandíbula(f)
朝	manhã(f)	mañana(f)
浅い（皿などが）	raso	llano
浅黒い	baço	moreno
明後日	depois de amanhã	pasado mañana
足	pé(m)	pie(m)
脚	perna(f)	pierna(f)
味	sabor(m)	sabor(m)
明日（あす）	amanhã	mañana
遊び	jogo(m)	juego(m)
アジア	Ásia(f)	Asia(f)

【開ける】APERIRE 開ける　DISCLUDERE 分かつ　【上げる】LEVARE「軽くする」から派生　ERADICARE 根絶する　【揚げる（掲揚する）】ゲ*hissen［擬音語］　ALTUS 高い　【揚げる（フライにする）】FRIGERE あぶる　スラブ pražiti「揚げる」から派生　【憧れる】ASPIRARE 息を吹きかける　【顎】俗ラ*capseus「箱」から派生　MENTUM(n) おとがい　MANDIBULUM(n) 顎　【朝】MANE 朝早く　MATUTINUM(n) 朝　【浅い（皿などが）】RASUS 滑らかな　PLANUS 平らな　PLAUTUS 平たい　【浅黒い】OPACUS「暗い」から派生　moro［＜MAURUS ムーア人］「ムーア人」から派生　ゲ*brûn 褐色の　【明後日】DE 〜から＋POST 後から　PASSUS(m)「歩み」から派生した動詞の

フランス語	イタリア語	ルーマニア語
ouvrir	aprire	deschide
lever	levare	ridica
hisser	issare	înălţa
frire	friggere	prăji
aspirer	aspirare	aspira
mandibule(f)	mascella(f)	mandibulă(f)
matin(m)	mattina(f)	dimineaţă(f)
plat	piatto	plat
brun	brunoo	brunet
après-demain	dopodomani	poimâine
pied(m)	piede(m)	picior(n)
jambe(f)	gamba(f)	picior(n)
saveur(f)	sapore(m)	savoare(f)
demain	domani	mâine
jeu(m)	gioco(m)	joc(n)
Asie(f)	Asia(f)	Asia(f)

過去分詞　MANE 朝早く　AD ～へ　PRESSUS(m) 圧迫　MATUTINUM(n) 朝　【足】PES(m) 足　PETIOLUS(m) 肉茎　【脚】PERNA(f) 股肉　GAMBA(f) 足　PETIOLUS(m) 肉茎　【味】SAPOR(m) 味　【明日（あす）】MANE 朝早く　DE ～から　【遊び】JOCUS(m) 冗談　【アジア】ギ Asia［＜アッカド語］日が昇る地方

日本語	ポルトガル語	スペイン語
足跡	pegada(f)	huella(f)
足首（くるぶし）	tornozelo(m)	tobillo(m)
味気無い	insípido	insípido
味わう	saborear	saborear
預ける	depositar	depositar
アスピリン	aspirina(f)	aspirina(f)
汗	suor(m)	sudor(m)
焦る	impacientar-se	impacientarse
褪せる（色が）	desbotar-se	palidecer
あそこに	ali	allí
遊ぶ	jogar	jugar
値（あたい）	valor(m)	valor(m)
値する	valer	valer
与える	dar	dar
暖める	esquentar	calentar
アタッシュケース	pasta(f)	cartera(f)

【足跡】PES(m)「足」から派生　FULLARE 生地を厚くする　VESTIGIUM(n) 痕跡　TRACTUS(m) 引くこと　ギ ormé 勢い　【足首（くるぶし）】ギ tórnos「切片」から派生　TUBER こぶ　CLAVUCULA(f) 小さな鍵　スラブ glezna「足首」から派生　【味気無い】INSIPIDUS 味の無い　ルーマニア語の語源は不詳　【味わう】SAPERE 味わう　GUSTARE 味わう　【預ける】DEPONERE「下に置く」の完了分詞 DEPOSITUS から派生　DEPONERE 下に置く　【アスピリン】独 Aspirin [＜ギ a-「欠如」を表す接頭辞＋SPIRAREA セイヨウナツユキソウ]　【汗】SUDOR(m) 汗　【焦る】IN-「否定」を表す接頭辞＋PATIENS [PATITI「耐える」の現在分詞]　ブルガリア grabja「誘拐する」か

— 10 —

フランス語	イタリア語	ルーマニア語
trace(f)	traccia(f)	vestigiu(n)
cheville(f)	caviglia(f)	gleznă(f)
insipide	insipido	searbăd
savourer	gustare	gusta
déposer	depositare	depune
aspirine(f)	aspirina(f)	aspirină(f)
sueur(f)	sudore(m)	sudoare(f)
s'impatienter	impazientirsi	se grăbi
déteindre	stingere	se decolora
là	là	acolo
jouer	giocare	se juca
valeur(f)	valore(m)	valoare(f)
valoir	valere	valora
donner	dare	da
chauffer	riscaldare	încălzi
attaché-case(m)	ventiquattr'ore(m)	portofoliu(n)

ら派生 【褪せる(色が)】ポルトガル語の語源は不詳 PALLIDUS 青白い DIS-「否定」を表す接頭辞 + TINGERE 染める DECOLORARE 色を抜く 【あそこに】ILLIC そこに ILLAC そこに ECCUM それを見よ + ILLOC そこへ 【遊ぶ】JOCARI からかう SE[再帰代名詞] 【値(あたい)】VALOR(m) 価値 【値する】VALERE 力がある 【与える】DARE 与える DONARE 贈る 【暖める】CALENS「暖かい」から派生 CALERE 熱い + FACERE 作る CALIDUS「熱い」から派生 【アタッシュケース】ギpáste「熱いスープ」から派生 PORTARE 持ち運ぶ + FOLIUM(n) 葉 イventiquattro 24 イora 時間

日本語	ポルトガル語	スペイン語
あだ名	apelido(m)	apodo(m)
新しい	novo	nuevo
辺りに	ao redor	cerca
当たり前の	natural	natural
当たる(的中する)	acertar	acertar
当たる(衝突する)	bater	chocar
頭	cabeça(f)	cabeza(f)
暖かい	temperado	templado
あちこちに	aqui e ali	aquí y allí
暑い	quente	caliente
厚い	espesso	espeso
あっと	num instante	en un instante
悪化する	piorar	empeorarse
扱う	tratar	tratar
厚かましい	descarado	escarado

【あだ名】APPELITARE「通称で呼ぶ」から派生　SUPER 超＋NOMEN(n) 名前　スラブporeklo「あだ名」から派生　【新しい】NOVUS 新しい　【辺りに】AD ～へ＋ILLE あの　ROTARE「回転させる」から派生　CIRCA 付近に　IN ～に＋TURNUS 順序　AD ～へ＋PROPE 近く　【当たり前の】NATURALIS 自然の　【当たる(的中する)】AD-[動詞を作る接頭辞]＋CERTUS 確かな　古独zecken 殴打する　ブルガリアnameria「計る」から派生　【当たる(衝突する)】BATTUERE 打つ　フランク*hurt 雄羊　SE[再帰代名詞]　ブルガリア*čukna[擬声音]から派生　【頭】CAPUT(n)「頭」から派生　TESTA(f) レンガ　【暖かい】TEMPRARE「程よく暖める」から派生　CALIDUS 熱い・暖かい

フランス語	イタリア語	ルーマニア語
surnom(m)	soprannome(m)	poreclă(f)
nouveau	nuovo	nou
aux environs	intorno	aproape
naturel	naturale	natural
toucher	azzeccare	nimeri
heurter	urtare	se ciocni
tête(f)	testa(f)	cap(n)
chaud	caldo	temperat
par-ci par-l	qua e là	ici şi colo
chaud	caldo	cald
épais	spesso	dens
en un instant	all'istante	momentan
empirer	peggiorare	se înrăutăţi
traiter	trattare	trata
éhonté	sfacciato	neobrăzat

【あちこちに】ECCUM それを見よ＋HIC ここに　ET ～と　ILLIC そこに　ILLAC そこに　ECCUM それを見よ＋ILLOC そこへ　【暑い】CALENS 暖かい　CALIDUS 暖かい・熱い　【厚い】SPISSUS 厚い　DENSUS 濃密な　【あっと】言う間に　IN ～に　UNUS 一つの　INSTANS 現在の　AD ～へ　ILLE あの　MOMENTANEUS 瞬間の　【悪化する】PEJORARE 悪くなる　PEJOR「より悪い」から派生　SE[再帰代名詞]　REUS「罪のある」から派生　【扱う】TRACTARE 引っ張る　【厚かましい】DIS-「否定」を表す接頭辞　CARA(f)「顔」から派生　フランク*haunita 軽蔑　FACIES(f) 顔　スラブobrazŭ「顔」から派生

— 13 —

日本語	ポルトガル語	スペイン語
あっさりと	ligeiramente	ligeramente
圧縮する	comprimir	comprimir
圧倒する	esmagar	brumar
圧迫する	oprimir	oprimir
集まり	reunião(f)	reunión(f)
集める	reunir	reunir
集める(収集する)	colecionar	coleccionar
圧力	pressão(f)	presión(f)
宛て名	endereço(m)	dirección(f)
当てはめる	aplicar	aplicar
当てる(接触する)	tocar	tocar
当てる(推測する)	adivinhar	adivinar
当てる(充当する)	destinar	destinar
跡	rastro(m)	rastro(m)
跡継ぎ	sucessor(m)	sucesor(m)
後で	depois	después

【あっさりと】LEVIS 軽い　MENS(f)「心」の奪格から派生　LEVIS 軽い＋接尾辞　【圧縮する】COMPRIMERE 圧縮する　【圧倒する】俗ラ*exmagare 力を奪う　中世英語crasen 粉砕する　イタリア語の語源は不詳　COMPTETIRE 満たす　【圧迫する】OPPRIMERE 圧迫する　【集まり】RE-「再び」を表す接頭辞＋UNIO(f) 結合　【集める】RE-「再び」を表す接頭辞＋UNIRE 結合させる　【集める(収集する)】COLLECTIO(f) 寄せ集め　【圧力】PRESSIO(f) 圧力【宛て名】DIRECTIO(f) 方向　DIRECTUS 真っすぐな　【当てはめる】APPLICARE そばに置く　【当てる(接触する)】俗ラ*toccare 触る　ATTINGERE 触れる　【当てる(推測する)】DIVINUS「神の」＋動詞語尾　スラブgadati「推測する」

フランス語	イタリア語	ルーマニア語
légèrement	leggermente	uşor
comprimer	comprimere	comprima
écraser	sopraffare	copleşi
pprimer	opprimere	apăsa
réunion(f)	riunione(f)	reuniune(f)
réunir	riunire	reuni
collectionner	raccogliere	colecţiona
pression(f)	pressione(f)	presiune(f)
adresse(f)	indirizzo(m)	adresă(f)
appliquer	applicare	aplica
toucher	toccare	atinge
deviner	indovinare	ghici
assigner	assegnare	destina
trace(f)	traccia(f)	brazdă(f)
successeur(m)	successore(m)	succesor(m)
après	dopo	apoi

に由来 【当てる(充当する)】DESTINARE 定める　ASSIGNARE 指定する 【跡】RASTRUM(n) 鋤・鍬　TRACTUS(m) 引くこと　スラブbrazda「畝」から派生 【跡継ぎ】SUCCESSOR(m) 後継者　【後で】DE ～から＋POST 後で AD ～へ＋PRESSUS(m) 圧迫　AD ～へ＋POST 後で

— 15 —

日本語	ポルトガル語	スペイン語
後戻りする	retroceder	retroceder
穴	buraco(m)	agujero(m)
アナウンス	anúncio(m)	anuncio(m)
アナウンサー	locutor(m)	locutor(m)
あなた	o senhor(m)	usted(mf)
兄	irmão(m)	hermano(m)
姉	irmã(f)	hermana(f)
あの	aquele	aquel
アパート	apartamento(m)	apartamento(m)
暴れる(喧噪)	fazer barulho	hacer mucho ruido
危ない	perigoso	peligroso
油	óleo(m)	óleo(m)
アフリカ	África(f)	África(f)
溢れる(川が)	transbordar	desbordarse
甘い	doce	dulce
甘い(寛容な)	generoso	generoso

【後戻りする】RETROCEDERE 退却する 【穴】FORAMEN(n) 穴 CAVUS(m)「穴」から派生 BUCCA(f) 口 【アナウンス】ANNUNTIARE「知らせる」から派生 NUNTIUS(m) 情報 【アナウンサー】LOQUITOR(m) 話者 英語 speaker 話者 ANNUNTIATOR(m) 報告者 ウクライナ krajnik「裁判官」から派生 【あなた】ILLE あの SENEX「老いた」の比較級 SENIOR VOS あなたたち ILLA「彼女は」の単数与格 DOMNIA 主 VESTRA あなたの MERCES(f) 報酬 【兄】GERMANUS 実の[兄弟] FRATER(m) 兄弟 【姉】GERMANA 実の[姉妹] SOROR(f) 姉妹 【あの】ECCUM ここに + ILLE あれ ECCE ここに + HOC それ ECCE + ILLUM あれを見よ 【アパート】

フランス語	イタリア語	ルーマニア語
retourner	retrocedere	regresa
trou(m)	buco(m)	gaură(f)
annonce(m)	annuncio(m)	anunţ(n)
speaker(m)	annunciatore(m)	crainic(m)
vous(mf)	Lei(mf)	dumneavoastră(mf)
frère(m)	fratello(m)	frate(m)
sœur(f)	sorella(f)	soră(f)
ce	quello	acela
appartement(m)	appartamento(m)	apartament(n)
faire du bruit	fare un rumore	face zgomot
dangereux	pericoloso	periculos
huile(f)	olio(m)	ulei(n)
Afrique(f)	Africa(f)	Africa(f)
déborder	straripare	se revărsa
doux	dolce	dulce
généreux	generoso	generos

APPARTARE「分ける」の名詞化 【暴れる(喧噪)】FACERE する ポルトガル語の名詞の語源は不詳 MULTUS 多い RUGITUS(m) 吠えること RUMOR(m) 騒音 クロアチア grömôt「轟き」から派生 【危ない】PERICULUM(n) 試み DOMINUS(m) 主人[支配者の下では危険である] 【油】OLEUM(n) 油 【アフリカ】AFRICA[カルタゴに与えられた名前] 【溢れる(川が)】TRANS 〜を越えて フランク*bord 岸 DIS-「否定」を表す接頭辞 SE[再帰代名詞] EXTRA 〜を越えて RIPA(f) 岸 REVERSARE 逆行させる 【甘い】DULCIS 美味な 【甘い(寛容な)】GENEROSUS 貴族の

日本語	ポルトガル語	スペイン語
甘やかす	amimar	mimar
余る	sobrar	sobrar
網	rede(f)	red(f)
編む	tricotar	tricotar
編む(髪などを)	trançar	trenzar
雨	chuva(f)	lluvia(f)
雨が降る	chover	llover
飴	caramelo(m)	caramelo(m)
アメリカ	América(f)	América(f)
怪しい	suspeitoso	sospechoso
誤り	erro(m)	error(m)
謝る	pedir desculpa	pedir perdón
荒い(粗い)	bruto	bruto
粗い(粗雑な)	tosco	tosco
荒い(ザラザラした)	áspero	áspero
予め	de antemão	de antemano

【甘やかす】MIMUS(m)「道化役者」から派生　rās[強意の接頭辞]＋faţā(f)[＜FACIES 顔]顔→動詞化　【余る】SUPERARE あり余る　RESTARE 残る　REMANERE 余る　【網】RETE(n) 網　FILUM(n)「糸」から派生　【編む】ポルトガル語・スペイン語・フランス語・イタリア語の語源は不詳　スラブpletŭ「編む」から派生　【編む(髪などを)】ポルトガル語・スペイン語・フランス語・イタリア語の語源は不詳　スラブpletŭ「編む」から派生　【雨】PLUVIA(f) 雨　【雨が降る】PLUERE 雨が降る　【飴】CALAMUS(m) 葦＋縮小辞　仏bon[＜BONUS 良い]「おいしい」の繰り返し　【アメリカ】イ Amerigo (Vespucci)[アメリカ大陸発見者の名前]アメリゴ　【怪しい】SUSPECTUS

フランス語	イタリア語	ルーマニア語
dorloter	coccolare	răsfăța
rester	restare	rămâne
filet(m)	rete(f)	rețea(f)
tricoter	intrecciare	împleti
tresser	intrecciare	împleti
pluie(f)	pioggia(f)	ploaie(f)
pleuvoir	piovere	ploua
bonbon(m)	caramella(f)	caramel(n)
Amérique(f)	America(f)	America(f)
douteux	sospetto	suspect
erreur(f)	errore(m)	eroare(f)
demander pardon	chiedere perdono	cere iertare
brutal	brutale	brutal
grossier	grossolano	grosolan
rude	ruvido	aspru
d'avance	in anticipo	dinainte

疑わしい　DUBIUM(n) 疑念　【誤り】ERROR(m) 放浪　【謝る】PETERE 追求する　DIS-「否定」を表す接頭辞 + CULPA(f)「罪」から派生　PERDONARE 許す　DEMANDARE 委ねる　QUARERE 求める　LIBERTAS(f) 自由　LIBERTARE 解放する　【荒い(粗い)】BRUTUS 重い　BRUTALIS 獣の　【粗い(粗雑な)】TUSCUS 恥知らずの　CRASSUS＞GROSSUS 厚い　【荒い(ザラザラした)】ASPER 粗い　RUDIS 粗野な　【予め】DE ～から　ANTE 前に　MANUS(f) 手　ABANTE ～の前に　AB ～から　ANTE 前へ

— 19 —

日本語	ポルトガル語	スペイン語
洗う	lavar	lavar
嵐	borrasca(f)	borrasca(f)
荒らす	devastar	devastar
粗筋(小説などの)	argumento(m)	argumento(m)
争い	disputa(f)	disputa(f)
争う	disputar	disputar
改めて	de novo	de nuevo
改める	renovar	renovar
アラビア	Arábia(f)	Arabia(f)
あらゆる	todos	todos
表す(表明する)	manifestar	manifestar
現れる	aparecer	aparecer
ありがとう	obrigado	gracias
アリバイ	alibi(m)	alibi(m)
ありふれた	comum	común
或る	certo	cierto

【洗う】LAVARE 洗う　EX ～から＋PER ～に関して＋LAVARE 洗う　【嵐】18世紀イタリア語borrasca 嵐　TEMPESTAS(f) 嵐　FORTUNA(f) 運　【荒らす】DEVASTARE 破壊する　RAPERE 強奪する　【粗筋(小説などの)】ARGUMENTUM(n) 要旨　TRAMA(f) 横糸【争い】DISPUTARE「討議する」の名詞化　【争う】DISPUTARE 討議する【改めて】DE ～から　NOVUS 新しい　【改める】RENOVARE 更新する　【アラビア】ARABIA[＜アラブarab 遊牧民]＋国名語尾→遊牧民の国　【あらゆる】TOTUS 全ての　【表す(表明する)】MANIFESTARE 明らかにする　【現れる】APPARERE 見える＞APPARESCERE 見え始める　【ありがとう】OBLIGATUS 義務を感じた

フランス語	イタリア語	ルーマニア語
laver	lavare	spăla
tempête(f)	tempesta(f)	furtună(f)
ravager	devastare	devasta
argument(m)	trama(f)	argument(n)
dispute(f)	disputa(f)	dispută(f)
disputer	disputare	disputa
de nouveau	di nuovo	din nou
renouveler	rinnovare	renova
Arabie(f)	Arabia(f)	Arabia(f)
tous	tutti	toţi
manifester	manifestare	manifesta
apparaître	apparire	apărea
merci	grazie	mulţumesc
alibi(m)	alibi(m)	alibi(n)
commun	comune	comun
certain	certo	anumit

GRATIA(f) 敬意　MERCES(f) 報酬　MULTUS「多い」から派生　【アリバイ】ALIBI 別のところに　【ありふれた】COMMUNIS 共通の　【或る】CERTUS 一定した　NOMEN(n) 名前

日本語	ポルトガル語	スペイン語
有る	estar	estar
或いは	ou	o
歩く	andar	andar
アルバイト(本業以外の)	trabalho(m)	trabajo(m)
	subsidiário	subsidiario
アルバム	álbum(m)	álbum(m)
あれ	aquele	aquél
荒れる(肌が)	tornar-se áspera	ponerse áspera
あれ程	tanto	tanto
アレルギー	alergia(f)	alergia(f)
泡	borbulha(f)	burbuja(f)
合わせる	juntar	juntar
合わせる(合計する)	somar	sumar
慌てる	apressar-se	precipitarse
哀れな	miserável	miserable
哀れみ(悲嘆)	tristeza(f)	tristeza(f)

【有る】STARE 立っている　ESSE ～である　FIERI ～になる　【或いは】AUT 又は　SI もしも＋AUT 又は　【歩く】AMBULARE 遊歩する　MARGO(m)「境界」から派生　俗ラ*camminus「道」から派生　【アルバイト(本業以外の)】TRES 三＋PALUS(m) 棒[→拷問の道具]　SUBSIDIALIS 補助の　英語 job 仕事　LABOR(m) 労働　EXTRA 外に　スラブmonka「拷問」から派生　SECUNDUS 第2の　SECUNDARIUS 補助の　【アルバム】ALBUM(n) 公示用の白板　【あれ】ECCEM ここに＋ILLE あれ　ECCE＋ILLUM あれを見よ　【荒れる(肌が)】TORNARE 丸くする　SE[再帰代名詞]　ASPER 粗い　PONERE 置く　DEVENIRE 到達する　RUGOSUS 皺の多い　RUDIS 粗野な

フランス語	イタリア語	ルーマニア語
être	essere	fi
ou	o	sau
marcher	camminare	umbla
job(m)	secondo lavoro(m)	muncă(f) secundară
album(m)	album(m)	album(n)
cela	quello	acela
devenir rugueuse	divenire ruvida	deveni aspră
tant	tanto	atât de mult
allergie(f)	allergia(f)	alergie(f)
bulle(f)	bollicina(f)	bulă de aer(f)
joindre	giungere	adăuga
totaliser	sommare	aduna
se précipiter	agitarsi	se precipita
misérable	miserabile	mizerabil
tristesse(f)	tristezza(f)	tristeţe(f)

【あれ程】TANTUS こんなに大きな　ECCUM-TANTUM それほど多くの＋DE ～の＋MULTUS 多くの　【アレルギー】ギ állos 別の＋érgon 活動　【泡】BULLA(f) 泡　DE ～からなる　AER(m) 空気　【合わせる】JUNGERE 接合する　ADAUGERE 増す　【合わせる（合計する）】SUMMA(f)「合計」から派生 TOTALIS 全体の　ADUNARE 結合する　【慌てる】PRESSUS「圧縮された」の女性形PRESSAから派生　PRAECIPITARE 真っ逆さまに突き落とす　SE ［再帰代名詞］　【哀れな】MISERABILIS 嘆かわしい　【哀れみ（悲嘆）】TRISTITIA(f) 悲嘆

日本語	ポルトガル語	スペイン語
案(計画)	plano(m)	plan(m)
安易な	fácil	fácil
案外(意外に)	inesperadamente	inesperadamente
暗記する	aprender de cor	aprender de memoria
アンケート	inquérito(m)	encuesta(f)
暗号	cifra(f)	cifra(f)
暗殺	assassínio(m)	asesinato(m)
暗算	cálculo(m) mental	cálculo(m) mental
安心	tranquilidade(f)	tranquilidad(f)
安心する	sossegar-se	sosegarse
安静	repouso(m)	reposo(m)
安全	segurança(f)	seguridad(f)
安全な	seguro	seguro
安定	estabilidade(f)	estabilidad(f)
アンテナ	antena(f)	antena(f)

【案(計画)】PLANTARE「植える」の名詞化 【安易な】FACILIS 容易な LEVIS 軽い+接尾辞 【案外(意外に)】IN-「否定」を表す接頭辞+SPERARE「期待する」の完了分詞女性形SPERATAから派生 MENS(f)「心」の奪格 INOPINATUS 予期しない EXSPECTARE「待つ」× ASPECTARE「見る」の完了分詞 AD-[動詞を作る接頭辞]+SPECTARE「見る」の完了分詞 【暗記する】APPREHENDERE 握り締める DE ～で COR(n) 心 PER ～によって MEMORIA(f) 記憶 AB ～で IN- ～に PARARE 用意する VITIUM(n) 欠点 PER ～によって ROSTRUM(n) くちばし 【アンケート】ポルトガル語の語源は不詳 INQUIRERE「調査する」の完了分詞女性形 INQUISITA→

フランス語	イタリア語	ルーマニア語
plan(m)	piano(m)	plan(n)
facile	facile	uşor
inopinément	inaspettatamente	neaşteptat
apprendre par cœur	imparare a memoria	învăţa pe de rost
enqête(f)	inchiesta(f)	anchetă(f)
chiffre(m)	cifra(f)	cifru(n)
assassinat(m)	assassinio(m)	asasinat(n)
calcul(m) mental	calcolo(m) mentale	calcul(n) mental
tranquillité(f)	tranquillità(f)	linişte(f)
se rassurer	calmarsi	se linişti
repos(m)	riposo(m)	repaus(n)
sécurité(f)	sicurezza(f)	siguranţă(f)
sûr	sicuro	sigur
stabilité(f)	stabilità(f)	stabilitate(f)
antenne(f)	antenna(f)	antenă(f)

調査 【暗号】アラブsifr 空(くう) 【暗殺】アラブhashshashin ハシーシュ[麻薬]の飲用者 【暗算】CALCULUS(m) 計算石 MENTALIS 精神の 【安心】TRANQUILLITAS(f) 平静 LENIS 平静な 【安心する】SESSICARE 休ませる SE[再帰代名詞奪格] ギkaûma 熱さ LENIS 平静な 【安静】REPAUSARE「休む」の名詞化 【安全】SECURITAS(f) 平静 【安全な】SECURUS 安全な 【安定】STABILITAS(f) 安定 【アンテナ】ANTENNA(f) 触角

日本語	ポルトガル語	スペイン語
案内	guia(f)	guía(f)
案内する	guiar	guiar
安否	segurança(f)	seguridad(f)

—い—

胃	estômago(m)	estómago(m)
良い	bom	bueno
言い表す	expressar	expresar
いいえ	não	no
言い返す(口答えする)	replicar	replicar
言い換えれば	ou seja	o sea
いいかげんな	irresponsável	irresponsable
言い過ぎる	dizer demais	decir demasiado
言い訳	desculpa(f)	disculpa(f)
委員	membro(m) de um comité	miembro(m) de un comité

【案内】ゲwitan 案内 【案内する】ゲwitan 案内する 【安否】SECURITAS(f) 平静 【胃】STOMACHUS(m) 胃 【良い】BONUS 良い 【言い表す】EXPRESSUS「押し出された」から派生 EXPRIMERE 押し出す 【いいえ】NON いいえ 【言い返す(口答えする)】REPLICARE 応答する RE-「再び」を表す接頭辞 BATTUERE 打つ 【言い換えれば】AUT 又は ser[＜ESSE ～である]の接続法現在 ALTER 別の MENS(f)「心」の奪格 dire[＜DICERE 言う]「言う」の過去分詞 【いいかげんな】RESPONSUS(m)「答え」から派生 【言い過ぎる】DICERE 言う DE ～に関して MAGIS より大きい フランク*throp 堆積 EXPONERE 表明する 【言い訳】DIS-「否定」を表す接頭辞＋

フランス語	イタリア語	ルーマニア語
guide(m)	guida(f)	ghid(n)
guider	guidare	ghida
sûreté	sicurezza(f)	siguranţă(f)

estomac(m)	stomaco(m)	stomac(n)
bon	buono	bun
exprimer	esprimere	exprima
non	no	nu
répliquer	ribattere	replica
autrement dit	cioè	adică
irresponsable	irresponsabile	iresponsabil
dire trop	dire troppo	spune prea
excuse(f)	scusa(f)	scuză(f)
membre(m) d'un comité	membro(m) di un comitato	membru(m) al unui comitet

CULPA(f) 罪　EXCUSARE「弁護する」から派生　【委員】MEMBRUM(n) 一部　DE ～の　UNUS 一つの　COMMITTERE「委ねる」に由来　ILLE あの

日本語	ポルトガル語	スペイン語
言う	dizer	decir
家	casa(f)	casa(f)
イカ	lula(f)	jibia(f)
いかに	como?	¿cómo?
以下の	menos de	menos de
以外の	exceto	excepto
いかが？	como?	¿cómo?
医学	medicina(f)	medicina(f)
怒り	cólera(f)	cólera(f)
錨	âncora(f)	ancla(f)
遺憾な	lamentável	lamentable
息(呼吸)	respiração(f)	respiración(f)
生き生きした	vivo	vivo
勢い	vigor(m)	vigor(m)
生き返る	renascer	renacer
生き残る	sobreviver	sobrevivir

【言う】DICERE 言う　EXPONERE 表明する　【家】CASA 小屋　MANSIO(f) 住宅　【イカ】SEPIA(f) イカ　【いかに】QUOMODO どのように？　【以下の】MINUS より少なく　DE ～より　MAGIS 更に　DE ～より+QUANTUS いかに大きな？　【以外の】EXCEPTUS 除外された　AD ～より+FORAS 外へ+DE ～より　【いかが？】QUOMODO どのように？　【医学】MEDICINA(f) 医術　【怒り】CHOLERA[＜ギkholéra]立腹　MANIA(f) 躁病　【錨】ANCORA(f) 錨　【遺憾な】LAMENTABILIS 悲しい　ゲ°grētan 嘆く　【息(呼吸)】RESPIRATIO(F) 呼吸　【生き生きした】VIVIDUS 生き生きした　【勢い】VIGOR(M) 活力　【生き返る】RENASCI 再生する　【生き残る】SUPERVIVERE 生きながらえる

フランス語	イタリア語	ルーマニア語
dire	dire	spune
maison(f)	casa(f)	casă(f)
seiche(f)	seppia(f)	sepie(f)
comment?	come?	cum?
moins de	meno di	mai puţin decât
excepté	eccetto	afară de
comment?	come?	cum?
médecine(f)	medicina(f)	medicină(f)
colère(f)	collera(f)	mânie(f)
ancre(f)	ancora(f)	ancoră(f)
regrettable	lamentevole	lamentabil
respiration(f)	respiro(m)	respiraţie(f)
vivant	vivace	viu
vigueur(f)	vigore(m)	vigoare(f)
renaître	rinascere	renaşte
survivre	sopravvivere	supravieţui

SUPER ～を越えて + VITA(f) 人生→動詞化

日本語	ポルトガル語	スペイン語
生き物	ser(m) vivo	ser(m) vivo
生きる	viver	vivir
行く	ir	ir
幾ら	quanto?	¿cuánto?
幾らか	um pouco	un poco
意見	opinião(f)	opinión(f)
威厳	dignidade(f)	dignidad(f)
勇ましい	valente	valiente
遺産	herança(f)	herencia(f)
石	pedra(f)	piedra(f)
意志	vontade(f)	voluntad(f)
意地を張る	obstinar-se	obstinarse
維持する	manter	mantener
意識	consciência(f)	conciencia(f)
遺失物	objeto(m) perdido	objeto(m) perdido

【生き物】ESSE 〜である　VIVIDUS 生き生きした　STARE 立っている　VIVERE「生きる」から派生　FIERI 〜になる　【生きる】VIVERE 生きる　スラブ trajati「続く」から派生　【行く】IRE 行く　AMBULARE 漫歩する　MERGERE 浸ける　【幾ら】QUANTUM 幾ら？　【幾らか】UNUS 一つの　PAUCUS 少ない　【意見】OPINIO 意見　【威厳】DIGNITAS(F) 意見　【勇ましい】VALENS 強い　スラブ vitenzĭ「英雄」から派生　【遺産】HEREDITAS 遺産　HERES(mf)「相続人」から派生　【石】PETRA 岩・石　【意志】VOLUNTAS(f) 意志　【意地を張る】OBSTINARE 主張する　SE[再帰代名詞]　CAPITINA(f)「轡」から派生　【維持する】MANU 手で + TENERE 保つ

フランス語	イタリア語	ルーマニア語
être(m) vivant	essere(m) vivente	fiinţă(f)
vivre	vivere	trăi
aller	andare	merge
combien?	quanto?	cât?
un peu	un po'	puţin
opinion(f)	opinione(f)	opinie(f)
dignité(f)	dignità(f)	demnitate(f)
valeureux	valoroso	viteaz
héritage(m)	eredità(f)	ereditate(f)
pierre(f)	pietra(f)	piatră(f)
volonté(f)	volontà(f)	voie(f)
s'obstiner	ostinarsi	se încăpăţâna
maintenir	mantenere	menţine
conscience(f)	coscienza(f)	conştiinţă(f)
objet(m) perdu	oggetto(m) perduto	lucru(n) pierdut

【意識】CONSCIENTIA(f) 意識　【遺失物】OBJECTUS(m) 対置　PERDITUS 失われた　LUCUBRARE「夜業をする」から派生

日本語	ポルトガル語	スペイン語
いじめる	maltratar	maltratar
移住する(出国)	emigrar	emigrar
移住する(入国)	imigrar	inmigrar
以上の(数の比較)	mais de	más de
異常な	anormal	anormal
移植(臓器などの)	transplantação(f)	transplantación(f)
偉人	grande homem(m)	gran hombre(m)
医者	médico(m)	médico(m)
椅子	cadeira(f)	silla(f)
泉	fonte(f)	fuente(f)
遺跡	ruínas(f)	ruinas(f)
～以前	antes de	antes de
忙しい	ocupado	ocupado
依存	dependência(f)	dependencia(f)
急ぐ	apressar-se	apresurarse
依存する	depender de	depender de

【いじめる】MALE 悪く + TRATARE 扱う 【移住する(出国)】EX- 外へ + MIGRARE 移住する 【移住する(入国)】IN- 中へ + MIGRARE 移住する 【以上の(数の比較)】MAGIS より多く DE ～より PLUS より多く MULTUS 多い 【異常な】ANORMALIS 不規則な 【移植(臓器などの)】TRANS ～を越えて + PLANTATIO(f) 移植 【偉人】GRANDIS 偉大な HOMO 人間 MAS 「男らしい」から派生 【医者】MEDICUS(m) 医者 【椅子】SELLA(f) 椅子 CATHEDRA(f) 肘掛け椅子 SEDERE「座る」から派生 SCAMNUM(n) 床机 【泉】FONS(m) 泉 【遺跡】RUINAE(f) 遺跡 【～以前】ANTE 以前に DE ～より AB ～から + ANTE 前に PRIMA 第一の 【忙しい】OCCUPATUS 忙し

フランス語	イタリア語	ルーマニア語
maltraiter	maltrattare	maltrata
migrer	emigrare	emigra
immigrer	immigrare	imigra
plus de	più di	mai mult de
anormal	anormale	anormal
transplantation(f)	trapianto(m)	transplantare(f)
grand homme(m)	grand'uomo(m)	mare om(m)
médecin(f)	medico(m)	medic(m)
chaise(f)	sedia(f)	scaun(n)
fontaine(f)	fontana(f)	fântână(f)
ruines(f)	rovine(f)	ruină(f)
avant	prima di	înainte de
occupé	occupato	ocupat
dépendence(f)	dipendenza(f)	dependenţă(f)
se hâter	affrettarsi	se grăbi
dépendre de	dipendere da	depinde de

い 【依存】DEPENDENTIA(f) 従属 【急ぐ】APPRESSUS(f)「押し付けられた」の動詞化 SE[再帰代名詞] フランク*haist 暴力 スラブgrabiti「誘拐する」から派生 【依存する】DEPENDERE 償う DE 〜に

日本語	ポルトガル語	スペイン語
板	tábua(f)	tabla(f)
痛い	ter dor de	tener dolor de
偉大な	grande	grande
いたずら(子供の)	travessura(f)	travesura(f)
痛み	dor(f)	dolor(m)
イタリア	Itáia(f)	Italia(f)
至る所に	em toda parte	en todas partes
一	um	uno
市	feira(f)	feria(f)
位置	posição(f)	posición(f)
一月	janeiro(m)	enero(m)
イチゴ	morango(m)	fresa(f)
イチジク(実)	figo(m)	higo(m)
一時的な	temporário	temporáneo
著しい	notável	notable
一度	uma vez	una vez

【板】TABULA(f) 板　PLANCUS 扁平足で　【痛い】TENERE 保つ　DOLOR(m) 苦痛　DE ～に　HABERE 保つ　MALUM(n) 不幸　【偉大な】GRANDIS 偉大な　【いたずら(子供の)】ポルトガル語・スペイン語・イタリア語・ルーマニア語の語源は不詳　独Eulenspiegel[伝説上のいたずらで有名な人物の名前]　【痛み】DOLOR(m) 苦痛　【イタリア】VITELIA 牛の国　【至る所に】IN ～に　TOTUS 全体の　PARS(f) 部分　PER ～中　DE ～から＋AB ～から　ルーマニア語の語源は不詳　【一】UNUS 一つの　【市】FERIA(f) 市　MERCATUS(m) 商い　PLATEA(f) 道路　【位置】POSITIO(f) 位置　【一月】JANUARIUS(m) 一月　【イチゴ】ポルトガル語・ルーマニア語の語源は不詳　FRAGUM(n)「オ

フランス語	イタリア語	ルーマニア語
planche(f)	tavola(f)	tablă(f)
avoir mal à	avere mal di	avea durere de
grand	grande	mare
espièglerie(f)	monelleria(f)	zburdălnicie(f)
douleur(f)	dolore(m)	durere(f)
Italie(f)	Italia(f)	Italia(f)
partout	dappertutto	pretutindeni
un	uno	unu
marché(m)	fiera(f)	piaţă(f)
position(f)	posizione(f)	poziţie(f)
janvier(m)	gennaio(m)	ianuarie(m)
fraise(f)	fragola(f)	căpşună(f)
figue(f)	fico(m)	smochină(f)
temporaire	temporaneo	temporar
notable	notevole	deosebit
une fois	una volta	o dată

ランダイチゴ」の複数形FRAGAに由来　【イチジク(実)】FICUS(f) イチジク　スラブsmokvina「イチジク」から派生　【一時的な】TEMPORARIUS 一時的な　TEMPORANEUS 良い時の　【著しい】NOTABILIS 注目に値する　スラブosebiti「分ける」から派生　【一度】UNA 一つの　VICIS(f) 交代　UNA 一つの　VOLVERE「与える」の完了分詞女性形VOLUTAから派生　DARE「与える」の完了分詞女性形DATAから派生

日本語	ポルトガル語	スペイン語
一日	um dia	un día
一年	um ano	un año
市場	mercado(m)	mercado(m)
一番目の	primeiro	primero
一部	uma parte	una parte
一面的な(上辺だけの)	superficial	superficial
一流の	de primeira classe	de primera clase
一夜	uma noite	una noche
いつ	quando?	¿cuándo?
いつか	algum dia	algún día
一気に(一度で)	de uma vez	de una vez
一昨日	anteontem	anteayer
一種	uma espécie	una especie
一周	uma volta	una vuelta
一瞬	um momento	un momento

【一日】UNUS 一つの　DIES(mf) 日　DIURNUS 昼間の　【一年】UNUS 一つの　ANNUS(m) 年　【市場】MERCATUM(n) 市場　PLATEA(f) 道路　【一番目の】PRIMARIUS 一番目の　PRIMUS 第一の　俗ラ*antaneus[＜ANTE 前で]最初の　【一部】UNUS 一つの　PARS(f) 部分　【一面的な(上辺だけの)】SUPERFICIALIS 表面的な　【一流の】DE ～の　PRIMARIA 一番目の　CLASSIS(f) 階級　PRIMUS 第一の　CATEGORIA(f) 範疇　俗ラ*antaneus[＜ANTE 前で]最初の　【一夜】UNUS 一つの　NOX(f) 夜　【いつ】QUANDO いつ？　【いつか】ALIQUIS あるもの　DIES(mf) 日　UNUS 一つの　DIURNUS「日中の」から派生　ルーマニア語のvreo-の語源は不詳　DARE「与える」の

— 36 —

フランス語	イタリア語	ルーマニア語
un jour	un giorno	o zi
une année	un anno	un an
marché(m)	mercato(m)	piaţă(f)
premier	primo	întâi
une partie	una parte	o parte
superficiel	superficiale	superficial
de première classe	di prima classe	de categoria întâi
une nuit	una notte	o noapte
quand?	quando?	când?
un jour	un giorno	vreodată
en une fois	in una volta	deodată
avant-hier	l'altro ieri	alaltăieri
une espèce	una specie	un fel
un tour	un giro	un tur
un moment	un momento	un moment

完了分詞女性形DATAから派生 【一気に(一度で)】DE 〜の UNUS 一つの VICIS(f) 交代 IN 〜の中に VOLVERE「転がす」の完了分詞女性形VOLUTAから派生 DARE「与える」の完了分詞女性形DATAから派生 【一昨日】ANTE 以前に AD NOCTEM 夜に向けて HERI 昨日 ILLE あの ALTER 別の 【一種】UNUS 一つの SPECIES(f) 外見 ハンガリー-féle「〜に似た」から派生 【一周】UNAUS 一つの VOLVERE「転がす」の完了分詞女性形VOLUTAから派生 GYRUS(m) 回転 【一瞬】UNUS 一つの MOMENTUM(n) 瞬間

日本語	ポルトガル語	スペイン語
一緒に	juntamente	juntos
一生	vida(f)	vida(f)
一斉に	ao mesmo tempo	al mismo tiempo
一層	ainda mais	más aún
一体(なぜ？)	por que diabo?	¿por qué diablo?
一致	coincidência(f)	coincidencia(f)
一定の	determinado	determinado
一等	primeira classe	primera clase
一杯の(〜で)	cheio	lleno
一泊する	pernoitar	pernoctar
一般的な	geral	general
一歩	um passo	un paso
一方的な	unilateral	unilateral
いつまでも	para sempre	para siempre
いつも	semper	siempre

【一緒に】JUNCUS 繋がれた　MENS(f)「心」の奪格　INSIMUL「同時に」から派生　UNUS 一つの　【一生】VITA 生命　【一斉に】AD 〜へ　-MET 自己の＋IPSIMUS「自ら」の強調形　TEMPUS(n) 時　UNUS 一つの　DARE「与える」の完了分詞女性形DATAから派生　【一層】AD 〜へ＋INDE そこから　MAGIS むしろ　ADHUC 今まで　HINC＋AD＋HORAM ここからその時まで　PLUS 更に　UNQUAM かつて　SIC そのように　【一体(なぜ？)】PER 〜によって　QUID 何?　DIABOLUS(m) 悪魔　VOLET［VOLARE「飛ぶ」の接続法現在三人称単数］　【一致】COINCIDENTIA(f) 合致　【一定の】DETERMINATUS 限定された　NOMEN(n)「名前」から派生　【一等】

フランス語	イタリア語	ルーマニア語
ensemble	assieme	împreună
vie(f)	vita(f)	viață(f)
en même temps	nel medesimo tempo	odată
encore plus	ancora di più	încă şi
que diable?	che diavolo?	oare?
coïncidence(f)	coincidenza(f)	coincidenţă(f)
déterminé	determinato	anumit
première classe	prima classe	locul întâi
plein	pieno	plin
passer une nuit	pernottare	înnopta
général	generale	general
un pas	un passo	un pas
unilatéral	unilaterale	unilateral
pour toujours	per sempre	veşnic
toujours	sempre	totdeauna

PRIMARIA 第一の　CLASSIS(f) 階級　LOCUS(m) 場所　ANTE 前で　【一杯の(～で)】PLENUS 十分な　【一泊する】PPERNOCTARE 一夜を過ごす　NOX(f)「夜」から派生　【一般的な】GENERALIS 一般的な　【一歩】UNUS 一つの　PASSUS(m) 歩み　【一方的な】UNILATERALIS 一方の　【いつまでも】PER ～によって　SEMPER 常に　スラブ věcinū「永久の」から派生　【いつも】SEMPER 常に　TOTUS 全くの　UNUS 一つの

日本語	ポルトガル語	スペイン語
逸話	episódio(m)	episodio(m)
偽る(装う)	fingir	fingir
移転する	mover-se	moverse
遺伝	herança(f)	herencia(f)
糸	fio(m)	hilo(m)
意図	intenção(f)	intención(f)
井戸	poço(m)	pozo(m)
緯度	latitude(f)	latitud(f)
従兄弟	primo(m)	primo(m)
以内の(以下の)	menos de	menos de
田舎	campo(m)	campo(m)
稲妻	relâmpago(m)	relámpago(m)
犬	cão(m)	perro(m)
居眠りする	dormitar	dormitar
命	vida(f)	vida(f)
祈り	oração(f)	oración(f)

【逸話】ギepeisódion 挿話的な追加 【偽る(装う)】FINGERE 作り上げる 【移転する】MOVERE 動かす SE[再帰代名詞] DIS-「否定」を表す接頭辞+MANERE 留まる TRANS ～を越えて+LOCARE 置く MUTARE 動かす 【遺伝】HEREDITARE「相続する」から派生 HEREDITAS(f) 遺産 【糸】FILUM(n) 糸 ACIA(f) 縫い針 【意図】INTENTIO(f) 意図 【井戸】PUTEUS(m) 井戸 【緯度】LATITUDO(f) 幅 【従兄弟】PRIMUS 第一の CONSOBRINUS(m) いとこ (CONSOBRINUS)VERUS 真実の(従兄弟) 【以内の(以下の)】MINUS より少なく DE ～より 【田舎】CAMPUS(m) 平地 TERRA(f) 土地 【稲妻】LAMPAS たいまつ EX-「外へ」を表す接頭辞+CLARUS 明るい→名詞化

フランス語	イタリア語	ルーマニア語
épisode(m)	episodio(m)	episod(n)
feindre	fingere	simula
déménager	traslocare	se muta
hérédité(f)	eredità(f)	moştenire(f)
fil(m)	filo(m)	aţă(f)
intention(f)	intenzione(f)	intenţie(f)
puits(m)	pozzo(m)	puţ(n)
latitude(f)	latitudine(f)	latitudine(f)
cousin(m)	cugino(m)	văr(m)
moins de	meno di	mai puţin de
campagne(f)	campagna(f)	ţară(f)
éclair(m)	fulmine(m)	fulger(n)
chien(m)	cane(m)	câine(m)
sommeiller	sonnecchiare	dormita
vie(f)	vita(f)	viaţă(f)
prière(f)	preghiera(f)	rugăciune(f)

FULMEN(n) 稲光　FULGUR(n) 稲光　【犬】CANIS 犬　スペイン語の語源は犬を呼ぶときの擬声音　【居眠りする】DORMITARE 眠たくなる　SOMNUS(n)「睡眠」から派生　【命】VITA 命　【祈り】ORATIO(f) 談話　PRECES(f) 祈り　ROGATIO(f) 懇願

日本語	ポルトガル語	スペイン語
祈る	orar	orar
いばる	gabar-se	engreírse
違反	violação(f)	violación(f)
いびき	ronco(m)	ronquido(m)
衣服	roupa(f)	ropa(f)
今	agora	ahora
居間	sala(f) de estar	sala(f) de estar
忌まわしい	abominável	abominable
意味	sentido(m)	sentido(m)
妹	irmã(f)	hermana(f)
厭な	desagradável	desagradable
卑しい	humilde	humilde
嫌な(感じの悪い)	antipático	antipático
イヤホーン	fone(m) de ouvidos	auricular(m)
イヤリング	brinco(m)	pendiente(m)

【祈る】ORARE 語る　PRECARI 祈る　ROGARE 祈る　【いばる】古プロバンス gabar いばる　GURGES(m)「食道」から派生　【違反】VIOLATIO(f) 違反　CALCARE 踏みにじる　【いびき】RHONCUS(m) いびき　イタリア語の語源は不詳　擬声音[sfor]　【衣服】ゲ*raupa 略奪品　HABITUS(m) 衣服　ブルガリア halina「衣服」から派生　【今】HAC HORA この時に　MANU 手で＋TENERE 保つ→副詞化　HORA(f)「時間」の奪格　ECCUM MODO 単にあれを見よ　【居間】ゲ*sala 住居　DE ～の　STARE 立っている　DIURNUS「日中の」から派生　【忌まわしい】ABOMINABILIS 憎らしい　GUSTARE「楽しむ」から派生　【意味】ポ・ス sentir の過去分詞から派生　SENTIRE「感じ

フランス語	イタリア語	ルーマニア語
prier	pregare	se ruga
se rengorger	vantarsi	se îngâmfa
violation(f)	violazione(f)	călcare(f)
ronflement(m)	russare(m)	sforăit(n)
habit(m)	abiti(m)	haină(f)
maintenant	ora	acum
salle(f) de séjour	soggiorno(m)	salon(n)
abominable	abominevole	dezgustător
sens(m)	senso(m)	sens(n)
sœur(f)	sorella(f)	soră(f)
désagréable	sgradevole	neplăcut
vil	vile	umil
antipathique	antipatico	antipatic
casque(m)	auricolare(m)	cască(f)
boucle(f)	orecchino(m)	cercel(m)

る」の完了分詞SENSUSから派生　【妹】(SOROR)GERMANA「実の姉妹」の「実の」の部分の名詞化　【厭な】GRATUS「気に入りの」から派生　スラブne-「否定」を表す接頭辞 + PLACERE「気に入る」から派生　【卑しい】HUMILIS 卑しい　VILIS 平凡な　【嫌な(感じの悪い)】ANTIPATHIA「反感」の形容詞化　【イヤホーン】AURICULA(f) 耳　スペイン語のcasco「兜」から派生　【イヤリング】VINCULUM(n)「鎖」から派生　PENDERE「ぶら下がる」の現在分詞PENDENSから派生　BUCCULA(f) 小さな頬　CIRCELLUS(m) 小円形

日本語	ポルトガル語	スペイン語
意欲	desejo(m)	deseo(m)
以来	desde	desde
依頼	pedido(m)	encargo(m)
いらいらした	irritado	irritado
入口	entrada(f)	entrada(f)
居る	existir	existir
要る	necessitar	necesitar
入れる	meter	meter
色	cor(f)	color(m)
いろいろな	diferentes	diferentes
色気のある	atractivo	atractivo
岩	rocha(f)	roca(f)
祝う	celebrar	celebrar
言わば	digamos	por decirlo así
いわゆる	chamado	llamado
イワシ	sardinha(f)	sardina(f)

【意欲】DESIDIA(f) 怠惰　DESIDERARE「熱望する」から派生　DORICUS［＜DORES ギリシアの四大種族の一つ］【以来】DE ～から＋EX ～から＋DE ～の　DE ～から＋POST 後ろに　DE ～から＋AB ～から　DE ～から＋ILLAC そこに　【依頼】PETERE「熱望する」の完了分詞PETITUSから派生　俗ラ˚caricare「荷を置く」から派生　QUAERERE 求める　【いらいらした】IRRITARE「怒らす」に由来するロマンス語の動詞の過去分詞から派生　【入口】INTRARE「侵入する」の完了分詞女性形INTRATAから派生　【居る】EXSISTERE 出てくる　【要る】NECESSE 必然の　ESSE ～である　スラブtrĕbovati「要求する」から派生　【入れる】MITTERE 投げる　ルーマニア

— 44 —

フランス語	イタリア語	ルーマニア語
désir	desiderio	dorinţă(f)
depuis	da	de la
demande(f)	incarico(m)	cerere(f)
irrité	irritato	iritat
entrée(f)	entrata(f)	intrare(f)
exister	esistere	exista
nécessiter	essere necessario	trebui
mettre	mettere	băga
couleur(f)	colore(m)	culoare(f)
différents	differenti	diferiţi
attractif	attrattivo	atractiv
roche(f)	roccia(f)	stâncă(f)
célébrer	celebrare	celebra
pour ainsi dire	per così dire	ca să spunem aşa
comme on dit	cosiddetto	aşa zis
sardine(f)	sardina(f)	sardea(f)

語は語源不詳 【色】COLOR(m) 色 【いろいろな】DIFFERENS 異なった 【色気のある】ATTRACTIVUS 引き付ける 【岩】俗ラ*rocca 岩 ルーマニア語は語源不詳 【祝う】CELEBRARE 人が多く集まる 【言わば】PER ～のために DICERE 言う ILLUM あれを SIC そのように QUIA ～というのは SI もしも EXPONERE 表明する ECCE + EUM + SIC それをそのように見よ 【いわゆる】CLAMARE「叫ぶ」の完了分詞CLAMATUSから派生 ECCE + EUM + SIC それをそのように見よ DICERE「話す」の完了分詞 DICTUSから派生 【イワシ】SARDINA(f) イワシ

日本語	ポルトガル語	スペイン語
陰気な	sombrio	sombrío
インク	tinta(f)	tinta(f)
印刷	impressão(f)	imprenta(f)
印象	impressão(f)	impresión(f)
インスタントの	instantâneo	instantáneo
引退	retirada(f)	retirada(f)
インタビュー	entrevista(f)	entrevista(f)
インド	Índia(f)	India(f)
インフルエンザ	influenza(f)	gripe(f)
インフレ	inflação(f)	inflación(f)
陰謀	conspiração(f)	conspiración(f)
引用	citação(f)	citación(f)
引用する	citar	citar
飲用水	água(f) potável	agua(f) potable

【陰気な】UMBRA(f)「陰」から派生　TAETER 忌むべき　【インク】TINGERE「染める」の完了分詞女性形TINCTAから派生　ENCAUSTUS 焼き付けのギénkauston　ローマ皇帝が署名をするのに用いた紫のインク　スラブčrūnilo「インク」から派生　【印刷】IMPRIMERE「印象づける」の完了分詞IMPRESSUSから派生　IMPRESSIO(f) 印象　フランク*atampōn 打ち砕く　スラブtiparū「印刷」から派生　【印象】IMPRESSIO(f) 印象　【インスタントの】INSTANS「現在の」から派生　【引退】RETRAHERE「後ろへ引く」から派生　【インタビュー】INTER ～の間に + VIDERE 見る→造語　【インド】INDIA インド【インフルエンザ】イ influenza[流行性感冒は星の「影響」と考えられたため]

フランス語	イタリア語	ルーマニア語
sombre	tetro	sumbru
encre(f)	inchiostro(m)	cerneală(f)
impression(f)	stampa(f)	tipar(n)
impression(f)	impressione(f)	impresie(f)
instantané	istantaneo	instantaneu
retraite(f)	ritiro(m)	retragere(f)
interview(f)	intervista(f)	interviu(n)
Inde(f)	India(f)	India(f)
grippe(f)	influenza(f)	gripă(f)
inflation(f)	inflazione(f)	inflaţie(f)
conspiration(f)	cospirazione(f)	conspiraţie(f)
citation(f)	citazione(f)	citat(n)
citer	citare	cita
eau(f) potable	acqua(f) potabile	apă(f) potabilă

仏gripper「急に襲う」から派生 【インフレ】INFLATIO(f) 膨張 【陰謀】CONSPIRATIO(f) 共謀 【引用】CITATIO(f) 引用 【引用する】CITARE 引用する 【飲用水】AQUA(f) 水 POTABILIS 飲用の

日本語	ポルトガル語	スペイン語

—う—

日本語	ポルトガル語	スペイン語
ウイスキー	uísque(m)	whisky(m)
上に	sobre	sobre
飢え	fome(f)	hambre(f)
ウエスト	cintura(f)	cintura(f)
ウエーター	garçom(m)	camarero(m)
ウエートレス	garçonete(f)	camarera(f)
飢える	passar fome	tener hambre
植える	plantar	plantar
迂回する	contornar	desviarse
うがい	gargarejo(m)	gárgaras(f)
浮かぶ	flutuar	flotar
雨季	época(f) chovosa	época(f) de las lluvias
浮き彫り	relevo(m)	relieve

【ウイスキー】英語whisky ウイスキー 【上に】SUPER 上に PER ～を越えて 【飢え】FAMES(f) 飢え 【ウエスト】CINGERE「帯で巻く」の完了分詞CINCTUSから派生 スラブtaliia「腰」から派生 【ウエーター】CAMERA「丸天井」から派生 フランク*wrakjo 近侍 独Kellner「ボーイ」から派生 【ウエートレス】CAMERA「丸天井」から派生 独Kellner「ボーイ」から派生 【飢える】PASSUS(m)「歩み」の動詞化 TENERE 保つ FAMES(f) 飢え HABERE 保つ FIERI ～になる 【植える】PLANTARE 植える 【迂回する】CUM ～と共に + TORNARE 丸くする DE ～から + VIA(f) 道→動詞化 FACERE する UNUS 一つの TORNARE「丸くする」から派生 【うがい】

— 48 —

フランス語	イタリア語	ルーマニア語
whisky(m)	whisky(m)	whisky(n)
sur	sopra	pe
faim(f)	fame(f)	foame(f)
taille(f)	cintura(f)	talie(f)
garçon(m)	cameriere(m)	chelner(m)
serveuse(f)	cameriera(f)	chelneriţă(f)
avoir faim	avere fame	fi foame
planter	piantare	planta
faire un détour	deviare	devia
gargarisme(m)	gargarismo(m)	gargară(f)
flotter	galleggiare	pluti
saison(f) des pluies	stagione(f) delle piogge	timp(n) ploios
relief(m)	relievo(m)	relief(n)

うがいの擬声音に由来 【浮かぶ】FLUITARE ゆらゆら揺れる イタリア語の語源不詳 ブルガリアpluta「浮かぶ」から派生 【雨季】EPOCHA[＜ギepokhé]時代 PLUVIA(f) 雨 DE ～の STATIO(f) 立つこと TEMPUS(n) 時 【浮き彫り】RELEVARE 持ち上げる→イ rilievo→各ロマンス語へ

日本語	ポルトガル語	スペイン語
浮く	flutuar	flotar
受け入れる	receber	recibir
受け継ぐ	herdar	heredar
受付	recepção(f)	recepción
受け付ける	aceitar	aceptar
受け取り	recibo(m)	recibo(m)
受け取る	receber	recibir
受け持つ	encarregar-se	encargarse
受ける	receber	recibir
動かす	mover	mover
動き	movimento(m)	movimiento(m)
動く	mover-se	moverse
兎（飼育した）	coelho(m)	conejo(m)
牛	vaca(f)	vaca(f)
失う	perder	perder
後ろ（〜の後ろに）	atrás de	detrás de

【浮く】FLUITARE ゆらゆら揺れる　ブルガリアpluta「浮かぶ」から派生
【受け入れる】RECIPERE 戻す　スラブpriimati「受ける」から派生　【受け継ぐ】
HEREDITARE 受け継ぐ　ルーマニア語は語源不詳　【受付】RECEPTIO(f) 収容・保管　ACCEPTATIO(f) 受納　【受け付ける】ACCIPERE 受け入れる　ACCEPTARE 受納する　【受け取り】RECIPERE「受け入れる」の完了分詞RECEPTUSから派生　仏quittance[＜QUITUS 〜できる]からの借用　【受け取る】RECIPERE 受け入れる　スラブpriimati「受ける」から派生　【受け持つ】
CARRUS(m)「荷馬車」から派生　HABERE 保つ　ブルガリアgriža「心配」から派生　【受ける】RECIPERE 受け入れる　スラブpriimati「受ける」から派

— 50 —

フランス語	イタリア語	ルーマニア語
flotter	fluttuare	pluti
recevoir	ricevere	primi
hériter	ereditare	moşteni
réception(f)	accettazione(f)	recepţie(f)
accepter	accettare	accepta
reçu(m)	ricevuta(f)	chitanţă(f)
recevoir	ricevere	primi
se charger	incaricarsi	avea grijă
recevoir	ricevere	primi
mouvoir	muovere	mişca
mouvement(m)	movimento(m)	mişcare(f)
se mouvoir	muoversi	mişca
lapin(m)	coniglio(m)	iepure(m)
bœuf(m)	vacca(f)	vacă(f)
perdre	perdere	pierde
en arrière de	dietro a	înapoia

生 【動かす】MOVERE 動かす　ルーマニア語は語源不詳　【動き】MOVERE 「動かす」から派生　ルーマニア語は語源不詳　【動く】MOVERE 動かす　SE [再帰代名詞]　ルーマニア語は語源不詳　【兎（飼育した）】CUNICULUS ウサギ　イベリアロマンス*lapparo 兎　LEPUS(m) 兎　【牛】VACCA(f) 雌牛 BOS(mf) 牛　【失う】PERDERE 滅ぼす　【後ろ（～の後ろに）】IN ～に＋AD ～へ＋RETRO 後ろへ＋DE ～の　DE ～の＋RETRO 後ろへ　IN ～に＋AD ～へ＋POST 後ろに

日本語	ポルトガル語	スペイン語
薄い(厚さが)	delgado	delgado
薄い(色が)	claro	claro
渦巻	remoinho(m)	remolino(m)
薄める	diluir	diluir
薄暗い	obscuro	o(b)scuro
右折する	virar à direita	girar a la derecha
嘘	mentira(f)	mentira(f)
歌	canção(f)	canción(f)
歌う	cantar	cantar
疑い	dúvida(f)	duda(f)
疑う	duvidar	dudar
打ち明ける	segredar	confiar
打ち合わせ	ajuste(m)	ajuste(m)
内側	parte(f) interior	parte(f) interior
内気な	tímido	tímido

【薄い(厚さが)】DELICATUS 優美な　MINUTUS 小さな　SUBTILIS 薄い
【薄い(色が)】CLARUS 明るい　DISCLUDERE「分かつ」から派生　【渦巻】
MOLERE「挽く」から派生　TURBO(m) 渦巻き　ブルガリア vărtež「回転」
から派生　【薄める】DILUERE 柔らかにする　DISSOLVERE 解く　【薄暗
い】OBSCURUS 暗い　UMBRA(f)「影」から派生　【右折する】俗ラ*virare
回転する　AD ～へ　DIRECTUS 真っ直ぐな　GYRUS(m)「回転」から派生
ILLE あの　TORNARE 丸くする　CUBITUS(m)「寝ること」から派生　ILLAC
そこに　【嘘】MENTIRI「騙す」から派生　MENTIO(f) 言及　【歌】CANTIO(f)
歌　CANTICUM(n) 歌　【歌う】CANTARE 歌う　【疑い】DUBIUM(n) 疑い

— 52 —

フランス語	イタリア語	ルーマニア語
mince	sottile	subțire
clair	chiaro	deschis
tourbillon(m)	turbine(m)	vârtej(n)
diluer	diluire	dizolva
sombre	(o)scuro	obscur
tourner à droite	girare a destra	coti la dreapta
mensonge(m)	menzogna(f)	minciună(f)
chanson(f)	canzone(f)	cântec(n)
chanter	cantare	cânta
doute(m)	dubbio(m)	îndoială(f)
douter	dubitare	îndoi
confier	confidare	destăinui
arrangement(m)	aggiustamento(m)	aranjament(n)
intérieur(m)	interno(m)	interior(n)
timide	timido	timid

DUO「二」から派生 【疑う】DUBITARE 疑う DUO「二」から派生 【打ち明ける】DEGREGARE 分かつ FIDERE 信用する スラブtajna「秘密」から派生 【打ち合わせ】AD JUSTUS 公正な フランク*hring「輪」から派生 【内側】PARS(f) 部分 INTERIOR 内部の INTERNUS 内部の 【内気な】TIMIDUS 臆病な

日本語	ポルトガル語	スペイン語
打ち切る	suspender	suspender
打ち解ける	ficar franco	franquearse
宇宙	universo(m)	universo(m)
内輪で	em família	en familia
打つ	bater	batir
撃つ	atirar	tirar
うっかり	descuidadamente	descuidadamente
美しい	formoso	hermoso
写す	copiar	copiar
移す	trasladar	trasladar
訴える(告発する)	acusar	acusar
うつむく	baixar a cabeça	bajar la cabeza
映る(反射する)	refletir-se	reflejarse
移る	mudar-se	moverse
腕	braço(m)	brazo(m)

【打ち切る】SUSPENDERE 掛ける　INTERRUMPERE 中断する　SUEPENDERE 停止させる　【打ち解ける】FIXUS「不動の」から派生　SE[再帰代名詞] FAMILIARIS「親密な」から派生　CONFIDERE 信用する　DISCLUDERE 分かつ　ANIMA(f) 魂　【宇宙】UNIVERSUM(n) 宇宙　【内輪で】IN ～に FAMILIA 家族　【打つ】BATTUERE 打つ　フランク*frap- 擬声音　【撃つ】ポルトガル語・スペイン語・フランス語は語源不詳　DIS-「否定」を表す接頭辞＋PARARE 用意する　ハンガリー puska「銃」から派生　【うっかり】DIS-「否定」を表す接頭辞　COGITARE「考える」の完了分詞女性形 COGITATA ＋MENS(f)「心」の奪格　PER ～によって　NEGLEGENTIA(f) 怠慢　DIS-

フランス語	イタリア語	ルーマニア語
interrompre	interrompere	suspenda
se familiariser	confidarsi	îşi deschide anima
univers(m)	universo(m)	univers(n)
en famille(f)	in famiglia	în familie
frapper	battere	bate
tirer	sparare	împuşca
par négligence	distrattamente	din neatenţie
beau	bello	frumos
copier	copiare	copia
déplacer	trasferire	deplasa
accuser	accusare	acuza
baisser la tête	abbassare la testa	se închina
se réfléchir	riflettersi	se oglindi
déménager	trasferirsi	se muta
bras(m)	braccio(m)	braţ(n)

「否定」を表す接頭辞TRAHERE「引く」から派生　DE 〜から＋IN 〜に ATTENTIO(f) 怠慢　【美しい】FORMOSUS 形の良い　BELLUS 綺麗な　【写す】COPIA(f)「豊富」から派生　【移す】TRANSFERRE「向こうへ運ぶ」から派生　PLATEA(f)「道路」から派生　【訴える(告発する)】ACCUSARE 告訴する　DENUNTIARE 脅迫する　【うつむく】俗ラ*bassus「太くて低い」から派生　ILLA あの　CAPUT(n) 頭　TESTA(f) 煉瓦　INCLINARE 傾ける　【映る(反射する)】REFLECTERE 向きを変える　SE［再帰代名詞］　スラブ oglendati「映す」から派生　【移る】MUTARE 動かす　MOVERE 動かす　MANERE「留まる」から派生　MUTARE 動かす　【腕】BRACCHIUM(n) 肘

— 55 —

日本語	ポルトガル語	スペイン語
ウナギ	enguia(f)	anguila(f)
うなずく	acenar com a cabeça	afirmar con la cabeza
うなだれる	baixar a cabeça	bajar la cabeza
うなる	gemer	gemir
自惚れる	presumir	presumir
奪う(盗む)	roubar	robar
馬	cavalo(m)	caballo(m)
うまい(上手な)	hábil	hábil
うまい(美味な)	gostoso	sabroso
旨く	bem	bien
生まれつき	de nascença	de nacimiento
生まれる	nascer	nacer
海	mar(m)	mar(m)
膿(ウミ)	pus(m)	pus(m)
生む	dar à luz	dar a luz

【ウナギ】ANGUILLA(f) ウナギ ルーマニア語は語源不詳 【うなずく】俗ラ *cinnare うなずく AFFIRMARE 固める ILLA あの CAPUT(n) 頭 DONARE 与える UNUS 一つの SIGNUM(n) 記号 DE ～の CUM ～と共に DE ～から+IN ～に CAPUT(n)「頭」から派生 【うなだれる】俗ラ*bassus 【うなる】GEMERE うめく 【自惚れる】PRAESUMERE 先取りする SE[再帰代名詞] VANUS「無益な」から派生 FALLERE 欺く 【奪う(盗む)】ゲ*raubōn 強奪する VOLARE 飛ぶ FURARI 盗む 【馬】CABALLUS(m) 駑馬 【うまい(上手な)】HABILIS 便利な 【うまい(美味な)】GUSTUS(m)「味わうこと」から派生 SAPORUS 味のよい 【旨く】BENE 旨く 【生まれつき】DE ～か

— 56 —

フランス語	イタリア語	ルーマニア語
anguille(f)	anguilla(f)	țipar(m)
donner un signe de tête	annuire con la testa	da din cap
baisser la tête	abbassare la testa	se închina
gémir	gemere	geme
se vanter	vantarsi	se făli
voler	rubare	fura
cheval(m)	cavallo(m)	cal(m)
habile	abile	abil
savoureux	gustoso	gustos
bien	bene	bine
de naissance	di natura	din naștere
naître	nascere	naște
mer(f)	mare(m)	mare(f)
pus(m)	pus(m)	bubă(f)
mettre au monde	dare alla luce	naște

ら NASCI「生まれる」から派生　DE ～から + IN ～に　NASCERE 生まれる【生まれる】NASCI 生まれる　NASCERE 生まれる　【海】MARE(n) 海　【膿（ウミ）】PUS(n) 膿　ルーマニア語は語源不詳　【生む】DARE 与える　AD ～へ　ILLE あの　LUX(f) 光　MITTERE 送る　MUNDUS(m) 世界　NASCERE 生まれる

日本語	ポルトガル語	スペイン語
埋める	enterrar	enterrar
裏	reverso(m)	reverso(m)
裏切る	trair	traicionar
占い	adivinhação(f)	adivinación(f)
恨み	rancor(m)	rencor(m)
恨む	resentir-se	resentirse
羨む	invejar	envidiar
売り切れる	esgotar-se	agotarse
売り出す	pôr à venda	poner en venta
売り場	seção(f)	sección(f)
売る	vender	vender
うるさい(騒々しい)	barulhento	ruidoso
売り手(男)	vendedor(m)	vendedor(m)
売り手(女)	vendedeira(f)	vendedora(f)
ウール	lã(f)	lana(f)
憂い	melancolia(f)	melancolía(f)

【埋める】IN ～に + TERRA(f) 土地→動詞化 SUBTERRARE 埋葬する ルーマニア語は語源不詳 【裏】REVERTI「引き返す」の完了分詞から派生 REVERSARE「後戻りさせる」から派生 【裏切る】TRADERE 裏切る 【占い】DIVINATIO(f) 予想 ルーマニア語は語源不詳 【恨み】RANCOR(m) 恨み 【恨む】SE[再帰代名詞] ゲ*wardōn 見張る RANCOR(m) 恨み SERVARE 注意する HORRERE 恐れる 【羨む】INVIDIA(f)「嫉妬」から派生 INVIDERE 羨む 【売り切れる】GUTTA(f)「滴」から派生 SE[再帰代名詞] STARE 立っている EX ～から + PUTEUS(m) 井戸→動詞化(の過去分詞) EXHAURIRE 空にする 【売り出す】PONERE 置く AD ～に ILLE

フランス語	イタリア語	ルーマニア語
enterrer	sotterrare	îngropa
revers(m)	rovescio(m)	revers(n)
trahir	tradire	trăda
divination(f)	divinazione(f)	ghicire(f)
rancune(f)	rancore(m)	ranchiună(f)
garder rancune	serbare rancore	urî
envier	invidiare	invidia
être épuisé	essere esaurito	se epuiza
mettre en vente	mettere in vendita	pune în vânzare
rayon(m)	reparto(m)	raion(n)
vendre	vendere	vinde
bruyant	rumoroso	zgomotos
vendeur(m)	venditore(m)	vânzător(m)
vendeuse(f)	venditrice(f)	vânzătoare(f)
laine(f)	lana(f)	lână(f)
mélancolie(f)	malinconia(f)	melancolie(f)

あの IN 〜に VENDERE「売る」の完了分詞女性形VENDITAから派生 MITTERE 投げる 【売り場】SECTIO(f) 区分 フランク*hrâta「蜜窩」から派生 RE-「強調」を表す接頭辞 + PARTIRI 分ける→名詞化 【売る】VENDERE 売る 【うるさい(騒々しい)】RUGIRE「ほえる・うなる」から派生 RUMOR(m)「騒音」から派生 セルビアgrŏmŏt「轟き」から派生 【売り手(男)】VENDITOR(m) 売り手 【売り手(女)】VENDITOR(m) 売り手 【ウール】LANA(f) 羊毛 【憂い】MELANCHOLIA(f) 黒胆汁→憂鬱症

日本語	ポルトガル語	スペイン語
嬉しい	alegrar-se	alegrarse
うろこ	escama(f)	escama(f)
うろつく	vagar	vagar
浮気	infidelidade(f)	infidelidad(f)
上着	jaqueta(f)	chaqueta(f)
噂	rumor(m)	rumor(m)
運	sorte(f)	suerte(f)
運河	canal(m)	canal(m)
運送	transporte(m)	transporte(m)
ウンコ	caca(f)	caca(f)
運賃	tarifa(f)	tarifa(f)
運転する	conduzir	conducir
運動(身体の)	exercício(m)	ejercicio(m)
運動(キャンペーン)	campanha(f)	campaña(f)
運命	sorte(f)	suerte(f)

【嬉しい】ALACER「楽しい」の動詞化　SE[再帰代名詞]　ESSE ～である　CONTENTUS 満足した　FIERI ～になる　アルバニア bukur「喜び」から派生　【うろこ】SQUAMA(f) うろこ　ゲ*skalja うろこ　SOLIDUS(m) 金貨　【うろつく】VAGARI うろつく　ROTARE 回す　イタリア語・ルーマニア語は語源不詳　【浮気】INFIDELITAS(f) 不誠実　【上着】仏 jaquette ←古仏 jaque 胴衣　VESTIS(f) 衣服　ブルガリア halina「衣服」から派生　【噂】RUMOR(m) 噂　スラブ vestĭ「名声」から派生　【運】SORS(f) 運　DESTINARE「もくろむ」から派生　スラブ narokŭ「幸運」から派生　【運河】CANALIS(m) 水道　【運送】TRANSPORTARE「運送する」の名詞化　【ウンコ】CACARE「大便

— 60 —

フランス語	イタリア語	ルーマニア語
être content	essere contento	fi bucuros
êcaille(f)	squama(f)	solz(m)
rôder	aggirarsi	hoinări
infidélité(f)	infedeltà(f)	infidelitate(f)
veston(m)	giacca(f)	haină(f)
rumeur(f)	rumore(m)	veste(n)
destin(m)	sorte(f)	noroc(n)
canal(m)	canale(m)	canal(n)
transport(m)	trasporto(m)	transport(n)
caca(m)	cacca(f)	caca(f)
frais(m)	tariffa(f)	tarif(n)
conduire	guidare	conduce
exercice(m)	esercizio(m)	exerciţiu(n)
campagne(f)	campagna(f)	campanie(f)
sort(m)	sorte(f)	destin(n)

をする」の名詞化　【運賃】アラブtarifa「通知」から派生　FRACTUM(n) 骨折　【運転する】CONDUCERE 共に導く　ゲ*witan 世話をする　【運動(身体の)】EXERCITIUM(n) 訓練　【運動(キャンペーン)】CAMPUS(m) 平地　【運命】SORS(f) 運　DESTINARE「もくろむ」から派生

日本語	ポルトガル語	スペイン語

―え―

日本語	ポルトガル語	スペイン語
絵	pintura(f)	pintura(f)
柄	cabo(m)	mango(m)
永遠	eternidade(f)	eternidad(f)
永遠の	eterno	eterno
映画	cinema(m)	cine(m)
影響	influência(f)	influencia(f)
営業	comércio(m)	comercio(m)
英語	inglês(m)	inglés(m)
栄光	glória(f)	gloria(f)
英国	Inglaterra(f)	Inglaterra(f)
エイズ	sida(f)	sida(m)
衛生	higiene(f)	higiene(f)
衛星	satélite(m)	satélite(m)
英雄	herói(m)	héroe(m)

【絵】PICTURA(f) 絵 【柄】CAPUT(n) 頭 MANICAE(f) 長袖 MANUS(f)「手」から派生 【永遠】AETERNITAS(f) 永遠 【永遠の】AETERNUS 永遠の 【映画】ギ kinema 動き（＋ gráphein 書く）→造語 【影響】INFLUXUS(m) 影響 【営業】COMMERCIUM(n) 商業 【英語】英語 English 英語 【栄光】GLORIA(f) 栄誉 【英国】英語 England「アングル族の地」からの翻案 TERRA(f) 土地 【エイズ】ス Síndrome de Inmunodeficiencia Adquirida「後天性免疫不全症候群」の略 英語 Acquired Immune Deficiency Syndrome「後天性免疫不全症候群」[1982以降]の略 【衛生】ギ hygieiené「健康の」の女性形 【衛星】SATELLES(mf) 親衛 【英雄】ギ heros(m) 英雄

フランス語	イタリア語	ルーマニア語
peinture(f)	pittura(f)	pictură(f)
manche(m)	manico(m)	mâner(n)
éternité(f)	eternità(f)	eternitate(f)
éternel	eterno	etern
cinéma(f)	cinema(m)	cinematografie(f)
influence(f)	influenza(f)	influenţă(f)
commerce(m)	commercio(m)	comerţ(n)
anglais(m)	inglese(m)	ingleză(f)
gloire(f)	gloria(f)	glorie(f)
Angleterre(f)	Inghilterra(f)	Anglia(f)
sida(m)	aids(m)	sida(f)
hygiène(f)	igiene(f)	igienă(f)
satellite(m)	sattelite(m)	satelit(m)
héros(m)	eroe(m)	erou(m)

日本語	ポルトガル語	スペイン語
映像	imagem(f)	imagen(f)
鋭敏な	sensível	sensible
栄誉	honra(f)	honor(m)
栄養	nutrição(f)	nutrición(f)
描く	desenhar	dibujar
駅	estação(f)	estación(f)
液体	líquido(m)	líquido(m)
エゴイズム	egoísmo(m)	egoísmo(m)
餌（釣の）	isca(f)	cebo(m)
エスカレーター	escada(f) rolante	escalera(f) mecánica
枝	ramo(m)	ramo(m)
エチケット	etiqueta(f)	etiqueta(f)
エッチな	perverso	verde
エネルギー	energia(f)	energía(f)
エビ（伊勢エビ）	lagosta(f)	langosta(f)

【映像】IMAGO(f) 像　【鋭敏な】SENSIBILIS 感覚の　【栄誉】HONORARE「賞賛する」から派生　HONOR(m) 名誉　【栄養】NUTRITIO(f) 栄養　【描く】DESIGNARE 模写する　【駅】STATIO(f) 立つこと→駅　フランク*warōn「関心がある」から派生　【液体】LIQUIDUM(n) 液体　【エゴイズム】EGO 自己＋ギ-ism「主義」を表す接尾辞　【餌（釣の）】PASTUS(m) 食料　ブルガリア nada「追加」から派生　【エスカレーター】SCALAE(f) 階段　ROTARE「回転する」から派生　MECHANICUS 機械の　MOBILIS 可動〜　【枝】RAMUS(m) 枝　後ラ branca 動物の足　【エチケット】仏 étiquette 張り札　【エッチな】PERVERSUS 邪悪な　VERIDIS 元気な　フランス語の語源は豚を呼ぶときの

フランス語	イタリア語	ルーマニア語
image(f)	immagine(f)	imagine(f)
sensible	sensibile	sensibil
honneur(m)	onore(m)	onoare(f)
nutrition(f)	nutrizione(f)	nutriție(f)
dessiner	disegnare	desena
gare(f)	stazione(f)	gară(f)
liquide(m)	liquido(m)	lichid(n)
égoïsme(m)	egoismo(m)	egoism(n)
appât(m)	esca(f)	nadă(f)
scala(f)	scala(f)	scară(f)
mobile	movile	rulantă
branche(f)	ramo(m)	ramură(f)
étiquette(f)	etichetta(f)	etichetă(f)
cochon	lascivo	sporc
énergie(f)	energia(f)	energie(f)
langouste(f)	aragosta(f)	langustă(f)

擬声音　LASCIVUS 気ままな　ルーマニア語の語源は不詳　【エネルギー】ギ enérgeia 活動　【エビ(伊勢エビ)】LOCUSTA(f) イナゴ　俗ラ *lacusta エビ

日本語	ポルトガル語	スペイン語
エプロン	avental(m)	delantal(m)
エメラルド	esmeralda(f)	esmeralda(f)
獲物	caça(f)	caza(f)
偉い	grande	grande
選ぶ	escolher	elegir
エリート	eleito(m)	elegido(m)
得る	obter	obtener
エレベーター	ascensor(m)	ascensor(m)
円	círculo(m)	círculo(m)
円	iene(m)	yen(m)
宴(会)	banquete(m)	banquete(m)
沿岸	costa(f)	costa(f)
延期する	prorrogar	prorrogar
演技	interpretação(f)	interpretación(f)
園芸(野菜の)	horticultura(f)	horticultura(f)
演劇	teatro(m)	teatro(m)

【エプロン】ANTE「前で」から派生 TABULA(f) 板 GREMIUM(n)「胸」から派生 独Schürze エプロン 【エメラルド】ギsmáragdos エメラルド 【獲物】CAPERE「捕らえる」から派生 PIGNUS(n)「担保」の複数形PIGNORAから派生 VENARI「狩る」から派生 【偉い】GRANDIS 大きな MAS「力強い」から派生 【選ぶ】EX ～から + COLLIGERE 拾い集める ELIGERE 選ぶ ゴート*kausjan 試す ALLEGERE 派遣する 【エリート】ELIGERE「選ぶ」の完了分詞ELECTUSに由来 【得る】OB- 完全に + TENERE 保つ 【エレベーター】ASCENSUS(m)「上昇」からの造語 英語lift リフト 【円】CIRCULUS(m) 円 【円】日本語 円 【宴(会)】仏banc ［＜ゲ*banki ベンチ］「ベンチ」+ 縮

フランス語	イタリア語	ルーマニア語
tablier(m)	grembiule(m)	șorț(n)
émeraud(f)	smeraldo(m)	smarald(n)
chasse(f)	preda(f)	vânat(n)
gran	grande	mare
choisir	eleggere	alege
élite(f)	élite(f)	elită(f)
obtenir	ottenere	obține
ascenseur(m)	ascensore(m)	lift(n)
cercle(m)	cerchio(m)	cerc(n)
yen(m)	yen(m)	yen(m)
banquet(m)	banchetto(m)	banchet(n)
côte(f)	costa(f)	coastă(f)
ajourner	posporrere	prelungi
interprétation(f)	interpretazione(f)	interpretare(f)
horiculture(f)	orticoltura(f)	horticultură(f)
théâtre	teatro(m)	teatru(n)

小辞 【沿岸】COSTA(f) 肋骨 【延期する】PRORROGARE 延期する DIURNUS「日々の」から派生 POST 後ろに + PONERE 置く PERLONGUS「非常に長い」から派生 【演技】INTERPRETATIO(f) 説明 【園芸(野菜の)】HORTUS(m) 公園 + CULTURA(f) 耕作 【演劇】THEATRUM(n) 劇場

日本語	ポルトガル語	スペイン語
円熟	madreza(f)	madurez
援助	ajuda(f)	ayuda(f)
エンジン	motor(m)	motor(m)
遠征	expedição(f)	expedición(f)
演説	discurso(m)	discurso(m)
演奏	interpretação(f)	interpretación(f)
遠足	excursão(f)	excursión(f)
延長する	prolongar	prolongar
エンドウ	ervilha(f)	guisante(m)
煙突	chaminé(f)	chimenea(f)
鉛筆	lápis(m)	lápiz(m)
円満	harmonia(f)	armonía(f)
遠慮	reserva(f)	reserva(f)

—お—

| 尾 | cola(f) | cola(f) |

【円熟】MATURITAS(f) 成熟 【援助】ADJUTARE「助ける」から派生 【エンジン】MOTOR(m)「動かすもの」から派生 【遠征】EXPEDITIO(f) 遠征 【演説】DISCURSUS(m) 走り回ること 【演奏】INTERPRETATIO(f) 説明 【遠足】EXCURSIO(f) 走り出ること 【延長する】PROLONGARE 延長する PERLONGUS「非常に長い」から派生 【エンドウ】ERVILIA(f) 小レンズ豆 PISUM(n) エンドウ ルーマニア語の語源は不詳 【煙突】CAMINUS(m) 暖炉 スラブkošĭ「篭」から派生 【鉛筆】LAPIS(f) 石 CRETA(f) 白墨 【円満】HARMONIA(f) 調和 【遠慮】RESERVARE「保存する」から派生 【尾】CAUDA(f) 尾

フランス語	イタリア語	ルーマニア語
maturité(f)	maturità(f)	maturaţie(f)
aide(f)	aiuto(m)	ajutor(n)
moteur(m)	motore(m)	motor(n)
expédition(f)	spedizione(f)	expediţie(f)
discours(m)	discorso(m)	discur(n)
interprétaion(f)	interpretazione(f)	interpretare(f)
excursion(f)	escursione(f)	excursie(f)
prolonger	prolungare	prelungi
pois(m)	pisello(m)	mazăre(f)
cheminée(f)	camino(m)	coş(n)
crayon(m)	lapis(m)	creion(n)
harmonie(f)	armonia(f)	armonie(f)
réserve(f)	riserbo(m)	rezervă(f)
queue(f)	coda(f)	coadă(f)

日本語	ポルトガル語	スペイン語
オアシス	oásis(m)	oasis(m)
甥	sobrinho(m)	sobrino(m)
追いかける	perseguir	perseguir
追い越す	ultrapassar	adelantar
おいしい	saboroso	sabroso
追い出す	expulsar	expulsar
追いつく	alcançar	alcanzar
オイル(石油)	petróleo(m)	petróleo(m)
王	rei(m)	rey(m)
追う(従う)	seguir	seguir
応援(援助)	apoio(m)	ayuda(f)
王宮	palácio(m)	palacio(m)
王国	reino(m)	reino(m)
王子	príncipe(m)	príncipe(m)
王女	princesa(f)	princesa(f)
応じる(承諾)	aceitar	aceptar

【オアシス】ギóasis 肥沃な地帯　【甥】SOBRINUS(m) 従兄弟　NEPOS(m) 孫
【追いかける】PERSEQUI 従う　PROSEQUI 追跡する　INSEQUI 追いかける
ルーマニア語は語源不詳　【追い越す】ULTRA 遥か彼方に + PASSUS(m) 歩み→動詞化　ANTE「前に」から派生　DIGITALIS 指の + PASSUS(m) 歩み→動詞化　SUPER 上に + PASSUS(m) 歩み→動詞化　【おいしい】SAPORUS 味の良い　DELICIAE(f)「快楽」から派生　【追い出す】EXPULSARE 放逐する　CAPERE「狩りをする」から派生　LONGUS「長い」から派生　【追いつく】CALX(mf)「踵」から派生　フランク*trappa「罠」から派生　ADJUNGERE 繋ぐ　【オイル(石油)】PETRA(f)「石」× OLEUM(n)「油」→造語　【王】REX(m)

— 70 —

フランス語	イタリア語	ルーマニア語
oasis(f)	oasi(f)	oază(f)
neveu(m)	nipote(m)	nepot(m)
poursuivre	inseguire	urmări
dépasser	sorpassare	depăşi
délicieux	delizioso	delicios
expulser	scacciare	alunga
rattraper	raggiungere	ajunge
pétrole(m)	petrolio(m)	petrol(n)
roi(m)	re(m)	rege(m)
suivre	seguire	urma
aide(f)	aiuto(m)	ajutor(n)
palais(m)	palazzo(m) reale	palat(m)
royaume(m)	regno(m)	regat(m)
prince(m)	principe(m)	principe(m)
princesse(f)	principessa(f)	prinţesă(f)
accepter	accettare	accepta

王 【追う(従う)】SEQUI 従う　ルーマニア語は語源不詳　【応援(援助)】APPODIARE「支える」から派生　ADJUVARE「助ける」から派生　【王宮】PALATIUM(n) 宮殿　【王国】REGNUM(n) 王国　REGIMEN(n)「指導」から派生　【王子】PRINCEPS「主要な」から派生　【王女】PRINCEPS「主要な」から派生＋「女性語尾」　【応じる(承諾)】ACCEPTARE 受け入れる

日本語	ポルトガル語	スペイン語
応接間	sala(f) de visita	sala(f) de visitas
応対	atenção(f)	atención(f)
横断する	atravessar	atravesar
横断歩道	faixa(f) de pedestres	paso(m) de peatones
往復	ida e volta(f)	ida y vuelta(f)
応募(参加)	participação(f)	participación(f)
応募する	participar	participar
横柄な	arrogante	arrogante
終える	acabar	acabar
多い	numerosos	numerosos
大いに	muito	mucho
覆う	cobrir	cubrir
狼	lobo(m)	lobo(m)
大きい	grande	grande
大きさ	tamanho(m)	tamaño

【応接間】ゲ*sala 住居　DE ～の　VISITARE「訪問する」から派生　【応対】ATTENTIO(f) 注意　RECIPERE「迎える」から派生　スラブpriimati「受ける」から派生　【横断する】TRANSVERSUS「交差した」から派生　【横断歩道】FASCIA(f)「帯」から派生　DE ～の　PEDES(m)「歩行者」から派生　CLAVUS(m)「釘」から派生　PASSUS(m)「歩み」から派生　TRAJICERE「渡る」から派生　【往復】IRE「行く」の完了分詞女性形ITAから派生　ET ～と　VOLVERE「転がす」の完了分詞女性形VOLUTAから派生　AMBULARE 漫歩する　RE-「再び」を表す接頭辞＋TORNARE「丸くする」から派生　DUCERE 導く　SIC そのように　INTORQUERE 回転させる　【応募(参加)】

— 72 —

フランス語	イタリア語	ルーマニア語
salon(m)	salone(m)	salon(n)
attention(f)	ricevimento(m)	primire(f)
traverser	attraversare	traversa
passage(m)	passaggio(m)	trecere(f)
clouté	pedonale	de pietoni
aller et retour(m)	andata e ritorno(m)	dus şi întors(n)
participation(f)	partecipazione(f)	participare(f)
participer	partecipare	participa
arrogant	arrogante	arogant
finir	finire	încheia
nombreux	numerosi	numeroşi
beaucoup	molto	mult
couvrir	coprire	acoperi
loup(m)	lupo(m)	lup(m)
grand	grande	mare
grandeur	grandezza(f)	mărime(f)

PARTICIPATIO(f) 参加 【応募する】PARTICIPARE 参加させる 【横柄な】
ARROGANS 僭越な 【終える】CAPUT(n)「頭」から派生 FINIRE 終える
INCLAVARE「釘を打つ」から派生 【多い】NUMEROSUS 多数の 【大いに】MULTUS 多数の BELLUS 美しい + COLAPHUS(m) 拳打 【覆う】
COOPERIRE 完全に覆う 【狼】LUPUS(m) 狼 【大きい】GRANDIS 大きな
MAS「男らしい」から派生 【大きさ】TAM それ程 + MAGNUS 大きい
GRANDIS「大きな」から派生 MAS「男らしい」から派生

日本語	ポルトガル語	スペイン語
大勢の	muitos	muchos
オーケストラ	orquestra(f)	orquesta(f)
大袈裟な	exagerado	exagerado
大通り	avenida(f)	avenida(f)
大ざっぱな	aproximado	aproximado
オートバイ	motocicleta(f)	motocicleta(f)
オードブル	salgadinhos(m)	entremeses(m)
大文字	maiúscula(f)	mayúscula(f)
大物	magnata(m)	magnate(m)
公の	público	público
丘	colina(f)	colina(f)
お母さん	mamãe(f)	mamá(f)
お陰で	graças a	gracias a
おかしい(滑稽な)	engraçado	gracioso
小川	riacho(m)	riachuelo(m)

【大勢の】MULTUS 多数の　BELLUS 美しい＋COLAPHUS(m) 拳打　DE ～の　【オーケストラ】ORCHESTRA(f) 劇場の元老院議員席　【大袈裟な】EXAGGERARE「誇張する」の完了分詞EXAGGERATUSから派生　【大通り】ADVENIRE「～へ来る」から派生　STRATA(f) 大道　PRINCIPALIS 主要な　古オランダbolwerc 厚板の構築物　【大ざっぱな】APPROXIMARE「近づく」の完了分詞APPROXIMATUSから派生　【オートバイ】MOTOR(m) 動かすもの＋ギkuklos 輪→造語　【オードブル】俗ラ*salicare「塩をふる」から派生　INTERMISSUS 間に置かれた　DE ～から＋FORIS 外で＋DE ～の＋OPERA(f) 作品　ANTE 前で＋PASTUS(m) 食料　GUSTARE「味わう」から派生　【大

— 74 —

フランス語	イタリア語	ルーマニア語
beaucoup de	molti	mulţi
orchestre(m)	orchestra(f)	orchestră(f)
exagéré	esagerato	exagerat
avenue(f)	strada(f) principale	bulevard(n)
approximatif	approssimativo	aproximativ
motocyclette(f)	motocicletta(m)	motocicletă(f)
hors-d'œuvre(m)	antipasti(m)	gustări(f)
majuscule(f)	maiuscola(f)	majuscuă(f)
magnat(m)	magnate(m)	magnat(m)
publique	pubblico	public
colline(f)	collina(f)	colină(f)
maman(f)	mamma(f)	mamă(f)
grâce à	grazie a	mulţumită + 与格
comique	ridicolo	graţios
ruisseau(m)	ruscello(m)	gârlă(f)

文字】MAJUSCULA やや大きい 【大物】MAGNATUS(m) 大人物 【公の】PUBLICUS 公の 【丘】COLLINA(f) 丘の 【お母さん】MAMMA(f) 乳房・ママ 【お陰で】GRATIA(f) 感謝 AD ～へ 【おかしい(滑稽な)】GRATIOSUS 気に入りの COMICUS 滑稽な RIDICULUS 滑稽な 【小川】RIVUS(m) 川 ＋縮小辞 ブルガリア gărlo「小川」から派生

日本語	ポルトガル語	スペイン語
侵す	invadir	invadir
拝む	orar	orar
補う	complementar	complementar
起きる(起床する)	levantar-se	levantarse
起きる(事件が)	ocorrer	ocurrir
置く	pôr	poner
奥	fundo(m)	fondo(m)
億	cem milhões	cien millones
奥さん	senhora(f)	señora(f)
屋上	açotéia(f)	azotea(f)
屋内の	interior	interior
臆病な	covarde	cobarde
奥行き	profundidade(f)	profundidad(f)
贈り物	presente(m)	regalo(m)
送る(発送)	enviar	enviar
贈る	dar de presente	regalar

【侵す】INVADERE 入り込む 【拝む】ORARE 語る　PRECARI 祈る　ROGARE 祈る 【補う】COMPLERE「満たす」の完了分詞COMPLETUSから派生 COMPLEMENTUM(n)「補足物」から派生 【起きる(起床する)】LEVARE「軽くする」の現在分詞LEVANSから派生　SE[再帰代名詞]　ALTUS「高い」から派生　ルーマニア語は語源不詳 【起きる(事件が)】OCCURRERE 〜の方へ走る　HABERE 保つ　LOCUS(m) 場所　CAPUT(n)「頭」に由来　ルーマニア語は語源不詳 【置く】PONERE 置く　MITTERE 送る 【奥】FUNDUS(m) 基礎 【億】CENTUM 百　MILLE「千」からの造語　UNA 一つ　スラブsuto 百 【奥さん】SENEX「老いた」の比較級SENIORの女性形

フランス語	イタリア語	ルーマニア語
envahir	invadere	invada
prier	pregare	ruga
compléter	completare	completa
se lever	alzarsi	se scula
avoir lieu	capitare	întâmpla
mettre	mettere	pune
fond(m)	fondo(m)	fund(n)
cent millions	cento milioni	o sută de milioane
madame(f)	signora(f)	doamnă
toit(m)	terrazza(f)	plafon(n)
intérieur	interno	intern
couard	codardo	laş
profondeur(f)	profondità(f)	adâncime(f)
présent(m)	regalo(m)	cadou(n)
envoyer	spedire	trimite
offrir	regalare	dărui

から派生　MEA 私の + DOMINA(f) 女主人　【屋上】アラブ as-sutayh 小さな平屋根　TECTUM(n) 屋根　TERRACEUS「土地の」から派生　ギ plattus 幅の広い + FUNDUS(m) 底　【屋内の】INTERIOR 内部の　【臆病な】CAUDA(f)「尾」から派生　LAXUS 弛んだ　【奥行き】PROFUNDITAS(f) 深さ　ADUNCUS「鉤形の」から派生　【贈り物】PRAESENS「慈悲深い」から派生　CAPUT(n)「頭」から派生　【送る(発送)】IN ～に + VIA(f) 道→動詞化　EXPEDIRE 解く　TRANSMITTERE あちらへ送る　【贈る】DARE 与える　DE ～に関して　PRAESENS「慈悲深い」から派生　OFFERRE 与える　スラブ darovati「贈る」から派生

日本語	ポルトガル語	スペイン語
遅れる	atrasar	tardar
起こす	levantar	levantar
行い	conduta(f)	conducta(f)
怠る	descuidar	descuidar
行う	fazer	hacer
怒る	ficar bravo	enfadarse
起こる	acontecer	acontecer
おごる	convidar	convidar
抑える	oprimir	oprimir
幼い	pequeno	pequeño
治める	governar	gobernar
伯父・叔父	tio(m)	tío(m)
惜しい	lamentável	lamentable
お祖父さん	avô(m)	abuelito(m)
押し入れ	armário(m)	armario(m)

【遅れる】TARDARE 遅れる　TARDE「遅く」から派生　【起こす】LEVARE「軽くする」の現在分詞LEVANSから派生　SUBLEVARE 持ち上げる　ERADICARE 根から引き抜く　【行い】CONDUCERE「集める」の完了分詞CONDUCTUSから派生　PORTARE「もたらす」から派生　【怠る】DIS-「否定」を表す接頭辞+COGITARE 考える　NEGLEGERE 侮る　【行う】FACERE する　【怒る】FATUM(n)「天命」から派生　SE[再帰代名詞]　MITTERE 投げる　IN 〜に　CHOLERA(f) 立腹　RABIES(f) 憤怒　SUPERARE 凌駕する　【起こる】CONTINGERE 襲いかかる　PASSUS(m)「歩み」の動詞化　CADERE 生じる　SE[再帰代名詞]　ルーマニア語は語源不詳　【おごる】俗ラ*convitare

フランス語	イタリア語	ルーマニア語
retarder	ritardare	întârzia
relever	sollevare	ridica
conduite(f)	condotta(f)	purtare(f)
négliger	negligere	neglija
faire	fare	face
se mettre en colère	arrabbiarsi	se supăra
se passer	accadere	se întâmpla
régaler	offrire	invita
réprimer	reprimere	oprima
petit	piccolo	mic
gouverner	governare	guverna
oncle(m)	zio(m)	unchi(m)
regrettable	lamentevole	lamentabil
grand-papa(m)	nonno(m)	bunic(m)
placard(m)	armadio(m)	dulap(n)

招待する　OFFERRE　与える　INVITARE　招待する　【抑える】OPPRIMERE 圧迫する　REPRIMERE 抑圧する　【幼い】ポルトガル語・スペイン語は語源不詳　俗ラ*pitt-[小さいことを表す擬声音]　俗ラ*pikk-[小さいことを表す擬声音]　俗ラ*miccus 小さな　【治める】GUBERNARE 支配する　【伯父・叔父】ギtheîos 伯父・叔父　AVUNCULUS(m) 伯父・叔父　【惜しい】LAMENTABILIS 痛ましい　ゲ*grâta「嘆く」から派生　【お祖父さん】AVUS(m) 祖父＋縮小辞　GRANDIS 大きな　PAPA(m) 父　後ラ*nonnus 修道士　BONUS「良い」から派生　【押し入れ】ARMARIUM(n) 戸棚　オランダplacken「繕う」から派生　トルコdolap「戸棚」から派生

日本語	ポルトガル語	スペイン語
教える	ensinar	enseñar
お辞儀	reverência(f)	reverencia(f)
お喋りな	falador	charlatán
汚職	corrupção(f)	corrupción(f)
押す	empurrar	empujar
オス	macho(m)	macho(m)
お世辞	bajulação(f)	cumplido(m)
遅い	tarde	tarde
襲う	atacar	atacar
遅く(時刻)	tarde	tarde
遅く(速度)	lentamente	lentamente
恐らく	talvez	tal vez
恐れ	temor(m)	temor(m)
恐れる	temer	temer
恐ろしい	terrível	terrible
穏やかな	tranqüilo	tranquilo

【教える】SIGNUM(n) 記号＋動詞語尾　VITIUM(n)「悪徳」から派生　【お辞儀】REVERENTIA(f) 尊敬　SALUS(f) 健康　【お喋りな】FABULARI「喋る」から派生　俗ラ*baba[子どものおしゃべりの擬声音]　独Fleck　【汚職】CORRUPTIO(f) 頽廃　MALE VERSARI「不正に従事する」から派生　STRIX(f)「溝」から派生　【押す】IMPELLERE 押す　PULSARE 打つ　PANGERE 打ち込む　【オス】MASCULUS オスの　【お世辞】BAJULARE「運ぶ」から派生　COMPLERE「満たす」から派生　【遅い】TARDE 遅く　【襲う】イ attaccare[＜語源不詳]結び付ける　【遅く(時刻)】TARDE 遅く　【遅く(速度)】LENTE ゆっくり＋MENS(f)「心」の奪格　QUIETUS 平穏な　【恐らく】TALIS そのような＋VICIS(f) 交

— 80 —

フランス語	イタリア語	ルーマニア語
enseigner	insegnare	învăţa
salut(m)	saluto(m)	salut(n)
bavard	chiacchierone	flecar
malversation(f)	corruzione(f)	stricare(f)
pousser	spingere	împinge
mâle(m)	maschio(m)	mascul(m)
compliment(m)	complimenti(m)	compliment(n)
tardif	tardi	târziu
attaquer	attaccare	ataca
tard	tardi	târziu
lentement	lento	încet
peut-être	forse	poate
peur(f)	timore(m)	teamă(f)
craindre	temere	se teme
terrible	terribile	teribil
doux	tranquillo	liniştit

代 POSSE 〜できる＋ESSE 〜である　FORSIT 恐らく　【恐れ】TIMOR(m) 恐怖　PAVOR(m) 恐怖　TIMERE「恐れる」から派生　【恐れる】TIMERE 恐れる　SE［再帰代名詞］　TREMERE 震える　【恐ろしい】TERRIBILIS 恐ろしい　【穏やかな】TRANQUILLUS 平穏な　DULCIS 甘い　LENIS 平静な

日本語	ポルトガル語	スペイン語
落ち着いた	quieto	quieto
落ちぶれる	decair	arruinarse
落ちる	cair	caer
夫	marido(m)	marido(m)
音(騒音)	barulho(m)	ruido(m)
お父さん	papai(m)	papá(m)
弟	irmão(m) menor	hermano(m) menor
御伽噺	fábula(f)	fábula(f)
お得意様	cliente(m)	cliente(m)
男	homem(m)	hombre(m)
落とし物	objeto(m) perdido	objeto(m) perdido
落とす	deixar cair	dejar caer
脅す	ameaçar	amenazar

【落ち着いた】QUIETUS 平静な　TRANQUILLUS 平穏な　LENIS 平静な　【落ちぶれる】CADERE 落ちる　RUINA(f)「破滅」の動詞化　フランス語の語源は擬声音[tumb-]　DE ～から + INTUS 内部で　ILLA あの　MISERIA(f) 悲惨　REDUCERE 引き返す　SE[再帰代名詞]　IN ～に　【落ちる】CADERE 落ちる　フランス語の語源は擬声音[tumb-]　【夫】MARITUS(m) 夫　SOCIUS(m) 仲間　【音(騒音)】ポルトガル語の語源は不詳　RUGITUS(m) 吠えること　RUMOR(m) 騒音　セルビア grömöt「轟き」から派生　【お父さん】PAPA(m) 父　TATA(m) パパ　【弟】(FRATER)GERMANUS「実の兄弟」の形容詞の名詞化　MINOR より小さな　フランス語の語源は擬声音[pitt-]　FRATER(m) 兄

— 82 —

フランス語	イタリア語	ルーマニア語
tranquille	quieto	liniştit
tomber dans la misère	decadere in miseria	decădea
tomber	cadere	cădea
mari(m)	marito(m)	soţ(m)
bruit(m)	rumore(m)	zgomot(n)
papa(m)	papà(m)	tată(m)
petit frère(m)	fratello(m) minore	frate(m) mai mic
fable(f)	favola(f)	fabulă(f)
client(m)	cliente(m)	client(m)
homme(m)	uomo(m)	om(m)
objet(m)	oggetto(m)	obiect(n)
perdu	perduto	pierdut
laisser tomber	far cadere	lăsa să cadă
menacer	minacciare	ameninţa

弟　MAGIS 更に　俗ラ *miccus 小さな　【御伽噺】FABULA(f) 寓話　【お得意様】CLIENS(m) 食客　【男】HOMO(m) 男　【落とし物】OBJECTUS(m) 対置　PERDITUS 失われた　【落とす】LAXARE 緩める　CADERE 落ちる　FACERE ～させる　フランス語の語源は擬声音[tumb-]　SI もしも　【脅す】MINARI 脅す

日本語	ポルトガル語	スペイン語
訪れる	visitar	visitar
おととい	anteontem	anteayer
おととし	ano retrasado	hace dos años
大人	adulto(m)	adulto(m)
おとなしい(従順な)	manso	manso
乙女	virgem(f)	virgen(f)
劣る	inferior	inferior
踊り	dança(f)	baile(m)
踊る	dançar	bailar
衰える	decair	decaer
驚かす	surpreender	sorprender
驚く	surpreender-se	sorprenderse
同じ	mesmo	mismo
お願いですから	pelo amor de Deus	por amor de Dios
鬼	demônio(m)	demonio(m)

【訪れる】VISITARE 訪問する 【おととい】ANTE 前に AD NOCTEM 夜に向けて HERI 昨日 ALTER 別の 【おととし】ANNUS(m) 年 TRANS「～を越えて」から派生 FACERE 作る DUO 二 ILLE あの IBI そこに ECCUM MODO そのような方法で見よ 【大人】ADULTUS 成長した 【おとなしい(従順な)】MANSUETUS 慣れた DOCILIS 教えやすい BLANDUS 魅惑的な 【乙女】VIRGO(f) 乙女 JUVENIS 若い FILIA(f) 娘 イタリア語は語源不詳 【劣る】INFERIOR 劣った 【踊り】フランク*dintjan「あちこち動く」の名詞化 BALLARE「踊る」の名詞化 【踊る】フランク*dintjan あちこち動く BALLARE 踊る 【衰える】CADERE 落ちる FLEBILIS「悲し

— 84 —

フランス語	イタリア語	ルーマニア語
visiter	visitare	vizita
avant-hier	l'altro ieri	alăltăieri
il y a deux ans	due anni fa	acum doi ani
adulte(m)	adulto(m)	adult(m)
docile	docile	blând
jeune fille(f)	fanciulla(f)	virgină(f)
inférieur	inferiore	inferior
danse(f)	danza(f)	dans(n)
danser	ballare	dansa
faiblir	decadere	decădea
surprendre	sorprendere	izbi
s'étonner	sorprendersi	se mira
même	stesso	acelaşi
pour l'amour	per amor	pentru
de Dieu	di Dio	Dumnezeu
démon(m)	demonio(m)	demon(m)

むべき」の動詞化 【驚かす】SUPER 上で + PREHENDERE 取る　スラブ izbiti「殴り殺す」から派生 【驚く】SUPER 上で + PREHENDERE 取る　SE［再帰代名詞］ ATTONARE 驚かす　MIRARI 驚く 【同じ】-MET 自己の× IPSIMUS「自身」の強調形　ISTE IPSE このようなもの自身　ECCE ILLUM SIC あれをそのように見よ 【お願いですから】PER ～によって　AMOR(m) 愛　DE ～の　DEUS(m) 神　PRAE 前に + INTER ～の間に　DOMINUS 主 + DEUS 神 【鬼】ギ daimónion 神・悪霊＜daímon「神」+ 縮小辞

日本語	ポルトガル語	スペイン語
伯母・叔母	tia(f)	tía(f)
おばあさん(老婆)	velha(f)	vieja(f)
お化け	fantasma(m)	fantasma(m)
おはよう	Bom dia!	¡Buenos días!
帯	faixa(f)	faja(f)
脅える	intimidar-se	asustarse
オフィス	escritório(m)	oficina(f)
オペラ	ópera(f)	ópera(f)
覚える(記憶)	aprender	recordar
溺れる	afogar-se	ahogarse
おまえ	tu	tú
おまけ	brinde(m)	extra(f)
オムレツ	omeleta(f)	tortilla(f)
おむつ	fralda(f)	pañal(m)
おめでとう	Parabéns	Felicidades
主な	principal	principal

【伯母・叔母】ギtheía 伯母・叔母　AMITA(f) 伯母・叔母　【おばあさん(老婆)】VETULA 幾分年老いた　FEMINA(f) 女　BUNA「良い」から派生　【お化け】PHANTASMA(n)[＜ギphántasma]幽霊　【おはよう】BONUS 良い　DIES(mf) 日　DIURNUS 日中の　【帯】FASCIA(f) 帯　CINCTURA(f) トーガの帯　COGGIGIA(f) 靴紐　【脅える】後ラintimidare 脅えさせる　スペイン語の語源は不詳　EX- 外へ＋フランク*fridu 平和→動詞化　SE[再帰代名詞]　PAVOR(m)「恐怖」から派生　ルーマニア語の語源は不詳　【オフィス】SCRIBERE「書く」に由来　OFFICINA(f) 工場　BURRA(f) 粗毛　【オペラ】OPERA(f) 労働・仕事　【覚える(記憶)】APPREHENDERE 掴む　RECORDARE 思い出す

フランス語	イタリア語	ルーマニア語
tante(f)	zia(f)	mătuşă(f)
vieille-femme(f)	vecchia(f)	bunică(f)
fantôme(m)	fantasma(m)	fantomă(f)
Bonjour!	Buon giorno!	Bună ziua!
ceinture(f)	cintura(f)	curea(f)
s'effrayer	impaurirsi	se înfricoşa
bureau(m)	ufficio(m)	birou(n)
opéra(f)	opera(f) (lirica)	operă(f)
retenir	ricordare	aminti
se noyer	affogare	se cufunda
tu	tu	tu
prime(f)	premio(m)	primă(f)
omelette(f)	omelette(f)	omletă(f)
lange(m)	pannolino(m)	scutec(n)
Mes félicitations	Auguri	Felicitări
principal	principale	principal

RETINERE 確保する MENS(f)「心」から派生 【溺れる】OFFOCARE 窒息させる SE[再帰代名詞] NECARE 殺す CONFUNDARE しっかり固定させる 【おまえ】TU おまえは 【おまけ】仏brinde[＜独ich bringe 私がもたらす] EXTRA 外に PRAEMIUN(n) 報酬 【オムレツ】OVUM(n)「卵」から派生 TORTA(f) ねじりパン＋縮小辞 【おむつ】ゲ*falda ひだ PANNUS(m)「布切れ」から派生 LANEUS「羊毛の」から派生 ルーマニア語は語源不詳 【おめでとう】PER 〜のために＋BENE 良く FELICITAS(f) 幸福 MEI 私の AUGURIUM(n) 占い 【主な】PRINCIPALIS 主要な

日本語	ポルトガル語	スペイン語
重い	pesado	pesado
思い	pensamento(m)	pensamiento(m)
思いがけない	inesperado	inesperado
思い出す	lembrar-se	recordar
思いで	recordação(f)	recuerdo(m)
思いやり	compaixão(f)	compasión(f)
思う	crer	creer
重さ	peso(m)	pesadez(f)
面白い（興味）	interessante	interesante
おもちゃ	brinquedo(m)	juguete(m)
表（建物の）	frente(f)	frente(m)
重荷（負担）	carga(f)	carga(f)
思わず	sem querer	sin querer
重んじる	dar importância	dar importancia
親（両親）	pais(m)	padres(m)

【重い】PENSARE「重さを量る」の完了分詞PENSATUSから派生　GRAVIS 重い　【思い】PENSARE「重さを量る」の名詞化　PENSAREの完了分詞PENSATUSから派生　ハンガリーgond「考え」から派生　【思いがけない】IN-「否定」を表す接頭辞＋SPERARE「期待する」の完了分詞SPERATUS ATTENDERE「気をつける」から派生　【思い出す】MEMORARE 想い出させる　RECORDARE 思い出す　SE[再帰代名詞]　APPELLARE「呼びかける」から派生　MENS(f)「心」から派生　【思いで】RECORDARE「思い出す」から派生　SUBVENIRE「助ける」から派生　MENS(f)「心」から派生　【思いやり】COMPASSIO(f) 同情　PIETAS(f) 敬虔　【思う】CREDERE 考える

— 88 —

フランス語	イタリア語	ルーマニア語
pesant	pesante	greu
pensée(f)	pensiero(m)	gând(n)
inattendu	inaspettato	neașteptat
se rappeler	ricordare	aminti
souvenir(m)	ricordo(m)	amintire(f)
pitié(f)	compassione(f)	compasiune(f)
penser	pensare	crede
pesanteur(f)	peso(m)	greutate(f)
intéressant	interessante	interesant
jouet(m)	gioccatolo(m)	jucărie(f)
front(m)	fronte(f)	față(f)
charge(m)	carico(m)	povară(f)
sans le vouloir	senza volerlo	fără voie
donner l'importance	dare importanza	prețui
parents(m)	genitori(m)	părinți(m)

PENSARE 重さを量る 【重さ】PENSARE「重さを量る」の名詞化 GRAVIS「重い」の名詞化 【面白い(興味)】INTERESSE「関係がある」から派生 【おもちゃ】VINCULUM(n) 鎖 JOCARI「からかう」から派生 【表(建物の)】FRONS(f) 前面 FACIES(f) 顔 【重荷(負担)】CARRUS(m)「荷馬車」から派生 ルーマニア語の語源は不詳 【思わず】SINE 〜無しに QUARERE 求める ILLUM あれを VELLE 欲する FORAS 戸外へ スラブvolja「許し」から派生 【重んじる】DARE 与える IMPORTARE「導き入れる」から派生 DONARE 与える PRETIUM(n)「価格」から派生 【親(両親)】PATER(m) 父 PARENS(m) 父 GENITOR(m) 父

日本語	ポルトガル語	スペイン語
お八つ	merenda(f)	merienda(f)
泳ぐ	nadar	nadar
お休みなさい	Boa noite!	¡Buenas noches!
親指	dedo(m) polegar	dedo(m) pulgar
オリーブ(実)	azeitona(f)	aceituna(f)
オリーブ油	azeite(m)	aceite(m)
折り畳む	dobrar	doblar
織物	tecido(m)	tejido(m)
降りる(下車)	descer	bajarse
オリンピック	jogos(m) olímpicos	juegos(m) olímpicos
折る	dobrar	doblar
織る	tecer	tejer
オルゴール	caixa(f) de música	caja(f) de música
折れる	romper-se	romperse

【お八つ】MERENDA(f) お八つ　GUSTARE 味わう　【泳ぐ】NATARE 泳ぐ　NAVIGARE 泳ぐ　【お休みなさい】BONA 良い　NOX(f) 夜　【親指】DIGITUS(m) 指　POLLEX(m) 親指　MAS「男らしい」から派生　【オリーブ(実)】アラブaz-zaytuna オリーブの実　OLIVA(f) オリーブ　スラブmaslina「オリーブ」から派生　【オリーブ油】アラブaz-zayt 油　OLEUM(n) 油　【折り畳む】DUPLICARE 二倍にする　PLICARE 畳む　ルーマニア語は語源不詳　【織物】TEXERE「織る」のロマンス語の過去分詞から派生　【降りる(下車)】DESCENDERE 降りる　俗ラ*bassus「太くて低い」から派生　ルーマニア語は語源不詳　【オリンピック】JOCUS(m) 冗談　OLYMPICUS オリュンピアの　【折る】DUPLICARE 二倍にす

フランス語	イタリア語	ルーマニア語
goûter(m)	merenda(f)	gustare(f)
nager	nuotare	înota
Bonne nuit!	Buona notte!	Noapte bună!
pouce(f)	pollice(m)	deget(n) mare
olive(f)	oliva(f)	măslină(f)
huile(f)	olio(m)	ulei(n)
plier	piegare	împături
tissu(m)	tessuto(m)	țesătură(f)
descendre	scendere	coborî
jeux(m)	giochi(m)	jocuri(n)
olympiques	olimpici	olimpice
casser	piegare	frânge
tisser	tessere	țese
boîte(f)	scatola(f)	cutie(f)
musique	musicale	muzicală
se casser	piegarsi	se rupe

る QUASSARE 砕く PLICARE 畳む FRANGERE 砕く 【織る】TEXERE 織る 【オルゴール】CAPSA(f) 箱 DE 〜の MUSICA(f) 音楽 PYXIS(f) 箱 QUATERNIO(f) 四人組 中ラ castula 箱 トルコ kutu「箱」から派生 【折れる】RUMPERE 破る SE[再帰代名詞] QUASSARE 砕く PLICARE 畳む RUMPERE 破る

日本語	ポルトガル語	スペイン語
オレンジ	laranja(f)	naranja(f)
愚かな	bobo	bobo
降ろす	abaixar	bajar
終わり	fim(m)	fin(m)
終わる	acabar	acabar
音楽	música(f)	música(f)
恩恵	favor(m)	favor(m)
温室	estufa(f)	invernadero(m)
恩人	benfeitor(m)	benefactor(m)
温泉	termas(f)	aguas(f) termales
温暖な	temperado	templado
温度	temperatura(f)	temperatura(f)
女	mulher(f)	mujer(f)

【オレンジ】アラブnaranj オレンジ 新ギportokáli ポルトガルの 【愚かな】BALBUS どもりの フランス語は語源不詳 STUPIDUS 愚鈍な スラブprostū「単純な」から派生 【降ろす】俗ラ*bassus「太くて低い」から派生 DESCENDERE 降りる CARRUS(m)「荷馬車」から派生 イタリア語・ルーマニア語は語源不詳 【終わり】FINIS(m) 終わり スラブsūvūršiti「終わる」から派生 【終わる】CAPUT(n)「頭」の動詞化 FINIRE 終える スラブsūvūršiti「終わる」から派生 【音楽】MUSICA(f) 音楽 【恩恵】FAVOR(m) 好意 【温室】俗ラ*extufa「蒸気」から派生 SERA(f) 閂 【恩人】BENEFACTOR(m) 善行者 【温泉】AQUA(f) 水 THERMAE(f) 温泉 SURGERE「成長する」か

— 92 —

フランス語	イタリア語	ルーマニア語
orange(f)	arancia(f)	portocală(f)
sot	stupidoo	prost
descendre	scaricare	coborî
fin(f)	fine(f)	sfârşit(n)
finir	finire	sfârşi
musique(f)	musica(f)	muzică(f)
faveur(f)	favore(m)	favoare(f)
serre(f)	serra(f)	seră(f)
bienfaiteur(m)	benefattore(m)	binefăcător(m)
eaux(f)	sorgente(m)	ape(f) termale
thermales	termale	
doux	temperato	temperat
température(f)	temperatura(f)	temperatură(f)
femme(f)	donna(f)	femeie(f)

ら派生 【温暖な】TEMPERATUS 穏やかな DULCIS 好ましい 【温度】
TEMPERATURA(f) 調和 【女】MULIER(f) 女 FEMINA(f) 女 DOMINA(f)

日本語	ポルトガル語	スペイン語
	—か—	
蚊	mosquito(m)	mosquito(m)
課(教科)	lição(f)	lección(f)
課(会社の)	seção(f)	sección(f)
ガーゼ	gaze(f)	gasa(f)
カーテン	cortina(f)	cortina(f)
ガードマン	guarda(m)	guarda(m)
カーニバル	carnaval(m)	carnaval(m)
カーネーション	craveiro(m)	clavel(m)
カーブ	curva(f)	curva(f)
カーペット	alfombra(f)	alfombra(f)
カール(巻き毛)	caracol(m) de cabelo	rizo(m)
会(パーティー)	festa(f)	fiesta(f)
貝	marisco(m)	marisco(m)

【蚊】MUSCA(f) ハエ→ロマンス語＋縮小辞　ZENZALUS(m) 蚊　【課(教科)】LECTIO(f) 読むこと　【課(会社の)】SECTIO(f) 区分　【ガーゼ】アラブGazza［パレスチナのガザ］　ルーマニア語は語源不詳　【カーテン】後ラcortina 囲い　ゲ*rīdan ねじる　トルコperde「カーテン」から派生　【ガードマン】ゲ*wardōn「見張る」から派生　VIGILIA(f)「徹夜」から派生　【カーニバル】CARO(f) 肉＋LEVAMEN(n) 軽減→肉食を断つこと　【カーネーション】カタルーニアclavell チョウジ［香りが似ていることから］　OCULUS(m) 目　新ギgarófalon「カーネーション」から派生　【カーブ】CURVUSの女性形　【カーペット】アラブal-khumra 小さなカーペット　ギtápēs カバー　スラブkovior

— 94 —

フランス語	イタリア語	ルーマニア語
moustique(m)	zanzara(f)	țânțar(m)
leçon(f)	lezione(f)	lecție(f)
section(f)	sezione(f)	secție(f)
gaze(f)	garza(f)	tifon(n)
rideau(m)	cortina(f)	perdea(f)
vigile(m)	guardia(f)	paznic(m)
carnaval(m)	carnevale(m)	carnaval(n)
œillet(m)	garofano(m)	garoafă(f)
courbe(f)	curva(f)	curbă(f)
tapis(m)	tappeto(m)	covor(n)
boucles(f) de cheveux	capelli(m) ricci	buclă(f)
réunion(f)	festa(f)	petrecere(f)
coquillage(m)	conchiglia(f)	scoică(f)

「テント」から派生 【カール(巻き毛)】COCHLEA(f) 蝸牛＋縮小辞　DE ～の CAPILLUS(m) 頭髪　BUCCULA(f) 小さな頬　ERICIUS(m)「ハリネズミ」から派生　【会(パーティー)】FESTUM(n)「祝祭」の複数形から派生　RE-「再び」を表す接頭辞＋UNIO(f) 結合　ルーマニア語は語源不詳　【貝】MARE(n)「海」から派生　CONCHYLIUM(n) 牡蛎　CONCHA(f)「貝」から派生　スラブ skolīka「貝」から派生

日本語	ポルトガル語	スペイン語
回	vez(f)	vez(f)
階	andar(m)	piso(m)
害（悪）	dano(m)	daño(m)
会員	membro(m)	miembro(m)
外貨	moeda(f) estrangeira	moneda(f) extranjera
開会	abertura(f)	apertura(f)
海外旅行	viagem(f) ao exterior	viaje(m) al extranjero
改革	reforma(f)	reforma(f)
快活な	alegre	alegre
貝殻	concha(f)	concha(f)
海岸（浜辺）	praia(f)	playa(f)
外観	aparência(f)	apariencia(f)
会議	reunião(f)	reunión(f)
階級	classe(f)	clase(f)

【回】VICIS(f) 交替　VOLVERE「回転させる」の完了分詞女性形VOLUTAから派生　DARE「与える」の完了分詞女性形DATAから派生　【階】AMBULARE「漫歩する」の名詞化　STARE「立っている」の名詞化　PLANUM(n)「平面」から派生　【害（悪）】DAMNUM(n) 損害　MALUS「悪い」から派生　【会員】MEMBRUM(n) 一部　【外貨】MONETA[女神JUNOのあだ名（神殿で貨幣が鋳造されていた）]　EXTRANEUS「外国の」から派生　【開会】APERTURA(f) 開会　DISCLUDERE「分かつ」から派生　【海外旅行】VIATICUM(n) 旅費　AD 〜へ　ILLE あの　EXTRANEUS 外国の　CALLIS(mf)「小径」から派生　【改革】REFORMARE「改革する」の名詞化　【快活な】ALACER 活気のある

— 96 —

フランス語	イタリア語	ルーマニア語
fois(f)	volta(f)	dată(f)
étage(m)	piano(m)	etaj(n)
mal(m)	danno(m)	daună(f)
membre(m)	membro(m)	membru(m)
monnaie(f)	valuta(f)	valută(f)
étrangère	estera	
ouverture(f)	apertura(f)	deschidere(f)
voyage(m) à	viaggio(m)	călătorie(f) în
l'étranger	all'estero	străinătate
réforme(f)	riforma(f)	reformă(f)
gai	allegro	vesel
coquille(f)	conchiglia(f)	cochilie(f)
plage(f)	spiaggia(f)	plajă(f)
apparence(f)	apparenza(f)	aparenţă(f)
réunion(f)	riunione(f)	reuniune(f)
classe(f)	classe(f)	clasă(f)

ゴート˚gâheis 速い　スラブveselŭ「楽しい」【貝殻】CONCHA(f) 貝 CONCHYLIUM(n) 牡蛎　【海岸(浜辺)】ギplágia 側　【外観】APPARENTIA(f) 外観　【会議】RE-「再び」を表す接頭辞＋UNIO(f) 結合　【階級】CLASSIS(f) 階級

日本語	ポルトガル語	スペイン語
海峡	estreito(m)	estrecho(m)
海軍	marinha(f)	marina(f)
会計(勘定)	conta(f)	cuenta(f)
解決	solução(f)	solución(f)
会見	entrevista(f)	entrevista(f)
外見	aparência(f)	apariencia(f)
会合	reunião(f)	reunión(f)
外交	diplomacia(f)	diplomacia(f)
外交官	diplomata(mf)	diplomático(m)
外国	estrangeiro(m)	extranjero(m)
外国人	estrangeiro(m)	extranjero(m)
開催	celebração(f)	celebración(f)
開催する	celebrar	celebrar
開始	começo(m)	comienzo(m)
会社	companhia(f)	compañía(f)

【海峡】STRICTUS 緊張した　DISTRUCTUS「狭められた」の名詞化 STRICTUS「緊張した」の名詞化　【海軍】MARUNUS 海の　【会計(勘定)】 COMPUTARE「計算する」の名詞化　【解決】SOLVERE「解く」から派生 【会見】仏 entrevue[＜INTER ～の間に＋VIDERE 見る]「会見」からの借用 【外見】APPARENTIA(f) 外観　【会合】RE-「再び」を表す接頭辞＋UNIO(f) 結合　【外交】DIPLOMA(n) 公文書　【外交官】DIPLOMATICUS(m) 外交官 【外国】EXTRANEUS 外国の　【外国人】EXTRANEUS(m) 外国人　【開催】 CELEBRATIO(f) 祝賀　APERIRE「開ける」から派生　DISCLUDERE「分かつ」 から派生　【開催する】CELEBRARE 殺到する　DARE 与える　DISCLUDERE

— 98 —

フランス語	イタリア語	ルーマニア語
détroit(m)	stretto(m)	strâmtoare(f)
marine(f)	marina(f)	marină(f)
compte(m)	conto(m)	cont(n)
solution(f)	soluzione(f)	soluție(f)
entrevue(f)	intervista(f)	întrevedere(f)
apparence(f)	apparenza(f)	aparență(f)
réunion(f)	riunione(f)	reuniune(f)
diplomatie(f)	diplomazia(f)	diplomație(f)
diplomate(m)	diplomatico(m)	diplomat(m)
étranger(m)	estero(m)	străinătate(f)
étranger(m)	straniero(m)	străin(m)
célébration(f)	apertura(f)	deschidere(f)
célébrer	dare	deschide
commencement(m)	inizio(m)	început(n)
société(f)	compagnia(f)	asociație(f)

分かつ 【開始】CON 〜と共に + INITIARE 始める→名詞化 INITIUMIUM(n) 開始 INCIPERE「始める」から派生 【会社】CON 〜と共に + PANIS(m) パン→仲間→会社 SOCIETAS(f) 団体

日本語	ポルトガル語	スペイン語
会社員	empregado(m) de companhia	empleado(m) de una compañía
解釈	interpretação(f)	interpretación(f)
改宗	converção(f)	conversión(f)
改修	reparacão(f)	reparación(f)
外出	saída(f)	salida(f)
会場	local(m)	local(m)
海上の	marítimo	marítimo
外人	estrangeiro(m)	extranjero(m)
改善	melhora(f)	mejora(f)
海賊	pirata(m)	pirata(m)
回数券	bilhete(m) múltiplo	taco(m) de billetes
改正(修正)	emenda(f)	enmienda(f)
解説	explicação(f)	explicación(f)
会談	conferência(f)	conferencia(f)

【会社員】IMPLICARE「巻き込む」→「雇う」の過去分詞　DE ～の　CON ～と共に＋PANIS(m) パン→仲間→会社　FUNCTIO(f)「実行」から派生 BURRA(f) 粗毛　【解釈】INTERPRETATIO(f) 解説　【改宗】CONVERSIO(f) 回転　【改修】REPARATIO(f) 補修　【外出】SALIRE「跳びはねる」の過去分詞女性形SALITAから派生　SORTIRI「分かつ」から派生　EXIRE「出る」から派生　【会場】LOCALIS 場所の　LOCUS(m) 場所　【海上の】MARITIMUS 海の 【外人】EXTRANEUS(m) 外国人　【改善】BONUS「良い」の比較級MELIOR から派生　【海賊】PIRATA(m) 海賊　【回数券】BULLA(f)「教書」から派生 MULTIPLEX 沢山の　スペイン語の語源は不詳　QUATERNI「四つづつの」

— 100 —

フランス語	イタリア語	ルーマニア語
employé(m) d'une compagnie	impiegato(m)	funcţionar(m) de birou
interprétation(f)	interpretazione(f)	interpretare(f)
conversion(f)	conversione(f)	convertire(f)
réfection(f)	riparazione(f)	reparaţie(f)
sortie(f)	uscita(f)	ieşire(f)
lieu(m)	luogo(m)	localitate(f)
maritime	marittimo	maritim
étranger(m)	straniero(m)	străin(m)
amélioration(f)	miglioramento(m)	înbunătăţire(f)
pirate(m)	pirata(m)	pirat(m)
carnet(m) de billets	blocchetto(m) di biglietti	talon(n) de bilete
amendement(m)	emendamento(m)	reformă(f)
explication(f)	spiegazione(f)	explicaţie(f)
entretien(m)	conferenza(f)	convorbire(f)

から派生 オランダblok 切り倒された幹 DE ～から+AB ～から CURSUS 走ること 【改正(修正)】EMENDARE「強制する」から派生 MODIFICARE「変える」から派生 REFORMARE「改造する」から派生 【解説】EXPLICATIO(f) 説明 【会談】CONFERENTIA(f) 会合 INTER ～の間に+TENERE 保つ ルーマニア語は語源不詳

日本語	ポルトガル語	スペイン語
怪談	conto(m) de terror	cuento(m) de fantasmas
懐中電灯	lanterna(f)	linterna(f)
会長	presidente(m)	presidente(m)
開通する	inaugurar	inaugurarse
買い手	comprador(m)	comprador(m)
改訂	revisão(f)	revisión(f)
海底	fundo(m) do mar	fondo(m) del mar
快適な	cômodo	cómodo
回転	giro(m)	giro(m)
開店する	abrir	abrir
ガイド	guia(mf)	guía(mf)
回答	resposta(f)	respuesta(f)
解答	solução(f)	solución(f)

【怪談】COMPUTUS(m)「計算」から派生　DE ～の　TERROR(m) 恐怖　PHANTASMA(n) 幽霊　COMPUTARE「計算する」から派生　スラブpovestī「物語」から派生　【懐中電灯】LANTERNA(f) 灯　LAMPAS(f) 光　DE ～の　フランク*pokka ポケット　イタリア語の名詞の語源は不詳　ELECTRUM(n)「琥珀」に由来　LANTERNA(f) 灯　【会長】PRAESIDENS(m) 管理者　【開通する】INAUGURARE 式を始める　SE[再帰代名詞]　STARE 立っている　APERIRE「開ける」の完了分詞APERTUSから派生　ESSE ～である　【買い手】COMPARATOR(m) 買い手　CAPTARE「捕らえる」から派生　【改訂】REVISIO(f) 改正　【海底】FUNDUS(m) 底　DE ～の　ILLE あの　MARE(n)

— 102 —

フランス語	イタリア語	ルーマニア語
conte(m)	racconto(m) di	poveste(f) cu
fantastique	fantasmi	fantome
lampe(f) de poche	torcia(f) elettrica	lanternă(f)
président(m)	presidente(m)	preşedinte(m)
être ouvert	essere inaugurato	se inaugura
acheteur(m)	compratore(m)	cumpărător(m)
révision(f)	revisione(f)	reviziune(f)
fond(m) de la mer	fondo(m) del mare	fund(m) de mare
confortable	comodo	comod
tour(m)	giro(m)	rotaţie(f)
ouvrir	aprire	deschide
guide(m)	guida(f)	ghid(m)
réponse(f)	risposta(f)	răspuns(n)
solution(f)	soluzione(f)	soluţie(f)

海 【快適な】COMMODUS 快適な　CUM ～と共に＋FORTIS 強い→形容詞化　【回転】GYRUS(m) 回転　TORNARE「丸くする」から派生　ROTATIO(f) 回転　【開店する】APERIRE 開ける　DISCLUDERE 分かつ　【ガイド】フランク゛wītan 見張る　【回答】RESPONDERE「応答する」の完了分詞女性形 RESPONSA から派生　RESPONSUM(n) 答え　【解答】SOLUTIO(f) 解決

日本語	ポルトガル語	スペイン語
ガイドライン	diretriz(f)	directriz(f)
概念	conceito(m)	concepto(m)
介入	intervenção(f)	intervención(f)
開発	exploração(f)	explotación(f)
開発する	explorar	explotar
会費	quota(f)	cuota(f)
外部	exterior(m)	exterior(m)
回復(病気)	melhora(f)	mejora(f)
回復する(病気)	melhorar	mejorar
解放	libertação(f)	liberación(f)
開放する(外部に)	abrir	abrir
解放する(奴隷を)	libertar	libertar
解剖	dissecação(f)	disección(f)
外務省	Ministério(m) das Relações Exteriores	Ministerio(m) de Asuntos Exteriores

【ガイドライン】DIRECTIVUS「方向を示す」から派生 【概念】CONCEPTUS(m) 概念 【介入】INTERVENTIO(f) 介入 【開発】EXPLORATIO(f) 探索 FRUCTUM(m)「果実」から派生 EXPLICITUS「簡単な」から派生 【開発する】EXPLORARE 探索する FRUCTUM(m)「果実」から派生 EXPLICITUS「簡単な」から派生 【会費】QUOTUS「何番目の」女性形 QUOTA PARS 何番目の部分? 【外部】EXTERIOR 外部の EXTERNUS 外の 【回復(病気)】BONUS「良い」の比較級MELIORから派生 ゲ*warjan 保護する RE-「再び」を表す接頭辞 + FACERE 作る 【回復する(病気)】MELIORARE 回復する ゲ*warjan 保護する RE-「再び」を表す接頭辞 + FACERE 作る 【解放】

— 104 —

フランス語	イタリア語	ルーマニア語
directive(f)	direttiva(f)	directivă(f)
concept(m)	concetto(m)	concept(n)
intervention(f)	intervento(m)	intervenţie(f)
exploitation(f)	sfruttamento(m)	exploatare(f)
exploiter	sfruttare	exploata
quote-part(f)	quota(f)	cotizaţie(f)
extérieur	esterno	exterior(n)
guérison(f)	guarigione(f)	refacere(f)
guérir	guarire	reface
libération(f)	liberazione(f)	liberare(f)
ouvrir	aprire	deschide
libérer	liberare	libera
dissection(f)	dissezione(f)	disecţie(f)
Ministère(m)	Ministero(m)	Ministerul(n)
des Affaires	degli Affari	Afacerilor
Étrangères	Esteri	Externe

LIBERATIO(f) 解放 【開放する(外部に)】APERIRE 開ける　DISCLUDERE 分かつ 【解放する(奴隷を)】LIBERARE 解放する 【解剖】DISSECTIO(f) 切断 【外務省】MINISTERIUM(n) 役目　ASSUMERE「引き受ける」の完了分詞ASSUMMPTUSから派生　EXTERIOR より外の　FACERE「する」から派生

日本語	ポルトガル語	スペイン語
買い物	compra(f)	compra(f)
壊滅	destruição(f)	destrucción(f)
潰瘍	úlcera(f)	úlcera(f)
快楽	prazer(m)	placer(m)
概略	resumo(m)	resumen(m)
改良	melhoramento(m)	mejoramiento(m)
会話	conversação(f)	conversación(f)
買う	comprar	comprar
ガウン(部屋着)	roupão(m)	bata(f)
返す	devolver	devolver
かえって(むしろ)	antes	antes
代える	cambiar	cambiar
変える	cambiar	cambiar
帰る	volver	volver
顔	cara(f)	cara(f)

【買い物】COMPARARE「買う」の名詞化　CAPTARE「捕らえる」から派生
【壊滅】DESTRUCTIO(f) 破壊　【潰瘍】ULCERATIO(f) 潰瘍　【快楽】PLACERE「気に入る」の名詞化　【概略】RESUMERE「再び取る」の名詞化　RE-「再び」を表す接頭辞　ASSUMERE 引き受ける　【改良】MELIORARE「改良する」の名詞化　BONUS「良い」の動詞化　【会話】CONVERSATIO(f) 社交　【買う】COMPARARE 買う　CAPTARE 捕らえる　【ガウン(部屋着)】ゲ*raupa 戦利品　CAMERA(f) 丸天井　VESTIRE「着せる」から派生　ブルガリア halat「ガウン」から派生　【返す】DEVOLVERE 下へ転がす　REDDERE 元へ置く　RESTITUERE 再び置く　AD 〜へ＋POST 後ろに→動詞化　【か

— 106 —

フランス語	イタリア語	ルーマニア語
achat(m)	compra(f)	cumpărătură(f)
destruction(f)	distruzione(f)	distrugere(f)
ulcère(f)	ulcera(f)	ulcer(n)
plaisir(m)	piacere(m)	plăcere(f)
résumé(m)	riassunto(m)	rezumat(n)
amélioration(f)	miglioramento(m)	înbunătăţire(f)
conversation(f)	conversazione(f)	convorbire(f)
acheter	comprare	cumpăra
robe(f) de chambre	vestaglia(f)	halat(n)
rendre	restituire	înapoia
plutôt	anzi	mai curând
changer	cambiare	schimba
changer	cambiare	schimba
rentrer	tornare	reveni
visage(m)	faccia(f)	faţă(f)

えって(むしろ)】ANTE 越えて　PLUS 更に + TOSTUS 乾いた　ANTEA 以前に　MAGIS 更に　CURRENDO 走りながら　【代える】CAMBIARE 交換する　EX- 〜から + CAMBIARE 交換する　【変える】CAMBIARE 交換する　【帰る】VOLVERE 転がす　RE-「再び」を表す接頭辞 + INTRARE 入る　TORNARE 丸くする　RE-「再び」を表す接頭辞 + VENIRE 来る　【顔】CARA(f) 顔　VIDERE「見る」の完了分詞VISUSから派生　FACIES(f) 顔

日本語	ポルトガル語	スペイン語
香り	aroma(m)	aroma(m)
画家	pintor(m)	pintor(m)
価格	preço(m)	precio(m)
化学	química(f)	química(f)
科学	ciência(f)	ciencia(f)
踵(靴の)	talão(m)	talón(m)
鏡	espelho(m)	espejo(m)
輝く	brilhar	brillar
かかわらず(〜にも)	apesar de	a pesar de
牡蛎	ostra(f)	ostra(f)
鍵	chave(f)	llave(f)
書留	registro(m)	certificado(m)
掻き混ぜる	misturar	mezclar
限りのない	infinito	infinito
限る	limitar	limitar

【香り】AROMA(n) 香料　【画家】PICTOR(m) 画家　【価格】PRETIUM(n) 価格　【化学】後ラ alchimicus 錬金術の　【科学】SCIENTIA(f) 科学　【踵(靴の)】TALUS(m) くるぶし　CALCANEUM(n) 踵　【鏡】SPECULUM(n) 鏡　MIRARI「驚く」から派生　スラブ oglendati「見る」から派生　【輝く】BERYLLUS(m)「緑柱石」から派生　LUCERE 光る　【かかわらず(〜にも)】AB 〜から + PENSARE「重さを量る」の名詞化　DE 〜に関して　MALE 悪く + GRATUS 気に入りの　IN 〜に　スラブ čudo 奇跡　【牡蛎】OSTREA(f) 牡蛎　新ギ strídhi「牡蛎」から派生　【鍵】CLAVIS(f) 鍵　【書留】REGISTRUM(n) 目録　CERTIFICATUS 確かにされた　LITTERA(f) 文字　COMMANDARE

フランス語	イタリア語	ルーマニア語
arôme(m)	aroma(m)	aromă(f)
peintre(m)	pittore(m)	pictor(m)
prix(m)	prezzo(f)	preţ(n)
chimie(f)	chimica(f)	chimie(f)
science(f)	scienza(f)	ştiinţă(f)
talon(m)	tacco(m)	călcâi(n)
miroir(m)	specchio(m)	oglindă(f)
briller	brillare	luci
malgré	malgrado	în ciuda＋属格
huître(f)	ostrica(f)	stridie(f)
clef(f)	chiave(f)	cheie(f)
lettre(f)	raccomandata(f)	scrisoare(f)
recommandé		recomandată
mêler	mescolare	amesteca
infini	infinito	infinit
limiter	limitare	limita

「推薦する」から派生　SCRIBERE「書き記す」から派生　【掻き混ぜる】MISCERE 混合する　【限りのない】INFINITUS 無限の　【限る】LIMITARE 限る

日本語	ポルトガル語	スペイン語
書く	escrever	escribir
掻く	coçar	rascar
核(心)	núcleo(m)	núcleo(m)
嗅ぐ	cheirar	oler
家具	móvel(m)	mueble(m)
額	quadro(m)	cuadro(m)
架空の	imaginário	imaginario
格言	provérbio(m)	proverbio(m)
覚悟	decisão(f)	decisión(f)
覚悟する	decidir	decidir
確実な	seguro	seguro
学者	estudioso	estudioso
確信	convicção(f)	convicción(f)
隠す	esconder	esconder
学生	estudante(m)	estudiante(m)
拡大する	ampliar	ampliar

【書く】SCRIBERE 書き記す 【掻く】RADERE 掻く フランク*krattôn「掻く」から派生 SCABERE 掻く 【核(心)】NUCLEUS(m) 核 NODUS(m) 結び目 【嗅ぐ】OLERE 悪臭・芳香を放つ SENTIRE 知覚する ODORARI 嗅ぐ スラブmirosati「嗅ぐ」から派生 【家具】MOBILIS 動かすことができる 【額】QUADRUM(n) 正方形 【架空の】IMAGINARIUS 想像の 【格言】PROVERBIUM(n) 格言 【覚悟】DECISIO(f) 決定 ハンガリーhotár「境界」から派生 【覚悟する】DECIDERE 決定する SE[再帰代名詞] 【確実な】SECURUS 安全な 【学者】STUDIOSUS(m) 勤勉な人 SAPERE「賢明である」から派生 【確信】CONVICTIO(f) 交友 CONVINCERE「確証する」か

— 110 —

フランス語	イタリア語	ルーマニア語
écrire	scrivere	scrie
gratter	grattare	zgâria
noyau(m)	nucleo(m)	nucleu(n)
sentir	odorare	mirosi
meuble(m)	mobile(m)	mobilă(f)
cadre(m)	cornice(m)	cadru(n)
imaginaire	immaginario	imaginar
proverbe(m)	proverbio(m)	proverb(n)
décision(f)	decisione(f)	hotărâre(f)
se décider	decidere	se decide
sûr	sicuro	sigur
savant(m)	studioso	savant(m)
conviction(m)	convinzione(f)	convingere(f)
cacher	nascondere	ascunde
étudiant(m)	studente(m)	student(m)
amplifier	ingrandire	amplifica

ら派生 【隠す】ABSCONDERE 隠す COACTARE「強制する」から派生 【学生】STUDERE「熱心に求める」の現在分詞STUDENSから派生 【拡大する】AMPLIARE 裁判を延ばす IN-[動詞を作る接頭辞] GRANDIS 大きな

日本語	ポルトガル語	スペイン語
拡張	expansão(f)	expansión(f)
学長	reitor(m)	rector(m)
カクテル	coquetel(m)	cóctel(m)
確定	determinação(f)	determinación(f)
角度	ângulo(m)	ángulo(m)
獲得する	obter	obtener
確認	confirmação(f)	confirmación(f)
確認する	confirmar	confirmar
格別の	especial	especial
学部	faculdade(f)	facultad(f)
革命	revolução(f)	revolución(f)
学問	ciência(m)	ciencia(f)
隔離	isolamento(m)	aislamiento(m)
隠れる	esconder-se	esconderse
賭け	aposta(f)	apuesta(f)
陰・影	sombra(f)	sombra(f)

【拡張】EXPANSIO(f) 拡張　EXTENSIO(f) 延長　【学長】RECTOR(m) 指導者　PRAESIDENS(m) 管理者　【カクテル】英語cock-tail カクテル　【確定】DETERMINATIO(f) 境界　DETERMINARE 確定する　【角度】ANGULUS(m) 角・隅　【獲得する】OB- 完全に＋TENERE 保つ　ACQUIRERE 得る　【確認】CONFIRMATIO(f) 確立　【確認する】CONFIRMARE 確立する　【格別の】SPECIALIS 特別の　【学部】FACULTAS(f) 可能性　【革命】REVOLUTIO(f) 革命　【学問】SCIENTIA(f) 学問　【隔離】INSULA(f)「島」から派生　【隠れる】ABSCONDERE 隠す　SE［再帰代名詞］　COACTARE「強制する」から派生　【賭け】PONERE「置く」の完了分詞女性形POSITAから派生　PARIARE

— 112 —

フランス語	イタリア語	ルーマニア語
extention(m)	estensione(f)	expansiune(f)
président(m)	rettore(m)	rector(m)
cocktail(m)	cocktail(m)	cocteil(n)
détermination(f)	determinazione(f)	determinare(f)
angle(m)	angolo(m)	unghi(n)
obtenir	acquisire	obţine
confirmation(f)	conferma(f)	confirmare(f)
confirmer	confermare	confirma
spécial	speciale	special
faculté(f)	facoltà(f)	facultate(f)
révolution(f)	rivoluzione(f)	revoluţie(f)
science(f)	scienza(f)	ştiinţă(f)
isolement(m)	isolamento(m)	izolare(f)
se cacher	nascondersi	se ascunde
pari(m)	scommessa(f)	pariu(n)
ombre(f)	ombra(f)	umbră(f)

「等しくする」から派生　COMMETIRI「比較する」から派生　【陰・影】SUB-下に + UMBRA(f) 陰

日本語	ポルトガル語	スペイン語
崖	precipício(m)	precipicio(m)
家計	economia(f) familiar	economía(f) familiar
過激な	radical	radical
可決する	aprovar	aprobar
駆けつける	acudir	acudir
陰で	por detrás	por detrás
かけら	pedaço(m)	pedazo(m)
欠ける	romper-se	romperse
欠ける(欠如)	faltar	faltar
賭ける	apostar	apostar
過去	passado(m)	pasado(m)
カゴ	cesto(m)	cesto(m)
加工	manufaturação(f)	elaboración(f)
加工する	manufaturar	elaborar

【崖】PREACIPITIUM(n) 絶壁　フランク*hlanka 腰　ルーマニア語は語源不詳　【家計】OECONOMIA(f)[＜ギoikonomía]家計　FAMILIARIS 家族の　DOMESTICUS 家族の　英語budget[＜BULGA 皮]予算　BILANX(f) 天秤　【過激な】RADICALIS 根本的な　【可決する】APPROBARE 是認する　ADOPTARE 採用する　【駆けつける】ACCURRERE 急いでくる　LARGUS「沢山の」から派生　【陰で】PER ～に関して＋DE ～の＋TRAS ～を越えて　DE ～から＋INTUS 内部で　SUUS 彼の　DORSUM(n) 背中　AD ～へ　SPATHA(f) へら＋縮小時 ILLAC そこに　【かけら】PITTACIUM(n) 羊皮紙の小片　FRAGMENTUM(n) 断片　【欠ける】RUMPERE 破る　SE[再帰代名詞]　フランス語は語源不詳

— 114 —

フランス語	イタリア語	ルーマニア語
flanc(m)	precipizio(m)	mal(n)
économie(f)	bilancio(m)	bugetul(n)
domestique	domestico	familiei
radical	radicale	radical
adopter	approvare	aproba
accourir	accorrere	alerga
dans son dos	dietro le spalle	pe la spate
fragment(m)	pezzo(m)	fragment(n)
se briser	rompersi	se rupe
manquer	mancare	lipsi
parier	puntare	paria
passé(m)	passato(m)	trecut(m)
corbeille(f)	cesto(m)	coş(n)
façonnage(m)	lavorazione(f)	prelucrare(f)
façonner	lavorare	prelucra

【欠ける(欠如)】俗ラ*fallita「不足」から派生　MANCUS「欠陥のある」から派生　新ギ lipso[＜lipó「不足する」の未来]　【賭ける】PONERE「置く」の完了分詞女性形POSITAから派生　PUNCTUS「賭けること」から派生　PARIARE 等しくする　【過去】PASSUS(m)「歩み」の動詞化から派生　TRAJICERE「渡る」から派生　【カゴ】CAESTUS(m) 篭手　CORBIS(f) 枝編み篭　スラブ koši「篭」から派生　【加工】MANUS(f) 手＋FACERE 作る→名詞化　ELABORARE「成就する」から派生　FACTIO(f)「行為」から派生　LABORARE「働く」から派生　LUCUBRARE「夜業をする」から派生　【加工する】MANUS(f) 手＋FACERE 作る　ELABORARE 成就する　LUCUBRARE「夜業をする」から派生

日本語	ポルトガル語	スペイン語
囲む	rodear	rodear
傘	guarda-chuva(m)	paraguas(m)
重ねる	empilhar	apilar
かさばる	avultar	abultar
飾り	adorno(m)	adorno(m)
飾る	ornar	adornar
火山	vulcão(m)	volcán(m)
菓子	doce(m)	dulce(m)
火事	fogo(m)	fuego(m)
家事	serviço(m) doméstico	quehaceres(m) domésticos
舵	timão(m)	timón(m)
餓死する	morrer de fome	morir de hambre
賢い	inteligente	inteligente
過失	falta(f)	falta(f)

【囲む】ROTA(f)「輪」から派生　TORNARE「丸くする」から派生　CIRCUMDARE 周りに置く　CONJURARE「共同宣言する」から派生　【傘】ゲ*wardōn 見張る＋PLUVIA(f) 雨　PARARE 止める＋AQUA(f) 水　UMBELLA(f) 日傘　【重ねる】PILARE「強く押さえる」から派生　SUPER 上に＋PONERE 置く　スラブgramada「堆積」から派生　【かさばる】VULTUS(m)「顔つき」から派生　STARE 立っている　VOLUMINOSUS ひだの多い　DEVENIRE 到達する　GROSSUS「厚い」から派生　【飾る】ADORNARE 装飾する　ORNARE 装飾する　【火山】VOLCANUS(m) 日と火事の神　【菓子】DULCIS 美味い　フランク*wastil 食物　【火事】FOCUS(m) 火　【家事】SERVITIUM(n) 奉公

— 116 —

フランス語	イタリア語	ルーマニア語
entourer	circondare	înconjura
parapluie(m)	ombrello(m)	umbrelă(f)
empiler	sovraporre	îngrămădi
être volumineux	diventare voluminoso	se îngroşa
ornement(m)	ornamento(m)	decor(n)
orner	ornare	orna
volcan(m)	vulcano(m)	vulcan(m)
gâteau(m)	dolce(m)	dulce(n)
feu(m)	fuoco(m)	foc(n)
ménage(m)	faccende(f) domestiche	menaj(n)
gouvernail(m)	timone(m)	bară(f)
mourir de faim	morire di fame	muri de foame
intelligent	intelligente	inteligent
faute(f)	mancanza(f)	greşeală(f)

DOMESTICUS 家の　QUID 何　FACERE する　MANERE「留まる」から派生　【舵】GUBERNACULUM(n) 舵　俗ラ*barra 舵　【餓死する】MORI 死ぬ　DE ～の理由で　FAMES(f) 飢え　【賢い】INTELLIGENS 理解した　【過失】俗ラ*fallita 不足　MANCUS「欠陥のある」から派生　スラブgrēšiti「誤る」から派生

日本語	ポルトガル語	スペイン語
果実	fruto(m)	fruto(m)
歌手	cantante(m)	cantante(m)
果汁	suco(m) de fruta	jugo(m) de fruta
頭文字	inicial(f)	inicial(f)
過剰	excesso(m)	exceso(m)
かじる	morder	morder
滓(残りかす)	resíduo(m)	residuo(m)
貸す	emprestar	prestar
数	número(m)	número(m)
ガス	gás(m)	gas(m)
かすかな(漠然)	vago	vago
霞	bruma(f)	bruma(f)
風	vento(m)	viento(m)
風邪	resfriado(m)	resfriado(m)
課税する	taxar	imponer
稼ぐ	ganhar	ganar

【果実】FRUCTUS(m) 果実 【歌手】CANTARE「歌う」の現在分詞CANTANSから派生 CANTARE「歌う」から派生 【果汁】SUCUS(m) 汁 DE 〜のRUCTUM(n)「果実」から派生 JUS(n) スープ 【頭文字】INITIUM(n)「開始」から派生 【過剰】EXCESSUS(m) 逸脱 【かじる】MORDERE 噛む RODERE かじる 【滓(残りかす)】RESIDUUM(n) 残余 【貸す】PRAESTARE 与える ルーマニア語は語源不詳 【数】NUMERUS(m) 数 【ガス】中オランダ gas[＜CHAOS(n) 混沌[ベルギーの科学者 Van Helmont(1577-1644)の造語]] ガス 【かすかな(漠然)】VAGUS 漠然とした FLEBILIS 哀れな 【霞】BRUMA(f) 冬至 FUSCUS「暗い」から派生 CAECUS＞CAECIA(f) 盲目 【風】VENTUS(m)

フランス語	イタリア語	ルーマニア語
fruit(m)	frutto(m)	fruct(n)
chanteur(m)	cantante(m)	cântăreţ(m)
jus(m) de fruit	succo(m) di frutta	suc(n) de fruct
initiale(f)	iniziale(f)	iniţială(f)
excès(m)	eccesso(m)	exces(m)
mordiller	mordere	roade
résidu(m)	residuo(m)	reziduu(n)
prêter	prestare	împrumuta
nombre(m)	numero(m)	număr(n)
gaz(m)	gas(m)	gaz(n)
faible	fievole	vag
brume(f)	foschia(f)	ceaţă(f)
vent(m)	vento(m)	vânt(n)
rhume(m)	raffreddore(m)	răceală(f)
imposer	tassare	impune
gagner	guadagnare	câştiga

嵐 【風邪】FRIGIDUS「冷たい」から派生 RHEUMA(n) カタル RECENS「新鮮な」から派生 【課税する】TAXARE「査定する」から派生 IMPONERE 当てる 【稼ぐ】ゲ*waidanjan 栄養を得る CASTIGARE 矯正する

日本語	ポルトガル語	スペイン語
カセット	cassete(m)	cassette(m)
数える	contar	contar
家族	família(f)	familia(f)
ガソリン	gasolina(f)	gasolina(f)
型	tipo(m)	tipo(m)
肩	ombro(m)	hombro(m)
堅(固・硬)い	duro	duro
敵	inimigo(m)	enemigo(m)
形	forma(f)	forma(f)
片付ける	arranjar	arreglar
刀	espada(f)	espada(f)
かたまり	massa(f)	masa(f)
固まる	solidificar-se	solidificarse
傾き	inclinação(f)	inclinación(f)
傾く	inclinar-se	inclinarse
花壇	canteiro(m)	arriate(m)

【カセット】CASA(f)「小屋」からの造語 【数える】COMPUTARE 一緒に計算する NUMERARE 数える 【家族】FAMILIA(f) 家族 【ガソリン】中オランダgas[＜CHAOS(n) 混沌[ベルギーの科学者Van Helmont(1577-1644)の造語]] ガス＋óleo[＜OLEUM(n) オイル]→造語 ESSENTIA(f) 精 BENZOE(f) 安息酸 【型】TYPUS(m) 像 【肩】UMERUS(m) 肩 SPATHA(f)＋縮小辞→SPATHULA 小さなへら 【堅(固・硬)い】DURUS(m) 堅い 【敵】INIMICUS(m) 敵 【形】FORMA(f) 形 【片付ける】REGULA(f)「定規」から派生 フランク*hring「輪」から派生 ORDINARE 整える 【刀】SPATHA(f) サーベル 【かたまり】MASSA(f) 塊 【固まる】SOLIDUS 堅い＋FACERE する SE[再帰代名

― 120 ―

フランス語	イタリア語	ルーマニア語
cassette(f)	cassetta(f)	casetă(f)
compter	contare	numără
famille(f)	famiglia(f)	familie(f)
essence(f)	benzina(f)	benzină(f)
type(m)	tipo(m)	tip(n)
épaule(f)	spalla(f)	spată(f)
dur	duro	dur
ennemi(m)	nemico(m)	inamic(m)
forme(f)	forma(f)	formă(f)
arranger	ordinare	ordona
épée(f)	spada(f)	spadă(f)
masse(f)	massa(f)	masă(f)
se solidifier	solidificarsi	se solidifica
inclination(f)	inclinazione(f)	înclinaţie(f)
[s']incliner	inclinarsi	se înclina
parterre(m)	aiola(f)	răzor(n)

詞]【傾き】INCLINATIO(f) 傾向 【傾く】INCLINARE 傾ける　SE[再帰代名詞]【花壇】PER 〜のために + TERRA(f) 土　イタリア語は語源不詳　ブルガリア razor「畦」から派生

日本語	ポルトガル語	スペイン語
果断な	resolvido	resuelto
価値	valor(m)	valor(m)
家畜(集合的に)	gado(m)	ganado(m)
勝つ	ganhar	ganar
学科	seção(f)	sección(f)
学会	sociedade(f)	sociedad(f)
がっかりする	desanimar-se	desanimarse
楽器	instrumento(m)	instrumento(m)
学期(6カ月)	semestre(m)	semestre(m)
活気のある	animado	animado
かつぐ	levar nos ombros	llevar a cuestas
学校	escola(f)	escuela(f)
喝采	aplauso(m)	aplauso(m)
合唱	coro(m)	coro(m)
褐色の	moreno	moreno
滑走路	pista(f)	pista(f)

【果断な】RESOLUTUS 明らかにされた ハンガリーhotár「境界」から派生 【価値】VALOR(m) 価値 【家畜(集合的に)】BESTIA(f) 動物 VITA(f) 生命 【勝つ】ゲ*waidanjan 栄養を得る CASTIGARE 矯正する 【学科】SECTIO(f) 区分 【学会】SOCIETAS(f) 団体 SOCIUS(m)「会員」から派生 【がっかりする】DIS-「否定」の接頭辞+ANIMARE 勇気づける SE[再帰代名詞] COR(n)「心」から派生 【楽器】INSTRUMENTUM(n) 道具 【学期(6カ月)】SEX 六+MENSIS 月 【活気のある】ANIMATUS 活気のある 【かつぐ】LEVARE 軽くする IN ～に ILLE あの UMERUS(m) 肩 AB ～で COSTA(f) 肋骨 PORTARE 持ち運ぶ SUPER ～の上に DORSUM(n) 背中 MITTERE 送

フランス語	イタリア語	ルーマニア語
résolu	risoluto	hotărât
valeur(f)	valore(m)	valoare(f)
bétail(m)	bestiame(m)	vită(f)
gagner	guadagnare	câştiga
section(f)	sezione(f)	secţie(f)
société(f)	società(f)	societate(f)
se décourager	scoraggiarsi	se descuraja
instrument(m)	strumento(m)	instrument(n)
semestre(m)	semestre(m)	semestru(n)
animé	animato	animat
porter sur le dos	portare sulle spalle	purta la spate
école(f)	scuola(f)	şcoală(f)
applaudissements(m)	applauso(m)	aplauze(f)
chœur(m)	coro(m)	cor(n)
brun	bruno	cafeniu
piste(f)	pista(f)	pistă(f)

る SPATHA(f) へら ILLAC そこに 【学校】SCHOLA(f) 学校 【喝采】APPLAUSUS(m) 拍手 APPLAUDERE「拍手喝采する」から派生 【合唱】CHORUS(m) 合唱隊 【褐色の】MAURUS「ムーア人」から派生 ゲ*brūn 褐色の トルコ kahve「コーヒー」から派生 【滑走路】イ pista [<] 滑走路

日本語	ポルトガル語	スペイン語
活動	actividade(f)	actividad(f)
活発な	vivo	vivo
合併	união(f)	unión(f)
活躍	actividade(f)	actividad(f)
かつら	peruca(f)	peluca(f)
家庭	família(f)	familia(f)
仮定(仮説)	hipótese(f)	hipótesis(f)
仮定	suposição(f)	suposición(f)
過程	processo(m)	proceso(m)
課程	curso(m)	curso(m)
過度の	excessivo	excesivo
下等な	inferior	inferior
活用する	utilizar	utilizar
角(かど)	esquina(f)	esquina(f)
カトリック	catolicismo(m)	catolicismo(m)
悲しい	triste	triste

【活動】ACTIVUS「活発な」の名詞化 【活発な】VIVUS 生きている ACTIVUS 活発な 【合併】UNIO(f) 結合 UNIFICARE「統一する」の名詞化 【活躍】ACTIVUS「活発な」の名詞化 【かつら】イタリア語から各ロマンス語が借用，語源は不詳 【家庭】FAMILIA(f) 家族 【仮定(仮説)】ギ hypóthesis 基礎・仮定 【仮定】SUPPOSITIO(f) 仮定 【過程】PROCESSUS(m) 経過 【課程】CURSUS(m) 走ること 【過度の】EXCESIVUS 巨大な 【下等な】INFERIOR より低い 【活用する】UTILITAS(f)「有益」→動詞化 【角(かど)】ゲ*skina 木の棒 ANGULUS(m) 角・隅 ブルガリア kolec「杭」から派生 【カトリック】CATHOLICUS「普遍的な」から派生 【悲しい】TRISTIS 悲しい

フランス語	イタリア語	ルーマニア語
activité(f)	attività(f)	activitate(f)
vif	attivo	vioi
union(f)	unione(f)	unificare(f)
activité(f)	attività(f)	activitate(f)
perruque(f)	parrucca(f)	perucă(f)
famille(f)	famiglia(f)	familie(f)
hypothèse(f)	ipotesi(f)	ipoteză(f)
supposition(f)	supposizione(f)	supoziţie(f)
processus(m)	processo(m)	proces(n)
cours(m)	corso(m)	curs(n)
excessif	eccessivo	excesiv
inférieur	inferiore	inferior
utiliser	utilizzare	utiliza
angle(m)	angolo(m)	colţ(n)
catholicisme(m)	cattolicesimo(m)	catolicism(m)
triste	triste	trist

日本語	ポルトガル語	スペイン語
悲しみ	tristeza(f)	tristeza(f)
必ず	sem falta	sin falta
かなり	bastante	bastante
カニ	caranguejo(m)	cangrejo(m)
金(銭)	dinheiro(m)	dinero(m)
鐘	campana(f)	campana(f)
金持ちの	rico	rico
可能な	possível	posible
彼女	ela	ella
彼女(恋人)	namorada(f)	enamorada(f)
カバー	cobertura(f)	cobertura(f)
庇う	proteger	proteger
カバン	carteira(f)	cartera(f)
過半数	maioria(f)	mayoría(f)
カビ	mofo(m)	moho(m)
花瓶	floreira(f)	florero(m)

【悲しみ】TRISTITIA(f) 悲嘆 【必ず】SINE ～無しに 俗ラ*fallita 不足 ALTER 別の スラブne-「否定」を表す接頭辞 + grěšiti「誤る」から派生 【かなり】ギbastázein「支える」から派生 SATIS 十分に SATULLUS「ある程度十分に」から派生 【カニ】CANCER(m) カニ 古オランダkrabbe カニ 【金(銭)】DENARIUS(m) ローマ時代の銀貨の名前 ARGENTUM(n) 銀 ルーマニア語の語源は不詳 【鐘】(VASA)CAMPANA カンパニア地方の(容器) 俗ラ*clocca 鐘 スラブklopotū「騒音」から派生 【金持ちの】ゲ*rīkja 支配者 スラブbogatū「豊かな」から派生 【可能な】POSSIBILIS 可能な 【彼女】ILLA 彼女 【彼女(恋人)】AMOR(m)「愛」から派生 AMOROSUS 愛ら

— 126 —

フランス語	イタリア語	ルーマニア語
tristesse(f)	tristezza(f)	tristeţe(f)
sans faute	senz'altro	negreşit
assez	abbastanza	destul
crabe(m)	granchio(m)	crab(m)
argent(m)	denaro	bani(m)
cloche(f)	campana(f)	clopot(n)
riche	ricco	bogat
possible	possibile	posibil
elle	lei	ea
amoureuse(f)	ragazza	iubită(f)
couverture(f)	coperta(f)	capac(n)
protéger	proteggere	proteja
serviette(f)	portafoglio(m)	geamantan(n)
majorité(f)	maggioranza(f)	majoritate(f)
moisi(m)	muffa(f)	mucegai(n)
vase(m)	vaso(m) da fiori	vază(f)

しい　アラブraqqas 配達夫　スラブljubiti「愛する」から派生　【カバー】COOPERIRE「完全に覆いかぶす」から派生　トルコkapak「カバー」から派生　【庇う】PROTEGERE 前を覆う　【カバン】SERVIRE「役に立つ」から派生　PORTARE 持ち運ぶ＋FOLIUM(n) 葉　トルコcamadan「チョッキ」から派生　【過半数】MAJORITAS(f) 大多数　【カビ】ポルトガル語・スペイン語・イタリア語は語源不詳　MUCERE「カビが生える」から派生　MUCIDUS「黴びた」から派生　【花瓶】FLOS(m)「花」から派生　VAS(n) 器　DE 〜から＋AB 〜から

日本語	ポルトガル語	スペイン語
株式	ação(f)	acción(f)
カフス	punho(m)	puño(m)
被せる	cobrir	cubrir
壁	parede(f)	pared(f)
貨幣	moeda(f)	moneda(f)
我慢	paciência(f)	paciencia(f)
我慢する	agüentar	aguantar
神	deus(m)	dios(m)
紙	papel(m)	papel(m)
髪	cabelo(m)	cabello(m)
カミソリ	navalha(f)	navaja(f)
雷(鳴)	trovão(m)	trueno(m)
噛む(咀嚼)	mastigar	masticar
噛む(鉛筆を)	morder	morder
カメラ(写真器)	máquina(f) fotográfica	máquina(f) fotogáfica

【株式】ACTIO(f) 実行　【カフス】PUGNUS(m) 握りこぶし　MANICA(f)「長袖」から派生　PULSUS(m)「打つこと」から派生　【被せる】COOPERIRE 完全に覆いかぶす　【壁】PARIES(m) 壁　MURUS(m) 壁　【貨幣】MONETA［女神JUNOのあだ名(神殿で貨幣が鋳造されていた)］　【我慢】PATIENTIA(f) 忍耐　ルーマニア語は語源不詳　【我慢する】SUPPORTARE 支える　PATIENTIA(f)「忍耐」から派生　ルーマニア語は語源不詳　【神】DEUS(m) 神　DOMINUS(m) 主＋DEUS(m) 神　【紙】PAPYRUS(f) パピルス・紙　CHARTA(f) 書　スラブ chartija「紙」から派生　【髪】CAPILLUS(m) 頭髪　PILUS(m) 毛髪　【カミソリ】NOVACULA(f) カミソリ　RADERE「剃る」から派生　スラブ bricī「カ

— 128 —

フランス語	イタリア語	ルーマニア語
action(f)	azione(f)	acţiune(f)
manchette(f)	polsini(m)	pumn(m)
couvrir	coprire	acoperi
mur(m)	muro(m)	perete(m)
monnaie(f)	moneta(f)	monedă(f)
patience(f)	pazienza(f)	răbdare(f)
supporter	sopportare	răbda
dieu(m)	dio(m)	dumnezeu(m)
papier(m)	carta(f)	hârtie(f)
cheveu(m)	capello(m)	păr(m)
rasoir(m)	rasoio(m)	brici(n)
tonnerre(m)	tuono(m)	tunet(n)
mastiquer	masticare	mestica
mordre	mordere	muşca
appareil(m) (photographique)	macchina(f) fotografica	aparat(n) de fotografiat

ミソリ」から派生　【雷(鳴)】TONARE「雷が鳴る」の名詞化　【噛む(咀嚼)】MASTICARE 噛みくだく　【噛む(鉛筆を)】MORDERE 噛む　ルーマニア語は語源不詳　【カメラ(写真器)】MACHINA(f) 機械　ギphotos 光＋graphía 描くこと→造語　APPARATUS(m) 道具

― 129 ―

日本語	ポルトガル語	スペイン語
カメラ(テレビの)	cámara(f)	cámara(f)
仮面	máscara(f)	máscara(f)
カモ	pato(m)	pato(m)
かもしれない	pode ser	puede ser
貨物(船の)	carga(f)	carga(f)
カモメ	gaivola(f)	gaviota(f)
痒み	comichão(f)	picazón(f)
か弱い	débil	débil
通う(頻繁に)	freqüentar	frecuentar
火曜日	terça-feira(f)	martes(m)
～から(場所)	desde	desde
空(から)の	vazio	vacío
カラー	pescoço(m)	cuello(m)
辛い	picante	picante
からかう	brincar	bromear

【カメラ(テレビの)】CAMERA(f)「丸天井」から派生　ギtele- 遠い+CAMERA(f) 丸天井→造語　【仮面】俗ラ*masca「魔女」から派生　【カモ】名詞は語源不詳　ANAS(f) カモ　SILVATICUS 野生の　【かもしれない】POSSE ～できる　ESSE ～である　ILLE あれは　SE[再帰代名詞]　DARE 与える　【貨物(船の)】CARICARE「荷物を積む」の名詞化　ハンガリーmarha「財産」から派生　【カモメ】古ブルトンgwemon「漂着物」から派生　GAVIA(f)「カモメ」から派生　PISCARIUS「魚の」から派生　【痒み】PICUS(m)「キツツキ」から派生　PRURITUS(m) 痒いこと　MANDUCARE「食べる」から派生　【か弱い】DEBILIS 虚弱な　【通う(頻繁に)】FREQUENTARE　しばしば訪れる

フランス語	イタリア語	ルーマニア語
caméra(f)	telecamera(f)	cameră(f)
masque(m)	maschera(f)	mască(f)
canard(m)	anatra(f)	raţă(f) sălbatică
il se peut	può darsi	poate
cargaison(f)	carico(m)	marfă(f)
goéland(m)	gabbiano(m)	pescăruş(m)
démangeaison(f)	prurito(m)	mâncărime(f)
débile	debole	debil
fréquenter	frequentare	frecventa
mardi(m)	martedì(m)	marţi(f)
depuis	da	de la
vide	vuoto	gol
col(m)	collo(m)	guler(n)
piquant	piccante	picant
taquiner	canzonare	glumi

【火曜日】TERTIUS 第三の　FERIA(f) 週日　MARTIS(DIES) 軍神の(日)
【〜から(場所)】DE 〜から + EX 〜から + DE 〜から　DE 〜から + POST 後ろに　DE 〜から + AB 〜から　ILLAC そこに　【空(から)の】VACUUS からの　スラブgolū「裸の」から派生　【カラー】POST 〜の後に + COCCA(f) 貝　COLLUM(n) 首　ハンガリーgallér「カラー」から派生　【辛い】俗ラ *pikkare[<「速い動き」を表す擬声音]から派生　【からかう】フランク *taquehain 暴動　スラブglumiti「からかう」から派生

日本語	ポルトガル語	スペイン語
辛口の(酒類)	seco	seco
カラシ	mostarda(f)	mostaza(f)
カラス	corvo(m)	cuervo(m)
ガラス	vidro(m)	vidrio(m)
体	corpo(m)	cuerpo(m)
仮の	provisório	provisional
仮初めの	transitório	transitorio
借りる(賃貸)	alugar	alquilar
刈る	cortar	cortar
軽い	ligeiro	ligero
彼	ele	él
彼ら	eles	ellos
ガレージ	garagem(f)	garaje(m)
枯れる	secar-se	secarse
カレンダー	calendário(m)	calendario(m)

【辛口の(酒類)】SICCUS 乾いた 【カラシ】MUSTUM(n) ブドウの絞り汁 ハンガリーmustár「カラシ」から派生 【カラス】CORVUS(m) カラス ルーマニア語は語源不詳 【ガラス】VITREUS ガラス製の VITRUM(n) ガラス スラブstĭklo「ガラス」から派生 【体】CORPUS(n) 体 【仮の】PROVISIO(f)「用心」から派生 PROVIDERE「用心する」の完了分詞PROVISUSから派生 【仮初めの】TRANSITORIUS 一時的な PASSUS(m)「歩み」から派生 【借りる(賃貸)】ALLOCARE「置く」から派生 アラブal-kira「賃貸」から派生 MUTUARI 借りる NAULUM(m)「船賃」から派生 ブルガリアkirija「借りる」から派生 【刈る】CURTARE 短くする COLAPHUS(m) 剣打 TALEA(f)

フランス語	イタリア語	ルーマニア語
sec	secco	sec
moutarde(f)	mostarda(f)	muştar(n)
corbeau(m)	corvo(m)	cioară(f)
verre(m)	vetro(m)	sticlă(f)
corps(m)	corpo(m)	corp(n)
provisoire	provvisorio	provizoriu
passager	transitorio	tranzitoriu
emprunter	noleggiare	închiria
couper	tagliare	cosi
léger	leggero	uşor
il	lui	el
ils	loro	ei
garage(m)	garage(m)	garaj(n)
se flétrir	seccarsi	se usca
calendrier(m)	calendario(m)	calendar(n)

「棒」から派生　スラブkositi「刈る」から派生　【軽い】LEVIS「軽い」から派生　【彼】ILLE 彼は　【彼ら】ILLE「彼は」の複数の斜格から派生　【ガレージ】仏garage[garer「車をしまう」から派生]の借用　【枯れる】SICCARE 乾かす　SE[再帰代名詞]　FLACCIDUS「緩んだ」から派生　EXSUCARE 枯らす　【カレンダー】CALENDAE(f) ついたち

日本語	ポルトガル語	スペイン語
過労で	por excesso de trabalho	por exceso de trabajo
画廊	galeria(f)	galería(f)
辛うじて	a muito custo	a duras penas
川	rio(m)	río(m)
革(鞣した)	coiro(m)	cuero(m)
かわいい	bonito	bonito
かわいそうな	pobre	pobre
乾いた	seco	seco
為替	câmbio(m)	cambio(m)
変わった(奇妙な)	estranho	extraño
変わり	câmbio(m)	cambio(m)
変わる	cambiar	cambiar
代わる	substituir	substituir
缶	lata(f)	lata(f)
ガン	câncer(m)	cáncer(m)

【過労で】PER ～のために　EXCESSUS(m) 逸脱　DE ～の　TRES 三＋PALUS(m) 棒　AB ～によって　SUPER ～を越えて＋LABORARE 働く→名詞化　DE ～から＋IN ～に　CAUSA(f) 原因　スラブmonka「拷問」から派生　EXCESSIVUS 過度の　【画廊】GALILAEA ガリラヤ[パレスチナの地名]　【辛うじて】AD ～へ＋MULTUS 多くの　CONSTARE「(費用が)掛かる」から派生　DURUS 不都合な　POENA(f) 罰　POENA(f) 罪　AD ～へ＋VIX 辛うじて　【川】RIVUS(m) 川　RIPA(f) 岸　FLUMEN(n) 川　【革(鞣した)】CORIUM(n) 革　PELLIS(f) 毛皮　【かわいい】BONUS 良い＋縮小辞　古スカンジナビアjôl 真冬の祭典　BELLUS 綺麗な　スラブdragū「貴重な」から派

— 134 —

フランス語	イタリア語	ルーマニア語
à excès de travail	per eccesso di lavoro	din cauza muncii excesive
galerie(f)	galleria(f)	galerie(f)
à peine	appena	abia
rivière(f)	fiume(m)	râu(n)
cuir(m)	cuoio(m)	piele(f)
joli	bello	drag
pauvre	povero	sărac
sec	secco	sec
change(m)	cambio(m)	schimb(n)
étrange	strano	straniu
changement(m)	cambio(m)	schimb(n)
changer	cambiare	schimba
remplacer	sostituire	substitui
bidon(m)	scatola(f)	cutie(f)
cancer(m)	cancro(m)	cancer(n)

生 【かわいそうな】PAUPER 貧しい　ブルガリアsirak「貧しい」から派生 【乾いた】SICCUS 乾いた　【為替】CAMBIUM(n) 相場　【変わった(奇妙な)】EXTRANEUS 外の　【変わり】CAMBIARE「交換する」から派生　【変わる】CAMBIARE 交換する　【代わる】SUBSTITUERE すり替える　PLATEA(f)「道路」から派生　【缶】俗ラ*latta「長い棒」から派生　フランス語は語源不詳　後ラcastula 箱　トルコkutu「箱」から派生　【ガン】CANCER(m) ガン

日本語	ポルトガル語	スペイン語
簡易な	simples	sencillo
考え	pensamento(m)	pensamiento(m)
考える	pensar	pensar
感覚	sentido(m)	sentido(m)
間隔	intervalo(m)	intervalo(m)
換気	ventilação(f)	ventilación(f)
観客	espectador(m)	espectador(m)
環境	ambiente(m)	ambiente(m)
関係	relação(f)	relación(f)
歓迎	boas-vindas(f)	bienvenida(f)
感激	emoção(f)	emoción(f)
感激する	emocionar-se	emocionarse
簡潔な	conciso	conciso
看護婦	enfermeira(f)	enfermera(f)
頑固な	obstinado	obstinado
観光	turismo(m)	turismo(m)

【簡易な】SINGULUS 単一の＋縮小辞 【考え】PENSARE「重さを量る」の名詞化 ハンガリーgond「考え」から派生 【考える】PENSARE 重さを量る ハンガリーgond「考え」から派生 【感覚】SENTIRE「感じる」の完了分詞SENSUSから派生 【間隔】INTERVALLUM(n) 間隙 【換気】VENTILATIO(f) 換気 【観客】SPECTATOR(m) 見物人 【環境】AMBIRE「囲む」の現在分詞AMBIENSから派生 MEDIUS 中間の＋LOCUS(m) 場所 MEDIUM(n) 媒介 【関係】RELATIO(f) 関係 APPORTARE「持ってくる」から派生 【歓迎】BENE 良く＋VENIRE「来る」の完了分詞 BONUS 良い＋COLLIGERE 集める スラブpriimati「受ける」から派生 【感激】EMOVERE「外へ出す」か

フランス語	イタリア語	ルーマニア語
simple	semplice	simplu
pensée(f)	pensiero(m)	gând(n)
penser	pensare	gândi
sens(m)	senso(m)	simţ(n)
intervalle(m)	intervallo(m)	interval(n)
ventilation(f)	ventilazione(f)	ventilaţie(f)
spectateur(m)	spettatore(m)	spectator(m)
milieu(m)	ambiente(m)	mediu(n)
rapport(m)	relazione(f)	relaţie(f)
bon accueil(m)	benvenuto(m)	primire(f)
émotion(f)	emozione(f)	emoţie(f)
s'émouvoir	emozionarsi	se însufleţi
concis	conciso	concis
infirmière(f)	infermiera(f)	infirmieră(f)
obstiné	ostinato(m)	încăpaţinat
tourisme(m)	turismo(m)	turism(n)

ら派生 【感激する】EMOVERE「外へ出す」から派生　SE[再帰代名詞] SUFFLARE「吹く」から派生　【簡潔な】CONCIDERE「切断する」の完了分詞CONCISUSから派生　【看護婦】INFIRMARIA(f) 看護婦　【頑固な】OBSTINATUS 断固たる　ルーマニア語は語源不詳　【観光】英語tourism[＜TURNUS 順序]「観光」から借用

日本語	ポルトガル語	スペイン語
刊行する	publicar	publicar
勧告	recomendação(f)	recomendación(f)
勧告する	recomendar	recomendar
観察	observação(f)	observación(f)
監視	vigia(f)	vigilancia(f)
監視する	vigiar	vigilar
感じの良い	simpático	simpático
感謝	gratidão(f)	gratitud(f)
患者	paciente(m)	paciente(m)
慣習	costume(f)	costumbre(f)
感じる	sentir	sentir
干渉する	intervir	intervenir
鑑賞する	apreciar	apreciar
勘定(会計)	conta(f)	cuenta(f)
関心	interesse(m)	interés(m)
頑丈な	forte	fuerte

【刊行する】PUBLICARE 公表する 【勧告】RE-「強調」を表す接頭辞＋COMMENDARE 推薦する EXHORTATIO(f) 勧告 【勧告する】RE-「強調」を表す接頭辞＋COMMENDARE 推薦する EXHORTARI 鼓舞する 【観察】OBSERVATIO(f) 観察 【監視】VIGILANTIA(f) 警戒 SUPER 上に＋VIGILARE 醒めている→名詞化 VIGILARE「警戒する」の名詞化 【監視する】VIGILARE 警戒する SUPER 上に＋VIGILARE 警戒する VIGILARE 警戒する 【感じの良い】SYMPATHICUS 共感する 【感謝】GRATITUDU(f) 感謝 MULTUS「沢山の」から派生 【患者】PATIENTIA(f) 忍耐 MALE HABITUS「悪く捕らえられた」から派生 ブルガリアbolnav「病気の」から

— 138 —

フランス語	イタリア語	ルーマニア語
publier	pubblicare	publica
recommandation(f)	estortazione(f)	recomandare(f)
recommander	esortare	recomanda
observation(f)	osservazione(f)	observaţie(f)
surveillance(f)	vigilanza(f)	veghe(f)
surveiller	vigilare	veghea
sympathique	simpatico	simpatic
gratitude(f)	gratitudine(f)	mulţumire(f)
malade(m)	paziente(m)	bolnav(m)
coutume(f)	costume(f)	obicei(n)
sentir	sentire	simţi
intervenir	intervenire	interveni
apprécier	apprezzare	admira
compte(m)	conto(m)	cont(n)
intérêt(m)	interesse(m)	interes(n)
fort	forte	tare

派生 【慣習】CONSUETUDO(f) 習慣　ブルガリアobičaj「習慣」から派生 【感じる】SENTIRE 感じる　【干渉する】INTERVENIRE 干渉する　【鑑賞する】APPRETIARE 評価する　ADMIRARI 驚嘆する　【勘定(会計)】COMPUTARE「計算する」から派生　COMPUTATIO(f) 勘定　【関心】INTERESSE ～の間にある　【頑丈な】FORTIS 強い　TALIS このような

日本語	ポルトガル語	スペイン語
感じる	sentir	sentir
感心する	admirar	admirar
関心をもつ	ter interesse em	tener interés por
肝心な	essencial	esencial
関する(〜に)	sobre	sobre
完成する	aperfeiçoar	perfeccionar
歓声をあげる	aclamar	aclamar
管制塔	torre(f) de controle	torre(f) de control
関税	direito(m) aduaneiro	derechos(m) aduaneros
間接の	indirecto	indirecto
関節	articulação(f)	articulación(f)
感染する	contagiar-se	contagiarse

【感じる】SENTIRE 感じる 【感心する】ADMIRARI 驚嘆する 【関心をもつ】TENERE 保つ INTERESSE「〜の間にある」の名詞化 IN 〜に PREHENDERE 取る AD 〜に HABERE 保つ PER 〜に対して ルーマニア語の動詞は語源不詳 PRAE 前に＋INTRO 中へ 【肝心な】ESSENTIALIS 本質的な 【関する(〜に)】SUPER 〜の上に AD 〜へ＋SUPRA 上に 【完成する】PERFECTIO(f)「完成」の動詞化 AD 〜へ＋CAPUT(n) 頭→動詞化 PLENUS「十分な」の動詞化 【歓声をあげる】CLAMARE 叫ぶ PONERE 置く DE 〜の＋ILLE あの QUIRITARE「叫ぶ」の名詞化 GAUDIUM(n) 喜び LANCEA(f)「槍」の動詞化 【管制塔】TURRIS(f) 塔 DE 〜の 仏

フランス語	イタリア語	ルーマニア語
sentir	sentire	simți
admirer	ammirare	admira
prendre intérêt à	prendere interesse a	arăta interes pentru
essentiel	essenziale	esențial
sur	su	asupra
achever	perfezionar	împlini
pousser des cris de joie	lanciare grida di gioia	aclama
tour(f) de contrôle	torre(f) di controllo	turn(n) de control
droits(m) de douane	dazio(m) doganale	vamă(f)
indirect	indiretto	indirect
articulation(f)	articolazione(f)	articulație(f)
se contaminer	contagiarsi	se contamina

---

contre[＜CONTRA ～に対して]～に対して + rôle[＜ROTA(f) 輪]動作 【関税】DIRECTUS 真っすぐな　アラブad-diwan「役所」から派生　DE ～のハンガリーván「関税」から派生　【間接の】INDIRECTUS 間接の　【関節】ARTICULATIO(f) 関節　【感染する】CONTAMINARE 汚す　SE[再帰代名詞]

日本語	ポルトガル語	スペイン語
完全な	perfeito	perfecto
乾燥(行為)	secura(f)	sequedad(f)
感想	impressão(f)	impresión(f)
観測	observação(f)	observación(f)
簡素な	simples	simple
乾燥する	secar	secarse
寛大な	generoso	generoso
簡単な	simples	simple
勘違いする	equivocar-se	equivocarse
館長	director(m)	director(m)
缶詰	conserva(f)	conserva(f)
観点	ponto(m) de vista	punto(m) de vista
感動	emoção(f)	emoción(f)
感動する	comover-se	conmoverse
監督(指導)	direcção(f)	dirección(f)
観念	idéia(f)	idea(f)

【完全な】PERFECTUS 完全な 【乾燥(行為)】SICCITAS(f) 乾燥 SICCARE「乾かす」の名詞化 EXSUCARE「絞り出す」の名詞化 【感想】IMPRESSIO(f) 印象 【観測】OBSERVATIO(f) 観察 【簡素な】SIMPLEX 単一の 【乾燥する】SICCARE 乾かす SE[再帰代名詞] EXSUCARE 絞り出す 【寛大な】GENEROSUS 高貴な 【簡単な】SIMPLEX 単一の 【勘違いする】EQUIVOCUS 両義の→動詞化 SE[再帰代名詞] フランク*missi 誤った + PREHENDERE 取る ルーマニア語は語源不詳 【館長】DIRECTOR(m) 指導者 【缶詰】CONSERVATIO(f) 保管 【観点】PUNCTUS(m) 点 DE 〜の VISUS「見ること」から派生 VIDERE「見る」の名詞化 【感動】EMOVERE「外へ出す」

フランス語	イタリア語	ルーマニア語
parfait	perfetto	perfect
séchage(m)	disseccamento(m)	uscăciune(f)
impression(f)	impressione(f)	impresie(f)
observation(f)	osservazione(f)	observaţie(f)
simple	semplice	simplu
(se) sécher	seccarsi	se usca
généreux	generoso	generos
simple	semplice	simplu
se méprendre	equivocare	se înşela
directeur	direttore	director(m)
conserve(f)	conserva(f)	conservă(f)
point(m) de vue	punto(m) di vista	punct(n) de vedere
motion(f)	emozione(f)	emoţie(f)
s'émouvoir	conmuoversi	se emoţiona
direction(f)	direzione(f)	direcţie(f)
idée(f)	idea(f)	idee(f)

から派生 【感動する】CON 共に + MOVERE 動かす　SE[再帰代名詞] EMOVERE 外へ出す 【監督(指導)】DIRECTIO(f) 指揮 【観念】IDEA(f) 観念

日本語	ポルトガル語	スペイン語
官能	sensualidade(f)	sensualidad(f)
乾杯！	Saúde!	¡Salud!
頑張る	esforçar-se	esforzarse
甲板	coberta(f)	cubierta(f)
看病する	cuidar	cuidar
完璧	perfeição(f)	perfección(f)
完璧な	perfeito	perfecto
願望	desejo(m)	deseo(m)
緩慢	lentidão(f)	lentitud(f)
冠	coroa(f)	corona(f)
勧誘	invitação(f)	invitación(f)
寛容	tolerância(f)	tolerancia(f)
慣用	uso(m)	uso(m)
歓楽	prazer(m)	placer(m)
管理	administração(f)	administración(f)
完了	terminação(f)	terminación(f)

【官能】SENSUALIS「肉感の」から派生　SENSUS(m) 知覚　【乾杯！】SALUS(f) 健康　AD ～へ　VOSTER あなた達の　SANITAS(f) 健康　スラブnaroku「幸運」から派生　【頑張る】EX 外へ＋FORTIS「強い」→動詞化　SE［再帰代名詞］　スラブstradati「苦しむ」から派生　【甲板】COOPERIRE「完全に覆う」の完了分詞女性形COOPERTAから派生　PONS(m) 甲板　【看病する】COGITARE 考える　フランク*sunnjôn 従事する　CURARE 看病する　ブルガリアgriža「注意」から派生　【完璧】PERFECTIO(f) 完全　【完璧な】PERFECTUS 完全な　【願望】DESIDIA(f) 怠惰　DESIDERARE「焦がれる」の名詞化　DOLERE「苦しむ」の名詞化　【緩慢】LENTITUDO(f) 緩慢　QUIETUS「平静な」の名

― 144 ―

フランス語	イタリア語	ルーマニア語
sens(m)	sensualità(f)	senzualitate(f)
A votre santé!	Salute!	Noroc!
s'efforcer	sforzarsi	se strădui
pont(m)	coperta(f)	punte(f)
soigner	curare	îngriji
perfection(f)	perfezione(f)	perfecţiune(f)
parfait	perfetto	perfect
désir(m)	desiderio(m)	dorinţă(f)
lenteur(f)	lentezza(f)	încetineală(f)
couronne(f)	corona(f)	coroană(f)
invitation(f)	invito(m)	invitaţie(f)
indulgence(f)	tolleranza(f)	toleranţă(f)
usage(m)	usanza(f)	uz(n)
plaisir(m)	piacere(m)	plăcere(f)
administration(f)	amministrazione(f)	administraţie(f)
achèvement(m)	compimento(m)	terminare(f)

詞化 【冠】CORONA(f) 花輪 【勧誘】INVITATIO(f) 招待 【寛容】TOLERANTIA(f) 忍耐 【慣用】USUS(m) 使用 【歓楽】PLACERE「気に入る」の名詞化【管理】ADMINISTRATIO(f) 管理 【完了】TERMINATIO(f) 終了　AD 〜へ＋CAPUT(n) 頭→動詞化→名詞化　COMPLERE 完成する

日本語	ポルトガル語	スペイン語
慣例	costume(f)	costumbre(f)
関連	relação(f)	relación(f)
緩和する	moderar	moderar

―き―

木	árvore(f)	árbol(m)
気の短い	impaciente	impaciente
気圧	pressão(f) atmosférica	presión(f) atmosférica
キーボード	teclado(m)	teclado(m)
黄色	amarelo(m)	amarillo(m)
議員(下院の)	deputado(m)	diputado(m)
消える(火が)	apagar-se	apagarse
消える(消失)	desaparecer	desaparecer
記憶	memória(f)	memoria(f)
キオスク	quiosque(m)	quiosco(m)

【慣例】CONSUETUDO(f) 習慣 CONVENTIO(f) 決議 【関連】RELATIO(f) 関係 LIGATUS「結びついた」の名詞化 【緩和する】MODERARI 中庸にする PAX(f)「平和」から派生 DIS-「否定」を表す接頭辞+TENDERE 張る 【木】ARBOR(f) 樹木 【気の短い】IMPATIENS 耐えられない ルーマニア語は語源不詳 【気圧】PRESSIO(f) 圧力 ギatmós 煙り+aphaîra 地球 【キーボード】TEGULA(f)「瓦」に由来 TANGERE「触れる」に由来 CLAVIS(f) 鍵 【黄色】AMARUS 苦い+縮小辞 GALBINUS 萌葱色の GALBUS 緑の 【議員(下院の)】DEPUTARE「割り当てる」の完了分詞DEPUTATUSから派生 CONSILIARIUS(m) 助言者 【消える(火が)】PACARE 静める SE[再帰

― 146 ―

フランス語	イタリア語	ルーマニア語
coutume(f)	costume(f)	convenţie(f)
relation(f)	relazione(f)	legătură(f)
apaisir	moderare	destinde
arbre(m)	albero(m)	arbore(m)
impatient	impaziente	nerăbrădator
pression(f)	pressione(f)	presiune(f)
atmosphérique	atmosferica	atmosferic
clavier(m)	tastiera(f)	claviatură(f)
jaune(m)	giallo	galben
conseiller(m)	deputato(m)	deputat(m)
s'éteindre	spegnersi	se stinge
disparaître	sparire	dispărea
mémoire(f)	memoria(f)	memorie(f)
kiosque(m)	chiosco(m)	chioşc(n)

代名詞】 EXSTINGUERE 消す DIS-「否定」を表す接頭辞 + EXPINGERE 彩色する STINGUERE 消す 【消える(消失)】DIS-「否定」を表す接頭辞 + APPARERE 現れる 【記憶】MEMORIA(f) 記憶 【キオスク】ペルシア kûshk 宮殿 トルコ köşk「あずまや」から派生

日本語	ポルトガル語	スペイン語
気温	temperatura(f)	temperatura(f)
帰化	naturalização(f)	naturalización(f)
機会	oportunidade(f)	oportunidad(f)
機械	máquina(f)	máquina(f)
議会	assembléia(f)	asamblea(f)
着替える	trocar de roupa	cambiarse de ropa
期間	prazo(m)	plazo(m)
危機	crise(f)	crisis(f)
効き目	eficácia(f)	eficacia(f)
企業	empresa(f)	empresa(f)
飢饉	fome(f)	hambre(f)
菊	crisântemo(m)	crisantemo(m)
聞く	ouvir	oír
聴く	escutar	escuchar
効く	ser eficiente	ser eficaz
器具	aparelho(m)	aparato(m)

【気温】TEMPERATURA(f)(CAELI)(空の)模様 【帰化】NATURALIS「自然の」から派生 【機会】OPPORTUNITAS(f) 好機 OCCASIO(f) 機会 【機械】MACHINA(f) 機械 【議会】SIMUL「一緒に」から派生 PARABOLA(f)「比喩」から派生 【着替える】TORQUERE 回す CAMBIARE 交換する SE[再帰代名詞] DE ～に関して ゲ*raupa 略奪品 ブルガリアhalina「衣服」から派生 【期間】PLACITUM(n) 決められた日 フランス語は語源不詳 PERIODUS(f) 周期 DURARE「継続する」の完了分詞女性形DURATAから派生 【危機】CRISIS(f) 危機 【効き目】EFFICACIA(f) 効力 【企業】INTER ～の間に＋PREHENDERE 取る→名詞化 【飢饉】FAMES(f) 飢え 【菊】

フランス語	イタリア語	ルーマニア語
température(f)	temperatura(f)	temperatură(f)
naturalisation(f)	naturalizzazione(f)	naturalizare(f)
occasion(f)	occasione(f)	ocazie(f)
machine(f)	macchina(f)	maşină(f)
assemblée(f)	parlamento(m)	parlament(n)
se changer	cambiarsi	schimba haina
délai(m)	periodo(m)	durată(f)
crise(f)	crisi(f)	criză(f)
efficacité(f)	efficacia(f)	eficacitate(f)
entreprise(f)	impresa(f)	întreprindere(f)
famine(f)	fame(f)	foame(f)
chrysanthème(m)	crisantemo(m)	crizantemă(f)
entendre	sentire	auzi
écouter	ascoltare	asculta
être efficace	essere efficace	fi eficace
appareil(m)	strumento(m)	instrument(n)

CHRYSANTHEMUM(n) 菊 【聞く】AUDIRE 聞く INTENDERE 注意を向ける SENTIRE 感じる 【聴く】AUSCULTARE 聴く 【効く】ESSE ～である EFFICAX 効く STARE 立っている FIERI ～になる 【器具】APPARATUS(m) 道具 INSTRUMENTUM(n) 道具

日本語	ポルトガル語	スペイン語
義兄	cunhado(m)	cuñado(m)
喜劇	comédia(f)	comedia(f)
危険	perigo(m)	peligro(m)
棄権(投票)	renúncia(f)	renuncia(f)
起源	origem(f)	origen(m)
期限	termo(m)	término(m)
機嫌	humor(m)	humor(m)
気候	clima(f)	clima(m)
記号	sinal(m)	signo(m)
聞こえる	ouvir	oír
帰国する	regressar ao país	volver a su país
キザな	esnobe	esnob
気さくな	franco	franco
岸(海岸)	costa(f)	costa(f)
生地	pano(m)	paño(m)

【義兄】COGNATUS(m) 血族　BELLUS 美しい + FRATER(m) 兄弟　【喜劇】COMOEDIA(f) 喜劇　【危険】PERICULUM(n) 危険　DOMINUS(m) 主人[主人の元では危険だから]　【棄権(投票)】RENUNTIARE「放棄する」の名詞化　ABSTENTIO(f) 節制　【起源】ORIGO(f) 由来　【期限】TERMINUS(M) 限界　【機嫌】HUMOR(m) 液　DISPOSITIO(f) 配備　【気候】CLIMA(n) 気候　【記号】SIGNUM(n) 記号　【聞こえる】AUDIRE 聴く　INTENDERE 注意を向ける　【帰国する】REGRESSUS(m)「帰還」の動詞化　AD ～へ　ILLE あの　PAGENSIS(m) 村人　VOLVERE 転がす　SUUS 自身の　RE-「再び」を表す接頭辞 + TORNARE 丸くする　IN ～に　PATRIA(f) 祖国　SE[再帰代名詞]

— 150 —

フランス語	イタリア語	ルーマニア語
beau-frère(m)	cognato(m)	cumnat(m)
comédie(f)	commedia(f)	comedie(f)
danger(m)	pericolo(m)	pericol(n)
renontiation(f)	astensione(f)	renunţare(f)
origine(f)	origine(f)	origine(f)
terme(m)	termine(m)	termen(n)
humeur(f)	umore(m)	dispoziţie(f)
climat(m)	clima(m)	climă(f)
signe(m)	segno(m)	semn(n)
entendre	udire	auzi
retourner dans	ritornare in	se întoarce
son pays	patria	în ţară
snob	snob	snob
franc	franco	franc
côte(f)	costa(f)	coastă(f)
tissu(m)	tessuto(m)	stofă(f)

INTORQUERE 回す　TERRA(f) 国　【キザな】英語snob 紳士気取りの俗物【気さくな】ゲ*Frank フランク族[貴族は租税を免除されて身分が自由であったことから]　【岸(海岸)】COSTA(f) 肋骨　【生地】PANNUS(m) 布地　TEXERE 織る　独Stoff 生地

日本語	ポルトガル語	スペイン語
記事	artigo(m)	artículo(m)
技師	engenheiro(m)	ingeniero(m)
儀式	cerimônia(f)	ceremonia(f)
寄宿舎(大学の)	dormitório(m)	colegio(m) mayor
期日	data(f)	fecha(f)
記者	periodista(mf)	periodista(mf)
記述	descrição(f)	descripción(f)
技術	técnica(f)	técnica(f)
基準	norma(f)	norma(f)
気性	temperamento(m)	temperamento(m)
気象	fenômeno(m)	fenómeno(m)
	atmosférico	atmosférico
記章	insígnia(f)	insignia(f)
キス	beijo(m)	beso(m)
傷	ferida(f)	herida(f)
傷つける	ferir	herir

【記事】ARTICULUS(m) 断片　【技師】INGENIUM(n)「天賦の才」から派生　【儀式】CAERIMONIA(f) 儀式　【寄宿舎(大学の)】DORMITORIUM(n) 寄宿舎　COLLEGIUM(n) 団体　MAJOR より大きい　PENSIO(f) 賃料　スラブkamina「暖炉」から派生　【期日】DARE「与える」の完了分詞女性形DATAから派生　FACERE「(文書を)作成する」の完了分詞女性形FACTAから派生　TERMINUS(m) 結末　【記者】PERIODICUS「周期的な」から派生　DIURNUS「日々の」から派生　DIES(mf)「日」から派生　【記述】DESCRIPTIO(f) 記述　【技術】TECHNICUS「専門の」から派生　【基準】NORMA(f) 規範　【気性】TEMPERAMENTUM(n) 節度　【気象】ギphainómenon 現れるもの　atmós 煙

フランス語	イタリア語	ルーマニア語
article(m)	articolo(m)	articol(n)
ingénieur(m)	ingegnere(m)	inginer(m)
cérémonie(f)	cerimonia(f)	ceremonie(f)
pension(f)	dormitorio(m)	cămin(n)
date(f)	data(f)	termen(n)
journaliste(mf)	giornalista(mf)	ziarist(m)
description(f)	descrizione(f)	descripţie(f)
technique(f)	tecnica(f)	tehnică(f)
norme(f)	norma(f)	normă(f)
tempérament(m)	temperamento(m)	temperament(n)
phénomène(m)	fenomeno(m)	condiţie(f)
atmosphérique	atmosferico	atmosferic
insigne(f)	distintivo(m)	insignă(f)
baiser(m)	bacio(m)	sărut(n)
blessure(f)	ferita(f)	plagă(f)
abîmer	ferire	răni

+ sphaîra 地球　CONDICIO(f) 条件　【記章】INSIGNE(n) 記章　DISTINCTUS「飾られた」から派生　【キス】BASIUM(n) キス　SALUTARE「挨拶する」から派生　【傷】FERITA(f) 打つこと　フランク*blettjan 打ち傷をつける　PLAGA(f) 殴打　【傷つける】FERIRE 打つ　ABYSSUS(f) 深淵　スラブraniti「傷つける」から派生

日本語	ポルトガル語	スペイン語
犠牲	sacrificio(m)	sacrificio(m)
奇跡	milagre(m)	milagro(m)
季節	estação(f)	estación(f)
気絶する	desmaiar-se	desmayarse
基礎	base(f)	base(f)
起訴する	acusar	acusar
規則	regra(f)	regla(f)
貴族(階級)	nobreza(f)	nobleza(f)
北	norte(m)	norte(m)
ギター	violão(m)	guitarra(f)
期待	expectação(f)	expectación(f)
気体	gás(m)	gas(m)
議題	tema(m)	tema(m)
鍛える(心身を)	fortificar	fortificar
汚い	sujo	sucio
基地	base(f)	base(f)

【犠牲】SACRIFICIUM(n) 犠牲 【奇跡】MIRACULUM(n) 奇跡 ルーマニア語は語源不詳 【季節】STATIO(f) 立つこと SATIO(f) 種蒔き ANNUS(m) 年 + TEMPUS(n) 時[＜独Jahreszeit「季節」の翻案] 【気絶する】俗ラ *exmagare「力を奪う」から派生 SE[再帰代名詞] EVANESCERE 消える DIS-「否定」を表す接頭辞 VENIRE 来る ルーマニア語は語源不詳 【基礎】BASIS(f) 基礎 【起訴する】ACCUSARE 告訴する 【規則】REGULA(f) 定規 【貴族(階級)】NOBILITAS(f)「高貴」から派生 ARISTOCRATIA(f) 貴族 【北】ゲ*nord 左手に 【ギター】アラブqithara 小さな竪琴 【期待】EXSPECTATIO(f) 期待 ATTENDERE「気をつける」から派生 AD ～へ+

フランス語	イタリア語	ルーマニア語
sacrifice(m)	sacrificio(m)	sacrificiu(n)
miracle(m)	miracolo(m)	minune(f)
saison(f)	stagione(f)	anotimp(n)
s'évanouir	svenire	leşina
base(f)	base(f)	bază(f)
accuser	accusare	acuza
règle(f)	regola(f)	regulă(f)
noblesse(f)	nobiltà(f)	aristocraţie(f)
nord(m)	nord(m)	nord(n)
guitare(f)	chitarra(f)	ghitară(f)
attente(f)	aspettazione(f)	aşteptare(f)
gaz(m)	gas(m)	gaz(n)
sujet(m)	tema(m)	temă(f)
fortifier	fortificare	fortifica
sale	sporco	murdar
base(f)	base(f)	bază(f)

SPECTARE 注意する 【気体】CHAOS(n)「混沌」からの造語[ベルギーの化学者Van Helmont(1577-1644)] 【議題】THEMA(n) 主題 SUBJECTUM(n) 題目 【鍛える(心身を)】FORTIFICARE 力をつける 【汚い】SUCIDUS 湿っぽい フランク*salo 汚い トルコmurdar 垢 【基地】BASIS(f) 基礎

日本語	ポルトガル語	スペイン語
機知	espírito(m)	espíritu(m)
気違いの	louco	loco
機長	capitão(m)	capitán(m)
貴重な	precioso	precioso
議長	presidente(m)	presidente(m)
きつい(窮屈な)	apertado	apretado
きつい(厳しい)	severo	severo
喫煙する	fumar	fumar
気づく	notar	notar
喫茶店	café(m)	café(m)
生粋の	puro	puro
切手	selo(m)	sello(m)
キツネ	zorro(m)	zorro(m)
切符	bilhete(m)	billete(m)
規定	regulamento(m)	reglamento(m)
危篤である	agonizar	agonizar

【機知】SPIRITUS(m) 呼吸　【気違いの】ポルトガル語・スペイン語は語源不詳　FOLLIS(m) ふいご　PATIENS「辛抱強い」から派生　スラブne-「否定」を表す接頭辞 + BONUS 良い　【機長】CAPUT(n)「頭」から派生　MANDARE「命じる」から派生　【貴重な】PRETIUM(n)「価格」から派生　【議長】PRAESIDENS(m) 管理者　【きつい(窮屈な)】PECTUS(n)「胸」から派生　SERA(f)「閂」から派生　STRICTUS 緊張した　【きつい(厳しい)】SEVERUS 厳格な　【喫煙する】FUMUS(m)「煙」からの造語　【気づく】NOTARE 観察する　【喫茶店】アラブqahwah コーヒー　トルコkahve コーヒー　【生粋の】PURUS 清い　【切手】SIGILLUM(n) 印　ギtumpanon 太鼓の一種　フランク

— 156 —

フランス語	イタリア語	ルーマニア語
esprit(m)	spirito(m)	spirit(n)
fou	pazzo	nebun
commandant(m)	comandante(m)	comandant(m)
précieux	prezioso	preţios
président(m)	presidente(m)	preşedinte(m)
serré	stretto	strâns
sévère	severo	sever
fumer	fumare	fuma
noter	notare	nota
café(m)	caffè(m)	cafea(f)
pur	puro	pur
timbre(m)	francobollo(m)	timbru(n)
renard(m)	volpe(f)	vulpe(f)
billet(m)	biglietto(m)	bilet(n)
règle(f)	regolamento(m)	regulament(n)
agoniser	agonizzare	agoniza

Frank 自由な＋BULLA(f) 球 【キツネ】フランク*Reginhart 強い助言 VULPES(f) 狐 【切符】BULLA(f)「教書」＋縮小辞 【規定】REGULARE「規定する」から派生　REGULA(f) 定規 【危篤である】AGONIA(f)「断末魔の苦痛」から派生

日本語	ポルトガル語	スペイン語
気取る	afectar-se	darse aires
気に入る(物が主語)	agradar	gustar
記入する	anotar	anotar
絹	seda(f)	seda(f)
記念日	aniversário(m)	aniversario(m)
昨日(きのう)	ontem	ayer
機能	função(f)	función(f)
技能	habilidade(f)	habilidad(f)
キノコ	cogumelo(m)	seta(f)
気の毒な	pobre	pobre
厳しい	severo	severo
厳しい(要求が)	exigente	exigente
気品のある	elegante	elegante
機敏な	ágil	ágil
寄付	contribuição(f)	contribución(f)
義父(配偶者の父)	padrasto(m)	padrastro(m)

【気取る】AFFECTARE 偽る　DARE 与える　SE[再帰代名詞]　AER(m) 空気　PONERE 置　DE ～の　ILLE あの　LEVARE 軽くする　【気に入る(物が主語)】後ラ gratum「喜び」から派生　GUSTARE 味わう　PLACERE 気に入る　【記入する】NOTARE 記入する　【絹】SAETA(f) 剛毛　METAXA(f) 絹　【記念日】ANNIVERSARIUS 年々の　【昨日(きのう)】AD NOCTEM 夜に向けて　HERI 昨日　【機能】FUNCTIO(f) 実行　【技能】HABILITAS(f) 熟練　DIRECTUS「真っ直ぐな」から派生　【キノコ】CUCUMELLA(f) 小鍋　俗ラ*campaniolus「野原の」から派生　FUNGUS(m) キノコ　ブルガリア čepurka「キノコ」から派生　【気の毒な】PAUPER 哀れな　PECCATUM(n)

フランス語	イタリア語	ルーマニア語
poser	darsi delle arie	îşi lua aerul
plaire	piacere	place
annoter	annotare	nota
soie(f)	seta(f)	mătase(f)
anniversaire(m)	anniversario(m)	aniversare(f)
hier	ieri	ieri
fonction(f)	funzione(f)	funcţie(f)
habileté(f)	abilità(f)	abilitate(f)
champignon(m)	fungo(m)	ciupercă(f)
pauvre	povero	păcătos
sévère	severo	sever
exigeant	esigente	exigent
élégant	elegante	elegant
agile	agile	agil
contribution(f)	contribuzione(f)	contribuţie(f)
beau-père(m)	patrigno(m)	socru(m)

「罪」から派生 【厳しい】SEVERUS 厳格な 【厳しい(要求が)】EXIGERE「要求する」の現在分詞EXIGENSから派生 【気品のある】ELEGANS 優雅な 【機敏な】AGILIS 機敏な 【寄付】CONTRIBUTIO(f) 寄付 【義父(配偶者の父)】PATER(m) 父＋軽蔑辞　BELLUS 綺麗な＋PATER(m) 父　SOCER(m) 義父

日本語	ポルトガル語	スペイン語
ギブアンドテイク	intercâmbio(m)	toma y daca(f)
気分転換をする	distrair-se	distraerse
規模	escada(f)	escala(f)
希望	esperança(f)	esperanza(f)
基本	base(f)	base(f)
基本的な	fundamental	fundamental
気前のいい	generoso	generoso
気まぐれ	capricho(m)	capricho(m)
決まる	decidir-se	decidirse
欺瞞	engano(m)	engaño(m)
君	tu	tú
機密	segredo(m)	secreto(m)
奇妙な	estranho	extraño
義務	dever(m)	deber(m)
気難しい	difícil	difícil

【ギブアンドテイク】INTER 〜の間に + CAMBIUM(n) 交換　スtomar[< AUTOMARE 思う]「取る」の命令形　ET 〜と　Da[< DA よこせ]　acá[< ECCUM HAC それをここで見よ]「こちらへおくれ」　CONCESSIO(f) 譲与　RECIPROCUS 交互の　【気分転換をする】DISTRAHERE 分かつ　SE［再帰代名詞］　【規模】SCALA(f) 階梯　MENSURA(f) 程度　【希望】SPERARE「期待する」の名詞化　【基本】BASIS(f) 基礎　【基本的な】FUNDAMENTALIS 基礎の　【気前のいい】GENEROSUS 気高い　【気まぐれ】CAPRA(f)「ヤギ」から派生　【決まる】DECIDERE 切り取る　SE［再帰代名詞］　ハンガリーhotár「境界」の名詞化　【欺瞞】GANNITUS「吠えること」から派生　フランス語

— 160 —

フランス語	イタリア語	ルーマニア語
change(m)	concessioni(m)	concesii(f)
	reciproche	reciproce
se distraire	distrarsi	se distra
échelle(f)	scala(f)	măsură(f)
espoir(m)	speranza(f)	speranză(f)
base(f)	base(f)	bază(f)
fondamental	fondamentale	fundamental
généreux	generoso	generos
caprice(m)	capriccio(m)	capriciu(n)
se décider	decidersi	se hotărî
tromperie(f)	inganno(m)	fraudă(f)
tu	tu	tu
secret(m)	segreto(m)	secret(n)
étrange	strano	straniu
devoir(m)	dovere(m)	datorie(f)
difficile	difficile	dificil

は語源不詳　FRAUS(f) 欺瞞　【君】TU 君は　【機密】SECRETUM(n) 秘密
【奇妙な】EXTRANEUS 外国の　【義務】DEBERE「義務がある」の名詞化
【気難しい】DIFFICILIS 困難な

日本語	ポルトガル語	スペイン語
決める	decidir	decidir
気持ちのよい	agradável	agradable
疑問	dúvida(f)	duda(f)
客(訪問客)	visitante(m)	visitante(m)
逆	contrariedade(f)	contrariedad(f)
逆の	contrário	contrario
虐待する	maltratar	maltratar
華奢な	delicado	delicado
客観的な	objetivo	objetivo
キャプテン	capitão(m)	capitán(m)
キャベツ	couve(f)	col(f)
キャラメル	caramelo(m)	caramelo(m)
キャリアー	carreira(f)	carrera(f)
キャンセルする	cancelar	cancelar
キャンディー	bala(f)	bombón(m)
キャンプ	acampamento(m)	campamento(m)

【決める】DECIDERE 切り取る　ハンガリーhotár「境界」の名詞化　【気持ちのよい】GRATUS「気に入りの」から派生　PLACERE「気に入る」から派生　【疑問】DUBITARE「疑う」の名詞化　DUO「二」から派生　【客(訪問客)】VISITARE「訪問する」から派生　【逆】CONTRARIETAS(f) 反対　【逆の】CONTRARIUS 反対の　【虐待する】MALE 悪く＋TRACTARE 扱う　【華奢な】DELICATUS 甘やかされた　【客観的な】OBJECTUS(m)「対置」から派生　【キャプテン】CAPUT(n)「頭」から派生　【キャベツ】CAULIS(m) 茎　ギkaulós「茎」から派生　VIRIDIA(f) 緑の植物　【キャラメル】CALAMUS(m) 葦＋縮小辞　【キャリアー】CARRUS(m)「荷馬車」から派生　【キャンセルす

― 162 ―

フランス語	イタリア語	ルーマニア語
décider	decidere	hotărî
agréable	gradevole	agreabil
doute(f)	dubbio(m)	îndoială(f)
visiteur(m)	visitatore(m)	vizitator(m)
contraire(m)	contrario(m)	contrarietate(f)
contraire	contrario	contrar
maltraiter	maltrattare	maltrata
délicat	delicato	delicat
objectif	obiettivo	obiectiv
capitaine(m)	capitano(m)	căpitan(m)
chou(m)	cavolo(m)	varză(f)
caramel(m)	caramella(f)	caramel(n)
carrière(f)	carriera(f)	carieră(f)
annuler	cancellare	anula
bonbon(m)	bonbon(m)	bomboană(f)
camping(m)	campeggio(m)	campament(n)

る】CANCELLARE 格子を取り付ける　NULLUS 決して~でない　【キャンディー】フランク*balla「球」から派生　仏bonbon[bon[<BONUS 良い]「おいしい」の繰り返し]　【キャンプ】CAMPUS(m) 平地　英語camping キャンプ

日本語	ポルトガル語	スペイン語
九	nove	nueve
急な	urgente	urgente
急な(勾配)	íngreme	pino
休暇	vacações(f)	vacaciones(f)
救急車	ambulância(f)	ambulancia(f)
窮屈な(気詰まりな)	incômodo	incómodo
休憩	descanso(m)	descanso(m)
休憩する	descansar	descansar
急行列車	expresso(m)	expreso(m)
旧式の	antiquado	anticuado
休日	feriado(m)	fiesta(f)
吸収	absorção(f)	absorción(f)
吸収する	absorver	absorber
救助	socorro(m)	socorro(m)
救助する	socorrer	socorrer
宮殿	palácio(m)	palacio(m)

【九】NOVEM 九 【急な】URGERE「駆り立てる」の現在分詞URGENSから派生 【急な(勾配)】古仏engremi「いらいらした」から派生 RIGIDUS「厳しい」から派生 RAPIDUS「急な」から派生 ABRUPTUS「引き裂かれた」から派生 【休暇】VACATIO(f) 休暇 【救急車】AMBULARE「漫歩する」の現在分詞AMBULANSからの造語 【窮屈な(気詰まりな)】INCOMMODUS 不利な 【休憩】DIS-「否定」を表す接頭辞 + CAMPSARE「曲げる」から派生 俗ラ*repausare「休憩する」の名詞化 ブルガリアotdihna「息をする」から派生 【休憩する】俗ラ*repausare 休憩する SE［再帰代名詞］ ブルガリアotdihna「息をする」から派生 【急行列車】EXPRESSUS 押し出された TRAHERE

— 164 —

フランス語	イタリア語	ルーマニア語
neuf	nove	nou
urgent	urgente	urgent
raide	ripido	abrupt
vacances(f)	vacanze(f)	vacanţă(f)
ambulance(f)	ambulanza(f)	ambulanţă(f)
incommode	scomodo	incomod
repos(m)	riposo(m)	odihnă(f)
se reposer	riposare	se odihni
express(m)	espresso(m)	tren(n) expres
ancien	antiquato	învechit
jour(m) férié	festa(f)	sărbătoare(f)
absorption(f)	assorbimento(m)	absorbire(f)
absorber	assobire	absorbi
secours(m)	soccorso(m)	ajutor(n)
sauver	socorrere	salva
palais(m)	palazzo(m)	curte(f)

「引く」の名詞化　【旧式の】ANTIQUUS「古い」から派生　ANTE「前で」から派生　VETUS「古い」から派生　【休日】FERIATUS「祝祭日の」から派生　FESTUM(n)「祝祭日」の複数形から派生　SERVARE「救う」から派生　【吸収】ABSORPTIO(f) 吸収　ABSORBERE 飲み込む　【吸収する】ABSORBERE 飲み込む　【救助】SUCCURSUS(m) 援助　ADJUTOR(m) 補佐　【救助する】SUCCURRERE 助けに急ぐ　SALVARE 救助する　【宮殿】PALATIUM(n) 宮殿　COHORS(f) 囲い場

日本語	ポルトガル語	スペイン語
牛肉	carne(f) de vaca	carne(f) de vaca
牛乳	leite(f)	leche(f)
救命ボート	salva-vidas(m)	bote(m) salvavidas
給油する	lubrificar	repostar
急用	assunto(m) urgente	asunto(m) urgente
休養する	repousar	reposar
キュウリ	pepino(m)	pepino(m)
給料	salário(m)	salario(m)
今日	hoje	hoy
行（ぎょう）	linha(f)	línea(f)
驚異的な	maravilhoso	maravilloso
教育	educação(f)	educación(f)
教会	igreja(f)	iglesia(f)
境界	limite(m)	límite(m)

【牛肉】CARO(f) 肉　DE 〜の　VACCA(f) 雌牛　VIVERE「生きる」から派生　BOS(mf) 牛　BOVINUS 牛の　【牛乳】LAC(n) 乳　【救命ボート】SALVARE 救う　VITA(f) 命　英語boat ボート　カリブkanoa カヌー　DI 〜の　SALVARE「救済する」から派生　イタリア語のscialuppaは語源不詳　BARCA(f) 小舟　【給油する】LUBRICUS 滑る + FACERE 〜させる　RE- 反復を表す接頭辞 + PONERE 置く　【急用】ASSUMPTUS 引き受けられたこと　URGERE「駆り立てる」の現在分詞URGENSから派生　FACERE「する」から派生　【休養する】俗ラ*repausare 休憩する　SE［再帰代名詞］　ブルガリアotdihna「息をする」から派生　【キュウリ】CUCUMIS(m) キュウリ　CITRUS(f) シトロンの木

フランス語	イタリア語	ルーマニア語
viande(f) de bœuf	carne(f) bovina	carne(f) de vacă
lait(m)	latte(m)	lapte(n)
canot(m) de sauvetage	batello(m) di salvataggio	barcă(f) de salvare
lubrifier le benzène	lubrificare benzene	lubrifia benzen
affaire(f) urgente	affare(m) urgente	afacere(f) urgentă
se reposer	riposare	se odihni
concombre(m)	cetriolo(m)	castravete(m)
salaire(m)	stipendio(m)	salariu(n)
aujourd'hui	oggi	astăzi
ligne(f)	riga(f)	linie(f)
merveilleux	meraviglioso	minunat
éducation(f)	educazione(f)	educaţie(f)
église(f)	chiesa(f)	biserică(f)
limite(f)	limite(m)	limită(f)

ブルガリア krastraveţ「キュウリ」から派生 【給料】SALARIUM(n) 給料 STIPENDIUM(n) 俸給 【今日】HODIE 今日　AD ～に＋ILLE あの＋DIURNUS 日々の＋DE ～の＋HODIE 今日　ISTA この＋DIES 日 【行(ぎょう)】LINEA(f) 線　ロンバルディア方言 riga 線 【驚異的な】MIRABILIS 驚くべき　ルーマニア語は語源不詳 【教育】EDUCATIO(f) 教育 【教会】ECCLESIA(f) 教会 BASILICA(f) 大聖堂 【境界】LIMES(m) 境界

日本語	ポルトガル語	スペイン語
恐喝	chantagem(f)	intimidación(f)
恐喝する	chantagear	intimidar
競技	competição(f)	competición(f)
行儀が良い	bem educado	bien educado
協議する	deliberar	deliberar
供給する	oferecer	ofrecer
教訓	moral(f)	moral(f)
強固な	sólido	sólido
共産主義	comunismo(m)	comunismo(m)
教師(小学校の)	mestre(m)	maestro(m)
教室	classe(f)	clase(f)
教授	catedrático(m)	catedrático(m)
郷愁	nostalgia(f)	nostalgia(f)
強制	coacção(f)	coacción(f)
強制的な	obrigatório	obligatorio
行政	administração(f)	administración(f)

【恐喝】CANTARE「呪文を唱える」から派生　俗ラ*recaptare「力尽くで取る」から派生　INTIMATIO(f) 通告　【恐喝する】CANTARE「呪文を唱える」から派生　俗ラ*recaptare「力尽くで取る」から派生　INTIMARE 通告する　【競技】COMPETITIO(f) 競技　【行儀が良い】BENE 良く　EDUCATUS 教育された　ELEVARE「高める」の完了分詞ELEVATUSから派生　CUM 〜と共に + MENS(f) 心　【協議する】DELIBERARE 熟考する　DISCUTERE 打ち砕く　【供給する】OFFERRE 提供する　フランク*frumjan「遂行する」から派生　【教訓】MORALIA(n) 道徳　【強固な】SOLIDUS 堅い　【共産主義】COMMUNIS「共有の」から派生　【教師(小学校の)】MAGISTER(m) 教師

— 168 —

フランス語	イタリア語	ルーマニア語
chantage(m)	ricatto(m)	şantaj(n)
faire chanter	ricattare	şantaja
compétition(f)	competizione(f)	competiţie(f)
bien élevé	ben educato	cuminte
délibérer	discutere	delibera
offrir	fornire	oferi
morale(f)	morale(f)	morală(f)
solide	solido	solid
communisme(m)	comunismo(m)	comunism(n)
instituteur(m)	maestro(m)	învăţător
classe(f)	classe(f)	clasă(f)
professeur(m)	professore(m)	profesor(m)
nostalgie(f)	nostalgia(f)	nostalgie(f)
contrainte(f)	coazione(f)	constrângere(f)
obligatoire	obbligatorio	obligatoriu
administration(f)	amministrazione(f)	administraţie(f)

INSTITUTOR(m) 教師　IN-「否定」を表す接頭辞＋VITIUM(n) 欠点→動詞化→名詞化　【教室】CLASSIS(f) 階級　【教授】CATHEDRA(f) 肘掛け椅子　PROFESSOR(m) 公共の教師　【郷愁】NOSTALGIA(f) 郷愁　【強制】COACTIO(f) 強制　CONSTRINGERE「縛る」から派生　【強制的な】OBLIGARE「義務づける」から派生　【行政】ADMINISTRATIO(f) 管理

日本語	ポルトガル語	スペイン語
競争	competência(f)	competencia(f)
兄弟	irmão(m)	hermano(m)
驚嘆	assombro(m)	asombro(m)
強調	ênfase(f)	énfasis(m)
共通の	comum	común
協定	convênio(m)	convenio(m)
郷土	terra(f) natal	tierra(f) natal
共同	cooperação(f)	cooperación(f)
共同で	em comum	en común
器用な	hábil	habil
脅迫	ameaça(f)	amenaza(f)
恐怖	terror(m)	terror(m)
興味	interesse(m)	interés(m)
共有する	ter em comum	tener en común
教養	cultura(f)	cultura(f)

【競争】COMPETENTIA(f) 能力　CONCURRERE「共に走る」の現在分詞 CONCURRENSから派生　【兄弟】(FRATER)GERMANUS 実の(兄弟) FRATER(m) 兄弟　【驚嘆】SUB 下で＋UMBRA(f) 影　MIRABILIS「驚くべき」から派生　EXPAVERE「驚愕する」から派生　ルーマニア語の語源は不詳　【強調】EMPHASIS(f) 語勢　INSISTERE「精を出す」から派生　【共通の】COMMUNIS 共通の　【協定】CONVENIRE「一致する」の名詞化　AD ～へ＋COR(n) 心　【郷土】TERRA(f) 土地　NATALIS 出生の　PAGENSIS(m) 村人 PAVIMENTUM(n) 舗装　NATIVUS 生まれながらの　【共同】COOPERATIO(f) 協力　COMMUNITAS(f) 共同　【共同で】IN ～に　COMMUNIO(f) 共有　CUM

― 170 ―

フランス語	イタリア語	ルーマニア語
concurrence(f)	concorrenza(f)	competiţie(f)
frère(m)	fratello(m)	frate(m)
merveillement(m)	ammirazione(f)	uimire(f)
insistance(f)	enfasi(f)	emfază(f)
commun	comune	comun
accord(m)	convenzione(f)	convenţie(f)
pays(m) natal	paese(m) nativo	pământ(n) natal
communauté(f)	cooperazione(f)	cooperaţie(f)
en commun	in collaborazione	în comun
habile	abile	abil
menace(f)	minaccia(f)	ameninţare(f)
peur(f)	paura(f)	teroare(f)
intérêt(m)	interesse(m)	interes(n)
posséder en commun	possedere in comune	avea în comun
culture(f)	cultura(f)	cultură(f)

共に＋LABORARE 働く 【器用な】HABILIS 扱いやすい 【脅迫】MINAE(f) 脅迫 【恐怖】TERROR(m) 恐怖 PAVOR(m) 恐怖 【興味】INTERESSE 介在する 【共有する】TENERE 保つ IN ～に COMMUNIO(f) 共有 POSSIDERE 所有する HABERE 保つ 【教養】CULTURA(f) 教養

日本語	ポルトガル語	スペイン語
協力	colaboração(f)	colaboración(f)
強力な	forte	fuerte
行列(窓口で)	fila(f)	cola(f)
共和国	república(f)	república(f)
虚栄	vanidade(f)	vanidad(f)
許可	licença(f)	permiso(m)
漁業	pesca(f)	pesca(f)
曲	melodia(f)	melodía(f)
曲芸(軽業)	malabarismo(m)	malabarismo(m)
曲線	curva(f)	curva(f)
極端な	extremo	extremo
極東	Extremo(m) Oriente	Extremo(m) Oriente
漁港	porto(m) pesqueiro	puerto(m) pesquero
極度の	extremo	extremo

【協力】COLLABORATIO(f) 共作　【強力な】FORTIS 強い　TALIS このような　【行列(窓口で)】FILUM(n) 糸　CAUDA(f) 尾　スラブrendū「順序」から派生　【共和国】RES(f) 物 + PUBLICA 公の　【虚栄】VANITAS(f) 空虚　【許可】LICENTIA(f) 許可　PERMISSUM(n) 許可　【漁業】PISCATIO(f)「漁業」から派生　【曲】MELODIA(f) 階調　【曲芸(軽業)】ヒンディーMalabar[インド南部の地名]から派生　TORNARE「丸くする」から派生　ギakróbatos「つま先で歩く」から派生　【曲線】CURVUS「曲がった」から派生　【極端な】EXTREMUS 最も外にある　【極東】EXTREMUS 最も外にある　ORIENS(m) 東　【漁港】PORTUS(m) 港　PISCARIUS 漁業の　PER 〜のために　【極度

フランス語	イタリア語	ルーマニア語
collaboration(f)	collaborazione(f)	colaborare(f)
fort	forte	tare
queue(f)	fila(f)	rând(n)
république(f)	repubblica(f)	republică(f)
vanité(f)	vanità(f)	vanitate(f)
permission(f)	permesso(m)	permisiune(f)
pêche(f)	pesca(f)	pescărit(n)
mélodie(f)	melodia(f)	melodie(f)
acrobatie(f)	acrobazia(f)	acrobaţie(f)
courbe(f)	curva(f)	curbă(f)
extrême	estremo	extrem
Extrême-Orient(m)	Estremo(m) Oriente	Extremul(n) Orient
port(m) de pêche	porto(m) peschereccio	port(n) pescuitor extrem

の】EXTREMUS 最も外にある

日本語	ポルトガル語	スペイン語
居住	residência(f)	residencia(f)
拒絶	recusa(f)	rechazo(m)
拒絶する	recusar	rechazar
巨大な	gigantesco	gigantesco
去年	o ano passado	el año pasado
距離	distância(f)	distancia(f)
嫌いな	odioso	odioso
嫌う（ひどく）	aborrecer	aborrecer
気楽な	despreocupado	despreocupado
霧	névoa(f)	niebla(f)
義理	obrigação(f)	obligación(f)
ギリシア	Grécia(f)	Grecia(f)
キリスト	Cristo(m)	Cristo(m)
規律	disciplina(f)	disciplina(f)
切る	cortar	cortar
着る	vestir	vestirse

【居住】RESIDENTIA(f) 王宮　ハンガリーlakni「住む」から派生　【拒絶】RECUSARE「拒絶する」の名詞化　REFUTARE「押し返す」の名詞化　【拒絶する】RECUSARE 拒絶する　REFUTARE 押し返す　【巨大な】GIGANTES(m)「巨人族」から派生　【去年】ILLE あの　ANNUS(m) 年　PASSUS(m)「歩み」から派生した動詞pasarの過去分詞　DE ～から＋RETRO 後ろへ　EXCURRERE「急ぐ」の完了分詞EXCURSUSから派生　TRAJICERE「渡る」から派生　【距離】DISTANTIA(f) 差異　【嫌いな】ODIUM(n)「憎しみ」から派生　【嫌う（ひどく）】ABHORRERE「憎む」から派生　DETESTARI 拒む　HORRERE 恐れる　【気楽な】DIS-「否定」を表す接頭辞＋PRAEOCCUPATUS 先占され

フランス語	イタリア語	ルーマニア語
résidence(f)	residenza(f)	locuinţă(f)
refus(m)	rifiuto(m)	refuz(n)
refuser	rifiutare	refuza
gigantesque	gigantesco	gigantic
l'année dernière	l'anno scorso	anul trecut
distance(f)	distanza(f)	distanţă(f)
odieux	odioso	odios
détester	detestare	urî
aisé	incurante	fără grijă
brouillard(m)	nebbia(f)	ceaţă(f)
obligation(f)	obbligazione(f)	obligaţie(f)
Grèce(f)	Grecia(f)	Grecia(f)
Christ(m)	Cristo(m)	Hristos(m)
discipline(f)	disciplina(f)	disciplină(f)
couper	tagliare	tăia
se vêtir	vestirsi	se îmbrăca

た　ADJACERE「隣接する」から派生　IN[否定の接頭辞]＋CURARE「心配する」の現在分詞CURANSから派生　FORAS 外へ　ブルガリアgriža「心配」から派生　【霧】NEBULA(f) 霧　ゲ*brod にわたばこ　CAECUS「盲目の」から派生　【義理】OBLIGATIO(f) 義務　【ギリシア】GRAECIA(f) ギリシア　【キリスト】CHRISTUS 聖油を受けた　【規律】DISCIPLINA(f) 教えること　【切る】CURTARE 短くする　COLAPHUS(m) 拳打　TALEA(f)「棒」から派生　【着る】VESTIRE 着せる　SE[再帰代名詞]　BRACA(f)「ズボン」から派生

日本語	ポルトガル語	スペイン語
気力	ânimo(m)	ánimo(m)
奇麗な	formoso	hermoso
キログラム	quilograma(m)	kilogramo(m)
キロメートル	quilómetro(m)	kilómetro(m)
切れる(刃物が)	cortar	cortar
記録(競技の)	recorde(m)	récord(m)
記録する	registrar	registrar
議論	discussão(f)	discusión(f)
疑惑	suspeita(f)	sospecha(f)
際立つ	destacar	destacarse
金	ouro(m)	oro(m)
銀	prata(f)	plata(f)
禁煙席	assento(m) para não fumantes	asiento(m) para no fumadores
近眼	miopia(f)	miopía(f)
緊急	urgência(f)	urgencia(f)

【気力】ANIMUS(m) 命　VIGOR(m) 活力　【奇麗な】FORMOSUS 美しい　古スカンジナビア *jôl 真冬の祭典　BELLUS 綺麗な　【キログラム】KILOGRAMMA(n) キログラム　【キロメートル】KILOMETRUM(n) キロメートル　【切れる(刃物が)】CURTARE 短くする　COLAPHUS(m)「拳打」から派生　SE[再帰代名詞]　TALEA(f)「棒」から派生　【記録(競技の)】英語 record 記録　【記録する】REGISTRUM(n)「表」から派生　【議論】DISCUSSIO(f) 議論　【疑惑】SUSPECTARE「見上げる」の名詞化　DUBITARE「疑う」の名詞化　ハンガリー bánni「残念に思う」から派生　【際立つ】SE[再帰代名詞]　RE-「強調」を表す接頭辞 + SORTIRI 分かつ　SPICARE 穂をつける　スラブ osebiti「分

— 176 —

フランス語	イタリア語	ルーマニア語
force(f)	animo(m)	vigoare(f)
joli	bello	frumos
kilogramme(m)	chilogrammo(m)	kilogram(n)
kilomètre(m)	chilometro(m)	kilometru(m)
couper bien	tagliare	se tăia
record(m)	record(m)	record(n)
enregistrer	registrare	înregistra
discussion(f)	discussione(f)	discuţie(f)
doute(f)	sospetto(m)	bănuială(f)
ressortir	spiccare	se deosebi
or(m)	oro(m)	aur(m)
argent(m)	argento(m)	argint(n)
place(f) pour	posto(m)	loc(n) pentru
non-fumeurs	non-fumatori	nefumatori
myopie(f)	miopia(f)	miopie(f)
urgence(f)	urgenza(f)	urgenză(f)

ける」から派生　【金】AURUM(n) 金　【銀】PLAUTUS「平たい」から派生 ARGENTUM(n) 銀　【禁煙席】PER 〜のために　NON 〜でない　FUMUS(m)「煙」から派生　PLATEA(f) 道路　POSITUS(m) 位置　LOCUS(m) 場所 PER 〜のために + INTRO 中へ　【近眼】MYOPIA(f) 近視　【緊急】URGENS 「駆り立てる」の名詞化

日本語	ポルトガル語	スペイン語
金庫	cofre(m)	caja(f) fuerte
均衡	equilíbrio(m)	equilibrio(m)
銀行	banco(m)	banco(m)
禁止	proibição(f)	prohibición(f)
近視の	míope	miope
近所	vizinhança(f)	vecindad(f)
均整	proporção(f)	proporción(f)
金銭	dinheiro(m)	dinero(m)
金属	metal(m)	metal(m)
近代的な	moderno	moderno
緊張	tensão(f)	tensión(f)
緊張した	nervoso	nervioso
筋肉	músculo(m)	músculo(m)
金髪の	loiro	rubio
勤勉	aplicação(f)	aplicación(f)
勤勉な	aplicado	aplicado

【金庫】CAPSA(f) 箱　FORTIS 強い　ギkophinos 篭　英語safe 金庫　【均衡】AEQUUS 等しい＋LIBRA(f)「重さ」の単位　【銀行】ゲ*bank ベンチ［イタリア語経由で各ロマンス語へ］　【禁止】PROHIBITIO(f) 禁止　DEFENDERE「防止する」から派生　INTERDICERE「禁じる」の名詞化　【近視の】MYOPIA(f)「近視」から派生　【近所】VICINITAS(f) 近所　【均整】PROPORTIO(f) 均整　【金銭】DENARIUS(m) ローマの銀貨名　ARGENTUM(n) 貨幣　【金属】METALLUM(n) 金属　【近代的な】MODERNUS 近代の　【緊張】TENSIO(f) 緊張　【緊張した】NERVOSUS 筋肉の逞しい　【筋肉】MUSCULUS(m) 筋肉　【金髪の】LAURUS(f)「月桂樹」から派生　RUBEUS 赤っぽい　ゲ*blund 輝く

フランス語	イタリア語	ルーマニア語
coffre-fort(m)	cassaforte(f)	seif(n)
équilibre(m)	equilibrio(m)	echilibru(n)
banque(f)	banca(f)	bancă(f)
défense(f)	proibizione(f)	interzicere(f)
myope	miope	miop
voisinage(m)	vicinanza(f)	vecinătate(f)
proportion(f)	proporzione(f)	proporţie(f)
argent(m)	denaro(m)	bani(m)
métal(m)	metallo(m)	metal(n)
moderne	moderno	modern
tension(f)	tensione(f)	tensiune(f)
nerveux	nervoso	nervos
muscle(m)	muscolo(m)	muşchi(m)
blond	biondo	blond
application(f)	diligenza(f)	hărnicie(f)
appliqué	diligente	harnic

【勤勉】APPLICATIO(f) 連結　スラブharīnū「勤勉な」から派生　【勤勉な】APPLICATUS 連結された　DILIGENS 誠実な　スラブharīnū「勤勉な」から派生

日本語	ポルトガル語	スペイン語
勤務	serviço(m)	servicio(m)
勤務する	trabalhar	trabajar
金融	finaciamento(m)	financiación(f)
禁欲(主義)	ascetismo(m)	ascetismo(m)
金曜日	sexta-feira(f)	viernes(m)

—く—

句	frase(f)	frase(f)
苦	pena(f)	pena(f)
区域	zona(f)	zona(f)
クイズ(なぞなぞ)	adivinha(f)	adivinanza(f)
空間	espaço(m)	espacio(m)
空気	ar(m)	aire(m)
空軍	força(f) aérea	fuerzas(f) aéreas
空港	aeroporto(m)	aeropuerto(m)
偶然	casualidade(f)	casualidad(f)

【勤務】SERVITIUM(n) 奉仕　【勤務する】TRES 三 + PALUS(m) 棒 + 動詞語尾　LABORARE 働く　LUCUBRARE 夜業をする　【金融】仏 finance [＜ FINIS(m) 結末]「金融」からの借用　【禁欲(主義)】ASCETISMUS(m) 禁欲　CONTINENTIA(f) 節制　【金曜日】SEXTUS 六番目の　FERIA(f) 週日　(DIES)VENERIS 金星の(日)　【句】PHRASIS(f) 言い回し　LOCUTIO(f) 発言　【苦】POENA(f) 罰　ハンガリー kín「苦痛」から派生　【区域】ZONA(f) 帯　【クイズ(なぞなぞ)】DIVINARE「予想する」から派生　ルーマニア語は語源不詳　【空間】SPATIUM(n) 空間　【空気】AER(m) 空気　【空軍】FORTIA(f) 力　AERIUS 空気の　【空港】AER(m) 空気 + PORTUS(m) 港→造語　【偶然】

フランス語	イタリア語	ルーマニア語
service(m)	servizio(m)	serviciu(n)
travailler	lavorare	lucra
finance(f)	finanziamento(m)	finanțe(f)
continence(f)	ascetismo(m)	ascetism(m)
vendredi(m)	venerdì(m)	vineri(f)
locution(f)	frase(f)	frază(f)
peine(f)	pena(f)	chin(n)
zone(f)	zona(f)	zonă(f)
devinette(f)	indovinello(m)	ghicire(f)
espace(m)	spazio(m)	spațiu(n)
air(m)	aria(f)	aer(n)
forces(f) aériennes	forze(f) aeree	forță(f) aeriană
aéroport(m)	aeroporto(m)	aeroport(n)
hasard(m)	casualità(f)	hazard(n)

CASUALIS「偶然の」から派生　アラブ az-zahr 偶然

日本語	ポルトガル語	スペイン語
空想	imaginação(f)	imaginación(f)
クーラー	condicionador(m) de ar	acondicionador(m) del aire
九月	setembro(m)	septiembre(m)
空腹	fome(f)	hambre
空腹である	ter fome	tener hambre
クーポン券	cupom(m)	cupón(m)
区間(鉄道の)	trajeto(m)	trayecto(m)
茎	haste(f)	tallo(m)
釘	prego(m)	clavo(m)
草	erva(f)	hierba(f)
臭い	fedorento	maloliente
鎖	cadeia(f)	cadena(f)
腐る	apodrecer	pudrirse
櫛	pente(f)	peine(m)
籤(くじ)	sorteio(m)	lotería(f)

【空想】IMAGINATIO(f) 想像　【クーラー】CONDICIO(f)「条件」から派生　DE 〜の　AER(m) 空気　【九月】SEPTEMBER(m) 七月〔後に「九月」〕　【空腹】FAMES(f) 飢え　【空腹である】TENERE 保つ　FAMES(f) 飢え　HABERE 保つ　FIERI 〜になる　【クーポン券】COLAPHUS(m)「拳打」から派生　【区間(鉄道の)】TRAJECTUS(m) 通過　TRUNCUS(m) 幹　TRACTUS(m) 延長　【茎】HASTA(f) 棒　THALLUS(m) 緑の茎　TIBIA(f) 笛の一種　STILUS(m) 鉄筆　ルーマニア語は語源不詳　【釘】ポルトガル語の語源は不詳　CLAVUS(m) 釘　CUNEUS(m) 楔　【草】HERBA(f) 植物　【臭い】ETOR(m)「悪習」から派生　MALE 悪く + OLERE「臭う」から派生　PUTERE「臭い」から派生

フランス語	イタリア語	ルーマニア語
imagination(f)	immaginazione(f)	imaginaţie(f)
conditionneur(m) d'air	condizionatore(m) d'aria	aer(n) condiţionat
septembre(m)	settembre(m)	septembrie(m)
faim(f)	fame(f)	foame(f)
avoir faim	avere fame	fi foame
coupon(m)	coupon(m)	cupon(n)
tronçon(m)	tratto(m)	traiect(n)
tige(f)	stelo(m)	tulpină(f)
clou(m)	chiodo(m)	cui(n)
herbe(f)	erba(f)	iarbă(f)
puant	puzzolente	mirositor
chaîne(f)	catena(f)	lanţ(n)
pourrir	imputridire	se corupe
peigne(m)	pettine(m)	pieptene(m)
sort(m)	lotteria(f)	loterie(f)

PUTERE「臭い」× OLERE「臭う」 スラブmirosati「嗅ぐ」から派生 【鎖】CATENA(f) 鎖 ブルガリアlanec「鎖」から派生 【腐る】PUTRESCERE 腐敗する PUTRERE 腐る SE［再帰代名詞］ CORRUMPERE 腐る 【櫛】PECTEN(m) 櫛 【籤（くじ）】SORS(f) 籤 オランダloterjie「分け前」から派生

日本語	ポルトガル語	スペイン語
苦情	queixa(f)	queja(f)
鯨	baleia(f)	ballena(f)
苦心する	esforçar-se	esforzarse
屑	lixo(m)	desechos(m)
ぐずぐずと	lentamente	lentamente
屑籠	cesto(m) de lixo	papelera(f)
崩す	destruir	destruir
薬	medicamento(m)	medicina(f)
癖（習慣）	hábito(m)	hábito(m)
糞	merda(f)	mierda(f)
具体的な	concreto	concreto
果物	fruta(f)	fruta(f)
下らない	trivial	trivial
下る	descer	bajar

【苦情】QUASSARE「揺り動かす」の名詞化　PLANGERE「悲泣する」の名詞化　DOLERE「苦しむ」の名詞化　【鯨】BALLAENA(f) 鯨　【苦心する】EX- 外へ + FORTIS 強い→動詞化　SE [再帰代名詞]　FACERE する　DE 〜に関して　GRANDIS 大きな　イタリア語は語源不詳　ハンガリー kin「苦痛」から派生　【屑】古ラ *lixa-「水っぽい液体」から派生　DISJECTARE「散らす」から派生　REFUTARE「拒絶する」から派生　REFUTARE「押し返す」から派生　スラブ gnoĭ「汚い」から派生　【ぐずぐずと】LENTE ゆっくり　MENS(f)「心」の奪格　QUIETUS 平静な　【屑籠】CAESTUS(m) 篭手　DE 〜の　LIXA(m) 酒保商人　PAPYRUS(f)「紙」から派生　CORBIS(f) 枝編み篭

フランス語	イタリア語	ルーマニア語
plainte(f)	lamento(m)	durere(f)
baleine(f)	balena(f)	balenă(f)
faire de grands efforts	sforzarsi	se chinui
déchets(m)	rifiuti(m)	gunoi(n)
lentement	lentamente	încet
corbeille papier	cestino(m) per i rifiuti	coş(n) de gunoi
démolir	distruggere	distruge
médicament(m)	medicina(f)	medicament(n)
habitude(f)	abitudine(f)	deprindere(f)
merde(m)	merda(f)	căcat(n)
concret	concreto	concret
fruit(m)	frutto(m)	fruct(n)
trivial	triviale	mărunt
descendre	scendere	coborî

REFUTARE「退ける」から派生　スラブkoši「篭」から派生　スラブgnoï「くず」から派生　【崩す】DESTRUERE 壊す　DEMOLIRI 滅ぼす　【薬】MEDICAMENTUM(n) 薬　MEDICINA(f) 薬　【癖(習慣)】HABITUS(m) 習慣　DEPREHENDERE「捕らえる」の名詞化　【糞】MERDA(f) 糞　CACATUS 便　【具体的な】CONCRETUS 濃縮された　【果物】FRUCTUM(n)「結実」の複数形　【下らない】TRIVIALIS 普通の　MINUTUS つまらない　【下る】DESCENDERE 下りる　俗ラ*bassus「太くて低い」から派生　ルーマニア語は語源不詳

日本語	ポルトガル語	スペイン語
口	boca(f)	boca(f)
唇	lábio(m)	labio(m)
口笛	assovio(m)	silbido(m)
口紅	batom(m)	carmín(m)
口調	tom(m)	tono(m)
靴	sapato(m)	zapato(m)
苦痛	dor(f)	dolor(m)
クッキー(ビスケット類)	biscoito(m)	galleta(f)
靴下(短靴下)	peúga(f)	calcetín(m)
靴下(長靴下)	meia(f)	media(f)
くっつく	pegar	pegarse
くっつける(張り付ける)	grudar	pegar
口説く	cortejar	cortejar
苦難	sofrimento(m)	sufrimiento(m)
国	país(m)	país(m)
国(国家)	nação(f)	nación(f)

【口】BUCCA(f) 口　GULA(f) 食道　【唇】LABRUM(n) 唇　ルーマニア語は語源不詳　【口笛】SIBILARE「口笛を吹く」から派生　イタリア語・ルーマニア語は語源不詳　【口紅】RUBEUS 赤みを帯びた　RUSSUS 赤い　【口調】TONUS(m) 音調　DE ～の　VOX(f) 声　【靴】アラブsabbat 靴　CALCEARE「靴を履かせる」から派生　ゲ*skarpa 皮のポケット　独Pantoffel スリッパ　【苦痛】DOLOR(m) 苦悩　MALUM(n) 不幸　DOLERE「苦痛を感じる」から派生　【クッキー(ビスケット類)】BIS- 二度＋COQUERE「焼く」の完了分詞COCTUSから派生　【靴下(短靴下)】PES(m)「足」から派生　CALCEARE「靴を履かせる」から派生　【靴下(長靴下)】MEDIUS「中間の」から派生　俗ラ*bassus 低

— 186 —

フランス語	イタリア語	ルーマニア語
bouche(f)	bocca(f)	gură(f)
lèvre(f)	labbro(m)	buză(f)
sifflement(m)	fischio(m)	fluierat(n)
rouge(m)	rossetto(m)	roşu(n)
ton(m)	tono(m)	ton(n)
chaussure(f)	scarpa(f)	pantof(m)
mal(m)	dolore(m)	durere(f)
biscotin(m)	biscotto(m)	biscuit(m)
chaussette(f)	calzetta(f)	şosetă(f)
bas(m)	calza(f)	ciorap(m)
se coller	appicccicare	se lipi
coller	incollare	lipi
courtiser	corteggiare	face curte
épreuve(f)	sofferenza(f)	suferinţă(f)
pays(m)	paese(m)	ţară(f)
nation(f)	nazione(f)	naţiune(f)

くて太い　CALCEARE「靴を履かせる」から派生　トルコçorap「靴下」から派生　【くっつく】PICARE ピッチを塗る　SE[再帰代名詞]　ギkolla「ゴム」から派生　PICARE ピッチを塗る　スラブlēpiti「くっつける」から派生　【くっつける（張り付ける）】PICARE ピッチを塗る　ギkolla「ゴム」から派生　スラブlēpiti「くっつける」から派生　【口説く】COHORS(f)「囲い場」から派生　FACERE する　【苦難】SUFFERRE「耐える」の名詞化　PROBARE「調べる」から派生　【国】PAGENSIS(m)「村人」から派生　TERRA(f) 国　【国（国家）】NATIO(f)「国民」から派生

日本語	ポルトガル語	スペイン語
配る	distribuir	distribuir
首	pescoço(m)	cuello(m)
工夫(発明)	invenção(f)	invención(f)
工夫する	inventar	inventar
区分	divisão(f)	división(f)
区別	distinção(f)	distinción(f)
区別する	distinguir	distinguir
熊	urso(m)	oso(m)
組合(協同組合)	cooperativa(f)	cooperativa(f)
組合(労働組合)	sindicato(m)	sindicato(m)
組み合わせ	combinação(f)	combinación(f)
組み立てる	compor	componer
組む(腕を)	cruzar	cruzar
クモ	aranha(f)	araña(f)
雲	nuvem(f)	nube(f)
曇りの	nublado	nublado

【配る】DISTRIBUERE 分配する 【首】COLLUM(n) 首 スラブglūtū「ひと飲み」から派生 【工夫(発明)】INVENTIO(f) 発明 【工夫する】INVENIRE 発明する 【区分】DIVISIO(f) 区分 【区別】DISTINCTIO(f) 区別 【区別する】DISTINGUERE 区別する 【熊】URSUS(m) 熊 【組合(協同組合)】COOPERATIO(f)「協同」からの造語 【組合(労働組合)】ギsyndikos 正義の人 【組み合わせ】COM 共に + BINI 二つずつ→動詞化→名詞化 【組み立てる】COMPONERE 創作する 【組む(腕を)】CRUX(f) 十字架→動詞化 【クモ】ARANEA(f) クモ スラブpajončina「クモ」から派生 【雲】NUBES(f) 雲 NUBILUM(n) 曇天 【曇りの】NUBILARE「曇らす」の完了分詞NUBILATUS

フランス語	イタリア語	ルーマニア語
distribuer	distribuire	distribui
cou(m)	collo(m)	gât(n)
invention(f)	invenzione(f)	invenţie(f)
inventer	inventare	inventa
division(f)	divisione(f)	diviziune(f)
distinction(f)	distinzione(f)	distincţie(f)
distinguer	distinguere	distinge
ours(m)	orso(m)	urs(m)
coopérative(f)	cooperativa(f)	cooperativă(f)
syndicat(m)	sindacato(m)	sindicat(n)
combinaison(f)	combinazione(f)	combinare(f)
composer	comporre	compune
croiser	incrociare	încrucişa
araignée(f)	ragno(m)	păianjen(m)
nuage(m)	nuvola(f)	nor(m)
nuageux	nuvoloso	înnorat

から派生　NUBILUM(n)「曇天」から派生

日本語	ポルトガル語	スペイン語
曇る	nublar-se	nublarse
苦悶	angústia(f)	angustia(f)
悔しがる	lamentar-se de	lamentarse de
くよくよする	preocupar-se	preocuparse
暗い	escuro	obscuro
くらい(約)	mais ou menos	más o menos
暮らす	viver	vivir
クラス	classe(f)	clase(f)
グラス	taça(f)	vaso(m)
クラブ	clube(m)	club(m)
グラフ	gráfico(m)	gráfico(m)
比べる	comparar	comparar
グラム	grama(m)	gramo(m)
グラウンド(競技場)	campo(m)	campo(m)
グランプリ	grande prémio(m)	gran premio(m)

【曇る】NUBILARE 曇らす SE[再帰代名詞] COOPERIRE 完全に覆う NUBILUM(n)「曇天」から派生 【苦悶】ANGUSTIAE(f) 当惑 ルーマニア語の語源は不詳 【悔しがる】LAMENTARE 嘆く SE[再帰代名詞] DE ～について HABERE 保つ DESPECTUS(m) 侮り 【くよくよする】PRAEOCCUPARE 先取りする SE[再帰代名詞] フランク*trak-[突然の乱れを示す擬声音] 【暗い】OBSCURUS 暗い UMBRA(f)「影」から派生 ルーマニア語は語源不詳 【くらい(約)】MAGIS 更に AUT 又は MINUS より少なく PLUS 更に MULTUS 多く SI もし＋AUT 又は 【暮らす】VIVERE 暮らす スラブtrajati「続く」から派生 【クラス】CLASSIS(f) 階級 【グラス】アラブ

フランス語	イタリア語	ルーマニア語
se couvrir	rannuvolarsi	se înnora
angoisse(f)	angoscia(f)	zbucium(n)
avoir du dépit	lamentare	se lamenta
se tracasser	preoccuparsi	se preocupa
sombre	scuro	întunecat
plus ou moins	più o meno	mai mult sau mai puţin
vivre	vivere	trăi
classe(f)	classe(f)	clasă(f)
verre(m)	bicchiere(m)	pahar(n)
club(m)	club(m)	club(n)
graphique(m)	grafico(m)	grafic(n)
comparer	confrontare	compara
gramme(m)	grammo(m)	gram(n)
terrain(m)	campo(m)	câmp(n)
grand prix(m)	gran premio(m)	mare premiu(n)

---

tassa カップ　VASUM(n) 器　VITRUM(n) ガラス　ギbikos「茶碗」から派生　ハンガリーpohár「グラス」から派生　【クラブ】英語club クラブ　【グラフ】GRAPHICUS 写実の　【比べる】COMPARARE 比較する　CUM ～と共に＋FRONS(f) 前面→動詞化　【グラム】ギgrámma 24分の1オンス　【グラウンド（競技場）】CAMPUS(m) 平地　TERRENUS「土から成る」から派生　【グランプリ】GRANDIS 大きな　PRAEMIUM(n) 報酬　MAS「男らしい」から派生

日本語	ポルトガル語	スペイン語
栗(実)	castanha(f)	castaña(f)
クリーニング店	lavanderia(f)	lavandería(f)
クリーム	creme(m)	crema(f)
繰り返す	repetir	repetir
クリスチャン	cristão(m)	cristiano(m)
クリスマス	Natal(m)	Navidad(f)
来る	vir	venir
狂い	loucura(f)	locura(f)
狂う	enlouquecer-se	enloquecer
グループ	grupo(m)	grupo(m)
苦しい	doloroso	doloroso
苦しみ	sofrimento(m)	sufrimiento(m)
苦しむ	sofrer	sufrir
車(自動車)	carro(m)	coche(m)
クレジットカード	cartão(m) de crédito	tarjeta(f) de crédito

【栗(実)】CASTANEA(f) 栗 【クリーニング店】LAVARE「洗う」から派生 フランク*blank「輝く」から派生 EX「〜から」+PER「〜のために」+LAVARE「洗う」から派生 【クリーム】後ラcramum クリーム 【繰り返す】REPETERE 繰り返す 【クリスチャン】CHRISTIANUS キリスト教徒 【クリスマス】NATIVITAS(f) 出生 NATALIS「誕生の」から派生 CREATIO(f) 創造 【来る】VENIRE 来る 【狂い】ポルトガル語・スペイン語は語源不詳 FOLLIS(m) ふいご スラブne-「否定」を表す接頭辞+BONUS 良い 【狂う】ポルトガル語・スペイン語・イタリア語は語源不詳 DEVENIRE 到達する 俗ラ*mattus 酔った スラブne-「否定」を表す接頭辞+BONUS 良い 【グルー

フランス語	イタリア語	ルーマニア語
châtaigne(f)	castagna(f)	castană(f)
blanchisserie(f)	lavanderia(f)	spălătorie(f)
crème(f)	crema(f)	cremă(f)
répéter	ripetere	repeta
chrétien(m)	cristiano	creştin(m)
Noël(m)	Natale(m)	Crăciun(n)
venir	venire	veni
folie(f)	follia(f)	nebunie(f)
devenir fou	impazzire	înnebuni
groupe(m)	gruppo(m)	grup(n)
douloureux	doloroso	dureros
douleur(f)	sofferenza(f)	suferinţă(f)
souffrir	soffrire	suferi
voiture(f)	macchina(f)	maşină(f)
carte(f)	carta(f)	carte(f)
de crédit	di credito	de credit

プ】ゲ*gruppo 集まり 【苦しい】DOLOROSUS 苦しい 【苦しみ】SUFFERE「耐える」の名詞化 DOLOR(m) 苦痛 【苦しむ】SUFFERRE 耐える 【車(自動車)】ハンガリーkocsi 馬車 VECTURA(f) 運送 MACHINA(f) 機械 【クレジットカード】CHARTA(f) 紙 DE 〜の CREDITUM(n) 負債

日本語	ポルトガル語	スペイン語
暮れる	anoitecer	anochecer
くれる	dar	dar
黒	preto(m)	negro(m)
苦労	trabalho(m)	trabajo(m)
玄人	profissional(m)	profesional(m)
クローバー	trevo(m)	trébol(m)
グロテスクな	grotesco	grotesco
クロワッサン	croissant(m)	croissant(m)
加える	acrescentar	añadir
詳しい	detalhado	detallado
軍	milícia(f)	milicia(f)
君主	monarca(m)	monarca(m)
群衆	multidão(f)	muchedumbre(f)
勲章	condecoração(f)	condecoración(f)
軍人	militar(m)	militar(m)
軍隊	tropa(f)	tropa(f)

【暮れる】NOX(f)「夜」から派生　フランク*tûmon[落ちるときの擬声音] SERA「遅く」から派生　【くれる】DARE 与える　DONARE 贈る　【黒】 PRESSUS「圧縮された」から派生　NIGER 黒い　【苦労】TRES 三+PALUS(m) 棒→名詞化　FORTIS「強い」から派生　ルーマニア語は語源不詳　【玄人】 PROFESSUM(n)「職業」から派生　【クローバー】TRIFOLIUM(n) ツメクサ 【グロテスクな】イ grottesco ← grotto 小洞窟　【クロワッサン】CRESCERE 「成長する」から派生　CORNU(n)「角」から派生　【加える】CRESCERE「成 長する」から派生　IN 〜に+ADDERE 加える　JUXTA「側に」から派生 ADAUGERE 増す　【詳しい】仏détailler[<TALEA(f) 挿穂]「細かく切る」

— 194 —

フランス語	イタリア語	ルーマニア語
tomber	annottare	se însera
donner	dare	da
noir(m)	nero(m)	negru(n)
effort(m)	travaglio(m)	necaz(n)
professionnel(m)	professionista(mf)	profesionist(m)
trèfle(m)	trifoglio(m)	trifoi(m)
grotesque	grottesco	grotesc
croissant(m)	cornetto(m)	corn(n)
ajouter	aggiungere	adăuga
détaill	dettagliato	detaliat
armée(f)	arma(f)	armată(f)
monarque(m)	monarca(m)	domn(m)
foule(f)	folla(f)	mulţime(f)
décoration(f)	medaglia(f)	decoraţie(f)
militaire(m)	militare(m)	militar(m)
troupe(f)	truppa(f)	trupă(f)

の過去分詞から借用 【軍】MILITIA(f) 軍隊 ARMA(f)「戦争」から派生 【君主】ギmonárkhēs←mono- 唯一の + arkhós 支配者 DOMINUS(m) 主人 【群衆】MULTUS「沢山の」から派生 FULLO(m)「洗い張り屋」から派生 【勲章】CUM ～と共に DECORARE「飾る」から派生 俗ラ*medalia デナリウス銀貨の半分 【軍人】MILITARIS(m) 戦士 【軍隊】フランク*throp 村

日本語	ポルトガル語	スペイン語
軍備	armamento(m)	armamento(m)
君臨する	reinar	reinar
訓練	exercício(m)	ejercicio(m)
訓練する	exercitar	ejercitar

—け—

日本語	ポルトガル語	スペイン語
毛	pelo(m)	pelo(m)
芸	arte(f)	arte(m)
敬意	respeito(m)	respeto(m)
敬意を払う	respeitar	respetar
経営	administração(f)	administración(f)
警戒する	acautelar-se	precavarse
軽快な	ligeiro	ligero
計画	plano(m)	plan(m)
警官	polícia(f)	policía(mf)

【軍備】ARMARE「武装する」の名詞化 【君臨する】REGNARE 支配する DOMINUS(m)「主人」から派生 【訓練】EXERCITIUM(n) 訓練 TRAHERE「引く」から派生 【訓練する】EXERCITARE 絶えず練習する TRAHERE「引く」から派生 SE[再帰代名詞] 【毛】PILUS(m) 毛髪 【芸】ARS(f) 術 【敬意】RESPECTUS(m) 尊敬 【敬意を払う】RESPECTARE 顧みる 【経営】ADMINISTRATIO(f) 管理 【警戒する】CAUTELA(f)「担保」から派生 PRAECANERE 用心する SE[再帰代名詞] ゲ*wardōn 見張る スラブ paziti「世話をする」から派生 【軽快な】LEVIS 軽い 【計画】PLANUS「平らな」から派生 【警官】POLITIA(f) 国家

— 196 —

フランス語	イタリア語	ルーマニア語
armement(m)	armamenti(m)	armament(n)
régner	regnare	domni
entraînement(m)	esercizio(m)	exerciţiu(n)
entraîner	esercitare	se exercita
poil(m)	pelo(m)	păr(m)
art(m)	arte(f)	artă(f)
respect(m)	rispetto(m)	respect(n)
respecter	rispettare	respecta
administration(f)	amministrazione(f)	administraţie(f)
se garder	guardarsi	păzi
léger	leggero	uşor
plan(m)	piano(m)	plan(n)
policier(m)	poliziotto(m)	poliţist(m)

日本語	ポルトガル語	スペイン語
景気(世間の)	situação(f) econômica	situación económica
経験	experiência(f)	experiencia(f)
敬虔な	devoto	devoto
稽古	exercício(m)	ejercicio(m)
傾向	inclinação(f)	inclinación(f)
蛍光灯	lâmpada(f) fluorescente	lámpara fluorescente
渓谷	vale(m)	valle(m)
警告	advertência(f)	advertencia(f)
経済	economia(f)	economía(f)
経済の	econômico	económico
警察	polícia(f)	policía(f)
計算	cálculo(m)	cálculo(m)
掲示	aviso(m)	aviso(m)
刑事	detetive(m)	detective(m)

【景気(世間の)】SITUS(m)「位置」から派生　OECONOMICUS 経済の ANBULARE「漫歩する」から派生　CONJUNCTUS「結合した」から派生 【経験】EXPERIENTIA(f) 経験　【敬虔な】DEVOTUS 没頭した　新ギ evlávia 「敬虔な」から派生　【稽古】EXERCITIUM(n) 訓練　TRAHERE「引く」から派生　【傾向】INCLINATIO(f) 傾向　【蛍光灯】LAMPAS(f) 松明　FLUOR 流出 + ESCENS[形容詞を作る語尾][イギリスの数学者G.G. Stokes(1819-1903)の造語]　AB 〜で　近ギ néon「新しい」から派生　CUM 〜と共に　【渓谷】 VALLES(f) 谷　【警告】ADVERTERE「罰する」から派生　【経済】 OECONOMIA(f) 経済　【経済の】OECONOMICUS 経済の　【警察】POLITIA(f)

フランス語	イタリア語	ルーマニア語
situation(f)	situazione(f)	conjunctură(f)
économique	economico	econimică
expérience(f)	esperienza(f)	experienţă(f)
dévot	devoto	evlabios
exercice(m)	esercizio(m)	antrenament(n)
inclination(f)	inclinazione(f)	înclinaţie(f)
lampe(f)	lampada(f)	lampă(f)
fluorescente	al neon	cu fluorescenţă
vallée(f)	valle(f)	vale(f)
avertissement(m)	avvertimento(m)	avertizare(f)
économie(f)	economia(f)	economie(f)
économique	economico	economic
police(f)	polizia(f)	poliţie(f)
calcul(m)	calcolo(m)	calcul(n)
avis(m)	avviso(m)	afiş(n)
inspecteur(m)	investigatore(m)	detectiv(m)

国家 【計算】CALCULUS(m) 数え石 【掲示】VISUM(n)「見えるもの」から派生 FIGERE「公布する」から派生 【刑事】DETECTUS「打ち明ける」から派生 INSPECTOR(m) 検査人 INVESTIGATOR(m) 探求者

日本語	ポルトガル語	スペイン語
形式	forma(f)	forma(f)
傾斜	inclinação(f)	inclinación(f)
芸術	arte(f)	arte(m)
芸術家	artista(mf)	artista(mf)
軽食	comida(f) leve	comida(f) ligera
形成	formação(f)	formación(f)
継続	continuação(f)	continuación(f)
軽率な	imprudente	imprudente
携帯用の	portátil	portátil
経度	longitude(f)	longitud(f)
競馬	corrida(f) de cavalo	carrera(f) de cavallos
経費	despesa(f)	expensas(f)
警備	guarda(f)	guardia(f)
警備員	guarda(m)	guardia(m)
軽蔑	desprezo(m)	desprecio(m)

【形式】FORMA(f) 形 【傾斜】INCLINATIO(f) 傾向 【芸術】ARS(f) 芸術 【芸術家】ARS(f) 芸術＋接尾辞 【軽食】COMEDERE「食べる」の名詞化 LEVIS 軽い PASCERE「草を食わせる」から派生 PASTUS(m) 食料 JEJUNUS「断食の」から派生 【形成】FORMATIO(f) 作成 【継続】CONTINUATIO(f) 連続 【軽率な】IMPRUDENS 恥を知らない 【携帯用の】PORTABILIS 携帯用の 【経度】LONGITUDO(f) 永遠 【競馬】CARRUS(m)「荷馬車」から派生 DE 〜の CABALLUS(m) 駑馬 CURRERE「走る」から派生 ギhippikos 馬の 【経費】EXPENSA(f) 費用 ハンガリーkölteni「消費する」から派生 【警備】ゲ*wardōn 見張る 【警備員】ゲ*wardōn 見張る

— 200 —

フランス語	イタリア語	ルーマニア語
forme(f)	forma(f)	formă(f)
inclination(f)	inclinazione(f)	înclinaţie(f)
art(m)	arte(f)	artă(f)
artiste(mf)	artista(mf)	artist(m)
repas(m) léger	pasto(m) leggero	dejun(n)
formation(f)	formazione(f)	formaţie(f)
continuation(f)	continuazione(f)	continuare(f)
imprudent	imprudente	imprudent
portable	portabile	portativ
longitude(f)	longitudine(f)	longitudine(f)
course(f) de chevaux	corsa(f) di cavalli	hipism(n)
dépense(f)	spese(f)	cheltuială(f)
garde(f)	guardia(f)	gardă(f)
garde(m)	guardia(f)	gardian(m)
mépris(m)	disprezzo(m)	dispreţ(n)

【軽蔑】DIS-「否定」を表す接頭辞 + PRETIUM(n) 価格→動詞化　フランク *missi 悪い + PRETIUM(n) 価格

日本語	ポルトガル語	スペイン語
軽蔑する	desprezar	despreciar
警報	alarme(m)	alarma(f)
継母	madrasta(f)	madrastra(f)
刑務所	cárcere(m)	cárcel(f)
契約	contrato(m)	contrato(m)
経由で	via	vía
経歴	carreira(f)	carrera(f)
経路	curso(m)	curso(m)
痙攣	convulsão(f)	convulsión(f)
ケーキ	bolo(m)	pastel(m)
ケース(容器)	caixa(f)	caja(f)
ケーブル	cabo(m)	cable(m)
ケガ	ferida(f)	herida(f)
外科	cirugia(f)	cirugía(f)
毛皮	pele(f)	piel(f)
汚れ(不浄)	impureza(f)	impureza(f)

【軽蔑する】DIS-「否定」を表す接頭辞 + PRETIUM(n) 価格→動詞化　フランク*missi 悪い + PRETIUM(n) 価格　【警報】イタリアall'arme[＜ARMA 武器]武器に　イタリアall'erta[＜ALTUS 高い]高いところへ　【継母】MATER(f) 母 + 軽蔑辞　BELLA 綺麗な　MAMMA(f) ママ　VITRICUS 義父　【刑務所】CARCER(m) 刑務所　PREHENSIO(f) 逮捕　【契約】CONTRACTUS(m) 契約　【経由で】VIA(f) 道　【経歴】CARRUS(m)「荷馬車」から派生　【経路】CURSUS(m) 経路　VIA(f) 道路　PERCURSUS(m) 経過　(VIA)RUPTA 開かれた(道)　【痙攣】CONVULSIO(f) 振動　【ケーキ】ギbōlos 球　ギpátē 小麦粥　フランク*wastil 食べ物　TORTUS ねじれた　スラブpražiti「焼く」から

— 202 —

フランス語	イタリア語	ルーマニア語
mépriser	disprezzare	dispreţui
alerte(f)	allarme(m)	alarmă(f)
belle-mère(f)	matrigna(f)	mamă(f) vitreagă
prison(f)	carcere(m)	carceră(f)
contrat(m)	contratto(m)	contract(n)
via	via	via
carrière(f)	carriera(f)	carieră(f)
voie(f)	percorso(m)	rută(f)
convulsion(f)	convulsioni(f)	convulsie(f)
gâteau(m)	torta(f)	prăjitură(f)
caisse(f)	scatola(f)	cutie(f)
câble(m)	cavo(m)	cablu(n)
blessure(f)	ferita(f)	plagă(f)
chirurgie(f)	chirurgia(f)	chirurgie(f)
fourrure(f)	pelliccia(f)	blană(f)
impureté(f)	impurità(f)	impuritate(f)

派生 【ケース(容器)】CAPSA(f) 箱　後ラcastula 箱　トルコkutu「箱」から　派生 【ケーブル】CAPERE「捕らえる」から派生 【ケガ】FERITA(f) 打つこと　フランク*blettjan「打ち傷をつける」から派生　PLAGA(f) 傷 【外科】CHIRURGIA(f) 外科 【毛皮】PELLIS(f) 獣皮　ブルガリアblana「毛皮」から派生 【汚れ(不浄)】IMPURITIA(f) 不純

日本語	ポルトガル語	スペイン語
劇	teatro(m)	teatro(m)
激励する	animar	animar
今朝	esta manhã	esta mañana
消印	carimbo(m) postal	matasellos(m)
景色	paisagem(f)	paisaje(m)
下宿	pensão(f)	pensión(f)
化粧	maquiagem(f)	maquillaje(m)
化粧品	cosmético(m)	cosmético(m)
消す(明かり)	apagar	apagar
消す(ぬぐい消す)	borrar	borrar
削る(鉛筆)	apontar	afilar
けちな	avaro	mezquino
血圧	pressão(f)	presión(f)
	de sangre	arterial
血液	sangue(m)	sangre(f)
結果	resultado(m)	resultado(m)

【劇】THEATRUM(n) 劇場 【激励する】ANIMARE 勇気づける COR(n)「心」から派生 【今朝】ISTA その MANE(n) 朝 ISTE あの + ECCE 見よ ECCE 見よ + ISTE あの MATUTINUS 朝早い HAC DIE この日に 【消印】アンゴラ karimbu「小さな印」から派生 SIGILLUM(n) 印 COACTARE「強制する」から派生 ギ tumpanon 太鼓の一種 独 Post「郵便」から派生 【景色】仏 paysage[＜PAGUS 村]「景色」から借用 【下宿】PENSIO(f) 支払い 【化粧】古オランダ maken 作る イタリア語の語源は不詳 【化粧品】ギ kosmētikós 良く整えられた 【消す(明かり)】PACARE 静める EXSTINGERE 消す EX ～から + PINGERE 彩色する STINGUERE 消す 【消す(ぬぐい

— 204 —

フランス語	イタリア語	ルーマニア語
théâtre(m)	teatro(m)	teatru(n)
encourager	incoraggiare	încuraja
ce matin	questa mattina	azi dimineaţă
cachet(m)	timbro(m)	ştampila poştei
paysage(m)	paesaggio(m)	peisaj(n)
pension(f)	pensione(f)	pensiune(f)
maquillage(m)	trucco(m)	machiaj(n)
cosmétique(m)	cosmetico(m)	cosmetic(n)
éteindre	spegnere	stinge
effacer	cancellare	şterge
tailler	temperare	ascuţi
avare	avaro	meschin
pression(f)	pressione(f)	tensiune(f)
artérielle	arteriosa	arterială
sang(m)	sangue(m)	sânge(n)
résultat(m)	risultato(m)	rezultat(n)

消す)】後ラburra「毛羽だった布」から派生　FACIES(f)「顔」から派生　CANCELLARE 格子をとりつける　EXTERGERE 抹殺する　【削る(鉛筆)】PUNCTUM(n)「尖り」から派生　FILUM(n)「糸」から派生　TALEA(f)「棒」から派生　TEMPERARE 節制する　COS(f)「砥石」から派生　【けちな】AVARUS どん欲な　アラブmiskin 惨めな　【血圧】PRESSIO(f) 圧力　ARTERIA(f)「動脈」から派生　【血液】SANGUIS(m) 血　【結果】RESULTARE「跳ね返る」の完了分詞RESULTATUSから派生

日本語	ポルトガル語	スペイン語
欠陥	defeito(m)	defecto(m)
血管	veia(f)	vena(f)
決議	decisão(f)	decisión(f)
月給	mensalidade(f)	sueldo(m) mensual
結局	finalmente	finalmente
結構な(すばらしい)	magnífico	magnífico
結構だ(十分)	Basta.	Basta.
結婚	matrimônio(m)	matrimonio(m)
傑作	obra-prima(f)	obra(f) maestra
決して〜ない	nunca	nunca
欠如(欠乏)	falta(f)	falta(f)
決勝	final(f)	final(f)
結晶(作用)	cristalização(f)	cristalización(f)
決心	resolução(f)	resolución(f)
欠席	ausência(f)	ausencia(f)

【欠陥】DEFECTUS(m) 背反 DIS-「否定」を表す接頭辞+FALLERE 騙す→名詞化 【血管】VENA(f) 血管 VASCULUM(n) 小さな器 VAS(n) 器 SANGUINEUS 血の 【決議】DECISIO(f) 決定 DELIBERATIO(f) 熟考 ハンガリーhotár「境界」から派生 【月給】SOLIDUM(n) 総額 MENSUALIS 月々の SALARIUM(n) 給金 STIPENDIUM(n) 賃金 LUNARIS 月の 【結局】FINALIS 終局の MENS(f)「心」の奪格 IN 〜に+FINIS(m) 結末 スラブ sūvŭršiti「終わる」から派生 【結構な(すばらしい)】MAGNIFICUS 華美な 【結構だ(十分)】ギ bastázein「支える」>後ラ *bastare 十分である HOC この+ECCE 見よ SUFFICERE 足りる ADJUNGERE 加える 【結婚】

— 206 —

フランス語	イタリア語	ルーマニア語
défaut(m)	difetto(m)	defect(n)
vaisseau(m)	vaso(m) sanguigno	vas(n) sanghin
décision(f)	deliberazione(f)	hotărâre(f)
salaire(m) mensuel	stipendio(m) mensile	salariu(n) lunar
enfin	infine	în sfârşit
magnifique	magnifico	magnific
Ça suffit.	Basta.	Ajunge.
mariage(m)	matrimonio(m)	căsătorie(f)
chef-d'œuvre(m)	capolavoro(m)	capodoperă(f)
jamais	mai	niciodată
manque(m)	mancanza(f)	lipsă(f)
finale(f)	finale(f)	final(n)
cristallisation(f)	cristallizzazione(m)	cristalizare(f)
résolution(f)	rizoluzione(f)	hotărâre(f)
absence(f)	assenza(f)	absenţă(f)

MATRIMONIUM(n) 結婚　CASA(f)「小屋」から派生　【傑作】OPERA(f) 仕事　PRIMUS 第一の　MAGISTRA(f) 女性指導者　CAPUT(n) 頭＋DE ～の＋OPERA(f) 仕事　LABOR(m) 勤勉　【決して～ない】NUMQUAM 決して～ない　JAM 既に　MAGIS 更に　NEQUE ～も～でない＋UNA 一つの＋DATUS「与えられた」の女性形DATAから派生　【欠如（欠乏）】俗ラ*fallita「不足」から派生　MANCUS「欠陥のある」から派生　ギlipó「不足する」から派生　【決勝】FINALIS「終局の」の名詞化　【結晶(作用)】CRYSTALLINUS「結晶した」の名詞化　【決心】RESOLUTIO(f) 決心　ハンガリーhotár「境界」から派生　【欠席】ABSENTIA(f) 不在

日本語	ポルトガル語	スペイン語
決然たる	firme	firme
結束	solidariedade(f)	solidaridad(f)
決定	decisão(f)	decisión(f)
欠点	defeito(m)	defecto(m)
潔白な	inocente	inocente
欠乏	falta(f)	falta(f)
欠乏する	faltar	faltar
月曜日	segunda-feira(f)	lunes(m)
結末	fim(m)	fin(m)
結論	conclusão(f)	conclusión(f)
下品な	de mau gosto	de mal gusto
煙	fumaça(f)	humo(m)
下痢	diarréia(f)	diarrea(f)
ゲリラ	guerrilha(f)	guerrilla(f)
蹴る	dar um pontapé	dar un puntapié

【決然たる】FIRMUS 確固たる　DETERMINATUS 限られた　【結束】SOLIDUS「堅い」の名詞化　【決定】DECISIO(f) 決定　【欠点】DEFECTUS(m) 背反　【潔白な】INNOCENS 潔白な　【欠乏】俗ラ *fallita「不足」から派生　MANCUS「欠陥のある」から派生　ギlipó「不足する」から派生　【欠乏する】俗ラ *fallita「不足」から派生　MANCUS「欠陥のある」から派生　ギlipó「不足する」から派生　【月曜日】(DIES)LUNAE 月の(日)　SECUNDA 第二の　FERIA(f) 週日　【結末】FINIS(f) 結末　FINALIS「終局の」から派生　【結論】CONCLUSIO(f) 結論　【下品な】DE 〜で　MALUS 悪い　GUSTUS(m) 楽しみ　VULGARIS 俗の　【煙】FUMUS(m) 煙　【下痢】DIARRHEA(f) 下痢　【ゲ

フランス語	イタリア語	ルーマニア語
déterminé	fermo	ferm
solidité(f)	solidarietà(f)	solidaritate(f)
décision(f)	decisione(f)	decizie(f)
défaut(m)	difetto(m)	defect(n)
innocent	innocente	inocent
manque(m)	mancanza(f)	lipsă(f)
manquer	mancare	lipsi
lundi(m)	lunedì	luni(f)
fin(f)	fine(f)	final(n)
conclusion(f)	conclusione(f)	concluzie(f)
vulgaire	volgare	vulgar
fumée(f)	fumo(m)	fum(n)
diarrhée(f)	diarrea(f)	diaree(f)
guérilla(f)	guerriglia(f)	guerilă(f)
donner un coup de pied	dare un calcio	da cu piciorul

リラ】ゲ*werra 不和 【蹴る】DARE 与える UNUS 一つの PES(m)「足」から派生 DONARE 与える COLAPHUS(m) 拳打 CALCARE「踏む」から派生 PETIOLUS(m) 肉茎

日本語	ポルトガル語	スペイン語
蹴る(拒絶)	recusar	rechazar
ケルト人	celta(mf)	celta(mf)
ゲルマン人	germano(m)	germano(m)
険しい(厳しい)	severo	severo
県	província(f)	provincia(f)
剣	espada(f)	espada(f)
権威	autoridade(f)	autoridad(f)
原因	causa(f)	causa(f)
検疫	quarentena(f)	cuarentena(f)
検閲	censura(f)	censura(f)
喧嘩	briga(f)	riña(f)
喧嘩する	brigar	reñir
原価	preço(m) de custa	precio(m) de coste
見解	opinião(f)	opinión(f)

【蹴る(拒絶)】RECUSARE 拒絶する　RE-「再び」を表す接頭辞+俗ラ*captiare 追う　RECUSARE 拒絶する×REFUTARE 反駁する　REFUTARE 反駁する 【ケルト人】CELTA(m) ケルト人　【ゲルマン人】GERMANUS(m) ゲルマン人 【険しい(厳しい)】SEVERUS 厳格な　【県】PROVINCIA(f) 州　PRAEFECTURA(f) 長官区　JUDICIUM(m)「裁判」から派生　【剣】SPATHA(f) サーベル　【権威】AUCTORITAS(f) 権威　【原因】CAUSA(f) 原因　【検疫】cuarenta[＜QUADRAGINTA]「四十」から派生[検疫停船期間が四十日であったことから]　仏contre[＜CONTRA]〜に対して+rôle[＜ROTA 車輪]役割→造語 SANITAS(f)「健康」から派生　【検閲】CENSURA(f) 検閲　【喧嘩】ゲ*brīkan

— 210 —

フランス語	イタリア語	ルーマニア語
refuser	rifiutare	refuza
Celte(mf)	celta(m)	celt(m)
Germain(m)	germano(m)	german(m)
sévère	severo	sever
préfecture(f)	provincia(f)	judeţ(n)
épée(f)	spada(f)	spadă(f)
autorité(f)	autorità(f)	autoritate(f)
cause(f)	causa(f)	cauză(f)
quarantaine(f)	controllo(m) sanitario	carantină(f)
censure(f)	censura(f)	cenzură(f)
querelle(f)	lite(f)	ceartă(f)
se quereller	litigare	se certa
prix(m) de revient	prezzo(m) di costo	preţ(n) de cost
opinion(f)	opinione(f)	opinie(f)

「破る」から派生　QUERELLA(f) 非難　LIS(f) 口論　CERTARE「論争する」から派生　【喧嘩する】ゲ*brikan「破る」から派生　QUERELLA(f)「非難」から派生　SE[再帰代名詞] LITIGARE 喧嘩する　CERTARE 論争する　【原価】PRETIUM(n) 価格　DE ～の　CONSTARE「費用がかかる」から派生　RE-「再び」を表す接頭辞＋VENIRE 来る→名詞化　【見解】OPINIO(f) 見解

日本語	ポルトガル語	スペイン語
限界	limite(m)	límite(m)
見学	visita(f)	visita(f)
厳格な	rigoroso	riguroso
衒学的な	pedantesco	pedantesco
玄関	vestíbulo(m)	vestíbulo(m)
嫌疑	suspeita(f)	sospecha(f)
元気	ânimo(m)	ánimo(m)
研究	investigação(f)	investigación(f)
言及する	referir-se	referirse
謙虚	modéstia(f)	modestia(f)
現金	dinheiro(m)	dinero(m)
	à vista	contante
厳禁	proibição(f)	prohibición(f)
	estrita	estricta
権限	atribuição(f)	atribución(f)
言語	língua(f)	lengua(f)

【限界】LIMES(m) 境　【見学】VISITARE「訪問する」の名詞化　【厳格な】RIGOR(m)「冷酷」から派生　【衒学的な】PAEDAGOGARE「教育する」から派生　SAPIENS「賢明な」から派生　【玄関】VESTIBULUM(n) 玄関　【嫌疑】SUSPECTUS(m) 驚嘆　SUSPICIO(f) 疑惑　【元気】ANIMUS(m) 元気　VIGOR(m) 活力　【研究】INVESTIGATIO(f) 研究　CIRCA(f)「〜の周りに」から派生　CIRCITARE 歩き回る　【言及する】REFERRE 後ろへ移す　SE［再帰代名詞］　MENTIO(f)「言及」から派生　【謙虚】MODESTIA(f) 謙虚　【現金】DENARIUS(m) 古ローマの銀貨　AD 〜へ　VISUS(m)「見ること」から派生　ARGENTUM(n) 貨幣　COMPUTARE「一緒に計算する」の現在分詞

— 212 —

フランス語	イタリア語	ルーマニア語
limite(f)	limite(m)	limită(f)
visite(f)	visita(f)	vizită(f)
rigoureux	rigoroso	riguros
pédant	saccente	pedant
vestibule(f)	vestibolo(m)	vestibul(n)
soupçon(m)	sospetto(m)	suspiciune(f)
vigueur(f)	vigore(m)	sevă(f)
investigation(f)	ricerca(f)	cercetare(f)
mentionner	menzionare	se referi
modestie(f)	modestia(f)	modestie(f)
argent(m)	denaro(m)	numerar(n)
comptant	contante	
défense(f)	proibizione(f)	interzicere(f)
expresse	stretta	strict
attributions(f)	attribuzioni(f)	atribut(n)
langue(f)	lingua(f)	limbă(f)

COMPUTANSから派生　NUMERABILIS 数えられる　【厳禁】PROHIBITIO(f) 禁止　STRICTUS 厳格な　DEFENSIO(f)「防衛」から派生　EXPRESSA 明白な　INTERDICERE「禁止する」から派生　【権限】ATTRIBUTIO(f)（権限などの）譲渡　【言語】LINGUA(f) 言語

日本語	ポルトガル語	スペイン語
健康	saúde(f)	salud(f)
原稿	manuscrito(m)	manuscrito(m)
現行の	vigente	vigente
検査	exame(m)	examen(m)
現在(名詞)	actualidade(f)	actualidad(f)
現在(副詞)	agora	ahora
現在の	actual	actual
原産地	procedência(f)	procedencia(f)
原子	átomo(m)	átomo(m)
原始的な	primitivo	primitivo
堅実な	seguro	seguro
現実	realidade(f)	realidad(f)
拳銃	pistola(f)	pistola(f)
厳重な	severo	severo
厳粛な	solene	solemne
懸賞	concurso(m)	concurso(m)

【健康】SALUS(f) 健康　SANITAS(f) 健康　【原稿】MANUSCRIPTUM(n) 写本　【現行の】VIGERE「流行している」の現在分詞 VIGENS から派生　ACTUALIS 現在の　【検査】EXAMEN(n) 試験　【現在(名詞)】ACTUALIS「現在の」の名詞化　PRAESENS「現在の」の名詞化　【現在(副詞)】HAC HORA この時刻に　MANU 手で＋TENERE 保つ→副詞化　ECCE 見よ＋EUM それを＋MODO 単に　【現在の】ACTUALIS 現在の　【原産地】PROCEDERE「現れる」の名詞化　PROVENIRE「出現する」の名詞化　【原子】ATOMUS 分割できない　【原始的な】PRIMITIVUS 原始的な　【堅実な】SECURUS 安全な　【現実】REALIS「事実の」から派生　【拳銃】独 Pistole ピストル　【厳重な】

フランス語	イタリア語	ルーマニア語
santé(f)	salute(f)	sănătate(f)
manuscrit(m)	manoscritto(m)	manuscris(n)
actuel	attuale	actual
examen(m)	esame(m)	examen(n)
présent(m)	presente(m)	prezent(n)
maintenant	ora	acum
actuel	attuale	actual
provenance(f)	provenienza(f)	provenienţă(f)
atome(m)	atomo(m)	atom(m)
primitif	primitivo	primitiv
sûr	sicuro	sigur
réalité(f)	realtà(f)	realitate(f)
pistolet(m)	pistola(f)	pistol(n)
sévère	severo	sever
solennel	solenne	solemn
concours(m)	concorso(m)	concurs(n)

SEVERUS 厳格な 【厳粛な】SOLLEMNIS 厳粛な 【懸賞】CONSURSUS(m) 競い合い

日本語	ポルトガル語	スペイン語
現象	fenômeno(m)	fenómeno(m)
減少	diminuição(f)	disminución(f)
現状	estado(m) atual	estado(m) actual
厳正な	estrito	estricto
建設	construção(f)	construcción(f)
健全な	são	sano
元素	elemento(m)	elemento(m)
幻想	ilusão(f)	ilusión(f)
現像する	revelar	revelar
原則	princípio(m)	principio(m)
謙遜	modestia(f)	modestia(f)
現代	idade(f) moderna	edad(f) moderna
現代の	moderno	moderno
現地時間	hora(f) local	hora(f) local
建築	edificação(f)	edificación(f)
顕著な	notável	notable

【現象】ギphainómenon 現れるもの 【減少】DEMINUERE「減らす」の名詞化 【現状】STATUS(m) 状態 ACTUALIS 現在の STARE「立っている」の名詞化 【厳正な】STRICTUS 厳格な 【建設】CONSTRUCTIO(f) 建設 【健全な】SANUS 健全な 【元素】ELEMENTUM(n) 元素 【幻想】ILLUSIO(f) 錯覚 【現像する】REVELARE 露にする イタリア語・ルーマニア語は語源不詳 【原則】PRINCIPIUM(n) 端緒 【謙遜】MODESTIA(f) 慎重 【現代】AETAS(f) 時代 MODERNA 現代の NOSTER 我々の TEMPUS(n) 時 MODERNUS 現代の スラブvrēmen「時」から派生 【現代の】MODERNUS 現代の 【現地時間】HORA(f) 時間 LOCALIS 場所の 【建築】AEDIFICATIO(f)

フランス語	イタリア語	ルーマニア語
phénomène(m)	fenomeno(m)	fenomen(n)
diminution(f)	diminuzione(f)	diminuare(f)
état(m) actuel	stato(m) attuale	stare(f) actuală
strict	stretto	strict
construction(f)	costruzione(f)	construcţie(f)
sain	sano	sănătos
élément(m)	elemento(m)	element(n)
illusion(f)	illusione(f)	iluzie(f)
réléver	sviluppare	developa
principe(m)	principio(m)	principiu(n)
modestie(f)	modestia(f)	modestie(f)
notre temps(m)	nostro temp(m)	vremea(f) noastră
moderne	moderno	modern
heure(f) locale	ora(f) locale	oră(f) locală
édification(f)	edificazione(f)	edificare(f)
notable	notevole	notabil

建設 【顕著な】NOTABILIS 注目すべき

日本語	ポルトガル語	スペイン語
限度	limite(m)	límite(m)
限定	limitação(f)	limitación(f)
検討する	examinar	examinar
見当をつける	calcular	calcular
顕微鏡	microscópio(m)	microscopio(m)
見物	visita(f)	visita(f)
見物する	visitar	visitar
見物人	visitante(m)	visitante(m)
原文	original(m)	original(m)
憲法	constituição(f)	constitución(f)
厳密な	rigoroso	riguroso
賢明な	sensato	sensato
言明	declaração(f)	declaración(f)
幻滅	desilusão(f)	desilusión(f)
倹約	economia(f)	ahorro(m)
原油	óleo(m) cru	petróleo(m) bruto

【限度】LIMES(m) 境界 【限定】LIMITATIO(f) 制限 【検討する】EXAMINARE 検査する 【見当をつける】CALCULARE 数える　VALOR(m)「価値」から派生　AESTIMARE 見積もる 【顕微鏡】ギmikrōs 小さな＋skópein 見る→造語 【見物】VISITARE「訪問する」から派生 【見物する】VISITARE 訪問する 【見物人】VISITARE「訪問する」の現在分詞VISITANSから派生　VISITATOR(m) 訪問者 【原文】ORIGINALIS「原本の」の名詞化 【憲法】CONSTITUTIO(f) 規定 【厳密な】RIGOR(m)「硬直」から派生 【賢明な】SENSATUS 思慮のある　SENSUS(m)「感覚」から派生 【言明】DECLARATIO(m) 宣言 【幻滅】DIS-「否定」を表す接頭辞＋ILLUSIO(f) 錯覚 【倹約】OECONOMIA(f) 節約

フランス語	イタリア語	ルーマニア語
limite(f)	limite(m)	limită(f)
limitation(f)	limitazione(f)	limitare(f)
examiner	esaminare	examina
évaluer	stimare	evalua
microscope(m)	microscopio(m)	microscop(m)
visite(f)	visita(f)	vizită(f)
visiter	visitare	vizita
visiteur(m)	visitatore(m)	vizitator(m)
original(m)	originale(m)	original(n)
Constitution(f)	Costituzione(f)	constituţie(f)
rigoureux	rigoroso	riguros
sensé	sensato	cuminte
déclaration(f)	dechiarazione(f)	declaraţie(f)
désillusion(f)	disillusione(f)	deziluzie(f)
économie(f)	economia(f)	economie(f)
huile(f) brute	petrolio(m) grezzo	ţiţei(n)

【原油】OLEUM(n) 油　CRUDUS 生の　PETRA(f) 石＋OLEUM(n) 油　BRUTUS 重い　イタリア語の形容詞とルーマニア語の語源は不詳

日本語	ポルトガル語	スペイン語
権利	direito(m)	derecho(m)
原理	princípio(m)	principio(m)
原料	matéria(f) prima	materia(f) prima
権力	poder(m)	poder(m)
言論	palavra(f)	palabra(f)

—こ—

子(幼児)	menino(m)	niño(m)
五	cinco	cinco
語(単語)	palavra(f)	palabra(f)
濃い(色が)	escuro	obscuro
濃い(液が)	espesso	espeso
恋	amor(m)	amor(m)
故意の	intencional	intencional
語彙	vocabulário(m)	vocabulario(m)
恋しい	querido	querido

【権利】DIRECTUS 真っすぐな 【原理】PRINCIPIUM(n) 基礎 【原料】MATERIA(f) 物質 PRIMUS 主要な PRIMARIUS 第一の 【権力】POSSE ～できる 【言論】PARABOLA(f) 比喩 CONVENTUM(n) 集会 【子(幼児)】ポルトガル語・スペイン語・イタリア語・ルーマニア語の語源は不詳 INFANS(mf) 子供 【五】QUINQUE 五 【語(単語)】PARABOLA(f) 比喩 MUTIRE「つぶやく」の名詞化 CONVENTUM(n) 集会 【濃い(色が)】OBSCURUS 暗い フランス語の語源は不詳 【濃い(液が)】SPISSUS 濃い DENSUS 濃密な 【恋】AMOR(m) 恋 スラブ ljubiti「愛する」から派生 【故意の】INTENTIO(f)「意図」から派生 【語彙】VOCABULUM(n)「単語」から

— 220 —

フランス語	イタリア語	ルーマニア語
droit(m)	diritto(m)	drept(n)
principe(m)	principio(m)	principiu(n)
matière(f) première	materie(f) prime	materie(f) primă
pouvoir(m)	potere(m)	putere(f)
parole(f)	parola(f)	cuvânt(n)
enfant(mf)	bambino(m)	copil(m)
cinq	cinque	cinci
mot(m)	parola(f)	cuvânt(n)
foncé	scuro	obscur
épais	spesso	dens
amour(m)	amore(m)	iubire(f)
intentionnel	intenzionale	intenţional
vocabulaire(m)	vocabolario(m)	vocabular(n)
cher	caro	iubit

派生 【恋しい】ポ・ス querer[＜QUAERERE 求める]「愛する」の過去分詞 CARUS 愛すべき　AMARE「愛する」の完了分詞 AMATUS から派生　スラブ ljubiti「愛する」から派生

日本語	ポルトガル語	スペイン語
恋しがる（いない人を）	estar com saudade de	añorar
恋人（女から見た）	namorado(m)	novio(m)
恋人（男から見た）	namorada(f)	novia(f)
請う（乞う）	pedir	pedir
号（番号）	número(m)	número(m)
高圧（電気の）	alta tensão(f)	alta tensión(f)
考案（発明）	invenção(f)	invención(f)
考案する	inventar	inventar
好意	favor(m)	favor(m)
好意的な	simpático	simpático
行為	ato(m)	acto(m)
合意	acordo(m)	acuerdo(m)
合意する	acordar-se	acordarse
後遺症	seqüela(f)	secuela(f)
降雨	chuva(f)	lluvia(f)

【恋しがる（いない人を）】TENERE 保つ　SOLITAS(f) 孤独　スペイン語の語源は不詳　SUSPIRARE 嘆息する　PER ～のために　SENTIRE 感じる　MANCU「脆い」から派生　SFIERI ～になる　DOLOR(m) 悲嘆　DE ～に関して　【恋人（女から見た）】AMOR(m)「愛」から派生　NOVUS「新しい」から派生　AMICUS(m) 友人　FIDERE「信じる」から派生　スラブ ljubiti「愛する」から派生　【恋人（男から見た）】AMOR(m)「愛」から派生　NOVA「新しい」から派生　AMICA(f) 女の友人　FIDERE「信じる」から派生　スラブ ljubiti「愛する」から派生　【請う（乞う）】PETERE 要求する　DEMANDARE 委ねる　QUAERERE 求める　【号（番号）】NUMERUS(m) 数　【高圧（電気

フランス語	イタリア語	ルーマニア語
soupirer pour	sentire la mancanza di	fi dor de
ami(m)	fidanzato(m)	iubit(m)
amie(f)	fidanzata(f)	iubită(f)
demander	chiedere	cere
numéro(m)	numero(m)	număr(n)
haute tension(f)	alta pressione(f)	tensiune(f) înaltă
invention(f)	invenzione(f)	invenţie(f)
inventer	inventare	inventa
bienveillance(f)	favore(m)	favoare(f)
bienveillant	favorevole	simpatic
acte(m)	atto(m)	act(n)
accord(m)	accordo(m)	acord(n)
s'accorder	accordarsi	consimţi
séquelles(f)	postumi(m)	sechelă(f)
pluie(f)	pioggia(f)	ploaie(f)

の)】ALTUS 高い TENSIO(f) 緊張 【考案(発明)】INVENTIO(f) 発明 【考案する】INVENTUS(m)「発明」の動詞化 【好意】FAVOR(m) 好意 BENE 良く + VOLENS 欲する 【好意的な】SYMPATHICUS 好意的な BENE 良く + VOLENS 欲する 【行為】ACTUS(m) 行動 【合意】COR(n)「心」から派生 【合意する】COR(n)「心」から派生 SE［再帰代名詞］ CUM ～と共に + SENTIRE 感じる 【後遺症】SEQUELA(f) 結果 POSTUMUS「後に残された」から派生 【降雨】PLUVIA(f) 雨

日本語	ポルトガル語	スペイン語
豪雨	chuva(f) torrencial	lluvia(f) torrencial
幸運	boa sorte(f)	suerte(f)
公営の	público	público
光栄	glória(f)	gloria(f)
公園	parque(m)	parque(m)
公演	representação(f)	representación(f)
講演	conferência(f)	conferencia(f)
後援会(俳優などの)	associação(f) apoiadora	asociación(f) de amigos
効果	efeito(m)	efecto(m)
効果的な	efectivo	efectivo
効果のない	ineficaz	ineficaz
降下	descensão(f)	descenso(m)
降下する	descer	descender
高価な	caro	caro

【豪雨】PLUVIA(f) 雨　TORRENS「荒い」から派生　GROSSUS 厚い　【幸運】BONUS 良い　SORS(f) 運　CADERE「落ちる」から派生　FORTUNA(f) 運　【公営の】PUBLICUS 公の　【光栄】GLORIA(f) 栄誉　【公園】後ラparricum 公園　【公演】REPRAESENTATIO(f) 表現　【講演】CONFERENTIA(f) 集会　【後援会(俳優などの)】ASSOCIATIO(f) 団体　APPODIARE「寄り掛かる」から派生　DE 〜の　AMICUS(m) 友人　SOCIETAS(f) 団体　英語club クラブ　ADMIRATOR(m) 驚嘆者　スラブprijatelĭ「友人」から派生　【効果】EFFECTUS(m) 効果　【効果的な】EFFECTIVUS 実際的な　【効果のない】INEFFICAX 力の弱い　【降下】DESCENSUS(m) 下降　ルーマニア語の語源

フランス語	イタリア語	ルーマニア語
grosse pluie(f)	pioggia(f) torrenziale	ploaie(f) torenţială
chance(f)	fortuna(f)	şansă(f)
public	pubblico	public
gloire(f)	gloria(f)	glorie(f)
parc(m)	parco(m)	parc(n)
représentation(f)	rappresentazione(f)	reprezentaţie(f)
conférence(f)	conferenza(f)	conferinţă(f)
société(f) des amis	club(m) degli ammiratori	asociaţie(f) de prietenie
effet(m)	effetto(m)	efect(n)
efficace	efficace	eficient
inefficace	inefficace	ineficace
descente(f)	discesa(f)	coborâre(f)
descendre	discendere	coborî
cher	caro	scump

は不詳 【降下する】DESCENDERE 下りる ルーマニア語の語源は不詳 【高価な】CARUS 高価な スラブskapū「貪欲な」から派生

日本語	ポルトガル語	スペイン語
硬貨	moeda(f)	moneda(f)
公開する	abrir ao público	abrir al público
高雅な	elegante	elegante
豪華な	luxuoso	lujoso
公海(沖)	mar(m) alto	alta mar(f)
後悔する	arrepender-se	arrepentirse
航海	navegação(f)	navegación(f)
航海する	navegar	navegar
公害(汚染)	poluição(f)	polución(f)
郊外	subúrbio(m)	afueras(f)
光化学スモッグ	smog(m) fotoquímico	smog(m) fotoquímico
工学	engenharia(f)	ingeniería(f)
合格	aprovação(f)	aprobación(f)
合格者	aprovado(m)	aprobado(m)

【硬貨】MONETA(f) 貨幣［女神JUNOの渾名，神殿で貨幣が鋳造された］ 【公開する】APERIRE 開ける　AD ～へ　ILLE あの　PUBLICUS 公の　DARE 与える 【高雅な】ELEGANS 上品な 【豪華な】LUXUS(m)「派手」から派生 【公海(沖)】ALTUS 高い・深い　MARE(n) 海　DISCLUDERE「分かつ」の完了分詞DISCLUSUSから派生 【後悔する】SE［再帰代名詞］　RE-［強意の接頭辞］+ POENITIRE「後悔させる」　スラブkajati sen「後悔する」から派生 【航海】NAVIGATIO(f) 航海　NAVIGARE「航海する」の名詞化 【航海する】NAVIGARE 航海する 【公害(汚染)】POLLUTIO(f) 汚染　INQUINARE「汚す」の名詞化　POLLUERE「汚す」の名詞化 【郊外】SUBURBIUM(n) 郊外

フランス語	イタリア語	ルーマニア語
monnaie(f)	moneta(f)	monedă(f)
ouvrir au public	aprire al pubblico	da publicităţii
élégant	elegante	elegant
luxueux	lussuoso	luxos
haute mer(f)	alto mare(m)	mare(f) deschisă
se repentir	pentirsi	se căi
navigation(f)	navigazione(f)	navigare(f)
naviguer	navigare	naviga
pollution(f)	inquinamento(m)	poluare(f)
banlieue(f)	periferia(f)	periferie(f)
smog(m)	smog(m)	smog(n)
photochimique	fotochimico	fotochimic
technologie(f)	imgeneria(f)	tehnologie(f)
admission(f)	superamento(m)	reuşită(f)
admis(m)	vincitore(m)	reuşit(m)

AD ～へ + FORAS 外へ　フランク*ban 布告 + LOCUS(m) 場所　PERIPHERIA(f) 周囲　【光化学スモッグ】英語 smog スモッグ　ギ phōto- 光 + ALCHIMIA 錬金術→形容詞化　【工学】INGENIUM(n)「天性」から派生　ギ techno- 技術 + lógos 言葉　【合格】APPROBATIO(f) 是認　ADMISSIO(f) 許可　SUPERARE「征服する」の名詞化　RE-[強意の接頭辞] + EXIRE 出る + IRE 行く→名詞化 【合格者】APPROBATUS「是認された」から派生　ADMITTERE「承認する」の完了分詞 ADMISSUS から派生　VINCERE「勝つ」から派生　RE-[強意の接頭辞] + EXIRE 出る + IRE 行く→名詞化

日本語	ポルトガル語	スペイン語
合格する	ser aprovado	ser aprobado
狡猾	astúcia(f)	astucia(f)
好感	simpatia(f)	simpatía(f)
交換	troca(f)	cambio(m)
強姦	violação(f)	violación(f)
強姦する	violar	violar
好機	oportunidade(f)	oportunidad(f)
抗議	protesto(m)	protesta(f)
抗議する	protestar	protestar
講義	curso(m)	curso(m)
高気圧	alta pressão(f) atmosférica	alta presión(f) atmosférica
好奇心	curiosidade(f)	curiosidad(f)
恒久の	permanente	permanente
高級な	superior	superior
公共の	público	público

【合格する】ESSE 〜である　APPROBATUS 是認された　STARE 立っている　ADMITTERE「承認する」の完了分詞ADMISSUSから派生　SUPERARE 征服する　TRAJICERE 突破する　【狡猾】ASTUTIA(f) 狡猾　トルコ şirret「悪意のある」から派生　【好感】SYMPATHIA(f) 共感　【交換】TORQUERE「回す」から派生　CAMBIUM(n) 交換　【強姦】VIOLATIO(f) 凌辱　VIOLARE「暴行する」から派生　STUPRUM(n) 陵辱　【強姦する】VIOLARE 凌辱する　STUPRARE 陵辱する　【好機】OPPORTUNITAS(f) 好機　OCCASIO(f) 好機　【抗議】PROTESTARE「抗議する」から派生　PROTESTATIO(f)「抗議」から派生　【抗議する】PROTESTARI 抗議する　【講義】CURSUS(m) 進路　【高

— 228 —

フランス語	イタリア語	ルーマニア語
être admis	superare	trece
astuce(f)	astuzia(f)	şiretenie(f)
sympathie(f)	simpatia(f)	simpatie(f)
change(m)	scambio(m)	schimb(n)
viol(m)	stupro(m)	viol(n)
violer	stuprare	viola
occasion(f)	opportunità(f)	oportunitate(f)
protestation(f)	protesta(f)	protest(n)
protester	protestare	protesta
cours(m)	corso(m)	curs(n)
haute pression(f)	alta pressione(f)	înaltă presiune(f)
atmosphérique	atmosferica	atmosferică
curiosité(f)	curiosità(f)	curiozitate(f)
éternel	permanente	permanent
supérieur	superiore	superior
public	pubblico	public

気圧】ALTUS 高い　PRESSIO(f) 圧力　ギatmós 煙 + sphaîra 地球→形容詞化　【好奇心】CURIOSITAS(f) 好奇心　【恒久の】PERMANENS「恒久の」から派生　AETERNUS「永久の」から派生　【高級な】SUPERIOR 上位の　【公共の】PUBLICUS 公の

日本語	ポルトガル語	スペイン語
工業	indústria(f)	industria(f)
交響曲	sinfonia(f)	sinfonía(f)
好況	prosperidade(f)	prosperidad(f)
合金	liga(f)	aleación(f)
航空機	avião(m)	avión(m)
航空便で	por avião	por avión
航空郵便	correio(m) aéreo	correo(m) aéreo
光景	cena(f)	escena(f)
合計	soma(f)	suma
合計する	somar	sumar
攻撃	ataque(m)	ataque(m)
攻撃する	atacar	atacar
高血圧	hipertensão(f)	hipertensión(f)
貢献	contribuição(f)	contribución(f)
貢献する	contribuir	contribuir
公言	declaração(f)	declaración(f)

【工業】INDUSTRIA(f)「勤勉」から派生　【交響曲】SYMPHONIA(f) 協和音　【好況】PROSPERITAS(f) 繁栄　【合金】LIGARE「結ぶ」から派生　ALLIGARE「結びつける」から派生　【航空機】AVIS(f) 鳥＋増大辞　AERIUS「空気の」から派生　【航空便で】PER 〜によって　AVIS(f) 鳥＋増大辞　VIA(f) 道路　CUM 〜と共に　ILLE あの　【航空郵便】古カタルーニア correu 使者　AERIUS 空気の　PONERE「置く」の完了分詞女性形 POSITA から派生 AERIUS「空気の」から派生　【光景】SCAENA(f) 舞台　【合計】SUMMA(f) 合計　TOTALIS「全体の」から派生　【合計する】SUMMA(f) 合計＋動詞語尾　TOTALIS「全体の」から派生　【攻撃】イ attaccare[語源不詳]「攻撃する」の名詞化　【攻

— 230 —

フランス語	イタリア語	ルーマニア語
industrie(f)	industria(f)	industrie(f)
symphonie(f)	sinfonia(f)	simfonie(f)
prospérité(f)	prosperità(f)	prosperitate(f)
alliage(m)	lega(f)	aliaj(n)
avion(m)	aereo(m)	avion(n)
par avion	per via aerea	cu avionul
poste(f) aérienne	posta(f) aerea	poştă(f) aeriană
scène(f)	scena(f)	scenă(f)
somme(f)	somma(f)	total(n)
totaliser	sommare	totaliza
attaque(f)	attacco(m)	atac(n)
attaquer	attaccare	ataca
hypertension(f)	ipertensione(f)	hipertensiune(f)
contribution(f)	contributo(m)	contribuţie(f)
contribuer	contribuire	contribui
déclaration(f)	dichiarazione(f)	declaraţie(f)

撃する】イ attaccare[語源不詳]攻撃する　【高血圧】ギ hyper 過度の＋TENSIO(f) 緊張　【貢献】CONTRIBUTIO(f) 分担　【貢献する】CONTRIBUERE 分担する　【公言】DECLARATIO(f) 宣言

日本語	ポルトガル語	スペイン語
高原	planalto(m)	altiplanicie(f)
口語	língua(f)	lengua(f)
	falada	hablada
交互に	alternadamente	alternativamente
神々しい	divino	divino
考古学	arqueologia(f)	arqueología(f)
広告	anúncio(m)	anuncio(m)
交差する	cruzar	cruzar
交差点	cruzamento(m)	cruce(m)
口座	conta(f)	cuenta(f)
講座	curso(m)	curso(m)
交際	relacionamento(m)	relaciones(f)
耕作	cultivo(m)	cultivo(m)
耕作する	cultivar	cultivar
考察	observação(f)	observación(f)
考察する	observar	observar

【高原】ギplatus「広い」から派生　ALTUS 高い + PLANUS 平らな→名詞化　ルーマニア語の語源は不詳　【口語】LINGUA(f) 言語　FABULARI「話す」から派生した動詞の過去分詞　PARABOLA(f)「比喩」から派生した動詞の過去分詞　ルーマニア語の過去分詞の語源は不詳　【交互に】ALTERNUS「交換の」から派生　MENS(f)「心」の奪格　【神々しい】DIVINUS 神のような　【考古学】ARCHEOLOGIA(f) 考古学　【広告】ANNUNTIARE「知らせる」の名詞化　【交差する】CRUX(f)「十字架」から派生　【交差点】CRUX(f)「十字架」から派生　【口座】COMPUTATIO(f)「勘定」からの造語　【講座】CURSUS(m) 経過　【交際】RELATIO(f) 関係　【耕作】CULTUS「耕作」から派生　【耕作する】

フランス語	イタリア語	ルーマニア語
plateau(m)	altopiano(m)	plai(n)
langue(f)	lingua(f)	limbă(f)
parlée	parlata	vorbită
alternativement	alternativamente	alternativ
divin	divino	divin
archéologie(f)	archeologia(f)	arheologie(f)
annonce(f)	annuncio(m)	anunţ(n)
croiser	incrociare	încrucişa
croisement(m)	incrocio(m)	intersecţie(f)
compte(m)	conto(m)	cont(n)
cours(m)	corso(m)	curs(n)
relations(f)	relazioni(f)	relaţii(f)
culture(f)	coltura(f)	cultivare(f)
cultiver	coltivare	cultiva
considération(f)	considerazione(f)	consideraţie(f)
considérer	considerare	considera

CULTUS「耕作」から派生 【考察】OBSERVATIO(f) 観察　CONSIDERATIO(f) 考察　【考察する】OBSERVARE 観察する　CONSIDERARE 考察する

日本語	ポルトガル語	スペイン語
公算	possibilidade(f)	posibilidad(f)
鉱山	mina(f)	mina(f)
子牛	vitela(f)	ternera(f)
公使	ministro(m)	ministro(m)
講師(外国人で語学の)	leitor(m)	lector(m)
工事	obra(f)	obra(f)
公式(数学)	fórmula(f)	fórmula(f)
公式の	oficial	oficial
口実	pretexto(m)	pretexto(m)
豪奢な	luxuoso	lujoso
講釈	comentário(m)	comentario(m)
講釈する	comentar	comentar
公衆電話	telefone(m) público	teléfono(m) público
講習会	curso(m)	curso(m)
口述する	ditar	dictar

【公算】POSSIBILITAS(f) 可能性 【鉱山】ケルト*mina 原石 【子牛】VITELLUS(m) 子牛 【公使】MINISTRUM(n) 奉仕 【講師(外国人で語学の)】LECTOR(m) 読者 【工事】OPERA(f) 仕事 TRES 三 + PALUM(n) 棒 LABOR(m) 辛苦 LUCUBRARE「夜業をする」の名詞化 【公式(数学)】FORMULA(f) 規範 【公式の】OFFICIALIS 職務の 【口実】PRAETEXTUM(n) 口実 【豪奢な】LUXUS(M)「派手」から派生 【講釈】COMMENTARIUS(m) 草案 【講釈する】COMMENTARI 立案する 【公衆電話】ギtele 遠い + phone 音[フランス人科学者Sudréの造語(1834年)] PUBLICUS 公の 【講習会】CURSUS(m) 経過 【口述する】DICTARE 口授する

フランス語	イタリア語	ルーマニア語
possibilité(f)	possibilità(f)	posibilitate(f)
mine(f)	miniera(f)	mină(f)
veau(m)	vitello(m)	vițel(m)
ministre(m)	ministro(m)	ministru(m)
lecteur(m)	lettore(m)	lector(m)
travaux(m)	lavori(m)	lucrare(f)
formule(f)	formula(f)	formulă(f)
officiel	ufficiale	oficial
prétexte(m)	pretesto(m)	pretext(n)
luxueux	lussuoso	luxos
commentaire(m)	commento(m)	comentariu(n)
commenter	commentare	comenta
téléphone(m)	telefono(m)	telefon(n)
public	pubblico	public
cours(m)	corso(m)	curs(n)
dicter	dettare	dicta

日本語	ポルトガル語	スペイン語
高所恐怖症	acrofobia(f)	acrofobia(f)
交渉	negociação(f)	negociación(f)
交渉する	negociar	negociar
高尚な	nobre	noble
工場	fábrica(f)	fábrica(f)
向上（進歩）	progresso(m)	progreso(m)
向上する	progredir	progresar
恒常的な	constante	constante
強情な	obstinado	obstinado
行進	marcha(f)	marcha(f)
行進する	marchar	marchar
更新	renovação(f)	renovación(f)
更新する	renovar	renovar
香辛料	espécie(f)	especia(f)
香水	perfume(m)	perfume(m)
洪水	inundação(f)	inundación(f)

【高所恐怖症】ギákros 最も高い＋phóbos 恐怖→造語　【交渉】NEGOTIATIO(f) 取引　NEGOTIARI「取引する」の名詞化　【交渉する】NEGOTIARI 取引する　【高尚な】NOBILIS 高貴な　【工場】FABRICA(f) 工場　【向上（進歩）】PROGRESSUS(m) 進歩　ELEVATIONE(f) 向上　【向上する】PROGREDI 進歩する　PROGRESSUS(m)「進歩」から派生　SE[再帰代名詞]　ELEVARE 高める　【恒常的な】CONSTANS 一貫した　【強情な】OBSTINATUS 強情な　【行進】フランク*markôn「足跡をつける」から派生　【行進する】フランク*markôn 足跡をつける　MERGERE 沈める　【更新】RENOVATIO(f) 更新　RENOVARE「更新する」から派生　【更新する】RENOVARE 更新する　【香

— 236 —

フランス語	イタリア語	ルーマニア語
acrophobie(f)	acrofobia(f)	acrofobie(f)
négociations(f)	negoziato(m)	negociere(f)
négocier	negoziare	negocia
noble	nobile	nobil
fabrique(f)	fabbrica(f)	fabrică(f)
progrès(f)	progresso(m)	progres(n)
s'élever	progredire	progresa
constant	costante	constant
obstin	ostinato	obstinat
marche(f)	marcia(f)	mers(n)
marcher	marciare	merge
rénovation(f)	rinnovo(m)	renovare(f)
rénover	rinnovare	renova
épice(f)	spezie(f)	condiment(n)
parfum(m)	profumo(m)	parfum(n)
inondation(f)	inondazione(f)	inundaţie(f)

辛料】SPECIES(f) 香料　CONDIMENTUM(n) 香料　【香水】PER 〜のために＋FUMUS 薫り　PRO 〜の代わりに＋FUMUS(m) 薫り　【洪水】INUNDATIO(f) 洪水

日本語	ポルトガル語	スペイン語
攻勢	ofensiva(f)	ofensiva(f)
校正刷	prova(f)	prueba(f)
公正な	justo	justo
構成	composição(f)	composición(f)
抗生物質	antibiótico(m)	antibiótico(m)
功績	merecimento(m)	mérito(m)
降雪	nevada(f)	nevada(f)
交戦する	lutar	luchar
光線(一筋の)	raio(m)	rayo(m)
好戦的な	belicoso	belicoso
公然と	abertamente	abiertamente
公然の	público	público
構想	projeto(m)	proyecto(m)
構造	estrutura(f)	estructura(f)
高速道路	auto-estrada(f)	autopista(f)
後続の	seguinte	siguiente

【攻勢】OFFENSUS(m)「棄損」から派生 【校正刷】PROBARE「吟味する」の名詞化 イタリア語は語源不詳 独Spalte(新聞の)欄 【公正な】JUSTUS 公正な 【構成】COMPOSITIO(f) 構成 【抗生物質】ギanti- 〜に対する + biōtikós 命に関する→造語 【功績】MERERE「〜に値する」から派生 MERITUM(n) 功績 【降雪】NIX(f)「雪」から派生 NINGERE「雪が降る」から派生 【交戦する】LUCTARI 格闘する CUM 〜と共に + BATTUERE 戦う 【光線(一筋の)】RADIUS(m) 光線 【好戦的な】BELLICOSUS 好戦的な 【公然と】APERTUS 開かれた MENS(f)「心」の奪格 PUBLICUS 公の DISCLUDERE「分かつ」の完了分詞DISCLUSUSから派生 【公然の】

— 238 —

フランス語	イタリア語	ルーマニア語
offensive(f)	offensiva(f)	ofensivă(f)
prouve(f)	bozza(f)	şpalt(n)
juste	giusto	just
composition(f)	composizione(f)	compoziţie(f)
antibiotique(m)	antibiotico(m)	antibiotic(n)
mérite(m)	merito(m)	merit(n)
enneigement(m)	nevicata(f)	ninsoare(f)
combattre	combattere	lupta
rayon(m)	raggio(m)	rază(f)
belliqueux	bellicoso	belicos
ouvertement	pubblicamente	deschis
public	pubblico	public
projet(m)	progetto(m)	proiect(n)
structure(f)	struttura(f)	structură(f)
autoroute(f)	autostrada(f)	autostradă(f)
suivant	seguente	următor

PUBLICUS 公の 【構想】PROYECTUS(m) 突出 【構造】STRUCTURA(f) 構造 【高速道路】ギ autós[自身の→]自動車の＋イ pista[＜PISTA(f) 道]専用道路 STRATA(f) 大道 【後続の】SEQUENS 続く ルーマニア語の語源は不詳

日本語	ポルトガル語	スペイン語
交替	revezamento(m)	reemplazo(m)
交替する	revezar	reemplazar
後退	retrocesso(m)	retroceso(m)
後退する	retroceder	retroceder
広大な	extenso	extenso
皇太子	príncipe(m)	príncipe(m)
	herdeiro	heredero
紅茶	chá(m) preto	té(m) [negro]
校長	diretor(m)	director(m)
交通	tráfego(m)	tráfico(m)
交通機関	meios(m) de transporte	medios(m) de transporte
好都合な	conveniente	conveniente
肯定	afirmação(f)	afirmación(f)
皇帝	imperador(m)	emperador(m)
肯定する	afirmar	afirmar

【交替】VICIS(m)「交替」から派生　PLATEA(f)「道路」から派生　SUBSTITUTIO(f) 交替　ALTERNARE 「変える」の名詞化　【交替する】VICIS(m)「交替」から派生　PLATEA(f)「道路」から派生　SUBSTITUERE 交替する　ALTERNARE 変える　【後退】RETROCESSUS(m) 逆行　RE-「後退」を表す接頭辞 + CULUS(m) 尻　REGRESSUS(m) 後退　【後退する】RETROCEDERE 逆行する　RE-「後退」を表す接頭辞 + CULUS(m) 尻→動詞化　RETRAHERE 戻す　【広大な】EXRENSUS 広がった　VASTUS 巨大な　INTENDERE「張る」から派生　【皇太子】PRINCEPS(m) 君主　HEREDITARIUS「相続する」から派生　HEREDITARE「相続する」から派

フランス語	イタリア語	ルーマニア語
remplacement(m)	sostituzione(f)	alternanță(f)
remplacer	sostituire	alterna
recul(m)	retrocessione(f)	regres(n)
reculer	retrocedere	retragere(f)
vaste	vasto	întins
prince(m)	principe(m)	prinț(m)
héritier	ereditario	moștenitor
thé(m) noir	tè(m)	ceai(n)
directeur(m)	direttore(m)	director(m)
trafic(m)	traffico(m)	trafic(n)
moyens(m) de transport	mezzi(m) di trasporto	mijloace(n) de circulație(f)
convenable	conveniente	convenabil
affirmation(f)	affermazione(f)	afirmare(f)
empereur(m)	imperatore(m)	împărat(m)
affirmer	affermare	afirma

生ルーマニア語の形容詞は語源不詳 【紅茶】中国語 茶(葉) PRESSUS「圧縮された」から派生 NIGER 黒い 【校長】DIRECTOR(m) 指導者 【交通】イ traffico[＜trafficare 向こうに押しやる]交通 【交通機関】MEDIUM(m) 媒介 DE ～の TRANSPORTATIO(f)「運送」から派生 MEDIUS 中間の＋LOCUS(m) 場所 CIRCULARE「丸くする」から派生 【好都合な】CONVENIENS 好都合な CONVENIRE「成就する」から派生 【肯定】AFFIRMATIO(f) 断言 AFFIRMARE「断言する」から派生 【皇帝】IMPERATOR(m) 皇帝 【肯定する】AFFIRMARE 断言する

日本語	ポルトガル語	スペイン語
校訂	revisão(f)	revisión(f)
校訂する	revisar	revisar
公定の	oficial	oficial
公的な	público	público
鋼鉄	aço(m)	acero(m)
好転	melhoramento(m)	mejoramiento(m)
好転する	melhorar-se	mejorarse
高度	altitude(m)	altitud(f)
高騰	subida(f)	subida(f)
高騰する	subir	subir
行動	ato(m)	acto(m)
行動する	atuar	actuar
強盗(行為)	roubo(m)	robo(m)
合同で	em conjunto	en conjunto
講読	leitura(f)	lectura(f)
購入	compra(f)	compra(f)

【校訂】REVISIO(f) 校閲 【校訂する】REVISARE 校閲する 【公定の】OFFICIALIS 職務の 【公的な】PUBLICUS 公の 【鋼鉄】ACIES(f)「刃」から派生 スラブ očelŭ「鋼」から派生 【好転】MELIORARE「改良する」から派生 【好転する】MELIORARE 改良する SE[再帰代名詞] 【高度】ALTITUDO(f) 高所・深み 【高騰】SUBIRE「上る」の完了分詞女性形 SUBITA から派生 ALTUS「高い」から派生 ORIRI「増す」から派生 【高騰する】SUBIRE 上る SE[再帰代名詞] ALTUS「高い」から派生 CARUS「高価な」から派生 ORIRI「増す」から派生 【行動】ACTUS 運動 ACTIO(f) 行動 【行動する】ACTUS「運動」から派生 AGERE 行動する 【強盗(行為)】

フランス語	イタリア語	ルーマニア語
révision(f)	revisione(f)	reviziune(f)
réviser	rivedere	revizui
officiel	ufficiale	oficial
public	pubblico	public
acier(m)	acciaio(m)	oţel(n)
amélioration(f)	miglioramento(m)	ameliorare(f)
s'améliorer	migliorare	ameliora
altitude(f)	altitudine(f)	altitudine(f)
hausse(f)	rialzo(m)	urcare(f)
se hausser	rincarare	urca
action(f)	azione(f)	acţiune(f)
agir	agire	acţiona
vol(m)	rapina(f)	furt(n)
ensemble	insieme	împreună
lecture(f)	lettura(f)	lectură(f)
achat(m)	compra(f)	cumpărare(f)

ゲ*raubōn 強奪する　RAPINA(f) 強奪　FURTUM(n) 窃盗　【合同で】IN ～に CONJUNCTUS 結合した　INSIMUL 同時に　IN ～に + PRAE 前に + UNA ひとつの　【講読】LECTURA(f) 読むこと　【購入】COMPARARE「買う」から派生　CAPTARE「捕らえる」から派生

日本語	ポルトガル語	スペイン語
購入する	comprar	comprar
交番	posto(m) policial	puesto(m) de policía
荒廃	ruína(f)	ruina(f)
公表	publicação(f)	publicación(f)
公表する	publicar	publicar
幸福	felicidade(f)	felicidad(f)
幸福な	feliz	feliz
降伏	rendição(f)	rendición(f)
降伏する	render-se	rendirse
鉱物	mineral(m)	mineral(m)
興奮	excitação(f)	excitación(f)
興奮する	excitar-se	excitarse
構文	construção(f)	construcción(f)
公平な	imparcial	imparcial
候補(者)	candidato(m)	candidato(m)

【購入する】COMPARARE 買う　CAPTARE 捕らえる　【交番】POSITUS(m) 位置　DE 〜の　POLITIA(f) 国家　【荒廃】RUINA(f) 破滅　DEVASTARE「すっかり荒らす」から派生　【公表】PUBLICATIO(f) 公表　PUBLICARE「公表する」から派生　【公表する】PUBLICARE 公表する　【幸福】FELICITAS(f) 幸福　BONUM 良い＋AUGURIUM(n) 占い　【幸福な】FELIX 幸福な　AUGURIUM(n)「占い」から派生　【降伏】REDDITIO 返還　REDDERE「元に置く」から派生　PRAEDARE「略奪する」から派生　【降伏する】REDDERE 報復する　SE[再帰代名詞]　PRAEDARE 略奪する　【鉱物】MINERALIS 鉱物の　【興奮】EXCITARE「刺激する」の名詞化　【興奮する】EXCITARE 刺

フランス語	イタリア語	ルーマニア語
acheter	comprare	cumpăra
poste(m) de police	posto(m) di polizia	post(n) de poliţie
dévastation(f)	rovina(f)	ruină(f)
publication(f)	pubblicazione(f)	publicare(f)
publier	pubblicare	publica
bonheur(m)	felicità(f)	fericire(f)
heureux	felice	fericit
reddition(f)	resa(f)	predare(f)
se rendre	arrendersi	se preda
minéral(m)	minerale(m)	mineral(n)
excitation(f)	eccitazione(f)	excitare(f)
s'exciter	eccitarsi	se excita
construction(f)	costruzione(f)	construcţie(f)
impartial	imparziale	imparţial
candidat(m)	candidato(m)	candidat(m)

激する　SE［再帰代名詞］　【構文】CONSTRUCTIO(f) 結合　【公平な】IN-「否定」を表す接頭辞 + PARTIALIS 不完全な　【候補(者)】CANDIDATUS(m) 志願者

日本語	ポルトガル語	スペイン語
合法的な	legal	legal
子馬	potro(m)	potro(m)
高慢な	altivo	altivo
傲慢な	arrogante	arrogante
公民権	cidadania(f)	ciudadanía(f)
公務員	funcionário(m)	funcionario(m)
高名な	renomado	renombrado
公明正大	justiça(f)	justicia(f)
項目	item(m)	ítem(m)
公用の	oficial	oficial
肛門	ânus(m)	ano(m)
行楽	excursão(f)	excursión(f)
小売り	varejo(m)	reventa(f)
合理的な	racional	racional
効率	rendimento(m)	rendimiento(m)

【合法的な】LEGALIS 合法的な 【子馬】スペイン語・ポルトガル語の語源は不詳 PULLUS(m) 動物の子 CABALLUS(m) 駑馬 ルーマニア語の語源は不詳 【高慢な】ALTUS「高い」から派生 FERUS 野蛮な SUPERBUS 高慢な トルコ語 fodul「高慢な」から派生 【傲慢な】ARROGANS 不遜な 【公民権】CIVITAS(f) 市民権 【公務員】FUNCTIO(f)「遂行」から派生 【高名な】NOMEN(n)「名前」から派生 【公明正大】JUSTITIA(f) 公正 DIRECTUS「真っ直ぐな」から派生 【項目】ITEM「同じく」から派生 CAPITULUM(n) 章 【公用の】OFFICIALIS 職務の 【肛門】ANUS(m) 肛門 【行楽】EXCURSIO(f) 遠足 【小売り】ポルトガル語・スペイン語の語源は不詳 DEBITUM(n)「債

— 246 —

フランス語	イタリア語	ルーマニア語
légal	legale	legal
poulain(m)	cavallino(m)	mânz(m)
fier	superbo	fudul
arrogant	arrogante	arogant
citoyenneté(f)	cittadinanza(f)	cetăţenie(f)
fonctionnaire(mf)	funzionario(m)	funcţionar(m)
renommé	rinomato	renumit
droiture(f)	giustizia(f)	dreptate(f)
item(m)	capitolo(m)	articol(n)
officiel	ufficiale	oficial
anus(m)	ano(m)	anus(n)
excursion(f)	escursione(f)	excursie(f)
débit(m)	vendita(f) al minuto	vânzare(f) cu amănuntul
rationnel	razionale	raţional
rendement(m)	rendimento(m)	randament(n)

務」から派生 VENDITUM(n) 売却 VENDERE「売る」から派生 CUM ～と共に AD ～へ ILLE あの MINUTUS「僅かな」から派生 【合理的な】RATIONALIS 合理的な 【効率】REDDERE「生じる」から派生

日本語	ポルトガル語	スペイン語
公立の	público	público
攻略	conquista(f)	conquista(f)
交流(文化的)	intercâmbio(m)	intercambio(m)
合流	confluência(f)	confluencia(f)
考慮	consideração(f)	consideración(f)
考慮する	considerar	considerar
効力	eficácia(f)	eficacia(f)
高齢	velhice(f)	vejez(f)
航路	rota(f)	ruta(f)
口論	disputa(f)	disputa(f)
講和	paz(f)	paz(f)
声	voz(f)	voz(f)
越える	ultrapassar	traspasar
コース(課程)	curso(m)	curso(m)
コーチ(人)	instrutor(m)	entrenador(m)
コード(家庭用電気器具の)	cordão(m)	cordón(m)

【公立の】PUBLICUS 公の 【攻略】CONQUIERE「探し求める」の完了分詞女性形CONQUISITAから派生 PREHENDERE「取る」から派生 CONQUIERE「探し集める」から派生 【交流(文化的)】INTER ～の間で CAMBIUM(n) 交換 CAMBIARE「交換する」から派生 【合流】CONFLUENS(m) 合流 【考慮】CONSIDERATIO(f) 考察 【考慮する】CONSIDERARE 考察する 【効力】EFFICACIA(f) 効力 EFFICACITAS(f) 効力 【高齢】VETUS「年を経た」から派生 VETERANUS(m) 老兵 【航路】RUPTUS「破壊された」の女性形RUPTAから派生 【口論】DISPUTARE「討議する」から派生 【講和】PAX(f) 平和 【声】VOX(f) 声 【越える】

フランス語	イタリア語	ルーマニア語
public	pubblico	public
prise(f)	conquista(f)	cucerire(f)
change(m)	scambio(m)	schimb(n)
confluence(f)	confluenza(f)	confluenţă(f)
considération(f)	considerazione(f)	consideraţie(f)
considérer	considerare	considera
efficacité(f)	efficacia(f)	eficacitate(f)
vieillesse(f)	vecchiaia(f)	bătrâneţe(f)
route(f)	rotta(f)	rută(f)
dispute(f)	disputa(f)	dispută(f)
paix(f)	pace(f)	pace(f)
voix(f)	voce(f)	voce(f)
traverser	attraversare	trece
cours(m)	corso(m)	curs(n)
entraîneur(m)	allenatore(m)	antrenor(m)
fil(m)	filo(m)	fir(n)

ULTRA 向こう側に　PASSUS(m)「歩み」の動詞化　TRANS ～を越えて TRANSVERSARE 越える　SE［再帰代名詞］　TRAJICERE 渡る　【コース（課程）】CURSUS(m) 経過　【コーチ（人）】INSTRUCTOR(m) 教師　仏 entraîner［＜TRAHERE 引く］「訓練する」から派生　LENO(m)「仲買人」から派生？　【コード（家庭用電気器具の）】CHORDA(f) 網＋増大辞　FILUM(n) 糸

日本語	ポルトガル語	スペイン語
コーナー	ângulo(m)	ángulo(m)
コーヒー	café(m)	café(m)
コーラス	coro(m)	coro(m)
氷	gelo(m)	hielo(m)
凍る	congelar-se	helarse
誤解	equívoco(m)	equívoco(m)
誤解する	equivocar	equivocar
焦がす	queimar	quemar
語学(言語学)	lingüística(f)	lingüística(f)
五月	maio(m)	mayo(m)
小切手	cheque(m)	cheque(m)
呼吸	respiração(f)	respiración(f)
呼吸する	respirar	respirar
故郷	pátria(f)	patria(f)
語句	palavras(f)	palabras(f)
酷な	cruel	cruel

【コーナー】ANGULUS(m) 角・隅　CUNEUS(m) 楔　ブルガリア kolec「杭」から派生　【コーヒー】アラブ qahwah コーヒー　トルコ kahve コーヒー　【コーラス】CHORUS(m) 合唱隊　【氷】GELU(n) 結氷　GLACIES(f) 氷　INGLACIARE「凍らせる」から派生　【凍る】GELARE 凍らせる　SE[再帰代名詞]　INGLACIARE 凍らせる　【誤解】EQUIVOCUS「両義の」から派生　MALE 悪く + INTENDERE「意図する」から派生　スラブ ne-「否定」を表す接頭辞 + INTELLIGERE 理解する→名詞化　【誤解する】EQUIVOCUS「両義の」から派生　SE[再帰代名詞]　INTELLIGERE 理解する　スラブ grěšiti「誤る」から派生　【焦がす】CREMARE 焼き尽くす　USTULARE 焦がす

— 250 —

フランス語	イタリア語	ルーマニア語
coin(m)	angolo(m)	colţ(n)
café(m)	caffè(m)	cafea(f)
chœur(m)	coro(m)	cor(n)
glace(f)	ghiaccio(m)	gheaţă(f)
se glacer	ghiacciare	îngheţa
malentendu(m)	equivoco(m)	neînţelegere(f)
se tromper	equivocare	înţelege greşit
brûler	bruciare	pârli
linguistique(f)	linguistica(f)	lingvistică(f)
mai(m)	maggio(m)	mai(m)
chèque(m)	assegno(m)	cec(n)
respiration(f)	respirazione(f)	respiraţie(f)
respirer	respirare	respira
patrie(f)	patria(f)	patrie(f)
mots(m)	parole(f)	cuvinte(n)
cruel	crudele	crud

イタリア語の語源は不詳　ブルガリア pārlja「焦がす」から派生　【語学（言語学）】LINGUA(f)「言語」からの造語　【五月】MAIUS(m) 五月　【小切手】英語 check[＜ペルシア shâh 王]小切手　ASSIGNARE「配当する」からの造語　【呼吸】RESPIRATIO(f) 呼吸　【呼吸する】RESPIRARE 呼吸する　【故郷】PATRIA(f) 故郷　【語句】PARABOLA(f) 比喩　MUTIRE「つぶやく」から派生　PARABOLA(f) 比喩　CONVENTUM(n) 同意　【酷な】CRUDELIS 残酷な

日本語	ポルトガル語	スペイン語
国王	rei(m)	rey(m)
国際的な	internacional	internacional
国産の	de fabricação(f)	de fabricación(f)
	nacional	nacional
黒人	negro(m)	negro(m)
国勢調査	censo(m)	censo(m)
国籍	nacionalidade(f)	nacionalidad(f)
国内の	doméstico	doméstico
告白(告解)	confesso(m)	confesión(f)
告白する	confessar	confesar
黒板	quadro-negro(m)	pizarra(f)
極秘	máximo	máximo
	segredo(m)	secreto(m)
克服する	vencer	vencer
国民	povo(m)	pueblo(m)
穀物	cereal(m)	cereal(m)

【国王】REX(m) 君主 【国際的な】INTER ～の間に＋NATIO(f) 国民→形容詞化 【国産の】DE ～の FABRICATIO(f) 形成 NATIO(f)「国民」から派生 PRODUCTUS「生じた」から派生 【黒人】NIGER 黒い 【国勢調査】CENSUS(m) 国勢調査 RECENSERE「検閲する」から派生 CENSERE「査定する」から派生 【国籍】NATIO(f)「国民」からの造語 【国内の】DOMESTICUS 国内の NATIO(f)「国民」からの造語 【告白(告解)】CONFESSIO(f) 自白 スラブmarturisati「告白する」から派生 【告白する】CONFITERI「自白する」の完了分詞CONFESSUSからの造語 スラブmarturisati「告白する」から派生 【黒板】QUADRUS 四角の NIGER 黒い

フランス語	イタリア語	ルーマニア語
roi(m)	re(m)	rege(m)
international	internazionale	internaţional
de fabrication(f)	di produzione(f)	de fabricaţie(f)
nationale	nazionale	domestică
noir(m)	negro(m)	negru(m)
recensement(m)	censimento(m)	recensământ(n)
nationalité(f)	nazionalità(f)	naţionalitate(f)
domestique	nazionale	naţional
confession(f)	confessione(f)	mărturisire(f)
confesser	confessare	mărturisi
tableau(m)	lavagna(f)	tablă(f)
secret(m)	massimo	strict secret(n)
le plus absolu	segreto(m)	
surmonter	superare	învinge
peuple(m)	popolo(m)	popor(n)
céréale(f)	cereali(m)	cereale(f)

バスクlapitz 板 + arri 石 TABULA(f) 板 【極秘】MAXIMUS 最大の
SECRETUM(n) 秘密 ILLE あの PLUS 更に ABSOLUTUS 完全な
STRICTUS 厳格な 【克服する】VINCERE 征服する SUPER 上に +
MONS(m) 山→動詞化 SUPERARE 越す VINCERE 征服する 【国民】
POPULUS(m) 民衆 【穀物】CEREALIS[＜CERES 豊饒の女神ケレス]穀物の

日本語	ポルトガル語	スペイン語
極楽	paraíso(m)	paraíso(m)
国立の	nacional	nacional
焦げる	queimar-se	quemarse
ここ	aqui	aquí
個々の	individual	individual
午後	tarde(f)	tarde(f)
ココア(飲み物)	chocolate(m)	chocolate(m)
凍える	gelar-se	helarse
心	coração(m)	corazón(m)
心掛ける	ter em conta	tener en cuenta
試み	ensaio(m)	ensayo(m)
試みる	ensaiar	ensayar
快い	agradável	agradable
小雨	chuvisco(m)	llovizna(f)
腰	anca(f)	cintura(f)
孤児	órfão(m)	huérfano(m)

【極楽】PARADISUS(m) 楽園 【国立の】NATIO(f) 国民 【焦げる】CREMARE 焼き尽くす SE[再帰代名詞] USTULARE 焦がす イタリア語の語源は不詳 ARDERE 燃える 【ここ】ECCUM それを見よ + HIC ここに ECCE 見よ + HIC ここに AD ～へ + HIC ここに 【個々の】INDIVIDUUS 「分けられない」から派生 【午後】TARDE「遅く」から派生 AD ～へ + PRESSUM 圧縮された + MEDIAM DIEM 正午 pomeridiano[＜POST ～の後に + MERIDIANUS 正午の]× meriggio[＜MERIDIES(m) 正午] DE ～から + POST ～の後に AD ～へ + MEDIAM MDIEM 正午 【ココア(飲み物)】ナワトル*xocoatl 苦い飲み物 【凍える】GELARE 凍らせる SE[再帰

フランス語	イタリア語	ルーマニア語
paradis(m)	paradiso(m)	paradis(n)
national	nazionale	naţional
brûler	bruciarsi	se arde
ici	qui	aici
individuel	individuale	individual
après-midi(m)	pomeriggio(m)	după amiază(f)
chocolat(m)	cioccolata(f)	ciocolată(f)
geler	gelarsi	degera
cœur(m)	cuore(m)	inimă(f)
avoir soin de	avere cura di	ţine seamă de
essai(m)	prova(f)	încercare(f)
essayer	provare	cerca
agréable	gradevole	agreabil
bruine(f)	pioggerella(f)	burniţă(f)
reins(m)	reni(f)	şale(f)
orphelin(m)	orfano(m)	orfan(m)

代名詞］【心】COR(n) 心　ANIMA(f) 心　【心掛ける】TENERE 保つ　IN ～に　COMPUTATIO(f)「計算」から派生　HABERE 保つ　フランク*sunni 関心　DE ～に関して　CURA(f) 注意　ハンガリーszám「数」から派生　【試み】EXIGERE「調べる」から派生　PROBARE「調べる」から派生　CIRCARE「一回りする」から派生　【試みる】EXIGERE「調べる」から派生　PROBARE 調べる　CIRCARE「一回りする」から派生　【快い】GRATUS「気に入りの」から派生　【小雨】PLUVIA(F)「雨」から派生　PRUINA(f) 霜　ルーマニア語は語源不詳　【腰】ゲ*hanka 腰　CINGERE「帯で巻く」から派生　REN(f) 腎臓　SELLA(f) 座席　【孤児】ORPHANUS(m) 孤児

日本語	ポルトガル語	スペイン語
乞食	mendigo(m)	mendigo(m)
個室(一人部屋)	sala(f) individual	habitación(f) individual
固執する	insistir	insistir
ゴシックの	gótico	gótico
五十	cinqüenta	cincuenta
故障	enguiço(m)	avería(f)
胡椒(香料)	pimenta(f)	pimienta(f)
個人	indivíduo(m)	individuo(m)
コスト(原価)	custo(m)	costo(m)
擦る	esfregar	frotar
個性	personalidade(f)	personalidad(f)
戸籍	estado(m) civil	estado(m) civil
小銭	trocado(m)	suelto(m)
午前	manhã(f)	mañana(f)
固体	sólido(m)	sólido(m)

【乞食】MENDICUS(m) 乞食 MENDICARE「乞食する」から派生 QUAERERE「求める」から派生 【個室(一人部屋)】ゲ*sala 住居 INDIVIDUUS「分けられない」から派生 HABITATIO(f) 居住 CAMERA(f) 丸天井 SINGULUS 単一の 【固執する】INSISTERE 追求する PERSISTERE 固執する 【ゴシックの】GOTHICUS ゴート族の 【五十】QUINQUAGINTA 五十 【故障】俗ラ*iniquitare「不都合を起こす」から派生 アラブ? awar 欠陥 【胡椒(香料)】PIGMENTUM(n) 香料 PIPER(n) 胡椒 【個人】INDIVIDUUS 分けられない 【コスト(原価)】CONSTARE「値が〜である」から派生 【擦る】FRICARE 摩擦する スペイン語は仏frotter[＜

フランス語	イタリア語	ルーマニア語
mendiant(m)	mendicante(m)	cerşetor(m)
chambre(f)	camera(f)	cameră(f)
individuelle	singola	individuală
persister	persistire	insista
gothique	gotico	gotic
cinquante	cinquanta	cincizeci
avarie(f)	avaria(f)	avarie(f)
poivre(m)	pepe(m)	piper(m)
individu(m)	individuo(m)	individ(m)
coût(m)	costo(m)	cost(n)
frotter	fregare	freca
personnalité(f)	personalità(f)	personalitate(f)
état(m) civil	stato(m) civile	stare(f) civilă
monnaie(f)	spicciolo(m)	mărunţiş(n)
matin(m)	mattina(f)	dimineaţă(f)
solide(m)	solido(m)	solid(n)

FRICARE 摩擦する]から借用 【個性】PERSONATUS(m)「人格」から派生 【戸籍】STATUS(m)　CIVILIS 市民の　STARE「立っている」の名詞化 【小銭】ポルトガル語の語源は不詳　SOLUTUS「解かれた」から派生 MONETA(f)[女神JUNOの渾名，神殿で貨幣が鋳造された]　イタリア語は語源不詳　MINUTUS「小さな」から派生 【午前】MANE「朝早く」から派生 MATUTINUS 朝早い　DE ～から + MANE 朝早く 【固体】SOLIDUS 慣れた

日本語	ポルトガル語	スペイン語
古代	antigüidade(f)	antigüedad(f)
答え	resposta(f)	respuesta(f)
答える	responder	responder
こだま	eco(m)	eco(m)
ごちそう	comida(f) boa	buena comida(f)
誇張	exagero(m)	exageración(f)
誇張する	exagerar	exagerar
こちら	aqui	aquí
こつ	segredo(m)	secreto(m)
国家	nação(f)	nación(f)
国歌	hino(m)	himno(m)
	nacional	nacional
国会	dieta(f)	Cortes(f)
国旗	bandeira(f)	bandera(f)
	nacional	nacional
国境	fronteira(f)	frontera(f)

【古代】ANTIQUITAS(f) 古代　【答え】RESPONDERE「応答する」の完了分詞から派生　【答える】RESPONDERE 応答する　【こだま】ECHO(f) 山彦　【ごちそう】BONUS 良い　ポ・スcomer[＜COMEDERE 食べる]の過去分詞から派生　CARA(f) 顔　PASTUS(m) 食料　BONITAS(f) 良いこと　【誇張】EXAGGERATIO(f) 誇張　EXAGGERARE「誇張する」から派生　【誇張する】EXAGGERARE 誇張する　【こちら】ECCUM それを見よ＋HIC ここに　ECCE 見よ＋HIC ここに　AD ～へ＋HIC ここに　【こつ】SECRETUM(n) 秘密　TECHNICUS「専門の」から派生　【国家】NATIO(f) 国民　【国歌】HYUMNUS(m) 賛美歌　NATIO(f)「国民」から派生　【国会】DIES(mf)「日」

— 258 —

フランス語	イタリア語	ルーマニア語
antiquité(f)	antichità(f)	antichitate(f)
réponse(f)	risposta(f)	răspuns(n)
répondre	rispondere	răspunde
écho(m)	eco(m)	ecou(n)
(bonne) chère(f)	buon pasto(m)	bunătate(f)
exagération(f)	esagerazione(f)	exagerare(f)
exagérer	esagerare	exagera
ici	qui	aici
secret(m)	tecnica(f)	tehnică(f)
nation(f)	nazione(f)	naţiune(f)
hymne(m)	inno(m)	imn(n)
national	nazionale	
parlement(m)	Parlamento(m)	dietă(f)
drapeau(m)	bandiera(f)	drapel(n)
national	nazionale	
frontière(f)	frontiera(f)	frontieră(f)

から派生 COHORS(f) 囲い場 仏parler[＜PARABOLA 比喩]「話す」から派生 【国旗】ゴート*bandwo 集団の旗印 NATIO(f)「国民」から派生 DRAPPUS(m) 布巾 【国境】FRONS(f)「外側」から派生

日本語	ポルトガル語	スペイン語
コック(料理人)	cozinheiro(m)	cocinero(m)
滑稽な	ridículo	ridículo
こっそりと	secretamente	secretamente
こってりした(食べ物が)	pesado	pesado
骨董品	antigüidade(f)	antigüedades(f)
小包	pacote(m)	paquete(m)
コップ(足なしの)	copo(m)	vaso(m)
コップ(足付きの)	copo(m) de pé	copa(f)
固定した	fixo	fijo
固定観念	idéia(f) fixa	idea(f) fija
古典	clássico(m)	clásico(m)
個展	exposição(f) individual	exposición personal
事(事柄)	assunto(m)	asunto(m)
孤独	solidão(f)	soledad(f)

【コック(料理人)】COQUINARIUS「料理の」から派生 COQUINA(f)「台所」から派生 COQUERE「料理する」から派生 BUCCATA(f) 一口 【滑稽な】RIDICULOS 滑稽な 【こっそりと】SECRETUS 秘密の MENS(f)「心」の奪格 【こってりした(食べ物が)】PENSARE「重さを量る」の完了分詞 PENSATUS PENSARE「重さを量る」の現在分詞 PENSANSから派生 CRASSUS 濃い 【骨董品】ANTIQUITAS(f) 古代の遺物 OBJECTUS「投げ出された」から派生 DE ~の 【小包】仏paquet[<古オランダpak「小包」]からの借用 【コップ(足なしの)】俗ラ*cuppus 杯 VASUM(n) 什器 VITRUM(n) ガラス ギbīkos 器 ハンガリーpohár「コップ」から派生 【コ

— 260 —

フランス語	イタリア語	ルーマニア語
cuisinier(m)	cuoco(m)	bucătar(m)
ridicule	ridicolo	ridicol
secrètement	segretamente	secret
gras	pesante	gras
antiquité(f)	oggeto(m) d'antiquariato	antichitate(f)
paquet(m)	pacchetto(m)	colet(n)
verre(m)	bicchiere(m)	pahar(n)
verre(m)	calice(m)	pocal(n)
fixe	fisso	fix
idée(f) fixe	idea(f) fissa	idee(f) fixă
classique(m)	classico(m)	operă(f) clasică
exposition(f)	mostra(f)	expoziţie(f)
personnelle	personale	personală
affaire(f)	cosa(f)	afacere(f)
solitude(f)	solitudine(f)	singurătate(f)

ップ(足付きの)】俗ラ゚cuppus 杯　CUPA(f) 大桶　VITRUM(n) ガラス　CALIX(m) 杯　独Pokal 足つきのコップ　【固定した】FIXUS 不動の　【固定観念】IDEA(f) 観念　FIXUS 不動の　【古典】CLASSICUS 最上級の　OPUS(n)「芸術」の複数形OPERAからの造語　【個展】EXPOSITIO(f) 陳列　INDIVIDUUS 分けられない　PERSONALIS 個人の　MONSTRUM(n)「予兆」の複数形MONSTRAから派生　【事(事柄)】ASSUMPTUS「引き受けられた」から派生　FACERE「する」から派生　CAUSA(f) 問題　【孤独】SOLITAS(f) 孤独　SINGULUS 一人の

日本語	ポルトガル語	スペイン語
今年	este ano	este año
異なった	diferente	diferente
言葉(単語)	palavra(f)	palabra(f)
言葉(言語)	idioma(m)	idioma(m)
言葉遣い	linguagem(f)	lenguaje(m)
子供	criança(f)	criatura(f)
小鳥	passarinho(m)	pajarito(m)
諺	provérbio(m)	proverbio(m)
断る	recusar	rechazar
粉	pó(m)	polvo(m)
小荷物	pacote(m)	paquete(m)
この	este	este
この間	outro dia	el otro día
コニャック	conhaque(m)	coñac(m)
好ましい	desejáel	favorable
好み	gosto(m)	gusto(m)

【今年】ISTE その　ANNUS(m) 年　ECCE 見よ + ISTE その　ILLE あの　ECCE 見よ + ISTA その　【異なった】DIFFERENS 異なった　【言葉(単語)】PARABOLA(f) 比喩　MUTIRE「つぶやく」から派生　CONVENTUM(n)「同意」から派生　【言葉(言語)】IDIOMA(f) 特有語法　【言葉遣い】LINGUA(f)「言語」から派生　【子供】CREARE「創造する」から派生　INFANS(mf) 子供　イタリア語の語源は擬声音　ルーマニア語の語源は不詳　【小鳥】PASSER(m) スズメ + 縮小辞　AVIS(f)「鳥」+ 縮小辞　俗ラ*miccus 小さな　【諺】PROVERBIUM(n) 諺　【断る】古仏 rechacier [＜俗ラ*captiare 捕らえる]「再び追う」から派生　RECUSARE 拒絶する　REFUTARE 押し返す

フランス語	イタリア語	ルーマニア語
cette année	quest'anno	anul acesta
différent	differente	diferit
mot(m)	parola(f)	cuvânt(n)
idiome(m)	idioma(m)	idiom(n)
langage(m)	linguaggio(m)	limbaj(n)
enfant(mf)	bambino(m)	copilaş(m)
oiselet(m)	uccellino(m)	pasăre(f) mică
proverbe(m)	proverbio(m)	proverb(n)
refuser	rifiutare	respinge
poudre(f)	polvere(m)	praf(n)
paquet(m)	pacco(m)	pachet(n)
ce	questo	acest
l'autre jour	l'altro giorno	deunăzi
cognac(m)	cognac(m)	coniac(n)
souhaitable	piacevole	favorabil
goût(m)	gusto(m)	gust(n)

PANGERE「打ち込む」から派生 【粉】PULVIS(m) 埃 スラブprachū「埃」から借用 【小荷物】仏paquet[＜古オランダpak 小包]「小包」から借用 【この】ISTE その ECCE 見よ＋ISTE その 【この間】ALTER 別の DIES(mf) 日 ILLE あの DIURNUS 日中の FACERE する DE ～から＋UNA 一つの＋DIES 日 【コニャック】Cognac[「ブランディー」の産地名] 【好ましい】DESIDIA(f)「無為」から派生 FAVORABILIS 好意のある フランク*hait「誓い」から派生 【好み】GUSTUS(m) 試食

日本語	ポルトガル語	スペイン語
木の実	fruto(m)	fruto(m)
好む	querer	querer
拒む	recusar	rechazar
ご飯(食事)	comida(f)	comida(f)
コピー(写真複写)	fotocópia(f)	fotocopia(f)
古風な	arcaico	arcaico
ゴマ	gergelim(m)	sésamo(m)
コマーシャル	comercial(m)	comercial(m)
細かい(詳細な)	detalhado	detallado
ごまかし	engano(m)	engaño(m)
ごまかす	enganar	engañar
困る(窮乏する)	estar em apuro	estar en apuros
ゴミ	varredura(f)	basura(f)
ゴミ箱	lata(f) de lixo	basurero(m)

【木の実】FRUCTUS(m) 果実　【好む】QUARERE 必要とする　AMARE 愛する　スラブ ljubiti「愛する」から派生　【拒む】古仏 rechacier[＜俗ラ *captiare 捕らえる]「再び追う」から派生　RECUSARE 拒絶する　REFUTARE 押し返す　PANGERE「打ち込む」から派生　【ご飯(食事)】comer[＜COMEDERE 食べる]「食べる」の過去分詞から派生　PASTUS「食料」から派生　【コピー(写真複写)】ギ phōto- 光＋COPIA(f) 豊富→造語　【古風な】ギ arkhaïkós 古風な　【ゴマ】アラブ jiljilan ゴマ　SESAMA(f) ゴマ　【コマーシャル】COMMERCIUM(n) 商業　PUBLICUS「公の」から派生　【細かい(詳細な)】仏 detailler[＜TALEA 棒]「細かく切る」の過去分詞からの類推　【ごま

— 264 —

フランス語	イタリア語	ルーマニア語
fruit(m)	frutto(m)	fruct(n)
aimer	amare	iubi
refuser	rifiutare	respinge
repas(m)	pasto(m)	mâncare(f)
photocopie(f)	fotocopia(f)	fotocopie(f)
archaïque	arcaico	arhaic
sésame(m)	sesamo(m)	susan(m)
publicité(f)	pubblicità(f)	publicitate(f)
détail	dettagliato	amănunțit
tromperie(f)	inganno(m)	înşelare(f)
tromper	ingannare	înşela
être dans la gêne	essere al verde	fi în lipsă
ordures(f)	spazzatura(f)	gunoi(n)
poubelle(f)	bidone(m) della spazzatura	ladă(f) de gunoi

かし】俗ラ*ingannare「からかう」から派生　フランス語・ルーマニア語の語源は不詳　【ごまかす】俗ラ*ingannare「からかう」から派生　【困る(窮乏する)】STARE 立っている　IN ～に　PURUS「純粋な」から派生　INTUS 内部で　ILLE あの　フランク*jehhjan 拷問　AD ～に　VIRIDIS 緑の　FIERI ～になる　新ギlípso(lipó「細かく切る」の未来形)　【ゴミ】VERRERE「掃く」から派生　HORRIDUS「粗い」から派生　SPATIUM(n)「空間」から派生　スラブgnoï「汚い」から派生　【ゴミ箱】俗ラ*latta「長い棒」から派生　DE ～の　LIXA(m)「酒保商人」から派生　Poubelle[セーヌ県知事の名前(1884年にこの器具の使用を命じた)]　CASA(f) 小屋　独Lade 容器

日本語	ポルトガル語	スペイン語
コミュニケーション	comunicação(f)	comunicación(f)
混む	ficar cheio	estar lleno
ゴム	borracha(f)	goma(f)
小麦	trigo(m)	trigo(m)
米	arroz(m)	arroz(m)
ごめんなさい	Perdão!	¡Perdón!
コメディー	comédia(f)	comedia(f)
子守女	ama-seca(m)	niñera(f)
顧問	conselheiro(m)	consejero(m)
小屋	cabana(f)	cabaña(f)
小指	dedo(m) mínimo	meñique(m)
暦	calendário(m)	calendario(m)
娯楽	recreio(m)	recreo(m)
孤立	isolamento(m)	aislamiento(m)
ゴルフ	golfe(m)	golf(m)
これ	este	éste

【コミュニケーション】COMMUNICATIO(f) 伝達　【混む】FIXUS「不動の」から派生　STARE 立っている　PLENUS 十分な　ESSE ～である　FIERI ～になる　【ゴム】後ラ burra「毛羽だった布」から派生　GOMMI(n) ゴム　カリブ cahutchu ゴム　【小麦】TRITICUM(n) 小麦　フランク*blad 畑の産物　GRANUM(n) 粒　【米】アラブ ar-ruzz 米　【ごめんなさい】ポ・ス perdonar ［＜PER 完全に＋DONARE 与える］「許す」の名詞化　EXCUSARE 弁護する　【コメディー】COMOEDIA(f) 喜劇　【子守女】ギ amma 母　SICCUS 乾いた　ス niño［語源不詳］「幼児」から派生　NUTRIX(f) 乳母　bambino［擬声音］「赤ん坊」から派生　トルコ dadı「子守女」から派生　【顧問】

フランス語	イタリア語	ルーマニア語
communication(f)	comunicazione(f)	comunicaţie(f)
être plein	essere pieno	fi plin
caoutchouc(m)	gomma(f)	gumă(f)
blé(m)	grano(m)	grâu(n)
riz(m)	riso(m)	orez(n)
Pardon!	Scusi!	Pardon!
comédie(f)	commedia(f)	comedie(f)
nurse(f)	bambinaia(f)	dădacă(f)
conseiller(m)	consigliere(m)	consilier(m)
cabane(f)	capanna(f)	cabană(f)
auriculaire(m)	mignolo(m)	degetul(n) mic
calendrier(m)	calendario(m)	calendar(n)
amusement(m)	divertimento(m)	recreaţie(f)
isolement(m)	isolamento(m)	izolare(f)
golf(m)	golf(m)	golf(n)
ceci	questo	acesta

CONSILIUM(n)「忠告」から派生 【小屋】後ラcapana 小屋 【小指】DIGITUS(m) 指 MINIMUS 最小の AURICULA(f) 耳 俗ラ*miccus 小さな 【暦】CALENDAE(f) ついたち 【娯楽】RECREARE「新たに造る」から派生 MUSA 芸術の女神の一人 DIVERTIRE「分かれる」から派生 【孤立】INSULA(f)「島」から派生 【ゴルフ】英語golf[＜オランダkolf クラブ]ゴルフ 【これ】ISTE この ECCE 見よ ECCE 見よ + HIC ここ

日本語	ポルトガル語	スペイン語
ころ(おおよそ)	mais ou menos	más o menos
殺す	matar	matar
転ぶ	cair	caer
恐い	terrível	terrible
恐がる	ter medo de	tener miedo a
壊す	romper	romper
壊れる	romper-se	romperse
懇願	rogo(m)	ruego(m)
懇願する	rogar	rogar
根気	perseverança(f)	perseverancia(f)
根拠	base(f)	base(f)
コンクール	concurso(m)	concurso(m)
コンクリート	betão(m)	hormigón(m)
今月	este mês	este mes
混血の	misto	mixto

【ころ(おおよそ)】MAGIS より大きく　AUT 又は　MINUS より少なく　PLUS より多く　SI もし＋AUT 又は　【殺す】MACTARE 殺す　OCCIDERE 殺す　TUTARI 保護する　【転ぶ】CADERE 落ちる　フランス語の語源は擬声音　【恐い】TERRIBILIS 恐ろしい　【恐がる】TENERE 保持する　METUS(m) 恐怖　DE ～に関して　AB ～から　HABERE 保つ　PAVOR(m) 恐怖　FIERI ～になる　ルーマニア語の語源は不詳　【壊す】RUMPERE 破る　QUASSARE 粉砕する　QUASSARE 破壊する　【壊れる】RUMPERE 破る　SE[再帰代名詞]　QUASSARE 破壊する　【懇願】ROGARE「求める」から派生　SUPPLICATIO(f) 嘆願　【懇願する】ROGARE 求める　SUPPLICARE 嘆

フランス語	イタリア語	ルーマニア語
plus ou moins	più o meno	mai mult sau mai puțin
tuer	uccidere	ucide
tomber	cadere	cădea
terrible	terribile	teribil
avoir peur de	avere paura di	fi frică de
casser	rompere	rupe
se casser	rompersi	se rupe
supplication(f)	supplica(f)	rugăminte(f)
supplier	supplicare	ruga
persévérance(f)	perseveranza(f)	perseverență(f)
base(f)	base(f)	bază(f)
concours(m)	concorso(m)	concurs(n)
béton(m)	calcestruzzo(m)	beton(n)
ce mois(m)	questo mese	luna aceasta
métis	misto	încrucișat

願する 【根気】PERSEVERANTIA(f) 忍耐 【根拠】BASIS(f) 基礎 【コンクール】CONCURSUS(m) 競争 【コンクリート】BITUMEN(n) 瀝青 FORMICA(f) アリ+増大辞 CALCARE「踏む」に由来 【今月】ISTE この MENSIS(m) 月 LUNA(f) 月 ECCE 見よ+ISTE この 【混血の】MIXTUS 混合した CRUX(f)「十字架」から派生

日本語	ポルトガル語	スペイン語
混合	mescla(f)	mezcla(f)
混合する	mesclar	mezclar
コンサート	concerto(m)	concierto(m)
混雑している(渋滞)	congestionado	congestionado
今週	esta semana	esta semana
根性	caráter(m)	carácter(m)
混線している(電話が)	estar cruzado	estar cruzado
コンセント	tomada(f)	enchufe(m)
コンタクトレンズ	lente(f) de contato	lentilla(f)
コンソメ	consomê(m)	consomé(m)
献立	menu(m)	menú(m)
昆虫	inseto(m)	insecto(m)
コンテスト	concurso(m)	concurso(m)
今度(今回)	desta vez	esta vez
混同	confusão(f)	confusión(f)

【混合】MISCERE「混合する」から派生 【混合する】MISCERE 混合する 【コンサート】イconcerto[＜CONCERTARE「競争する」の完了分詞CONCERTATUSからの造語]から借用 【混雑している(渋滞)】CONGERERE「運び集める」から派生 GLOMERARE「凝縮する」の完了分詞GLOMERATUSから派生 【今週】ISTA この SEPTIMANA 一週間 ECCE 見よ＋HOC ここを 【根性】CHARACTER(m) 特徴 【混線している(電話が)】STARE 立っている CRUX(f)「十字架」から派生 フランス語の形容詞の語源は不詳 ESSE ～である DISTURBARE「破壊する」から派生 【コンセント】AUTUMARE「思う」から派生 スペイン語は語源不詳

フランス語	イタリア語	ルーマニア語
mélange(m)	miscolanza(f)	amestec(n)
mélanger	mescolare	amesteca
concert(m)	concerto(m)	concert(n)
encombré	congestionato	aglomerat
cette semaine	questa settimana	săptămâna aceasta
caractère(m)	carattere(m)	caracter(n)
être brouillé	essere disturbato	fi deranjat
prise(f)	presa(f)	priză(f)
verre(m) de contact	lente(f) a contatto	lentil(f) de contact
consommé(m)	consommé(m)	consome(n)
menu(m)	menù(m)	meniu(n)
insecte(m)	insetto(m)	insectă(f)
concours(m)	concorso(m)	concurs(n)
cette fois	questa volta	de data aceasta
confusion(f)	confusione(f)	confuzie(f)

PREHENDERE「取る」からの造語 【コンタクトレンズ】LENS(f) レンズ豆＋縮小辞　DE ～の　AD ～へ　CONTACTUS(m) 接触　VITRUM(n) ガラス【コンソメ】仏consommé[＜CONSUMMERE「完成する」からの造語]コンソメ　【献立】仏menu[＜MINUTUS 細分された]「メニュー」からの借用　【昆虫】INSECTUM(n) 虫　【コンテスト】CONCURSUS(m) 競争　【今度(今回)】ISTA この　VICIS(f) 交代　ECCE 見よ＋HOC ここを　VOLVERE「転がす」の完了分詞女性形VOLUTAからの借用　【混同】CONFUSIO(f) 混乱

日本語	ポルトガル語	スペイン語
コンドーム	preservativo(m)	preservativo(m)
こんな	tal	tal
困難	dificuldade(f)	dificultad(f)
困難な	difícil	difícil
今日（現今）	hoje em dia	hoy día
こんにちは（午前中）	Bom dia!	¡Buenos días!
今晩	esta noite	esta noche
今晩は	Boa noite!	¡Buenas noches!
コンピュータ	computador(m)	computador(m)
根本的な	básico	básico
婚約	noivado(m)	promesa(f)
婚約者	noivo(m)	novio(m)
婚約者	novia(f)	novia(f)
混乱	confusão(f)	confusión(f)
混乱する	confundir-se	confundirse

【コンドーム】PRAESERVARE「保護する」からの造語　【こんな】TALIS このような　ASSIMILIS 同様の　【困難】DIFFICULTAS(f) 困難　GRAVIS「面倒な」から派生　【困難な】DIFFICILIS 困難な　GRAVIS 面倒な　【今日（現今）】HODIE 今日　IN ～に　DIES(mf) 日　AD ～へ＋ILLE あの＋DIURNUS 日々の＋DE ～の＋HODIE 今日　【こんにちは（午前中）】BONUS 良い　DIES(mf) 日　DIURNUS 日中の　【今晩】ISTA この　NOX(f) 夜　ECCE 見よ＋HOC ここを　SERA 遅く　【今晩は】BONA 良い　NOX(f) 夜　SERA 遅れて　【コンピュータ】COMPUTATOR(m) 計算機　ORDINATOR(m)「整理する」からの造語　【根本的な】BASIS(f)「基礎」から派生　RADIX(f)「根」

— 272 —

フランス語	イタリア語	ルーマニア語
préservatif(m)	preservativo(m)	prezervativ(n)
tel	tale	asemenea
difficulté(f)	difficoltà(f)	greutate(f)
difficile	difficile	greu
aujourd'hui	oggi	azi
Bonjour!	Buon giorno!	Bună ziua!
ce soir	questa sera	noaptea aceasta
Bonsoir!	Buona sera!	Bună seara!
ordinateur(m)	computer(m)	computer(m)
radical	radicale	radical
fiançailles(f)	fidanzamento(m)	logodnă(f)
fiancé(m)	fidanzato(m)	logodnic(f)
fiancée(f)	fidanzata(f)	logodnică(f)
confusion(f)	confusione(f)	confuzie(f)
s'embrouiller	confondersi	se confunda

から派生 【婚約】NOVUS「新しい」から派生 PROMISSUS(m)「約束」から派生 FIDERE「信じる」から派生 スラブlogodīnū「婚約」から派生 【婚約者】NOVUS「新しい」から派生 FIDERE「信じる」から派生 スラブlogodīnū「婚約」から派生 【婚約者】NOVIA「新しい」から派生 FIDERE「信じる」から派生 スラブlogodīnū「婚約」から派生 【混乱】CONFUSIO(f)混乱 【混乱する】CONFUNDERE 混乱させる SE[再帰代名詞] フランス語の語源は不詳

日本語	ポルトガル語	スペイン語

―さ―

日本語	ポルトガル語	スペイン語
サーカス	circo(m)	circo(m)
サークル(同好会)	grupo(m)	grupo(m)
サービス	serviço(m)	servicio(m)
差異	diferença(f)	diferencia(f)
最愛の(女)	a mais querida	la más querida
最悪の	o péssimo	el pésimo
罪悪	crime(m)	crimen(m)
再会する	voltar a ver	volver a ver
災害	desastre(m)	desastre(m)
再確認する	reconfirmar	reconfirmar
再教育	reeducação(f)	reeducación(f)
細菌	bactéria(f)	bacteria(f)
最近	recentemente	recientemente
サイクリング	ciclismo(m)	ciclismo(m)

【サーカス】CIRCUS(m) 競技場 【サークル(同好会)】ゲ*kruppa 群→イタリア語経由で各ロマンス語へ 【サービス】SERVITIUM(n) 奴隷の身分 【差異】DIFFERENTIA(f) 差異 【最愛の(女)】ILLE あの MAGIS 更に ス querer [＜QUAERERE 求める]「愛する」の過去分詞 TRANS ～を越えて CARUS 愛すべき スラブ ljubiti「愛する」から派生した動詞の過去分詞 【最悪の】ILLE あの PESSIMUS 最悪の PEJOR より悪い ECCE みよ + ILLE あれ MAGIS 更に REUS 罪のある 【罪悪】CRIMEN(n) 罪 【再会する】VOLVERE 転がる AD ～へ VIDERE 見る RE-「再び」を表す接頭辞 TROPUS(m)「比喩」から派生 SE[再帰代名詞] 【災害】DIS-「否定」を表す

― 274 ―

フランス語	イタリア語	ルーマニア語
cirque(m)	circo(m)	circ(n)
groupe(m)	gruppo(m)	grup(n)
service(m)	servizio(m)	serviciu(n)
différence(f)	differenza(f)	diferenţă(f)
très chérie	carissima	cea mai iubită
le pire	il peggiore	cel mai rău
crime(m)	crimine(m)	crimă(f)
revoir	ritrovarsi	revedea
désastre(m)	disastro(m)	dezastru(n)
réaffirmer	riconfermare	reconfirma
rééducation(f)	rieducazione(f)	reeducare(f)
bactérie(f)	batterio(m)	bacterie(f)
récemment	recentemente	recent
cyclisme(m)	ciclismo(m)	ciclism(n)

接頭辞 + ASTRUM(n) 天体（→運命の星） 【再確認する】RE-「再び」を表す接頭辞 + CONFIRMARE 強める　AFFIRMARE 断言する　【再教育】RE-「再び」を表す接頭辞 + EDUCATIO(f) 教育　【細菌】BACTERIUM(n)「細菌」の複数形BACTERIAから派生　【最近】RECENS 直後の　MENS(f)「心」の奪格　【サイクリング】CYCLUS(m)「周期」に由来

— 275 —

日本語	ポルトガル語	スペイン語
採決	votação(f)	votación(f)
採決する	votar	votar
再建(建物の)	reconstrução(f)	reconstrucción(f)
再建する	reconstruir	reconstruir
最後	fim(m)	fin(m)
最後の	último	último
最後に	por último	por último
在庫品	estoque(m)	surtido(m)
最高の	supremo	supremo
サイコロ	dado(m)	dado(m)
財産	fortuna(f)	fortuna(f)
採集	coleção(f)	colección(f)
採集する	colecionar	coleccionar
最終の	final	final
最初の	primeiro	primero
最初に	primeiro	primero

【採決】VOTUM(n)「誓約」の動詞化(を経ての名詞化) 【採決する】VOTUM(n)「誓約」の動詞化 【再建(建物の)】RE-「再び」を表す接頭辞+CONSTRUCTIO(f) 建築 【再建する】RE-「再び」を表す接頭辞+CONSTRUERE 建築する 【最後】FINIS(m) 結末 【最後の】ULTIMUS 最後の フランス語の語源は不詳 【最後に】PER ～のために ULTIMUS 最後のフランス語の語源は不詳 【在庫品】英語stock 在庫品 スペイン語の語源は不詳 【最高の】SUPREMUS 最高の 【サイコロ】DATUM(n) 贈り物 【財産】FORTUNA(f) 財産 【採集】COLLECTIO 収集 【採集する】COLLECTIO「収集」の動詞化 cf. COLLIGERE 収集する 【最終の】

— 276 —

フランス語	イタリア語	ルーマニア語
vote(m)	votazione(f)	votare(f)
voter	votare	vota
reconstruction(f)	ricostruzione(f)	reconstrucţie(f)
reconstruire	ricostruire	reconstrui
fin(f)	fine(f)	final(n)
dernier	ultimo	ultim
en dernier	per ultimo	ultim
stock(m)	stock(m)	stoc(n)
suprême	supremo	suprem
dé(m)	dado(m)	zar(n)
fortune(f)	fortuna(f)	avere(f)
collection(f)	collezione(f)	colecţiune(f)
collectionner	collezionare	colecţiona
final	finale	final
premier	primo	prim
au début	per primo	în primul rând

FINALIS 終局の 【最初の】PRIMARIUS 第一の PRIMUS 第一の 【最初に】PRIMARIUS 第一の PER 〜のために PRIMUS 第一の IN 〜の中に スラブrendū「順序」から派生

日本語	ポルトガル語	スペイン語
最小の	mínimo	mínimo
菜食主義者	vegetariano(m)	vegetariano(m)
最新の	último	último
サイズ(家具類の)	tamanho(m)	tamaño(m)
再生	reprodução(f)	reproducción(f)
再生する	reproduzir	reproducir
財政	finanças(f)	finanzas(f)
最盛期	apogeu(m)	apogeo(m)
再選	reeleição(f)	reelección(f)
再選する	reeleger	reelegir
最善を尽くす	fazer o possível	hacer lo posible
最大の	o maior	el mayor
採択	adopção(f)	adopción(f)
採択する	adoptar	adoptar
在宅する	estar em casa	estar en casa

【最小の】MINIMUS 最小の　ILLE あの　MINOR より小さい　【菜食主義者】VEGETALIBIS「植物の」からの造語　【最新の】ULTIMUS 最後の　TOTUS 全くの　NOVUS 新しい＋縮小辞　【サイズ(家具類の)】TAM このように＋MAGNUS 大きな　DIMENSIO(f) 測ること　MENSURA(f) 程度　MAS「男らしい」から派生　【再生】RE-「再び」を表す接頭辞＋PRODUCTIO 生産　【再生する】RE-「再び」を表す接頭辞＋PRODUCERE 生産する　【財政】FINIRE「決定する」からの造語　【最盛期】ギ apógaion 遠地点　【再選】RE-「再び」を表す接頭辞＋ELECTIO(f) 選挙　ALLEGERE「選択する」から派生　【再選する】RE-「再び」を表す接頭辞＋ELIGERE 選挙する　ALLEGERE 選択する

— 278 —

フランス語	イタリア語	ルーマニア語
le moindre	minimo	minim
végétarien	vegetariano	vegetarian(m)
tout nouveau	ultimo	ultim
dimension(f)	misura(f)	mărime(f)
reproduction(f)	riproduzione(f)	reprocucţie(f)
reproduire	riprodurre	reproduce
finances(f)	finanza(f)	finanţe(f)
apogée(m)	apogeo(m)	apogeu(n)
réélection(f)	rielezione(f)	realegere(f)
réélir	rieleggere	realege
faire son	fare del proprio	face tot
possible	meglio	posibilul
le plus grand	il massimo	cel mare
adoption(f)	adozione(f)	adoptare(f)
adopter	adottare	adopta
être chez soi	stare in casa	fi acasă

【最善を尽くす】FACERE する　ILLE あの　POSSIBILIS 可能な　SUI 自分自身の　DE 〜の　PROPRIUS 自己の　MELIOR より良い　TOTUS 全くの　【最大の】ILLE あの　MAJOR より大きい　PLUS より大きな　MAXIMUS 最大の　ECCE 見よ＋ILLUM あれを　MAS「男らしい」から派生　【採択】ADOPTIO(f) 採用　ADOPTARE「採用する」から派生　【採択する】ADOPTARE 採用する　【在宅する】STARE 立っている　IN 〜の中に　CASA 小屋　SE[再帰代名詞]　FIERI 〜になる　AD 〜へ

日本語	ポルトガル語	スペイン語
最短の	o mais curto	el más corto
裁断(洋服の)	corte(m)	corte(m)
裁断する	cortar	cortar
財団	fundação(f)	fundación(f)
最低の	mínimo	mínimo
最適な	ideal	ideal
採点	qualificação(f)	calificación(f)
採点する	qualificar	calificar
祭典	festival(m)	festival(m)
再度	outra vez	otra vez
災難	desgraça(f)	desgracia(f)
才能	talento(m)	talento(m)
栽培	cultivo(m)	cultivo(m)
栽培する	cultivar	cultivar
再発(病気の)	recaída(f)	recaída(f)
再発する	recair	recaer

【最短の】ILLE その MAGIS 更に CURTUS 短い PLUS より大きな ECCE 見よ + ILLUM あれを 【裁断(洋服の)】CURTARE「短くする」の名詞化 TALEA(f)「棒」から派生 スラブkrojiti「切る」から派生 【裁断する】CURTARE 短くする TALEA(f)「棒」の動詞化 スラブkrojiti「切る」から派生 【財団】FUNDATIO 創設 【最低の】MINIMUS 最小の 【最適な】IDEALIS 理想の 【採点】QUALIS「どのような?」の名詞化 CORRECTIO(f) 指導 VALOR(m)「価値」から派生 【採点する】QUALIS「どのような?」の動詞化 CORRIGERE 正す VALOR(m)「価値」から派生 【祭典】FESTUM(n)「祝祭日」から派生 【再度】ALTER 別の VICIS(f) 交代

フランス語	イタリア語	ルーマニア語
le plus court	il più corto	cel mai scurt
coupe(f)	taglio(m)	croială(f)
couper	tagliare	croi
fondation(f)	fondazione(f)	fundaţie(f)
minimum	minimo	minim
idéal	ideale	ideal
correction(f)	valutazione(f)	calificativ(n)
corriger	valutare	califica
festival(m)	festival(m)	festival(n)
encore une fois	ancora una volta	încă o dată
malheur(m)	disgrazia(f)	nenorocire(f)
talent(m)	talento(m)	talent(n)
culture(f)	coltura(f)	cultivare(f)
cultiver	coltivare	cultiva
récidive(f)	ricaduta(f)	recidivă(f)
récidiver	ricadere	recidiva

HINC ここから+AD 〜へ+HORAM 時間　VOLVERE「転がす」の完了分詞女性形VOLUTAから派生　UNUS 一つの　UNQUAM かつて　【災難】DIS-「否定」を表す接頭辞+GRATIA 喜び　MALUM 悪い+AUGURIUM(n)「予言」　スラブne-「否定」を表す接頭辞+narokŭ「幸運」から派生　【才能】ギtálanton 秤　【栽培】CULTUS(m)「耕作」から派生　【栽培する】CULTUS(m)「耕作」の動詞化　【再発(病気の)】RECADERE 再発する「再発する」の名詞化　RECIDIVUS 再発の　【再発する】RE-「再び」を表す接頭辞+CADERE 倒れる　RECIDIVUS「再発の」の動詞化

日本語	ポルトガル語	スペイン語
裁判	justiça(f)	justicia(f)
裁判所	tribunal(m)	tribunal(m)
財布（札入れ）	carteira(f)	cartera(f)
財布（小銭）	moedeiro(m)	monedero(m)
裁縫	costura(f)	costura(f)
裁縫する	coser	coser
歳末	fim(m) de ano	fin(m) de año
債務	dívida(f)	deuda(f)
材木	medeira(f)	madera(f)
採用（人の）	admissão(f)	admisión(f)
採用する	admitir	admitir
最良の	ótimo	óptimo
材料	material(m)	material(m)
幸い	felicidade(f)	felicidad(f)
幸いにも	felizmente	felizmente
サイン（合図）	sinal(m)	signo(m)

【裁判】JUSTITIA 法　【裁判所】TRIBUNAL(n) 法廷　【財布（札入れ）】CHARTA(f)「紙」から派生　PORTARE 持ち運ぶ＋FOLIUM(n)「葉」の複数形FOLIA→造語　【財布（小銭）】MONETA［女神JUNOの渾名，神殿で貨幣が鋳造された］に由来　PORTARE 持ち運ぶ＋MONETA モネータ　【裁縫】CONSUERE「縫い合わせる」の完了分詞CONSUTUSから派生　【裁縫する】CONSUERE 縫い合わせる　【歳末】FINIS(mf) 終わり　DE 〜の　ANNUS(m) 年　スラブsūvūršiti「終わる」から派生　【債務】DEBIUM(n)「借金」の複数形DEBITAから派生　【材木】MATERIA(f) 木材　俗ラ*boscus 森　LIGNUM(n) 木　【採用（人の）】ADMISSIO(f) 許可　ASSUMPTIO(f) 採用　INTRODUCERE

フランス語	イタリア語	ルーマニア語
justice(f)	giustizia(f)	judecată(f)
tribunal(m)	tribunale(m)	tribunal(n)
portefeuille(m)	portafoglio(m)	portofel(n)
porte-monnaie(m)	portamonete(m)	portomoneu(n)
couture(f)	cucito(m)	cusut(n)
coudre	cucire	coase
fin(f) d'année	fine(f) dell'anno	sfârşitul anului
dette(f)	debito(m)	datorie(f)
bois(m)	legno(m)	lemn(n)
admission(f)	assunzione(f)	introducere(f)
admettre	assumere	introduce
le meilleur	il migliore	cel mai bun
matière(f)	materiale(m)	material(m)
félicité(f)	felicità(f)	fericire(f)
heureusement	per fortuna	fericit
signe(m)	segno(m)	semn(n)

「採用する」の名詞化 【採用する】ADMITTERE 許可する ASSUMERE 採用する INTRODUCERE 採用する 【最良の】OPTIMUS 最良の ILLE あの BONUS「良い」の比較級MELIORに由来 ECCE 見よ + ILLUM あれを MAGIS 更に BONUS 良い 【材料】MATERIES「物質」から派生 【幸い】FELICITAS(f) 幸福 【幸いにも】FELIX 幸福な MENS(f)「心」の奪格 AUGURIUM(n)「占い」に由来 PER ～によって FORTUNA(f) 運 【サイン(合図)】SIGNALIS「合図になる」から派生 SIGNUM(n) 記号

日本語	ポルトガル語	スペイン語
サイン（署名）	assinatura(f)	firma(f)
サイン（有名人の）	autografia(f)	autógrafo(m)
さえ（〜でさえ）	até	hasta
遮る	impedir	impedir
さえずる	cantar	cantar
坂	ladeira(f)	cuesta(f)
境	limite(m)	límite(m)
栄え	prosperidade(f)	prosperidad(f)
栄える	prosperar	prosperar
逆さまの	inverso	inverso
探す	buscar	buscar
魚	peixe(m)	pez(m)
溯る（起源を）	remontar-se	remontar
酒場	taberna(f)	taberna(f)
逆らう	opor-se a	oponerse a

【サイン（署名）】SIGNATOR(m) 記名者　FIRMUS「確実な」の女性形　【サイン（有名人の）】ギautós 自分で + gráphein 書く→造語　【さえ（〜でさえ）】アラブhatta 〜まで　-MET 自己の + IPSIMUS「自身の」強調形　イタリア語の語源は不詳　CLARUS 明らかな　【遮る】IMPEDIRE 足枷をつける　PEDICA(f)「足枷」の動詞化　【さえずる】CANTARE 歌う　【坂】LATUS(n)「側面」から派生　COSTA(f) 肋骨・側　PENDERE「ぶら下がる」の名詞化　【境】LIMES(m) 境界　CONFINIS「隣接している」の名詞化　【栄え】PROSPERITAS(f) 繁栄　【栄える】PROSPERARE 繁栄させる　【逆さまの】INVERSUS 逆さまの　【探す】ポルトガル語・スペイン語・ルーマニア語は語

— 284 —

フランス語	イタリア語	ルーマニア語
signature(f)	firma(f)	semnătură(f)
autographe(m)	autografo(m)	autograf(n)
même	anche	chiar
empêcher	impedire	împiedica
chanter	cantare	cânta
pente(f)	pendenza(f)	coastă(f)
limite(f)	confine(m)	limită(f)
prospérité(f)	prosperità(f)	prosperitate(f)
prospérer	prosperare	prospera
inverse	inverso	invers
chercher	cercare	căuta
poisson(m)	pesce(m)	peşte(m)
remonter	risalire	merge înapoi
bistro(m)	taverna(f)	cârciumă(f)
s'opposer à	opporsi a	se împotrivi ＋与格

源不詳　CIRCA「～の周りに」の動詞化　【魚】PISCIS(m) 魚　【溯る（起源を）】RE-「再び」を表す接頭辞＋MONS(m)「山」→動詞化　RESALIRE 退却する　MERGERE 沈める　IN ～に＋AD ～へ＋POST 後で　【酒場】TABERNA(f) 店　フランス語の語源は不詳　スラブkrŭčĭma「酒場」から派生　【逆らう】OPPONERE 対立する　SE［再帰代名詞］　AD ～へ　スラブprotivŭ「～に反する」から派生

日本語	ポルトガル語	スペイン語
盛り(花の)	cheia	plena
	floração(f)	floración(f)
盛り(果物の)	sazão(f)	sazón(f)
下がる(垂れる)	pendurar-se	colgar
下がる(低下)	abaixar	bajar
下がる(後退)	retroceder	retroceder
盛んな(活発)	ativo	activo
盛んな(繁栄)	próspero	próspero
盛んな(活力)	vigoroso	vigoroso
先(先端)	ponta(f)	punta(f)
詐欺	fraude(f)	fraude(m)
作業	trabalho(m)	trabajo(m)
咲く(木が主語)	florecer	florecer
柵	cerca(f)	cerca(f)
作意	intenção(f)	intención(f)
作為	artifício(m)	artificio(m)

【盛り(花の)】PLENA 十分な FLOS「花」の動詞化 florar「開花する」→名詞化 【盛り(果物の)】SATIO 種蒔き[の時期] PLENUS「完全な」の名詞化 STARE「立っている」から派生 COQUERE 料理する 【下がる(垂れる)】PENDULUS「垂れ下がった」から派生 COLLOCARE 置く PENDERE 掛かる TORNARE「丸くする」から派生 【下がる(低下)】俗ラ*bassus「太くて低い」の動詞化 SE[再帰代名詞] EX-～から+CADERE 落ちる 【下がる(後退)】RETROCEDERE 退却する RE-「後退」を表す接頭辞+CULUS(m)「尻」の動詞化 TRAHERE 引く 【盛んな(活発)】ACTIVUS 活発な 【盛んな(繁栄)】PROSPERUS 幸福な 【盛んな(活力)】VIGOROSUS

フランス語	イタリア語	ルーマニア語
pleine	piena	plin
floraison(f)	fioritura(f)	înflorire(f)
saison(f)	stagione(f)	coacere(f)
pendre	pendere	atârna
baisser	abbassarsi	scădea
reculer	retrocedere	retrage
actif	attivo	activ
prospère	prospero	prosper
vigoureux	vigoroso	viguros
pointe(f)	punta(f)	vârf(n)
fraude(f)	frode(f)	escrocherie(f)
travail(m)	lavoro(m)	lucru(n)
fleurir	fiorire	înflori
barrière(f)	steccato(m)	gratie(f)
intention(f)	intenzione(f)	intenţie(f)
artifice(m)	artificio(m)	artificiu(n)

元気な 【先(先端)】PUNGERE「刺す」から派生 スラブvrŭhŭ「先」から派生 【詐欺】FRAUS(f) 欺瞞 ルーマニア語の語源は不詳 【作業】TRES 三 + PALUS(m) 棒 LABORARE「働く」の名詞化 LUCUBRARE「夜業をする」から派生 【咲く(木が主語)】FLOS(m)「花」の動詞化 【柵】CIRCA「～の周りに」の名詞化 フランス語・イタリア語の語源は不詳 CRATES(f) 柴の束 【作意】INTENTIO(f) 意図 【作為】ARTIFICIUM(n) 策術

日本語	ポルトガル語	スペイン語
作為的な	artificial	artificial
索引	índice(m)	índice(m)
削減	redução(f)	reducción(f)
削減する	reduzir	reducir
作者	autor(m)	autor(m)
削除	omissão(f)	omisión(f)
削除する	omitir	omitir
作品	obra(f)	obra(f)
作文	composição(f)	composición(f)
作物	produto(m) agrícola	producto(m) agrícola
昨夜(就寝前)	ontem noite	anoche
昨夜(就寝後)	esta noite	esta noche
桜(木)	cerejeira(f)	cerezo(m)
桜(花)	flor(f) de cerejeira	flor(f) de cerezo

【作為的な】ARTIFICIALIS 人工的な 【索引】INDEX(m) 項目 【削減】REDUCTIO(f) 引き戻し 【削減する】REDUCERE 引き戻す 【作者】AUCTOR(m) 著者 【削除】OMISSIO(f) 省略 SUPPRESSIO(f) 削減 ELIMINATIO(f) 排除 【削除する】OMITTERE 省略する SUPPRIMERE 削減する ELIMINARE 排除する 【作品】OPERA(f) 働き 【作文】COMPOSITIO(f) 作文 【作物】PRODUCERE「生む」から派生 AGRICOLA 農地の 【昨夜(就寝前)】AD NOCTEM 夜に向けて HERI 昨日 SERA 遅くに 【昨夜(就寝後)】ISTA この NOX 夜 ECCE 見よ＋HOC この 【桜(木)】俗ラ*ceresia サクランボウ CERASUM(n) サクランボウ 【桜(花)】

— 288 —

フランス語	イタリア語	ルーマニア語
artificiel	artificiale	artifiacial
index(m)	indice(m)	index(n)
réduction(f)	riduzione(f)	reducere(f)
réduire	ridurre	reduce
auteur(m)	autore(m)	autor(m)
suppression(f)	eliminazione(f)	omisiune(f)
supprimer	eliminare	omite
œuvre(f)	opera(f)	operă(f)
composition(f)	composizione(f)	compoziţie(f)
produit(m)	prodotto(m)	produs(n)
agricole	agricolo	agricol
hier soir	ieri sera	aseară
cette nuit	questa notte	astă-noapte
cerisier(m)	ciliegio(m)	cireş(m)
fleur(f) de	fiore(m) di	floarea(f)
cerisier	ciliegio	cireşului

FLOS(m) 花　DE 〜の　俗ラ *ceresia サクランボウ　CERASUM(n) 桜の実

日本語	ポルトガル語	スペイン語
探る(秘密を)	sondar	sondar
酒(ワイン)	vinho(m)	vino(m)
鮭	salmão(m)	salmón(m)
叫び(声)	grito(m)	grito(m)
叫ぶ	gritar	gritar
裂ける	rachar-se	rajarse
避ける	evitar	evitar
下げる(低くする)	abaixar	bajar
下げる(吊るす)	pendurar	colgar
支える	sustentar	sostener
捧げる	dedicar	dedicar
ささやかな	pequeno	pequeño
ささやかな(慎ましい)	modesto	modesto
囁き	murmúrio(m)	murmullo(m)
囁く	murmurar	murmullar
サジ(大匙)	colher(f)	cuchara(f)

【探る(秘密を)】SUB ～の下に＋UNDA(f) 波→動詞化　フランク*spehōn 見張る　【酒(ワイン)】VINUM(n) 葡萄酒　【鮭】SALMO(m) 鮭　【叫び(声)】QUIRITARE「叫ぶ」の名詞化　STRIX(f)「畦」から派生　【叫ぶ】QUIRITARE 叫ぶ　STRIX(f)「畦」から派生　【裂ける】ポルトガル語・スペイン語・イタリア語の語源は不詳　FINDERE 割る　SE[再帰代名詞]　CREPARE 響かす　【避ける】EVITARE 避ける　【下げる(低くする)】俗ラ*bassus「太くて低い」の動詞化　【下げる(吊るす)】PENDULUS「ぶら下がっている」の動詞化　COLLOCARE 置く　PENDERE 掛かる　CAPIO(f)「捕らえること」の動詞化　【支える】SUSTINERE 支える　【捧げる】DEDICARE 奉納

— 290 —

フランス語	イタリア語	ルーマニア語
épier	sondare	iscodi
vin(m)	vino(m)	vin(n)
saumon(m)	salmone(m)	somon(m)
cri(m)	grido(m)	strigăt(n)
crier	gridare	striga
se fendre	spaccarsi	crăpa
éviter	evitare	evita
baisser	abbassare	coborî
pendre	appendere	agăţa
soutenir	sostenere	susţine
dédier	dedicare	dedica
petit	piccolo	mic
modeste	modesto	modest
murmure(m)	mormorio(m)	murmur(n)
murmurer	mormorare	murmura
cuiller(f)	cucchiaio(m)	lingură(f)

する 【ささやかな】ポ・ス・イ[小さいことを表す擬声音*pikk-] 仏[小さいことを表す擬声音*pitt-] 俗ラ*miccus 小さな 【ささやかな(慎ましい)】MODESTUS 慎ましい 【囁き】MURMUR(n)[＜擬声音]つぶやき 【囁く】MURMURARE[＜擬声音]つぶやく 【サジ(大匙)】COC(H)LEAR 匙 LINGULA(f) 匙

日本語	ポルトガル語	スペイン語
サジ(小匙)	colherinha(f)	cucharilla(f)
さしあたり	por agora	por ahora
挿絵	ilustração(f)	ilustración(f)
指図	ordem(f)	orden(f)
差し支え	impedimento(m)	impedimento(m)
差し支える	impedir	impedir
刺す(蜂が)	picar	picar
射す(光が)	penetrar	penetrar
指す	indicar	indicar
座席	assento(m)	asiento(m)
挫折	fracasso(m)	fracaso(m)
左折する	virar à esquerda	doblar a la izquierda
挫折する	fracassar	fracasar
させる(使役)	fazer	hacer
させる(命令)	mandar	mandar

【サジ(小匙)】COC(H)LEAR「匙」+縮小辞 AD 〜に アラブqahwah コーヒー 【さしあたり】PER 〜の間 HAC HORA この時に ILLE あの MOMENTUM(n) 瞬間 PER 〜の間+INTRO 中へ 【挿絵】ILLUSTRATIO(f) 照明 【指図】ORDO(m) 指令 【差し支え】IMPEDIMENTUM(n) 妨害 PEDICA(f) 足枷 【差し支える】IMPEDIRE 阻止する PEDICA(f)「足枷」から派生 【刺す(蜂が)】PICUS(m)「キツツキ」から派生 PUNGERE 刺す ルーマニア語の語源は不詳 【射す(光が)】PENETRARE 入る 【指す】INDICARE 通告する 【座席】SEDERE「座る」から派生 PLATEA(f) 道路 POSITUS(m) 位置 LOCUS(m) 場所 【挫折】イfracassare[＜QUASSARE 破壊する]「粉々に砕

— 292 —

フランス語	イタリア語	ルーマニア語
cuiller à café	cucchiaino(m)	linguriţă(f)
pour le moment	per ora	pentru moment
illustration(f)	illustrazione(f)	ilustraţie(f)
ordre(m)	ordine(m)	ordonanţă(f)
empêchement(m)	impedimento(m)	piedică(f)
empêcher	impedire	împiedica
piquer	pungere	înţepa
pénétrer	penetrare	penetra
indiquer	indicare	indica
place(f)	posto(m)	loc(n)
avortement(m)	fallimento(m)	eşec(n)
tourner	girare a	o lua spre
gauche	sinistra	stânga
avorter	fallire	eşua
faire	fare	face
ordonner	ordinare	ordona

く」から派生　ABORTARE 堕胎させる＋-MENTUM 名詞を作る語尾　FALLERE「倒す」から派生　アラブshah「王」から派生　【左折する】俗ラ*virare 寄り掛かる　DUPLUM(n)「倍」の動詞化　AD ～へ　ILLA あの　バスクizker 左　TORNARE 円くする　フランク*wenkjan 躊躇う＋フランク*walkan 圧縮する　GYRUS(m)「回転」の動詞化SINISTER 左の　LEVARE 軽くする　SUPER ～の上に　俗ラ*stancus「疲れた」から派生　【挫折する】イfracassare[＜]「粉々に砕く」から借用　ABORTARE 堕胎させる　FALLERE 倒す　ペルシアshâh「王」から派生　【させる(使役)】FACERE する　【させる(命令)】MANDARE 命じる　ORDINARE 整える

日本語	ポルトガル語	スペイン語
させる(放任)	deixar	dejar
させる(義務)	obrigar	obligar
誘い(招待)	convite(m)	invitación(f)
誘い(誘惑)	tentação(f)	tentación(f)
誘う(招待)	convidar	invitar
誘う(誘惑)	tentar	tentar
撮影(写真の)	fotografia(f)	fotografía(f)
撮影(映画の)	filmagem(f)	rodaje(m)
撮影する(写真)	fotografar	fotografiar
撮影する(映画)	filmar	rodar
雑音	ruído(m)	ruido(m)
サッカー	futebol(m)	fútbol(m)
錯覚	ilusão(f)	ilusión(f)
サツキ	azálea(f)	azalea(f)
さっき	há pouco tempo	hace poco
作曲	composição(f)	composición(f)

【させる(放任)】LAXARE 緩める 【させる(義務)】OBLIGARE 義務づける 【誘い(招待)】INVITATIO(f) 招待 【誘い(誘惑)】TEMPTATIO(f) 誘惑 【誘う(招待)】INVITARE 招待する 【誘う(誘惑)】TEMPTARE 誘惑する 【撮影(写真の)】ギphotós 光 + graphía 描くこと→造語 【撮影(映画の)】英語film[<ゲ*fellam 獣皮]「フィルム」から派生 ROTARE「回転させる」の名詞化 PREHENDERE「取る」から派生 DE 〜の VIDERE「見る」の完了分詞VISUSから派生 【撮影する(写真)】ギphotós 光 + graphein 書く→造語 【撮影する(映画)】ROTARE 回転させる TORNARE 丸くする UNUS 一つの 英語film[<ゲ*fellam 獣皮]「フィルム」から派生 【雑音】RUGITUS(m)

— 294 —

フランス語	イタリア語	ルーマニア語
laisser	lasciare	lăsa
obliger	obbligare	obliga
invitation(f)	invito(m)	invitaţie(f)
tentation(f)	tentazione(f)	tentaţie(f)
inviter	invitare	invita
tenter	tentare	tenta
photographie(f)	fotografia(f)	fotografie(f)
prise(f) de vues	ripresa(f)	filmare(f)
photographier	fotografare	fotografia
tourner un film	filmare	filma
bruit(m)	rumore(m)	zgomot(n)
football(m)	calcio(m)	fotbal(n)
illusion(f)	illusione(f)	iluzie(f)
azalée(f)	azalea(f)	azalee(f)
à l'instant	poco fa	nu de mult
composition(f)	composizione(f)	compoziţie(f)

吠えること RUMOR(m) 騒音 セルビア grömōt「轟き」から派生 【サッカー】英語 football サッカー CALX(f) 踵 【錯覚】ILLUSIO(f) 錯覚 【サツキ】ギ azaleos 乾燥した[乾燥したところに育つことから] 【さっき】FACERE する PAUCUS 少ない TEMPUS(n) 時間 AD ～へ INSTANS 現在の NON ～でない MULTU 多くの TEMPUS(n) 時間 DE ～から 【作曲】COMPOSITIO(f) 組立

日本語	ポルトガル語	スペイン語
殺菌	desinfecção(f)	desinfección(f)
殺菌する	desinfetar	desinfectar
雑誌	revista(f)	revista(f)
殺人	homicídio(m)	homicidio(m)
察する(推察)	supor	suponer
雑草	erva(f) daninha	mala hierba(f)
早速	em seguida	en seguida
雑談	charla(f)	charla(f)
ざっと	brevemente	brevemente
ざっと(およそ)	aproximadamente	aproximadamente
雑費	gastos(m) diversos	gastos(m) diversos
サツマイモ	batata-doce(f)	batata(f)
さて	então	entonces
砂糖	açúcar(m)	azúcar(m)

【殺菌】DIS-「否定」を表す接頭辞+INFICERE「毒を盛る」の名詞化　STERELIS「無菌の」から派生　【殺菌する】DIS-「否定」を表す接頭辞+INFICERE 毒を盛る　STERELIS「無菌の」の動詞化　【雑誌】RE-「再び」を表す接頭辞 VIDERE「見る」の完了分詞VISUSから派生　【殺人】HOMICIDIUM(n) 殺人　【察する(推察)】SUPPONERE 下に置く　IMAGINARI 想像する　PRAESUPPONERE 〜を前提とする　【雑草】HREBA(f) 雑草　DAMNUM(n)「損害」から派生　MALUS 悪い　ブルガリアburjan「雑草」から派生　【早速】IN 〜の中に　SEQUI「従う」の完了分詞SECUTUSから派生　TOTUS 全くの　DE 〜に関して　SUBITO 突然に　DARE「与える」の完了分詞女性

フランス語	イタリア語	ルーマニア語
stérilisation(f)	sterilizzazione(f)	dezinfectare(f)
stériliser	sterilizzare	dezinfecta
revue(f)	rivista(f)	revistă(f)
homicide(m)	omicidio(m)	omucidere(f)
imaginer	immaginare	presupune
mauvaise herbe(f)	malerba(f)	buruiană(f)
tout de suite	subito	îndată
causerie(f)	chiacchierata(f)	taifas(n)
rapidement	brevemente	pe scurt
approximitivement	approssimativamente	aproximativ
frais(m) divers	spese(f) varie	cheltuieli(f) diverse
patate(f) douce	batata(f)	cartof(m) dulce
eh bien	allora	atunci
sucre(m)	zucchero(m)	zahăr(n)

形DATAから派生 【雑談】イ ciarlare[＜擬声音]「無駄話をする」の名詞化 CAUSARI 言い立てる 新ギリシア taïfás「雑談」から派生 【ざっと】BREVIS 短い MENS(f)「心」の奪格 RAPIDUS 急激な PER ～のために CURTUS 「短い」から派生 【ざっと(およそ)】PROXIMUS 最も近い MENS(f)「心」の奪格 【雑費】ゲ*wōstjan「荒廃させる」から派生 DIVERSUS 様々の FRACTUM(n) 骨折 EXPENSUM(n) 費用 VARIUS 様々の ハンガリー költeni 「消費する」から派生 【サツマイモ】タイノ patata サツマイモ DULCIS 美味な 独Kartoffel ジャガイモ 【さて】IN ～の中に TUNC その時 eh 擬声音 BENE 良く AD + ILLAM + HORAM あの時間に 【砂糖】アラブ as-sukkar 砂糖

日本語	ポルトガル語	スペイン語
作動する	funcionar	funcionar
悟る	compreender	comprender
砂漠	deserto(m)	desierto(m)
錆	ferrugem(f)	herrumbre(f)
寂しい	solitário	solitario
寂しい(悲しい)	triste	triste
寂れる	decair	decaer
サファイア	safira(f)	zafiro(m)
差別	discriminação(f)	discriminación(f)
差別する	discriminar	discriminar
サボテン	cacto(m)	cacto(m)
冷ます	esfriar	enfriar
覚ます	despertar	despertar
妨げ	estorvo(m)	estorbo(m)
妨げる	estorvar	estorbar
さ迷う	vagar	vagar

【作動する】FUNCTIO(f)「機能」の動詞化 【悟る】COMPREHENDERE 理解する INTELLEGERE 理解する 【砂漠】DESERTUS 見捨てられた 【錆】FERRUGEM(n) 鉄錆 ROBIGO(f) 錆 AERUGO(f) 緑青 【寂しい】SOLITARIUS 孤独な 【寂しい(悲しい)】TRISTIS 悲しい 【寂れる】DECEDERE 減退する[caer(＜CADERE)の影響も] DEVENIRE 到達する DESERTUS 見捨てられた 【サファイア】アラブsafir[＜ギsáppheiros]サファイア 【差別】DISCRIMINARE「区別する」の名詞化 【差別する】DISCRIMINARE 区別する 【サボテン】ギkáktos 刺のある植物 【冷ます】IN-[動詞を作る接頭辞] + FRIGIDUS「冷たい」→動詞化 RECENS 新鮮な 【覚ます】EXPERRECTUS

— 298 —

フランス語	イタリア語	ルーマニア語
fonctionner	funzionare	funcţiona
comprendre	comprendere	înţelege
désert(m)	deserto(m)	deşert(n)
rouille(f)	ruggine(f)	rugină(f)
solitaire	solitario	solitar
triste	triste	trist
devenir désert	decadere	decădea
saphir(m)	zaffiro(m)	safir(n)
discrimination(f)	discriminazione(f)	discriminare(f)
discriminer	discriminare	discrimina
cactus(m)	cactus(m)	cactus(m)
refroidir	raffreddare	răci
réveiller	svegliare	deştepta
entrave(f)	ostacolo(m)	piedică(f)
entraver	ostacolare	împiedica
vaguer	vagare	hoinări

「目覚めた」から派生 RE-[強意の接頭辞] + VIGILARE 眠らずにいる EVIGILARE 目を覚ます DE ～について + EXCITARE 駆り立てる 【妨げ】estorbar[<DISTURBARE 粉砕する] の名詞化 TRABS(f) 梁 OBSTACULUM(n) 障害 PEDICA(f) 足枷 【妨げる】DISTURBARE 粉砕する TRABS(f)「梁」の動詞化 OBSTARE「妨害する」から派生 PEDICA(f)「足枷」の動詞化 【さ迷う】VAGARI さ迷う ルーマニア語の語源は不詳

日本語	ポルトガル語	スペイン語
寒い	frio	frío
寒さ	frio(m)	frío(m)
サメ	tubarão(m)	tiburón(m)
冷める	esfriar-se	enfriarse
冷めた	esfriado	enfriado
覚める	despertar-se	despertarse
褪める	descorar	decolorarse
さようなら	Adeus!	¡Adiós!
皿(大きな)	prato(m)	plato(m)
ざらざらした	áspero	áspero
サラダ	salada(f)	ensalada(f)
晒す	expor	exponer
更に	mais	más
更に(その上)	ainda mais	más aún
サラリー	salário(m)	salario(m)
猿	macaco(m)	mono(m)

【寒い】FRIGIDUS 冷たい RECENS 新鮮な 【寒さ】FRIGIDUM(n) 寒さ 【サメ】トゥピuperú サメ REQUIEM(f) 使者のためのミサ[襲われると死に至るからという説がある] SQUALUS(m) サメ? 【冷める】IN-[動詞を作る接頭辞]+FRIGIDUS「冷たい」の動詞化 SE[再帰代名詞] 【冷めた】 s enfriar「冷ます」の過去分詞 RE-[強意の接頭辞]+FRIGIDUS 冷たい→動詞化 RECENS 新鮮な 【覚める】EXPERGERE 目覚める SE[再帰代名詞] RE-[強意の接頭辞]+VIGILARE 眠らずにいる EVIGILARE 目を覚ます DE ~について+EXCITARE 駆り立てる 【褪める】DISCOLORARE 褪色させる SE[再帰代名詞] 【さようなら】AD ~へ DEUS 神 ILLAC そこに

— 300 —

フランス語	イタリア語	ルーマニア語
froid	freddo	rece
froid(m)	freddo(m)	frig(n)
requin(m)	squalo(m)	rechin(m)
refroidir	raffreddarsi	se răci
refroidi	raffreddato	răcit
se réveiller	svegliarsi	se deştepta
se décolorer	scolorirsi	se decolora
Adieu!	Addio!	La revedere!
plat(m)	piatto(m)	farfurie(f)
rude	ruvido	aspru
salade(f)	insalata(f)	salată(f)
exposer	esporre	expune
encore	più	mai
en outre	anche	încă
salaire(m)	salario(m)	salariu(n)
singe(m)	scimmia(f)	maimuţă(f)

REVIDERE「再び見る」の名詞化 【皿(大きな)】PLATTUS[＜ギplatýs 平たい]皿 新ギfarfuri「磁器」から派生 【ざらざらした】ASPER 粗い RUDIS 粗野な 【サラダ】(IN-[動詞を作る接頭辞])＋SAL(m)塩→動詞化の過去分詞から派生 【晒す】EXPONERE 外に置く 【更に】MAGIS 更に HINC＋AD＋HORAM ここからその時まで PLUS より多く 【更に(その上)】INDE そこから MAGIS 更に ADHUC 今まで IN ～に ULTRA 遥か彼方に UNQUAM かつて 【サラリー】SAL(m)「塩」から派生 【猿】ポルトガル語・スペイン語は語源不詳 SIMUS(m) 猿 SIMIA(f) 猿 トルコ maynun「猿」から派生

日本語	ポルトガル語	スペイン語
去る	ir-se embora	irse
去る(過ぎ去る)	passar	pasar
騒がしい	ruidoso	ruidoso
騒ぎ	barulho(m)	barullo(m)
騒ぐ(楽しんで)	fazer barulho	armar un barullo
ざわめき	murmurinho(m)	murmullo(m)
ざわめく	murmurejar	murmullar
触る	tocar	tocar
三	três	tres
参加	participação(f)	participación(f)
酸化	oxidação(f)	oxidación(f)
参加する	participar de	participar en
酸化する	oxidar-se	oxidarse
三角形	triângulo(m)	triángulo(m)
三月	março(m)	marzo(m)
産業	indústria(f)	industria(f)

【去る】IRE 行く SE[再帰代名詞] IN BONAM HORAM 良いときに INDE そこから AMBULARE 漫歩する VIA(f) 道路 DUCERE 導く 【去る(過ぎ去る)】PASSUS「歩み」から派生 TRAJICERE 渡る 【騒がしい】RUGITUS(m)「吠えること」から派生 RUMOR(m)「騒音」から派生 セルビア grōmōt「轟き」から派生 【騒ぎ】ポルトガル語・ルーマニア語の語源は不詳 RUGITUS(m) 吠えること RUMOR(m) 騒音 【騒ぐ(楽しんで)】FACERE する ポルトガル語のbarulhoの語源は不詳 UNUS 一つの ILLE あの FESTUM(n)「祝祭日」の複数形から派生 RUMOR(m) 騒音 TRAJICERE「渡る」から派生 【ざわめき】MURMUR(n)[＜擬声音]つぶやき

フランス語	イタリア語	ルーマニア語
s'en aller	andare via	se duce
passer	passare	trece
bruyant	rumoroso	zgomotos
bruit(m)	rumore(m)	zarvă(f)
faire la fête	fare rumore	petrece
murmure(m)	mormorio(m)	murmur(n)
murmurer	mormorare	murmura
toucher	toccare	atinge
trois	tre	trei
participation(f)	partecipazione(f)	participare(f)
oxydation(f)	ossidazione(f)	oxidaţie(f)
participer à	partecipare a	participa la
s'oxyder	ossidare	se oxida
triangle(m)	triangolo(m)	trianglu(n)
mars(m)	marzo(m)	martie(m)
industrie(f)	industria(f)	industrie(f)

【ざわめく】MURMURARE[＜擬声音]つぶやく 【触る】俗ラ*toccare[＜tokk- 擬声音] 触る ATTINGERE 触る 【三】TRES 三 【参加】PARTICIPATIO(f) 参加 PARTICIPARE「参加させる」から派生 【酸化】OXYDATIO(f)[＜ギoxús「酸っぱい」からの造語]酸化 【参加する】PARTICIPARE 参加させる IN ～の中に ILLAC そこに 【酸化する】ギoxús「酸っぱい」からの造語[フランス人化学者Lavoisier(1777年)による] SE[再帰代名詞] 【三角形】TRIANGULUM(n) 三角形 【三月】MARTIUS(m) 三月 【産業】INDUSTRIA(f)「勤勉」から派生

日本語	ポルトガル語	スペイン語
残業	horas(f) extras	horas(f) extras
サングラス	óculos(m) de sol	gafas(f) de sol
懺悔	confesso(m)	confesión(f)
サンゴ	coral(m)	coral(m)
残酷な	cruel	cruel
参照する	consultar	consultar
三十	trinta	treinta
賛成	aprovação(f)	aprobación(f)
賛成する	aprovar	aprobar
酸素	oxigênio(m)	oxígeno(m)
サンドイッチ	sanduíche(m)	bocadillo(m)
残念だ	Sinto muito.	Siento mucho.
桟橋	molhe(m)	muelle(m)
散髪する	cortar o cabelo	cortarse el pelo

【残業】HORA(f) 時間　EXTRA 外で　SUPPLEMENTUM(n)「補充」から派生　EXTRAORDINARIUS 特別の　【サングラス】OCULUS(m) 目　DE ～の　SOL(m) 太陽　古カタルーニア gafa 留め金のついた道具　LUNA(f) 月＋縮小辞　【懺悔】CONFESSIO(f) 自白　【サンゴ】CORALLIUM(n) サンゴ　【残酷な】CRUDELIS 残酷な　【参照する】CONSULTARE 相談する　REFERRE 関係づける　SE[再帰代名詞]　FRONS(f)「額」から派生　【三十】TRIGINTA 三十　TRES 三＋DECEM 十　【賛成】APPROBATIO(f) 賛同　COR(n)「心」から派生　【賛成する】APPROBARE 賛同する　【酸素】OXYGENIUM(n)[＜ギ oxús 酸っぱい＋genos 発生→造語]酸素　【サンドイッチ】Sandwich 英国の

— 304 —

フランス語	イタリア語	ルーマニア語
heures(f) supplémentaires	straordinario(m)	ore(f) suplimentare
lunettes(f) de soleil	occhiali(m) da sole	ochelari(m) de soare
confession(f)	confessione(f)	confesiune(f)
corail(m)	corallo(m)	coral(m)
cruel	crudele	crud
se référer	confrontare	consulta
trente	trenta	treizeci
approbation(f)	approvazione(f)	aprobare(f)
approuver	approvare	aproba
oxygène(m)	ossigeno(m)	oxigen(n)
sandwich(m)	tramezzino(m)	sandviş(n)
C'est dommage.	Mi dispiace.	Îmi pare rău.
quai(m)	molo(m)	chei(n)
couper les cheveux	tagliare i capelli	tunde

考案者の名前　BUCCA(f)「口」から派生　MEDIUS「半分の」から派生　INTERMEDIUS「中間の」からの造語　【残念だ】SENTIRE 感じる　MULTUM 多く　ECCE 見よ＋HOC これを　EST ～である　DAMNUM(n) 損害　MIHI 私に　DIS-「否定」を表す接頭辞＋PLACERE 気に入らせる　【桟橋】新ギ môlos 波止場　古ノルマンディー方言*caio 波止場　【散髪する】CURTARE 短くする　SE［再帰代名詞］　ILLE あの　PILUS(m) 毛髪　COLAPHUS(m)「拳打」から派生　FARE する　CAPILLUS(m) 頭髪　TONDERE 切る

日本語	ポルトガル語	スペイン語
賛美歌	hino(m)	himno(m)
産物	produto(m)	producto(m)
散文	prosa(f)	prosa(f)
散文的な	prosaico	prosaico
散歩	passeio(m)	paseo(m)
散歩する	passear	pasear
酸味	acidez(f)	acidez(f)
酸味のある	ácido	ácido
山脈	serra(f)	sierra(f)
参列	assistência(f)	asistencia(f)
参列する	assistir	asistir

—し—

市	cidade(f)	ciudad(f)
死	morte(f)	muerte(f)

【賛美歌】HYMNUS(m) 賛美歌 【産物】PRODUCERE「生む」の完了分詞 PRODUCTUSから派生 【散文】PROSA(f) 散文 【散文的な】PROSAICUS 散文の 【散歩】PASSUS(m)「歩み」から派生 PRO 前の方へ+MINARI 脅す →名詞化 PERAMBULARE「歩き回る」から派生 【散歩する】PASSUS(m)「歩み」から派生 PRO 前の方へ+MINARI 脅す FARE する DUO 二つ 【酸味】ACIDUS「酸っぱい」の名詞化 【酸味のある】ACIDUS 酸っぱい 【山脈】SERRA(f) ノコギリ CATENA(f) 鎖 DE 〜の MONTANA(n) 山地 MASSA(f)「塊」から派生 【参列】ASSISTENTIA(f) 出席 【参列する】ASSISTERE 出席する 【市】CIVITAS(f) 都市 VILLA(f) 村 ハンガリー

フランス語	イタリア語	ルーマニア語
hymne(f)	inno(m)	imn(n)
produit(m)	prodotto(m)	produs(n)
prose(f)	prosa(f)	prozā(f)
prosaïque	prosaico	prozaic
promenade(f)	passeggiata(f)	plimbare(f)
se promener	passeggiare	plimba
acidité(f)	acidità(f)	aciditate(f)
acide	acido	acid
chaîne(f) de montagnes	catena(f) di montagne	masiv(n)
assistance(f)	assistenza(f)	asistenţă(f)
assister	assistere	asista
ville(f)	città(f)	oraş(n)
mort(f)	morte(f)	moarte(f)

---

város「市」から派生 【死】MORS(f) 死

日本語	ポルトガル語	スペイン語
詩	poesia(f)	poesía(f)
四	quatro	cuatro
字	letra(f)	letra(f)
試合(球技の)	jogo(m)	partido(m)
幸せ	felicidade(f)	felicidad(f)
幸せな	feliz	feliz
シーズン(期間)	estação(f)	estación(f)
シーズン(季節)	estação(f)	estación(f)
シーツ	lençol(m)	sábana(f)
ジーパン	calça(f) jeans	pantalón(m)
		vaquero
子音	consoante(m)	consonante(f)
寺院	templo(m)	templo(m)
自衛	auto-defesa(f)	autodefensa(f)
ジェスチャー	gesto(m)	gesto(m)

【詩】POESIS(f) 詩　【四】QUATTUOR 四　【字】LITTERA(f) 文字　【試合(球技の)】JOCUS(m) 娯楽　PARTIRI「分ける」から派生　【幸せ】FELICITAS(f) 幸福　仏bon[＜BONUS 良い]良い＋heur[＜AUGURIUM 占い]機会　【幸せな】FELIX(f) 幸福な　AUGURIUM「占い」から派生　【シーズン(期間)】STATIO(f) 滞在所　SATIO(f) 種蒔き[の季節]　【シーズン(季節)】SATIO(f) 種蒔き[の季節]　ANUS(m) 年＋TEMPUS(n) 時[Jahreszeitからの翻案]　【シーツ】LINTEOLUM(n)「布切れ」から派生　SABANUM(n)「布」の複数形SABANAから派生　DRAPPUS(m) 布　トルコçarşaf「シーツ」から派生【ジーパン】古イ Pantalone[長ズボンを穿いた道化役の名前]→仏 pantalon　イ

— 308 —

フランス語	イタリア語	ルーマニア語
poésie(f)	poesia(f)	poezie(f)
quatre	quattro	patru
lettre(f)	lettera(f)	literă(f)
partie(f)	partita(f)	partidă(f)
bonheur(m)	felicità(f)	fericire(f)
heureux	felice	fericit
saison(f)	stagione(f)	sezon(n)
saison(f)	stagione(f)	anotimp(n)
drap(m)	lenzuolo(m)	cearşaf(n)
jean(m)	jeans(m)	blugi(m)
consonne(f)	consonante(f)	consoană(f)
temple(m)	tempio(m)	templu(n)
autodéfense(f)	autodifesa(f)	autoapărare(f)
geste(m)	gesto(m)	gest(n)

Genoa[ジーンズ発祥の地] 英語blue-jeans ブルージーンズ 【子音】CONSONANS(f)子音 【寺院】TEMPLUM(n)神殿 【自衛】ギautós「自身の」を表す造語要素 DEFENDERE「防御する」の完了分詞女性形DEFENSAから派生 【ジェスチャー】GESTUS(m)振る舞い

日本語	ポルトガル語	スペイン語
ジェット機	avião(m) a jato	avión(m) jet
塩	sal(m)	sal(f)
萎れる(花が)	murchar	marchitarse
司会者(演芸の)	animador(m)	presentador(m)
市街(街路)	rua(f)	calle(f)
四角(正方形)	quadrado(m)	cuadrado(m)
資格(能力)	qualidade(f)	capacidad(f)
自覚	conciência(f)	conciencia(f)
しかし	mas	pero
四月	abril	abril
時間	tempo(m)	tiempo(m)
指揮する	mandar	mandar
時期	tempo(m)	temporada(f)
時機(好機)	oportunidade(f)	oportunidad(f)
磁器	porcelana(f)	porcelana(f)

【ジェット機】AVIS(f) 鳥＋増大辞 AB 〜で 英語jet[＜JACTARE「噴射する」に由来]噴射 CUM 〜と共に RE-「再び」を表す接頭辞＋ACTIO(f) 行動 【塩】SAL(m) 塩 【萎れる(花が)】MURCIDUS「無感覚な」から派生 フランク*flatjan 押す SE[再帰代名詞] PASSUS「乾いた」から派生 スラブ ohileti「萎れる」から派生 【司会者(演芸の)】ANIMATUS「魂のある」から派生 ス presentar[＜PRAEESSE 先に立つ]「紹介する」から派生 【市街(街路)】CALLIS(m) 小径 RUGA(f) しわ・ひだ STRATA(f) 市街道 【四角(正方形)】QUADRATUS 四角の 【資格(能力)】CAPACITAS(f) 能力 QUALITAS(f) 属性 【自覚】CONSCIENTIA(f) 自覚 【しかし】MAGIS 更に

— 310 —

フランス語	イタリア語	ルーマニア語
jet(m)	aviogetto(m)	avion(n) cu reacție
sel(m)	sale(m)	sare(f)
se flétrir	appassire	se ofili
animateur(m)	presentatore(m)	prezentator(m)
rue(f)	strada(f)	stradă(f)
carré(m)	quadrato(m)	pătrat(n)
qualité(f)	capacità(f)	capacitate(f)
conscience(f)	coscienza(f)	conștiință(f)
mais	però	dar
avril(m)	aprile(m)	aprilie(m)
temps(m)	tempo(m)	timp(n)
commander	comandare	comanda
époque(f)	tempo(m)	epocă(f)
chance(f)	opportunità(f)	oportunitate(f)
porcelaine(f)	porcellana(f)	porțelan(n)

PER HOC このために→しかし ルーマニア語の語源は不詳 【四月】APRILIS(m) 四月 【時間】TEMPUS(n) 時間 【指揮する】MANDARE 指示する 【時期】TEMPUS(n) 「時間」から派生 ギepokhē 停止点 【時機(好機)】OPPORTUNITAS(f) 好機 CADERE「落ちる」から派生 【磁器】PORCELLA(f) 小さな雌豚[たから貝の内側が雌豚の陰門に似ている→たから貝と磁器が似ている]

日本語	ポルトガル語	スペイン語
至急	urgentemente	urgentemente
事業	empresa(f)	empresa(f)
資金	capital(m)	capital(m)
刺激	estímulo(m)	estímulo(m)
刺激する	estimular	estimular
試験(テスト)	exame(m)	examen(m)
試験(性能の)	prova(f)	prueba(f)
資源	recursos(m)	recursos(m)
事件(偶発の)	incidente(m)	incidente(m)
事故	acidente(m)	accidente(m)
時刻	hora(f)	hora(f)
時刻表	horário(m)	horario(m)
地獄	inferno(m)	infierno(m)
仕事(職)	emprego(m)	empleo(m)
仕事(職業)	profissão(f)	profesión(f)
仕事(任務)	tarefa(f)	tarea(f)

【至急】URGENS 駆り立てる　MENS(f)「心」の奪格　DE ～に関して　【事業】PRAEHENDERE 取る→造語　仏entre[＜INTER ～の間で]～の間で+prendre[＜PRAEHENDERE 取る]手で取る→造語　【資金】CAPITARIUM(n) 資本　【刺激】STIMULUS(m) 刺激　STIMULATIO(f) 刺激　【刺激する】STIMULARE 刺激する　【試験(テスト)】EXAMEN(n) 試験　【試験(性能の)】PROBARE「調べる」の名詞化　【資源】RECURSUS(m) 回帰　【事件(偶発の)】INCIDENTIA(f) 出来事　【事故】ACCIDENS(n) 椿事　INCIDENS「偶然の」から派生　【時刻】HORA(f) 時間　【時刻表】HORARIUS「時間の」から派生　【地獄】INFERNUS(m) 地獄　【仕事(職)】IMPLICARE「巻き込む」か

— 312 —

フランス語	イタリア語	ルーマニア語
d'urgence	urgentemente	urgent
entreprise(f)	impresa(f)	întreprindere(f)
capitaux(m)	capitale(m)	capital(n)
stimulation(f)	stimolo(m)	stimulent(n)
stimuler	stimolare	stimula
examen(m)	esame(m)	examen(n)
preuve(f)	prova(f)	probă(f)
ressources(f)	risorse(f)	resursă(f)
incident(m)	incidente(m)	incident(n)
accident(m)	incidente(m)	accident(n)
heure(f)	ora(f)	oră(f)
horaire(m)	orario(m)	orar(n)
enfer(m)	inferno(m)	infern(n)
emploi(m)	impiego(m)	lucrare(f)
profession(f)	professione(f)	profesie(f)
tâche(f)	compito(m)	treabă(f)

ら派生 LUCUBRARE「夜業をする」から派生 【仕事(職業)】PROFESSIO(f) 職業 【仕事(任務)】アラブtariha 任務 TAXARE「査定する」から派生 COMPUTARE「計算する」から派生 スラブtrĕba「仕事」から派生

日本語	ポルトガル語	スペイン語
仕事(労働)	trabalho(m)	trabajo(m)
時差	diferença(f) de hora	diferencia(f) de horas
視察する	inspecionar	inspeccionar
自殺	suicídio(m)	suicidio(m)
自殺する	suicidar-se	suicidarse
支持	apoio(m)	apoyo(m)
支持する	apoiar	apoyar
指示	indicação(f)	indicación(f)
指示する	indicar	indicar
事実	fato(m)	hecho(m)
支社	sucursal(f)	sucursal(f)
自主的な	voluntário	voluntario
市場	mercado(m)	mercado(m)
刺繍	bordado(m)	bordado(m)
支出	despesa(f)	desembolsos(m)

【仕事(労働)】TRES 三 + PALUS(m) 棒　LABORARE「働く」の名詞化　スラブ monka「拷問」から派生　【時差】DIFFERENTIA(f) 差異　DE 〜の　HORA(f) 時間　スラブ osebiti「異なる」から派生　【視察する】INSPICERE 検閲する　【自殺】SUICIDIUM(n) 自殺　【自殺する】SUICIDIUM(n)「自殺」の動詞化　SE [再帰代名詞]　【支持】俗ラ*appodiare [＜AD 〜へ + PODIUM(n) 高台]の名詞化　スラブ süprenženü「集められた」から派生　【支持する】俗ラ*appodiare [＜AD 〜へ + PODIUM(n) 高台]の動詞化　スラブ süprenženü「集められた」から派生　【指示】INDICATIO(f) 知らせ　【指示する】INDICARE 知らせる　【事実】FACTUM(n) 事実　【支社】仏 succursale

— 314 —

フランス語	イタリア語	ルーマニア語
travail(m)	lavoro(m)	muncă(f)
différence(f) d'heures	differenza(f) di ore	deosebire(f) de ore
inspecter	ispezionare	inspecta
suicide(m)	suicidio(m)	sinucidere(f)
se suicider	suicidarsi	se sinucide
appui(m)	appoggio(m)	sprijin(n)
appuyer	appoggiare	sprijini
indication(f)	indicazione(f)	indicaţie(f)
indiquer	indicare	indica
fait(m)	fatto(m)	fapt(n)
succursale(f)	succursale(f)	sucursală(f)
volontaire	volontario	voluntar
marché(m)	mercato(m)	piaţă(f)
broderie(f)	ricamo(m)	broderie(f)
dépense(f)	spese(f)	cheltuială(f)

[＜後ラ succursus 救助]支店　【自主的な】VOLUNTARIUS 自発的な　【市場】MERCATUM(n) 市場　PLATEA(f) 道路　【刺繡】フランク*brozdôn 刺繡　アラブ raqqama 刺繡する　【支出】DISPENDERE「配分する」の完了分詞女性形 DISPENSA から派生　ハンガリー hōlteni「消費する」から派生

日本語	ポルトガル語	スペイン語
事情	circunstância(f)	circunstancia(f)
自信	confiança(f)	confianza(f)
地震	terremoto(m)	terremoto(m)
辞職	demissão(f)	renuncia(f)
私書箱	caixa(f) postal	apartado(m) postal
静かな	tranqüilo	tranquilo
滴	gota(f)	gota(f)
沈む(物体が)	afundar-se	hundirse
静める	acalmar	calmar
姿勢	postura(f)	postura(f)
使節	delegação(f)	delegación(f)
視線	olhada(f)	mirada(f)
自然	natureza(f)	naturaleza(f)
自然の	natural	natural
慈善	beneficiência(f)	beneficiencia(f)

【事情】CIRCUMSTANIA(f) 事情 【自信】CONFIDERE「信用する」の名詞化 FIDUCIA(f) 信用 CREDERE「信じる」の名詞化 【地震】TERRAE(f) 大地の + MOTUS(m)[動き]→地震 ギseismos 地震 CUM ～と共に + TREMULUS 震えている→地震 【辞職】DEMISSIO(f) 降下 RENUNTIATIO(f)「放棄」から派生 RENUNTIARE「放棄する」から派生 【私書箱】CAPSA(f) 箱 + 縮小辞 イpostale[＜PONERE「置く」の完了分詞女性形POSITAから派生]郵便の PYXIS(f) 箱 CASA(f) 小屋 + 縮小辞 【静かな】TRANQUILLUS 平穏な LENIS 平静な 【滴】GUTTA(f) 滴 pik-[擬声音]から派生 【沈む(物体が)】FUNDERE 地上に倒す SE[再帰代名詞] PLUMBUM(n)「鉛」から派生

フランス語	イタリア語	ルーマニア語
circonstances(f)	circostanze(f)	circumstanță(f)
confiance(f)	fiducia(f)	încredere(f)
séisme(m)	terremoto(m)	cutremur(n)
démission(f)	dimissioni(f)	renunțare(f)
boîte(f) postale	casella(f) postale	căsuță(f) poştală
tranquille	tranquillo	liniştit
goutte(f)	goccia(f)	picătură(f)
se plonger	affondare	se scufunda
calmer	calmare	calma
posture(f)	positura(f)	postură(f)
délégation(f)	delegazione(f)	delegat(m)
regard(m)	sguardo(m)	privire(f)
nature(f)	natura(f)	natură(f)
naturel	naturale	natural
bienfaisance(f)	beneficenza(f)	binefacere(f)

CUM 〜と共に + FUNDARE 固定させる 【静める】CAUMA「熱」から派生 【姿勢】POSITURA(f) 位置 【使節】DELEGATIO(f) 派遣 【視線】俗ラ *oculare 見る　MIRARI「驚く」から派生　MIRARI 驚嘆する　ゲ wardōn「見張る」から派生　ルーマニア語は語源不詳 【自然】NATURA(f)「自然」から派生 【自然の】NATURALIS 自然の 【慈善】BENEFICENTIA(f) 慈善 BENE 良く + FACERE する→名詞化

日本語	ポルトガル語	スペイン語
思想(イデオロギー)	ideologia(f)	ideología(f)
子孫	descendente(m)	descendiente(m)
自尊心	dignidade(f)	dignidad(f)
舌	língua(f)	lengua(f)
下(〜の下に)	em baixo de	debajo de
死体	cadáver(m)	cadáver(m)
事態	situação(f)	situación(f)
時代	época(f)	época(f)
従う	seguir	seguir
下着	roupa(f) íntima	ropa(f) interior
支度する	preparar	preparar
親しい	íntimo	íntimo
七	sete	siete
自治	autonomia(f)	autonomía(f)
七月	julho(m)	julio(m)

【思想(イデオロギー)】IDEOLOGIA(f) 観念論　【子孫】DESCENDERE「降りていく」の現在分詞DESCENDENSから派生　【自尊心】DIGNITAS(f) 威厳　【舌】LINGUA(f) 言語　【下(〜の下に)】IN 〜に　俗ラ*bassus 太くて低いDE 〜の　SUBTUS 下に　【死体】CADAVER(n) 死体　【事態】SITUS(m)「場所」から派生　【時代】ギepokhē 時代　【従う】SEQUI 服従する　【下着】ゲ*raupa 略奪品　INTIMUS 最も奥の　INTERIOR 内部の　LINEUS 亜麻のゲ*blank「白い」から派生　INTIMUS もっとも内部の　スラブruho「下着」から派生　【支度する】PRAEPARARE 準備する　【親しい】INTIMUS 一番内部の　【七】SEPTEM 七　【自治】AUTONOMIA(f) 自治　【七月】JULIUS

フランス語	イタリア語	ルーマニア語
idéologie(f)	ideologia(f)	ideologie(f)
descendent(m)	discendente(m)	descendent(m)
dignité(f)	dignità(f)	demnitate(f)
langue(f)	lingua(f)	limbă(f)
sous	sotto	sub
cadavre(m)	cadavere(m)	cadavru(n)
situation(f)	situazione(f)	situaţie(f)
époque(f)	epoca(f)	epocă(f)
suivre	seguire	urma
linge(m)	biancheria(f) intima	rufă(f)
préparer	preparare	prepara
intime	intimo	intim
sept	sette	şapte
autonomie(f)	autonomia(f)	autonomie(f)
juillet(m)	luglio(m)	iulie(m)

(CAESAR) ユリウス(カエサル)

日本語	ポルトガル語	スペイン語
七面鳥	perú(m)	pavo(m)
しっかりした	firme	firme
失業	desemprego(m)	desempleo(m)
実業家	empresário(m)	empresario(m)
湿気	umidade(f)	humedad(f)
しつけ	educação(f)	educación(f)
実験	experiência(f)	experimento(m)
実験する	experimentar	experimentar
しつこい(食べ物が)	pesado	pesado
実行	prática(f)	práctica(f)
実施	realização(f)	realización(f)
実施する	realizar	realizar
嫉妬	ciúme(m)	envidia(f)
嫉妬する	ciumar	envidiar
失敗	fracasso(m)	fracaso(m)
失望	desilusão(f)	desilusión(f)

【七面鳥】ス Perú[国名] PAVUS(m) 雄の孔雀 仏 d'Inde[西インド諸島で発見されたことから] ブルガリア kurka「鶏」から派生 【しっかりした】FIRMUS 確固たる 【失業】DIS-「否定」を表す接頭辞＋IMPLICARE「巻き込む」から派生 CAUMA(f) 熱 【実業家】INDUSTRIA(f)「勤勉」から派生 【湿気】UMIDITAS(f) 湿気 【しつけ】EDUCATIO(f) 教育 【実験】EXPERIMENTUM(n) 実験 【実験する】EXPERIMENTUM(n)「実験」の動詞化 【しつこい(食べ物が)】PENSARE「重さを測る」の完了分詞から派生 CRASSUS 濃い 【実行】ギ praktikē「活発な」から派生 【実施】ポ・ス realizar[＜REALIS 事実の]「実施する」の名詞化 EXSECTIO(f) 遂行 【実

フランス語	イタリア語	ルーマニア語
dindon(m)	tacchino(m)	curcan(m)
ferme	fermo	ferm
chômage(m)	disoccupazione(f)	şomaj(n)
industriel(m)	imprenditore(m)	industriaş(m)
humidité(f)	umidità(f)	umiditate(f)
éducation(f)	educazione(f)	educaţie(f)
expérience(f)	esperimento(m)	experiment(n)
expérimenter	sperimentare	experimenta
gras	pesante	gras
pratique(f)	pratica(f)	practică(f)
exécution(f)	esecuzione(f)	realizare(f)
exécuter	eseguire	realiza
envie(f)	invidia(f)	invidie(f)
envier	invidiare	invidia
échec(m)	fallimento(m)	eşec(n)
déception(f)	delusione(f)	deziluzie(f)

施する】REALIS「事実の」の動詞化 EXSEQUI 遂行する 【嫉妬】ZELUS(m)「嫉妬」から派生 INVIDIA(f) 嫉妬 【嫉妬する】ZELUS(m)「嫉妬」から派生 INVIDERE 嫉妬する 【失敗】イ fracassare「粉々に砕く」から借用 ペルシア shâh 王 FALLIRE「失敗する」+ -MENTUM[名詞を作る語尾] 【失望】DIS-「否定」を表す接頭辞 + ILLUSIO(f) 錯覚 DECEPTIO(f) 欺瞞

日本語	ポルトガル語	スペイン語
失望する	desiludir-se	desilusionarse
質問	pergunta(f)	pregunta(f)
質問する	perguntar	preguntar
実用的な	prático	práctico
失礼な	descortés	descortés
指摘する	indicar	indicar
私的な	privado	privado
視点	ponto(m) de vista	punto(m) de vista
支店	sucursal(f)	sucursal(f)
辞典	dicionário(m)	diccionario(m)
自転車	bicicleta(f)	bicicleta(f)
指導	direção(f)	dirección(f)
指導する	dirigir	dirigir
自動的	automático	automático
自動車	automóvel(m)	automóvil(m)

【失望する】DIS-「否定」を表す接頭辞 + ILLUSIO 錯覚→動詞化　STARE 立っている　DECIPERE「欺く」の完了分詞DECEPTUSから派生　COR(n)「心」から派生　【質問】PERCONTARI「尋ねる」の名詞化　QUAESTIO(f) 審問　DEMANDARE「委ねる」の名詞化　INTERROGARE「尋ねる」の名詞化　【質問する】PERCONTARI 尋ねる　QUAESTIO(f)「審問」の動詞化　DEMANDARE 委ねる　INTERROGARE 尋ねる　【実用的な】PRACTICUS 実際の　【失礼な】DIS-「否定」を表す接頭辞 + COHORS(f) 囲い場→形容詞化　IN-「否定」を表す接頭辞 + POLITUS 磨かれた　スラブne-「否定」を表す接頭辞 + POLITUS 磨かれた　【指摘する】INDICARE 知らせる　【私的な】

— 322 —

フランス語	イタリア語	ルーマニア語
être déçu	scoraggiarsi	se deziluziona
question(f)	domanda(f)	întrebare(f)
questionner	domandare	întreba
pratique	pratico	practic
impoli	scortese	nepoliticos
indiquer	indicare	indica
privé	privato	privat
point(m) de vue	punto(m) di vista	punct(n) de vedere
succursale(f)	succursale(f)	sucursală(f)
dictionnaire(m)	dizionario(m)	dicţionar(n)
bicyclette(f)	bicicletta(f)	bicicletă(f)
direction(f)	guida(f)	direcţie(f)
diriger	guidare	dirija
automatique	automatico	automatic
voiture(f)	macchina(f)	automobil(n)

PRIVATUS 私的な 【視点】PUNCTUS(m) 点 DE ～の VISUS(m)「見ること」から派生 VIDERE「見る」の名詞化 【支店】仏 succursale 支店[←後ラ succursus 救助]から借用 【辞典】後ラ DICTIONARIUM[←DICERE 言う]から派生 【自転車】仏 bicyclette←英 bicycle 自転車[BI- 二 + ギ kýklos 輪]自転車 【指導】DIRECTIO(f) 指導 ゲ*wītan「世話をする」から派生 【指導する】DIRIGERE 整える ゲ*wītan 世話をする 【自動的】ギ autómatos 自分で動く 【自動車】AUTOMOBILIS(n) 自分で動くもの[→自動車] VECTURA(f) 運送

日本語	ポルトガル語	スペイン語
死ぬ	morrer	morir
支配	domínio(m)	dominación(f)
支配する	dominar	dominar
芝居	teatro(m)	teatro(m)
自白する	confessar	confesar
しばしば	freqüentemente	frecuentemente
自発的	espontâneo	espontáneo
支払い	pagamento(m)	pago(m)
縛る	atar	atar
痺れる	ficar dormente	entumecerse
ジプシー	cigano	gitano
自分で	por si mesmo	por sí mismo
紙幣	nota(f)	billete(m)
脂肪	gordura(f)	gordura(f)
資本	capital(m)	capital(m)

【死ぬ】MORI 死ぬ 【支配】DOMINIUM(n) 支配 DOMINATIO(f) 支配 【支配する】DOMINARI 支配する 【芝居】THEATRUM(n) 劇場 【自白する】CONFITERI 自白する ADVOCARE 告白する スラブmarturisati「告白する」から派生 【しばしば】FREQUENS 度重なる MENS(f)「心」の奪格 SUBINDE しばしば SPISSUS 頻繁な 【自発的】SPONTANEUS 自発的な 【支払い】PACARE「静める」の名詞化 スラブplata「支払い」から派生 【縛る】APTARE 適用させる LIGARE 結ぶ 【痺れる】FIXUS「不動の」から派生 DORMIRE「眠る」の現在分詞DORMIENSから派生 SE[再帰代名詞] IN-[動詞を作る接頭辞] + GURDUS(m) のろま→動詞化 IN-[動詞を作る

— 324 —

フランス語	イタリア語	ルーマニア語
mourir	morire	muri
domination(f)	dominazione(f)	dominaţie(f)
dominer	dominare	domina
théâtre(m)	teatro(m)	teatru(n)
avouer	confessare	mărturisi
souvent	spesso	frecvent
spontan	spontaneo	spontan
paiement(m)	pagamento(m)	plată(f)
lier	legare	lega
s'engourdir	intorpidirsi	amorţi
tzigane(m)	zingaro(m)	ţigan(m)
par soi-même	di se stesso	singur
billet(m)	banconota(f)	bancnotă(f)
graisse(f)	grasso(m)	grăsime(f)
capital(m)	capitale(m)	capital(n)

接頭辞]+TURPIS 醜い→動詞化　AD ～へ+MORS(f) 死→動詞化　【ジプシー】ギathínganos 異教徒　中スegiptano エジプトの[イベリア半島では，ジプシーはエジプトから来たと思われたことから]　【自分で】PER ～によって SE[再帰代名詞対格] -MET 自己の+IPSIMUS 自身「自身」の強調形　DE ～に関して　ISTE あの+IPSE 自ら　SINGULUS 一人の　【紙幣】NOTA(f) 焼き判　仏billet←後ラbulla 文書+縮小辞　ゲ*bank ベンチ　【脂肪】GURDUS 「愚かな」から派生　CRASSUS「濃い」から派生　【資本】CAPITARIUM(n)「資本」から派生

日本語	ポルトガル語	スペイン語
島	ilha(f)	isla(f)
姉妹	irmãns(f)	hermanas(f)
閉まる	fechar-se	cerrarse
染み	mancha(f)	mancha(f)
地味な	sóbrio	sobrio
市民	cidadão(m)	ciudadano(m)
事務所	escritório(m)	oficina(f)
使命	missão(f)	misión(f)
指名	designação(f)	designación(f)
指名する	designar	designar
示す	mostrar	mostrar
占める	ocupar	ocupar
湿る	umedecer-se	humedecerse
閉める	fechar	cerrar
締める	apertar	apretar
地面	chão(f)	suelo(m)

【島】INSULA(f) 島　【姉妹】GERMANA 姉妹の　SOROR(f) 姉妹　SOROR(f) 姉妹＋縮小辞　【閉まる】SERA(f)「閂」から派生　SE［再帰代名詞対格］FIRMARE 固める　CLUDERE 閉じる　【染み】MACULA(f) 汚点　俗ラ *tacca 印　ルーマニア語の語源は不詳　【地味な】SOBRIUS 節制した　【市民】CIVITAS(f)「市民」から派生　【事務所】OFFICINA(f) 工場　BURRA(f)「毛束」から派生　【使命】MISSIO(f) 使命　【指名】DESIGNATIO(f) 表示　DESIGNARE「表示する」から派生　【指名する】DESIGNARE 表示する　【示す】MONSTRARE 示す　【占める】OCCUPARE 占める　【湿る】HUMIDUS「湿った」の動詞化　SE［再帰代名詞］　MOLLIS「柔らかい」の動詞化　【閉め

— 326 —

フランス語	イタリア語	ルーマニア語
île(f)	isola(f)	insulă(f)
sœurs(f)	sorelle(f)	surori(f)
se fermer	chiudersi	se închide
tache(f)	macchia(f)	pată(f)
sobre	sobrio	sobru
citoyen(m)	cittadino(m)	cetăţean(m)
bureau(m)	ufficio(m)	birou(n)
mission(f)	missione(f)	misiune(f)
désignation(f)	designazione(f)	desemnare(f)
désigner	designare	desemna
montrer	mostrare	arăta
occuper	occupare	ocupa
s'humecter	inumidirsi	se muia
fermer	chiudere	încheia
serrer	stringere	strânge
sol(m)	suolo(m)	sol(n)

る】FISTULARE「笛を吹く」から派生　SERA(f)「閂」から派生　FIRMARE 固める　CLAUDERE 閉じる　IN ～に＋CLAVUS(m)「釘」→動詞化　【締める】PECTUS(n)「胸」から派生　SERA(f)「閂」から派生　STRINGERE 触れる　【地面】PLANUM(n)「平地」から派生　SOLUM(n) 床

日本語	ポルトガル語	スペイン語
霜	geada(f)	escarcha(f)
指紋	impressão(f) digital	huella(f) digital
視野	visão(f)	visión(f)
ジャーナリスト	jornalista(mf)	periodista(mf)
ジャーナリズム	jornalismo(m)	periodismo(m)
シャープペンシル	lapiseira(f)	lapicero(m)
社会	sociedade(f)	sociedad(f)
社会的な	social	social
ジャガイモ	batata(f)	patata(f)
しゃがむ	agachar-se	agacharse
蛇口	torneira(f)	grifo(m)
弱点	ponto(m) fraco	punto(m) débil
借家	casa(f) de aluguel	casa(f) de alquiler

【霜】GELARE「凍らせる」から派生　PRUINA(f) 霜　BRUMA(f) 冬　【指紋】IMPRESSIO(f) 痕　DIGITALIS 指の　IMPRIMERE 印をつける　【視野】VISIO(f) 視覚　VIDERE「見る」の完了分詞VISUSから派生　【ジャーナリスト】DIURNUS「日中の」から派生　PERIODICUS「定期的な」からの造語　DIES(mf)「日」から派生　【ジャーナリズム】DIURNUS「日中の」から派生　PERIODICUS「定期的な」からの造語　【シャープペンシル】LAPIS(f)「石」から派生　PORTARE 運ぶ＋古ブルトンmin 嘴　CRETA(f) 白墨　ギautómatos 自動の　【社会】SOCIETAS(f) 共同　【社会的な】SOCIALIS 共同の　【ジャガイモ】タイノpatata サツマイモ　POMUM(n) 果実＋DE ～の＋

— 328 —

フランス語	イタリア語	ルーマニア語
gelée(f)	gelo(m)	brumă(f)
empreintes(f)	impronta(f)	amprantă(f)
digitales	digitale	digitală
vue(f)	vista(f)	viziune(f)
journaliste(mf)	giornalista(mf)	ziarist(m)
journalisme(m)	giornalismo(m)	ziaristică(f)
porte-mine(m)	portamina(m)	creion(n) automat
société(f)	società(f)	societate(f)
social	sociale	social
pomme(f) de terre	patata(f)	cartof(m)
s'accroupir	accovacciarsi	se ghemui
robinet(m)	rubinetto(m)	robinet(n)
point(m) faible	punto(m) debole	punct(n) debil
maison(f) louée	casa(f) in affitto	casă(f) de închiriat

TERRA(f) 土地　独Kartoffel ジャガイモ　【しゃがむ】フランク*kruppa「円い塊」から派生　SE［再帰代名詞］　CAVUS(m)「穴」から派生　GLOMUS(n)「糸玉」から派生　【蛇口】TORNUS(m)「ろくろ」から派生　GRYPUS(m) 鉤鼻の人　仏Robin［羊に付けられたあだ名］【弱点】PUNCTUM(n) 点　FLACCUS 緩んだ　FLEBILIS 哀れな　DEBILIS 弱い　【借家】CASA(f) 小屋　DE 〜の　アラブal-kira 賃貸　MANSIO(f) 住宅　LOCARE「賃貸する」の完了分詞から派生　IN 〜に　後ラafficitus「賃貸」から派生　ブルガリアkirija「借りる」から派生

日本語	ポルトガル語	スペイン語
車庫	garagem(f)	garaje(m)
社交的な	sociável	sociable
写真	fotografia(f)	fotografía(f)
社長	presidente(m)	presidente(m)
シャツ	camisa(f)	camisa(f)
借金	dívida(f)	deuda(f)
シャッター(鎧戸)	taipais(m)	cierre(m) metálico
シャッター(カメラの)	obturador(m)	obturador(m)
しゃべる	falar	hablar
車道	pista(f)	calzada(f)
邪魔する	estorvar	molestar
ジャム	geléia(f)	mermelada(f)
斜面	declive(m)	declive(m)
洒落(冗談)	chiste(m)	chiste(m)

【車庫】仏garaje[＜garer「車庫に入れる」]ガレージ 【社交的な】SOCIABILIS 社交的な 【写真】ギphotós 光＋graphía 描くこと→造語 【社長】PRAESIDENS(m) 管理者 DIRECTOR(m) 指導者 GENERALIS 全体的な 【シャツ】CAMISIA(f)[←ケルト語]シャツ 【借金】DEBITUM(n)「借金」の複数形DEBITAから派生 DEBITIO(f)「負債」から派生 【シャッター(鎧戸)】ポルトガル語・ルーマニア語の語源は不詳 SERA(f) 閂 METALLICUS 金属の ゲ*ridan ねじる FERRUM(n) 鉄 【シャッター(カメラの)】OBTURATORIUS「閉鎖の」からの造語 【しゃべる】FABULARI 喋る PARABOLA(f)「比喩」から派生 ルーマニア語の語源は不詳 【車道】

— 330 —

フランス語	イタリア語	ルーマニア語
garage(m)	garage(m)	garaj(n)
sociable	socievole	sociabil
photographie(f)	fotografia(f)	fotografie(f)
président-directeur(m) général	presidente(mf)	director(m)
chemise(f)	camicia(f)	cămaşă(f)
dette(f)	debito(m)	datorie(f)
rideau(m)	serranda(f)	oblon(n) de fier
obturateur(m)	otturatore(m)	obturator(m)
parler	parlare	vorbi
chaussée(f)	carreggiata(f)	şosea(f)
déranger	ostacolare	molesta
confiture(f)	marmellata(f)	dulceaţă(f)
pente(f)	pendio(m)	coastă(f)
plaisanterie(f)	scherzo(m)	glumă(f)

PISTA(f) 道　CALX(mf)「石灰」から派生　CALCEUS「靴」から派生　CARRUS(m)「荷馬車」から派生　【邪魔する】EXTURBARE 追い出す　MOLESTARE 苦しめる　フランク*hring 輪→動詞化　OBSTACULUM(n) 障害　【ジャム】仏gelée[＜GELARE「凍らせる」の完了分詞女性形]ジャム　MELIMELUM(n) 甘リンゴ　CONFICERE 「作り上げる」完了分詞CONFECTUSから派生　DULCIS「うまい」から派生　【斜面】DECLIVE(n) 斜面　PENDERE「掛ける」から派生　COSTA(f) 肋骨　【洒落(冗談)】ポルトガル語・スペイン語の語源は不詳　PLACERE「気に入る」から派生　ロンバルディア方言 skerzōn「冗談を言う」から派生　スラブglumū「鉄面皮」から派生

— 331 —

日本語	ポルトガル語	スペイン語
シャワー	chuveiro(m)	ducha(f)
シャンプー	xampu(m)	champú(m)
シャンパン	champanha(f)	champán(m)
週	semana(f)	semana(f)
十	dez	diez
自由	liberdade(f)	libertad(f)
自由な	livre	libre
周囲	perímetro(m)	contorno(m)
十一月	novembro(m)	noviembre(m)
集会	reunião(f)	reunión(f)
収穫	colheita(f)	cosecha(f)
十月	outubro(m)	octubre(m)
習慣	costume(m)	costumbre(f)
週刊誌	semanário(m)	semanario(m)
周期	período(m)	período(m)
住居	residência(f)	residencia(f)

【シャワー】PLUVIA(f)「雨」から派生 DUCERE「導く」からの造語 【シャンプー】英語shampoo[<]シャンプー 【シャンパン】仏Champagne[シャンパンの産地の名前] 【週】SEPTIMANA(f) 一週間 【十】DECEM 十 【自由】LIBERTAS(f) 自由 【自由な】LIBER 自由な 【周囲】PERIMETROS(f) 周囲 CUM ~と共に TORNARE「丸くする」から派生 【十一月】NOVEMBER(m) 九月[後に「十一月」] 【集会】RE-「強調」を表す接頭辞＋UNIO(f) 結合 【収穫】COLLIGERE「集める」に由来 RECOLLIGERE「再び集める」に由来 【十月】OCTOBER(m) 八月[後に「十月」] 【習慣】CONSUETUDO(f) 習慣 ブルガリアobičaj「教える」から派生 【週刊誌】

フランス語	イタリア語	ルーマニア語
douche(f)	doccia(f)	duş(n)
shampoing(m)	shampoo(m)	şampon(n)
champagne(m)	champagne(m)	şampanie(f)
semaine(f)	settimana(f)	săptămână(f)
dix	dieci	zece
liberté(f)	libertà(f)	libertate(f)
libre	libero	liber
tour(m)	contorno(m)	contur(n)
novembre(m)	novembre(m)	noiembrie(m)
réunion(f)	riunione(f)	reunione(f)
récolte(f)	raccolta(f)	recoltă(f)
octobre(m)	ottobre(m)	octombrie(m)
coutume(f)	costume(m)	obicei(n)
journal(m)	settimanale(f)	săptămânal(n)
période(f)	periodo(m)	perioadă(f)
domicile(m)	residenza(f)	reşedinţă(f)

SEPTIMANA(f)「一週間」からの造語　DIURNUS「日中の」から派生　【周期】PERIODUS(f)「周期」【住居】RESIDENTIA(f) 王宮　DOMICILIUM(n) 住居

日本語	ポルトガル語	スペイン語
宗教	religião(f)	religión(f)
従業員	empregado(m)	empleado(m)
十字架	cruz(f)	cruz(f)
従事する	ocupar-se com	ocuparse de
充実した（内容のある）	substancial	sustancioso
収集	coleção(f)	colección(f)
収拾	controle(m)	control(m)
柔順な	obediente	obediente
住所（宛て名）	endereço(m)	dirección(f)
重症	doença(f) grave	enfermedad(f) grave
重傷	ferida(f) grave	herida(f) grave
就職する	colocar-se	colocarse
ジュース	sumo(m)	zumo(m)
就寝する	deitar-se	acostarse

【宗教】RELIGIO(f)「宗教」【従業員】IMPLICARE「包む」から派生 PERSONALIS「個人の」から派生 【十字架】CRUX(f)「十字架」【従事する】OCCUPARE「占める」 SE[再帰代名詞] DE 〜に関して 【充実した（内容のある）】SUBSTANTIA(f)「実質」から派生 NUTRIRE「飼育する」の完了分詞NUTRITUSから派生 【収集】COLLECTIO(f) 収集 【収拾】仏contre[＜CONTRA 〜に反して]〜に反して＋róle[＜ROTA(f) 輪]役→造語 フランク*hring「輪」から派生 【柔順な】OBOEDIENS「従順な」AUSCULTARE「傾聴する」から派生 【住所（宛て名）】DIRECTIO(f) 名宛 DIRECTUS「真っ直ぐな」から派生 【重症】DOLENS「苦痛の」から派生

— 334 —

フランス語	イタリア語	ルーマニア語
religion(f)	religione(f)	religie(f)
employé(m)	impiegato(m)	personal(n)
croix(f)	croce(f)	cruce(f)
s'occuper de	occuparsi di	se ocupa de
nourri	sostanzioso	substanţial
collection(f)	collezione(f)	colecţie(f)
arrangement(m)	controllo(m)	control(n)
obéissant	ubbidiente	ascultător
adresse(f)	indirizzo(m)	adresă(f)
cas(m) grave	caso(m) grave	boală(f) grea
blessure(f) grave	ferita(f) grave	rană(f) grea
se placer	collocarsi	obţine un post
jus(m)	succo(m)	suc(n)
se coucher	coricarsi	se culca

GRAVIS 重い　INFIRMUS「弱い」から派生　CASUS(m) 出来事　スラブbolī「痛み」から派生　【重傷】FERITA(f) 打つこと　GRAVIS 重い　フランク*blettjan 傷つける　スラブrana「傷」から派生　【就職する】COLLOCARE 配置する　SE［再帰代名詞］　PLATEA(f)「道路」から派生　UNUS ひとつの　OBTINERE 固持する　PONERE「置く」の完了分詞POSITUSから派生　【ジュース】ギzōmós ジュース　JUS(n) スープ　SUCUS(m) 汁　【就寝する】DEJECTUS「横たわっている」から派生　COSTA(f)「肋骨」から派生　SE［再帰代名詞］　COLLOCARE 置く

— 335 —

日本語	ポルトガル語	スペイン語
修正	correção(f)	corrección(f)
修正する	corrigir	corregir
重大な(重要な)	importante	importante
住宅	habitação(f)	vivienda(f)
集団	grupo(m)	grupo(m)
絨毯	tapete(m)	tapete(m)
集中	concentração(f)	concentración(f)
集中する	concentrar-se	concentrarse
習得する	aprender	aprender
拾得物	objeto(m) achado	objeto(m) hallado
柔軟な	flexível	flexible
十二月	dezembro(m)	diciembre(m)
収入	renda(f)	renta(f)
十分な	suficiente	suficiente
週末	fim(m) de semana	fin(m) de semana

【修正】CORRECTIO(f) 修正 【修正する】CORRIGERE 修正する 【重大な(重要な)】IMPORTARE「導入する」の現在分詞 IMPORTANSから派生 【住宅】HABITATIO(f) 居住 VIVERE「住む」から派生 フランク*laubja 青葉の柵 ハンガリーlakni「住む」から派生 【集団】イgruppo[←ゲ*kruppaz 丸いもの]集団 【絨毯】TAPETE(n)「敷物」 スラブkovior「絨毯」から派生 【集中】CUM ～と共に + CENTRUM(n) 中心→動詞化→名詞化 【集中する】CUM ～と共に + CENTRUM(n) 中心→動詞化 SE[再帰代名詞] 【習得する】APPREHENDERE「掴む」 VITIUM(N)「欠点」から派生 【拾得物】OBJECTUS(m)「対置」 AFFLARE「息を吹きかける→発見する」から派生し

フランス語	イタリア語	ルーマニア語
correction(f)	correzione(f)	corecţie(f)
corriger	correggere	corecta
important	importante	important
logement(m)	abitazione(f)	locuinţă(f)
groupe(m)	gruppo(m)	grup(n)
tapis(m)	tappeto(m)	covor(n)
concentration(f)	concentrazione(f)	concentrare(f)
se concentrer	concentrare	se concentra
apprendre	apprendere	învăţa
objet(m) trouvé	oggeto(m) trovato	obiect(n) aflat
flexible	flessibile	flexibil
décembre(m)	dicembre(m)	decembrie(m)
revenu(m)	reddito(m)	venit(n)
suffisant	sufficiente	suficient
week-end(m)	fine settimana(m)	sfârşit(n) de săptămână

た動詞の過去分詞TROPUS(m)「比喩」から派生した動詞の過去分詞 【柔軟な】FLEXIBILIS「柔軟な」【十二月】DECEMBER(m) 十月［後に「十二月」］【収入】REDDERE「返す」の完了分詞中性複数形REDDITAから派生 RE-「再び」を表す接頭辞＋VENIRE 来る 【十分な】SUFFICERE「足りる」の現在分詞SUFFICIENSから派生 【週末】FINIS(mf) 結末 DE ～ の SEPTIMANA(f) 一週間 英語week-end 週末 スラブsūvūršiti「終わる」から派生

日本語	ポルトガル語	スペイン語
住民	habitante(m)	habitante(m)
重要な	importante	importante
修理	reparação(f)	reparación(f)
修理する	reparar	reparar
主観的な	subjetivo	subjetivo
主義	princípio(m)	principio(m)
授業	classe(f)	clase(f)
熟語	locução(f)	locución(f)
祝日	dia(m) de festa	día(m) de fiesta
縮小する	reduzir	reducir
熟す	amadurecer	madurarse
熟睡する	dormir como una pedra	dormir como un tronco
宿泊	hospedagem(f)	hospedaje(m)
熟練	destreza(f)	destreza(f)
受験する	prestar exame	hacer un examen

【住民】HABITARE「住む」の現在分詞HABITANSから派生 ハンガリーlakni「住む」から派生 【重要な】IMPORTARE「導入する」の現在分詞IMPORTANSから派生 【修理】REPARATIO(f) 修理 【修理する】REPARARE 修理する 【主観的な】SUBJECTIVUS 主観的な 【主義】PRINCIPIUM(n) 源 【授業】CLASSIS(f) 階級 LECTIO(f) 講義 【熟語】LOCUTIO(f) 論議 【祝日】DIES(mf) 日 DE 〜の FESTUM(n)「祝祭日」の複数形FESTAから派生 DIURNUS「日中の」から派生 ANNIVERSARIUM(n) 記念日 【縮小する】REDUCERE 変える 【熟す】MATURUS「熟した」の動詞化 SE[再帰代名詞] COQUERE「煮る」から派生 【熟睡する】DORMIRE 眠る QUOMODO

— 338 —

フランス語	イタリア語	ルーマニア語
habitant(m)	abitante(m)	locuitor(m)
important	importante	important
réparation(f)	riparazione(f)	reparaţie(f)
réparer	riparare	repara
subjectif	soggettivo	subiectiv
principe(m)	principio(m)	principiu(n)
classe(f)	lezione(f)	lecţie(f)
locution(f)	locuzione(f)	locuţiune(f)
jour(m) férié	festa(f)	aniversare(f)
réduire	ridurre	reduce
mûrir	maturare	se coace
dormir à	dormire come	dormi buştean
poings fermés	un ghiro	
hébergement(m)	pernottamento(m)	găzduire(f)
maîtrise(f)	maestria(f)	îndemânare(f)
passer un examen	dare un esame	da examen

どのように？　UNUS 一つの　PETRA(f) 石　TRUNCUS(m) 幹　AB 〜で ILLE あの　PUGNUS(m) 握り拳　FIRMUS 確固たる　GLIS(m) ヤマネズミ　ルーマニア語の副詞は語源不詳　【宿泊】HOSPITARI「泊まる」から派生　フランク*haribergon 軍隊に住居を与える　PERNOX「夜通しの」から派生　ハンガリーgazda「宿屋」から派生　【熟練】DEXTER「器用な」から派生　MAGISTER(m)「指導者」から派生　IN 〜に + DE 〜から + MANUS(f) 手→動詞化　【受験する】PRAESTARE 与える　EXAMEN(n) 試験　FACERE する　UNUS 一つの　PASSUS(m)「歩み」の動詞化　DARE 与える

日本語	ポルトガル語	スペイン語
手工芸品	artesanato(m)	artesanado(m)
手術	operação(f)	operación(f)
手術する	operar	operar
首相	primeiro ministro(m)	primer ministro(m)
主食	alimento(m) básico	alimento(m) principal
主人	dono(m)	amo(m)
主人公	herói(m)	héroe(m)
種族	tribo(m)	tribu(f)
主題	tema(m)	tema(m)
手段	meio(m)	medio(m)
主張	opinião(f)	opinión(f)
主張する	reclamar	reclamar
出産	parto(m)	parto(m)

【手工芸品】ARS(f)「技巧」から派生 ARTICULUS(m) 部分 PRODUCERE「生む」の完了分詞PRODUCTUMから派生 【手術】OPERATIO(f) 仕事 【手術する】OPERARI 仕事をする 【首相】PRIMARIUS 第一の MINISTER(m) 僕 PRIMUS 第一の 【主食】ALIMENTUM(n) 食品 BASIS(f)「基礎」から派生 PRINCIPALIS 主要な 【主人】DOMINUS(m) 主人 MAGISTER(m) 指導者 PATRONUS(m) 保護者 【主人公】HEROS(m) 英雄 【種族】TRIBUS(f) 古代ローマの三つの原部族の一つ 【主題】THEMA(n) 主題 【手段】MEDIUS「中間の」から派生 MEDIANUS 中央の MEDIUS 中間の + LOCUS(m) 場所 【主張】OPINIO(f) 意見 【主張する】RECLAMARE 抗議す

フランス語	イタリア語	ルーマニア語
article(m)	artigianato(m)	artizanat(n)
artisanal		
opération(f)	operazione(f)	operaţie(f)
opérer	operare	opera
premier	primo	prim
ministre(m)	ministro(m)	ministru(m)
aliment(m)	alimento(m)	aliment(n)
principal	principale	principal
maître(m)	padrone(m)	domn(m)
héros(m)	eroe(m)	erou(m)
tribu(f)	tribù(f)	trib(n)
thème(m)	tema(m)	temă(f)
moyen(m)	mezzo(m)	mijloc(n)
opinion(f)	opinione(f)	opinie(f)
réclamer	reclamare	reclama
accouchement(m)	parto(m)	naştere(f)

る 【出産】PARTUS(m) 出産　COLLOCARE「置く」から派生　NASCI 生まれる

日本語	ポルトガル語	スペイン語
出身	origem(f)	origen(m)
出生	nascimento(m)	nacimiento(m)
出席	assistência(f)	asistencia(f)
出発	partida(f)	partida(f)
出発する	partir	partir
出版	publicação(f)	publicación(f)
出版する	publicar	publicar
出版社	editora(f)	editorial(f)
首都	capital(f)	capital(f)
主任	chefe(m)	jefe(m)
主婦	dona(f) de casa	ama(f) de casa
趣味	gosto(m)	gusto(m)
主役(事件の)	protagonista(mf)	protagonista(mf)
需要	demanda(f)	demanda(f)

【出身】ORIGO(f) 由来 【出生】NASCI「生まれる」から派生した動詞の名詞化 【出席】ASSISTENTIA(f) 出席 PRAESENTIA(f) 出席 【出発】PARTIRI「分ける」から派生 DE ～から + PARTIRI 分ける PLICARE 畳む 【出発する】PARTIRI 分ける PLICARE 畳む 【出版】PUBLICATIO(f) 公表 【出版する】PUBLICARE 公表する 【出版社】EDITOR(m)「出版者」から派生 CASA(f) 小屋 MANSIO(f) 住宅 DE ～の EDITIO(f) 出版 【首都】CAPITALIS 主要な 【主任】CAPUT(n) 頭 【主婦】DOMINA(f) 女主人 DE ～の CASA(f) 小屋 MAGISTRA(f) 女性指導者 MANSIO(f) 住宅 PATRONA(f) 保護する女 ルーマニア語の語源は不詳 【趣味】GUSTUS(m)

— 342 —

フランス語	イタリア語	ルーマニア語
origine(f)	origine(f)	origine(f)
naissance(f)	nascita(f)	naştere(f)
présence(f)	presenza(f)	prezenţă(f)
départ(m)	partenza(f)	plecare(f)
partir	partire	pleca
publication(f)	pubblicazione(f)	publicare(f)
publier	pubblicare	publica
maison(f) d'édition	casa(f) editrice	editură(f)
capitale(f)	capitale(f)	capitală(f)
chef(m)	capo(m)	şef(m)
maîtresse(f) de maison	casaligna(f)	stăpână(f)
goût(m)	gusto(m)	gust(n)
protagoniste(mf)	protagonista(mf)	protagonist(m)
demande(f)	domanda(f)	cerere(f)

味わうこと 【主役(事件の)】ギprōtagōnistēs 主役 【需要】DEMANDARE「委ねる」の名詞化 QUAERERE「求める」の名詞化

日本語	ポルトガル語	スペイン語
種類	espécie(f)	especie(f)
受話器	auscultador(m)	auricular(m)
瞬間	momento(m)	momento(m)
順序	ordem(f)	orden(m)
純潔	pureza(f)	pureza(f)
純粋な	puro	puro
準備	preparação(f)	preparación(f)
準備する	preparar	preparar
巡礼	peregrinação(f)	peregrinación(f)
使用する	usar	usar
章	capítulo(m)	capítulo(m)
賞	prêmio(m)	premio(m)
ショー	espectáculo(m)	espectáculo(m)
ショーウインドー	vitrina(f)	vitrina(f)
消化	digestão(f)	digestión(f)
消化する	digerir	digerir

【種類】SPECIES(f) 種 【受話器】AURICULA(f)「耳」から派生 RECEPTOR(m) 受け取るもの 【瞬間】MOMENTUM(n) 瞬間 【順序】ORDO(m) 順序 【純潔】PURITAS(f) 純潔 【純粋な】PURUS 純粋な 【準備】PRAEPARATIO(f) 準備 ルーマニア語は語源不詳 【準備する】PRAEPARARE 準備する ルーマニア語は語源不詳 【巡礼】PEREGRINATIO(f) 巡礼 【使用する】USUS(m)「使用」の動詞化 IMPLICARE 包む 新ギ ófelos「役に立つ」から派生 【章】CAPITULUM(n) 小さな頭 [＜CAPUT 頭＋縮小辞] 【賞】PRAEMIUM(n) 報酬 【ショー】SPECTACULUM(n) 舞台 【ショーウインドー】VITRUM(n)「ガラス」からの造語 中オ schaprade 食器戸棚 【消化】DIGESTIO(f) 消化

フランス語	イタリア語	ルーマニア語
espèce(f)	specie(f)	specie(f)
récepteur(m)	ricevotore(m)	receptor(n)
moment(m)	momento(m)	moment(n)
ordre(m)	ordine(m)	ordine(f)
pureté(f)	purezza(f)	puritate(f)
pur	puro	pur
préparation(f)	preparazione(f)	pregătire(f)
préparer	preparare	pregăti
pèlerinage(m)	pellegrinaggio(m)	peregrinare(f)
employer	usare	folosi
chapitre(m)	capitolo(m)	capitol(m)
prix(m)	premio(m)	premiu(n)
spectacle(m)	spettacolo(m)	spectacol(n)
vitrine(f)	vetrina(f)	vitrină(f)
digestion(f)	digestione(f)	digestie(f)
digérer	digerire	digera

【消化する】DIGERERE 分配する

日本語	ポルトガル語	スペイン語
消化器	extintor(m)	extintor(m)
紹介	apresentação(f)	presentación(f)
紹介する	apresentar	presentar
障害	obstáculo(m)	obstáculo(m)
小学校	escola(f) primária	escuela(f) primaria
乗客（飛行機の）	passageiro(m)	pasajero(m)
上級の	superior	superior
商業	comércio(m)	comercio(m)
状況	circunstância(f)	circunstancia(f)
消極的な	passivo	pasivo
条件	condição(f)	condición(f)
証拠	prova(f)	prueba(f)
詳細	detalhe(m)	detalle(m)
詳細な	detalhado	detallado
錠剤	comprimido(m)	comprimido(m)

【消化器】EX(S)TINGUERE「消す」からの造語　STINGUERE「消す」からの造語　【紹介】AD ～へ＋PRAESENTATIO(f) 提示　【紹介する】AD ～へ＋PRAESENTARE 提示する　【障害】OBSTACULUM(n) 障害　【小学校】SCHOLA(f) 学校　PRIMARIUS 第一の　ELEMENTARIUS 初歩の　【乗客（飛行機の）】PASSUS(m)「歩み」から派生した動詞からの造語　【上級の】SUPERIOR 上位の　【商業】COMMERCIUM(n) 商業　【状況】CIRCUMSTANTIA(f) 有り様　【消極的な】PASSIVUS 受け身の　【条件】CONDICIO(f) 条件　【証拠】PROBARE「試す」から派生　スラブdovesti「提出する」から派生　【詳細】DIS-「否定」を表す接頭辞＋TALEA(f)「棒」から

— 346 —

フランス語	イタリア語	ルーマニア語
extincteur(m)	estintore(m)	stingător(n)
présentation(f)	presentazione(f)	prezentare(f)
présenter	presentare	prezenta
obstacle(m)	ostacolo(m)	obstacol(n)
école(f)	scuola(f)	şcoală(f)
primaire	elementare	elementar
passager(m)	passeggero(m)	pasager(m)
supérieur	superiore	superior
commerce(m)	commercio(m)	comerţ(n)
circonstances(f)	circostanze(f)	circumstanţă(f)
passif	passivo	pasiv
condition(f)	condizione(f)	condiţie(f)
preuve(f)	prova(f)	dovadă(f)
détail(m)	dettaglio(m)	detaliu(n)
détaillé	dettagliato	detaliat
comprimé(m)	compressa(f)	pastilă(f)

派生 【詳細な】仏 détailler [＜DIS-「否定」を表す接頭辞＋TALEA(f)「棒」から派生]「詳述する」の過去分詞から派生・借用 【錠剤】COMPRIMERE「圧縮する」からの造語　PASTILLUS(m) 錠剤

日本語	ポルトガル語	スペイン語
称賛する	elogiar	elogiar
正直な	honesto	honrado
常識	senso(m) comum	sentido(m) común
少女	menina(f)	muchacha(f)
少々	um pouco	un poco
昇進	ascensão(f)	ascenso(m)
上手な	hábil	hábil
少数派	minoria(f)	minoría(f)
小説(長編)	romance(m)	novela(f)
消息	notícia(f)	noticia(f)
招待	convite(m)	invitación(f)
招待する	convidar	invitar
状態	estado(m)	estado(m)
承諾する	aceitar	aceptar
上達する	progredir	progresar
象徴	símbolo(m)	símbolo(m)

【称賛する】ELOGIUM(n)「賞賛」の動詞化　LAUDARE 賞賛する　【正直な】HONESTUS 礼儀正しい　HONORATUS 評判の　スラブ čistiti「敬う」から派生　【常識】SENSUS(m) 感覚　COMMUNIS 共通の　BONUS 良い + SENTIRE 感じる→名詞化　【少女】FILIA(f) 娘　俗ラ *pittittus [＜擬声音]小さな　アラブ raqqas 配達夫　FETA(f) 母獣＋縮小辞　【少々】UNUS 一つの　PAUCUS 少ない　ルーマニア語の語源は不詳　【昇進】ASCENSUS(m) 上昇　PROMOTIO(f) 昇進　【上手な】HABILIS 扱いやすい　【少数派】MINOR [PARVUS「少ない」の比較級]から派生　【小説(長編)】NOVUS「新しい」からの造語　ROMANICUS「ローマ風の」からの造語　【消息】NOTITIA(f)

— 348 —

フランス語	イタリア語	ルーマニア語
louer	lodare	lăuda
honnête	onesto	cinstit
sens(m) commun	senso(m) comune	bun-simţ(n)
petite fille(f)	ragazza(f)	fetiţă(f)
un peu	un po'	puţin
promotion(f)	promozione(f)	promoţie(f)
habile	abile	abil
minorité(f)	minoranza(f)	minoritate(f)
roman(m)	romanzo(m)	roman(n)
nouvelles(f)	notizia(f)	ştire(f)
invitation(f)	invito(m)	invitaţie(f)
inviter	invitare	invita
état(m)	stato(m)	stare(f)
accepter	accettare	consimţi
progresser	progredire	progresa
symbole(m)	simbolo(m)	simbol(n)

噂・知識　NOVELLUS 新しい　SCIRE「知る」から派生　【招待】INVITATIO(f) 招待　CONVITIUM(n)「宴会」の影響あり　【招待する】INVITARE 招待する 【状態】STATUS(m) 状態　【承諾する】ACCEPTARE 受け入れる　CUM 〜と共に + SENTIRE 感じる　【上達する】PROGRESSUS(m)「前進」の動詞化 PROGREDI 進歩する　【象徴】SYMBOLUM(n) 象徴

日本語	ポルトガル語	スペイン語
商店	loja(f)	tienda(f)
焦点	foco(m)	foco(m)
消毒する	esterilizar	esterilizar
衝突	choque(m)	choque(m)
衝突する	chocar-se	chocarse
商人	comerciante(m)	comerciante(m)
証人	testimunha(f)	testigo(m)
承認(認可)	aprovação(f)	aprobación(f)
承認する	aprovar	aprobar
情熱	paixão(f)	pasión(f)
少年	menino(m)	muchacho(m)
商売	comércio(m)	comercio(m)
消費	consumo(m)	consumo(m)
消費する	consumir	consumir
商品	artigo(m)	artículo(m)
賞品	prêmio(m)	premio(m)

【商店】仏loge[＜フランク*laubja 青葉の柵]「小屋」に由来　TENDERE「広げる」からの造語　NEGOYIUM(n)「仕事」に由来　アラブmakhzan「倉庫」に由来　【焦点】FOCUS(m) 焦点　【消毒する】STERILIS「無菌の」から派生　DIS-「否定」を表す接頭辞 + INFECTUS 染められた→動詞化　【衝突】フランク*hurt 雄羊　ルーマニア語の語源は不詳　【衝突する】フランク*hurt 雄羊　ルーマニア語の語源は不詳　【商人】COMMERCIUM(n)「商業」から派生　【証人】TESTIS(mf) 証人 × FACERE する　TESTIMONIUM(m) 証言　MARTYR(mf) 証人　【承認(認可)】APPROBATIO(f) 是認　APPROBARE「是認する」の名詞化　【承認する】APPROBARE 是認する　【情熱】PASSIO(f)

— 350 —

フランス語	イタリア語	ルーマニア語
magasin(m)	negozio(m)	magazin(n)
foyer(m)	fuoco(m)	focar(n)
désinfecter	disinfettare	steriliza
heurt(m)	urto(m)	ciocnire(f)
heurter	urtare	se ciocni
commerçant(m)	commerciante(m)	comerciant(m)
témoin(m)	testimone(m)	martor(m)
approbation(f)	approvazione(f)	aprobare(f)
approuver	approvare	aproba
passion(f)	passione(f)	pasiune(f)
garçon(m)	ragazzo(m)	băiat(m)
commerce(m)	commercio(m)	comerț(n)
consommation(f)	consumo(m)	consumare(f)
consommer	consumare	consuma
article(m)	articolo(m)	articol(n)
prix(m)	premio(m)	premiu(n)

激情 【少年】フランク*wrakjo 近侍 アラブraqqas 配達夫 ルーマニア語の語源は不詳 【商売】COMMERCIUM(n) 商業 【消費】CONSUMERE「消費する」から派生 【消費する】CONSUMERE 消費する 【商品】ARTICULUS(m) 部分 【賞品】PRAEMIUM(n) 報酬

日本語	ポルトガル語	スペイン語
上品な	elegante	elegante
丈夫な	forte	fuerte
小便(小児語)	xixi(m)	pipí(m)
譲歩	concessão(f)	concesión(f)
消防士	bombeiro(m)	bombero(m)
情報	informação(f)	información(f)
照明	iluminação(f)	iluminación(f)
証明する	comprovar	probar
消耗	consumição(f)	consumación(f)
消耗する	consumir	consumir
条約	tratado(m)	tratado(m)
将来	futuro(m)	futuro(m)
勝利	vitória(f)	victoria(f)
上陸する	desembarcar	desembarcar
省略	omissão(f)	omisión(f)
省略する	omitir	omitir

【上品な】ELEGANS 優雅な 【丈夫な】FORTIS 強い TALIS このような 【小便(小児語)】俗ラ *pissiare[＜擬声音]おしっこする 【譲歩】CONCESSIO(f) 譲与 【消防士】語源不詳 【情報】INFORMATIO(f) 表現 【照明】ILLUMINATIO(f) 照明 【証明する】PROBARE 試す スラブdovesti「提出する」から派生 【消耗】CONSUMMATIO(f) 消費 【消耗する】CONSUMMERE 消費する 【条約】TRACTARE「処理する」から派生 【将来】FUTURUM(n) 将来 VENIRE「来る」から派生 【勝利】VICTORIA(f) 勝利 【上陸する】DIS-「否定」を表す接頭辞＋IN- 〜に＋BARIS(f) 小舟→動詞化 【省略】OMISSIO(f) 省略 【省略する】OMITTERE 省略する

フランス語	イタリア語	ルーマニア語
élégant	elegante	elegant
fort	forte	tare
pipi(m)	pipì(f)	pipi(n)
concession(f)	concessione(f)	concesie(f)
pompier(m)	pompiere(m)	pompier(m)
informations(f)	informazione(f)	informaţie(f)
illumination(f)	illuminazione(f)	iluminaţie(f)
prouver	provare	dovedi
consommation(f)	consumo(m)	consumare
consommer	consumare	consuma
traité(m)	trattato(m)	tratat(n)
futur(m)	futuro(m)	viitor(n)
victoire(f)	vittoria(f)	victorie(f)
débarquer	sbarcare	debarca
omission(f)	omissione(f)	omisiune(f)
omettre	omettere	omite

日本語	ポルトガル語	スペイン語
奨励する	fomentar	fomentar
女王	rainha(f)	reina(f)
初級の	elementar	elemental
職業	profissão(f)	profesión(f)
食事	refeição(f)	comida(f)
食事する	comer	comer
植物	planta(f)	planta(f)
植民地	colónia(f)	colonia(f)
食物	alimento(m)	alimento(m)
食欲	apetite(m)	apetito(m)
助言	conselho(m)	consejo(m)
助言する	aconselhar	aconsejar
助手	assistente(mf)	ayudante(mf)
処女	virgem(f)	virgen(f)
女性	mulher(f)	mujer(f)
書店	livraria(f)	librería(f)

【奨励する】FOMENTARE 罨法する COR(n)「勇気」から派生 スラブ sūprenženū「集められた」から派生 【女王】REGINA(f) 女王 【初級の】ELEMENTARIUS 初歩の 【職業】PROFESSIO(f) 職業 【食事】REFECTIO(f) 元気回復 COMEDERE「食べ尽くす」から派生した動詞の過去分詞女性形から派生 PASCERE「食う」から派生 PASTUS(m) 食料 MENSA(f)「食卓」から派生 【食事する】COMEDERE 食い尽くす MANDUCARE 食べる 【植物】PLANTA(f) 若芽 【植民地】COLONIA(f) 植民地 【食物】ALIMENTUM(n) 食品 【食欲】APPETITUS(m) 食欲 スラブ pohotěti「貪欲になる」から派生 【助言】CONSILIUM(n) 助言 スラブ sūvētū「助言」から派生 【助言する】

— 354 —

フランス語	イタリア語	ルーマニア語
encourager	incoraggiare	sprijini
reine(f)	regina(f)	regină(f)
élémentaire	elementare	elementar
profession(f)	professione(f)	profesiune(f)
repas(m)	pasto(m)	masă(f)
manger	mangiare	mânca
plante(f)	pianta(f)	plantă(f)
colonie(f)	colonia(f)	colonie(f)
aliment(m)	alimento(m)	aliment(n)
appétit(m)	appetito(m)	poftă(f)
conseil(m)	consiglio(m)	sfat(n)
conseiller	consigliare	sfătui
assistant(m)	assistente(mf)	asistent(m)
vierge(m)	vergine(f)	virgină(f)
femme(f)	donna(f)	femeie(f)
librarie(f)	libreria(f)	librărie(f)

CONSILIUM(n)「助言」の動詞化　スラブsŭvětŭ「助言」から派生　【助手】AD ～へ＋SISTERE 置く→名詞化　SISTEREADJUTARE「助ける」から派生　SISTERE「置く」から派生の現在分詞SISTENSから派生　【処女】VIRGO(f) 乙女　【女性】MULIER(f) 女　FEMINA(f) 女　DOMINA(f) 女主人　【書店】LIBER(m)「本」から派生

日本語	ポルトガル語	スペイン語
ショック	choque(m)	choque(m)
処罰	castigo(m)	castigo(m)
処方箋	receita(f)	receta(f)
所有	posse(f)	posesión(f)
所有する	possuir	poseer
女優	atriz(f)	actriz(f)
書類	documento(m)	documento(m)
知らせ	notícia(f)	noticia(f)
知らせる	comunicar	comunicar
調べる	investigar	investigar
シリーズ	série(f)	serie(f)
市立の	municipal	municipal
私立の	privado	privado
支流	afluente(m)	afluente(m)
資料	documento(m)	documento(m)
視力	vista(f)	vista(f)

【ショック】ゲ˚tchok[＜擬声音]衝突 【処罰】CASTIGARE「罰する」の名詞化 PUNITIO(f) 懲罰 新ギepédepsa「処罰」から派生 【処方箋】RECIPERE「受け取る」の完了分詞女性形RECEPTAから派生 【所有】POSSESSIO(f) 所有 【所有する】POSSIDERE 所有する 【女優】ACTRIX(f) 女優 【書類】DOCUMENTUM(n) 証拠 【知らせ】NOTITIA(f) 評判 ANNUNTIARE「知らせる」の名詞化 【知らせる】COMMUNICARE 伝える ANNUNTIARE 知らせる 【調べる】INVESTIGARE 調べる EXAMINARE 検査する CIRCARE 一回りする 【シリーズ】SERIES(f) 連続 【市立の】MUNICIPALIS 都市の 【私立の】PRIVATUS 私的な 【支流】AFFLUERE

— 356 —

フランス語	イタリア語	ルーマニア語
choc(m)	shock(m)	şoc(n)
punition(f)	punizione(f)	pedeapsă(f)
recette(f)	ricetta(f)	reţetă(f)
possession(f)	possesso(m)	posesiune(f)
posséder	possedere	poseda
actrice(f)	attrice(f)	actriţă(f)
documents(m)	documento(m)	document(n)
annonce(f)	notizia(f)	anunţ(n)
annoncer	comunicare	anunţa
examiner	investigare	cerca
série(f)	serie(f)	serie(f)
municipal	municipale	municipal
privé	privato	privat
affluent(m)	affluente(m)	braţ(n)
documents(m)	documento(m)	document(n)
vue(f)	vista(f)	vedere(f)

「密かに流れる」の現在分詞AFFLUENSから派生　BRACHIUM(n) 腕　【資料】DOCUMENTUM(n) 証拠　【視力】VIDERE「見る」の完了分詞VISUSから派生　VIDERE「見る」の名詞化

日本語	ポルトガル語	スペイン語
知る(知識)	saber	saber
知る(人を)	conhecer	conocer
印	sinal(m)	signo(m)
白い	branco	blanco
素人の	amador(m)	aficionado(m)
しわ(皮膚の)	ruga(f)	arruga(f)
人格	personalidade(f)	personalidad(f)
真の	verdadeiro	verdadero
人為的な	artificial	artificial
進化	evolução(f)	evolución(f)
神経	nervo(m)	nervio(m)
真剣な	sério	serio
信仰	fé(f)	fe(f)
進行	marcha(f)	marcha(f)
信号(合図)	sinal(m)	señal(f)
人口	população(f)	población(f)

【知る(知識)】SAPERE 理解する　SCIRE 知っている　【知る(人を)】COGNOSCERE 知る　【印】SIGNALIS「印になる」から派生　SIGNUM(n) 印　【白い】ゲ*blank 白い　ALBUS 白い　【素人の】AMATOR(m) 好事家　【しわ(皮膚の)】RUGA(f) しわ　ゲ*ridan ねじる　ルーマニア語の語源は不詳　【人格】PERSONALIS「人の」から派生　【真の】VERITAS(f)「真実」から派生　VERUS「真実の」から派生　AD ～へ+DE ～から+VERUM(n) 真実　【人為的な】ARTIFICIALIS 人工の　【進化】EVOLUTIO(f) 本を開くこと　【神経】NERVUS(m) 神経　【真剣な】SERIUS まじめな　【信仰】FIDES(f) 信頼　CREDERE「信じる」から派生　【進行】フランク*markôn 足跡を残す　【信号

フランス語	イタリア語	ルーマニア語
savoir	sapere	şti
connaître	conoscere	cunoaşte
signe(m)	segno(m)	semn(n)
blanc	bianco	alb
amateur(m)	amatore(m)	amator(m)
ride(f)	ruga(f)	creţ(n)
personalité(f)	personalità(f)	personalitate(f)
vrai	vero	adevărat
artificiel	artificiale	artificial
évolution(f)	evoluzione(f)	evoluţie(f)
nerf(m)	nervo(m)	nerv(m)
sérieux	serio	serios
foi(f)	fede(f)	credinţă(f)
marche(f)	marcia(f)	marş(n)
signal(m)	segnale(f)	semnal(n)
population(f)	popolazione(f)	populaţie(f)

(合図)】SIGNALIS「印になる」から派生　SIGNUM(n)「記号」から派生　【人口】POPULATIO(f) 人口

日本語	ポルトガル語	スペイン語
人工の	artificial	artificial
申告する	declarar	declarar
深刻な	grave	grave
新婚の	recém-casado	recién casado
審査する	examinar	examinar
診察する	examinar	examinar
紳士	cavalheiro(m)	caballero(m)
寝室	dormitório(m)	dormitorio(m)
真実	verdade(f)	verdad(f)
真実の	verdadeiro	verdadero
人種	raça(f)	raza(f)
信じる	crer	creer
申請する	solicitar	solicitar
神聖な	sagrado	sagrado
人生	vida(f)	vida(f)
親戚	parente(m)	pariente(mf)

【人工の】ARTIFICIALIS 人工の 【申告する】DECLARARE 明瞭にする 【深刻な】GRAVIS 重要な 【新婚の】RECENS 最近に CASA(f)「小屋」の動詞化→過去分詞 NOVUS 新しい MARITARE「結婚させる」から派生 SPONSARE「婚約する」から派生 UXOR(f)「妻」から派生 【審査する】EXAMINARE 検査する 【診察する】EXAMINARE 検査する 【紳士】CABALLUS(m)「駑馬」からの造語 英語gentleman[＜仏gentihomme「貴族」の部分訳] 【寝室】DORMITORIUM(n) 寝室 CAMERA(f) 丸天井 DE ～から + AB ～から LECTUS(m) 寝台 【真実】VERITAS(f) 真実 AD ～へ + DE ～から + VERUM(n) 真実 【真実の】VERITAS(f)「真実」から派生

フランス語	イタリア語	ルーマニア語
artificiel	artificiale	artificial
déclarer	dichiarare	declara
grave	grave	grav
nouveau marié	nuovo sposato	nou-însurat
examiner	esaminare	examina
examiner	esaminare	examina
gentleman(m)	gentiluomo(m)	cavaler(m)
chambre(f)	camera(f) da letto	dormitor(n)
vérité(f)	verità(f)	adevăr(n)
vrai	vero	adevărat
race(f)	razza(f)	rasă(f)
croire	credere	crede
demander	richiedere	solicita
saint	sacro	sacru
vie(f)	vita(f)	viaţă(f)
parent(m)	parente(mf)	rudă(f)

VERUS「真実の」から派生　AD ～へ＋DE ～から＋VERUS 真実の　【人種】RATIO(f) 部門　【信じる】CREDERE 信じる　【申請する】SOLLICITARE 要求する　DEMANDARE 委ねる　REQUIRERE 要求する　【神聖な】SACRARE「神聖にする」の完了分詞SACRATUSから派生　SANCTUS 神聖な　【人生】VITA(f) 人生　【親戚】PARENS(mf) 父・母　ブルガリアroda「枝」から派生

日本語	ポルトガル語	スペイン語
親切	amabilidade(f)	amabilidad(f)
親切な	amável	amable
新鮮な	fresco	fresco
心臓	coração(m)	corazón(m)
腎臓	rim(m)	riñón(m)
身体	corpo(m)	cuerpo(m)
寝台車	vagão-leito(m)	coche-cama(m)
診断	diagnóstico(m)	diagnóstico(m)
身長	estatura(f)	estatura(f)
慎重な	prudente	prudente
振動	vibração(f)	vibración(f)
人道的な	humanitário	humanitario
侵入する	invadir	invadir
信念	convicção(f)	convicción(f)
心配	preocupação(f)	preocupación(f)

【親切】AMABILITAS(f) 親切　GENTILIS「同種族の」から派生　【親切な】AMABILIS 親切な　GENTILIS 同種族の　【新鮮な】ゲ*friskaz 塩辛くない　ギprósfatos「新鮮な」から派生　【心臓】COR(n)「心臓」(＋増大辞)　ANIMA(f) 魂　【腎臓】RENES(f) 腎臓　【身体】CORPUS(n) 体　【寝台車】英語 wagon 無蓋貨車　LECTUS(m) ベッド　ハンガリーkocsi 馬車　スペイン語 cama の語源は不詳　DORMIRE「眠る」の目的分詞 DORMITUM に由来　【診断】DIAGNOSIS(f)「診断」から派生　【身長】STATUS(m)「姿勢」から派生　【慎重な】PRUDENS 用心深い　【振動】VIBRARE「振動させる」の名詞化　【人道的な】HUMANITAS(f)「人間性」から派生　【侵入する】INVADERE 侵入する　PENETRARE 侵入する

フランス語	イタリア語	ルーマニア語
amabilité(f)	gentilezza(f)	amabilitate(f)
aimable	gentile	amabil
frais	fresco	proaspăt
cœur(m)	cuore(m)	inimă(f)
rein(m)	rene(m)	rinichi(m)
corps(m)	corpo(m)	corp(n)
wagon-lit(m)	vagone-letto(m)	vagon(n) de dormit
diagnostic(m)	diagnosi(f)	diagnostic(n)
stature(f)	statura(f)	statură(f)
prudent	prudente	prudent
vibration(f)	vibrazione(f)	vibraţie(f)
humanitaire	umanitario	umanitar
envahir	penetrare	invada
conviction(f)	convinzione(f)	convingere(f)
préoccupation(f)	preoccupazione(f)	preocupare(f)

【信念】CONVINCERE「確証する」の名詞化 【心配】PRAEOCCUPATIO(f) 予想

日本語	ポルトガル語	スペイン語
心配する	preocupar-se	preocuparse
神秘	mistério(m)	misterio(m)
神父	padre(m)	padre(m)
新婦	noiva(f)	novia(f)
人物	personagem(f)	personaje(m)
新聞	jornal(m)	periódico(m)
進歩	progresso(m)	progreso(m)
進歩する	progredir	progresar
信用	crédito(m)	crédito(m)
信頼	confiança(f)	confianza(f)
信頼する	confiar	confiar
真理	verdade(f)	verdad(f)
侵略	invasão(f)	invasión(f)
侵略する	invadir	indavir
人類	humanidade(f)	humanidad(f)
新郎	noivo(m)	novio(m)

【心配する】PRAEOCCUPARE 先占する SE[再帰代名詞] 【神秘】MYSTERIUM(n) 神秘 【神父】PATER(m) 父 スラブpopŭ「僧侶」から派生 【新婦】NOVA 新しい NOVUS 新しい MARITARE「結婚させる」から派生 SPONSARE「婚約する」から派生 ルーマニア語の語源は不詳 【人物】PERSONA(f)「人格」から派生 【新聞】DIURNALIS「日中の」からの造語 PERIODICUS「定期的な」からの造語 DIARIUS「毎日の」からの造語 【進歩】PROGRESSUS(m) 前進 【進歩する】PROGREDI 進歩する PROGRESSUS(m)「前進」の動詞化 ABANTE「〜の前に」の動詞化 【信用】CREDITUM(n) 信用 CREDERE「信じる」から派生 【信頼】CONFIDERE「信頼する」から派生

— 364 —

フランス語	イタリア語	ルーマニア語
se préoccuper	preoccuparsi	se preocupa
mystère(m)	mistero(m)	mister(n)
père(m)	padre(m)	popă(m)
nouvelle mariée(f)	sposina(f)	mireasă(f)
personnage(m)	personaggio(m)	personaj(n)
journal(m)	giornale(m)	ziar(n)
progrès(m)	progresso(m)	progres(n)
avancer	progredire	progresa
crédit(m)	credito(m)	încredere(f)
confiance(f)	fiducia(f)	încredere(f)
se fier	fidarsi	crede
vérité(f)	verità(f)	adevăr(n)
invasion(f)	invasione(f)	invazie(f)
envahir	invadere	invada
humanité(f)	umanità(f)	umanitate(f)
nouveau marié	sposino(m)	mire(m)

FIDUCIA(f) 信頼　CREDERE 信じる　【信頼する】CONFIDERE 信頼する FIDERE 信じる　CREDERE 信じる　SE［再帰代名詞］【真理】VERITAS(f) 真理　AD ～へ＋DE ～から＋VERUM(n) 真実　【侵略】INVASIO(f) 侵入 【侵略する】INVADERE 侵入する　【人類】HUMANITAS(f) 人間性　【新郎】 NOVUS 新しい　MARITARE「結婚させる」から派生　SPONSARE「婚約する」から派生　ルーマニア語の語源は不詳

日本語	ポルトガル語	スペイン語
神話	mito(m)	mito(m)

―す―

日本語	ポルトガル語	スペイン語
巣	ninho(m)	nido(m)
酢	vinagre(m)	vinagre(m)
図	esquema(m)	esquema(m)
図(図解)	ilustração(f)	ilustración(f)
水泳	natação(f)	natación(f)
スイカ	melancia(f)	sandía(f)
水銀	mercúrio(m)	mercurio(m)
水彩画	aqualera(f)	acuarela(f)
推察	conjetura(f)	conjetura(f)
推察する	conjeturar	conjeturar
衰弱する	debilitar-se	debilitarse
水準	nível(m)	nivel(m)

【神話】ギmýthos 神話 【巣】NIDUS(m) 巣 ルーマニア語の語源は不詳 【酢】VINUM(n) 葡萄酒×ACRE 酸っぱい ACEDUM 酸 スラブočitū「酢」から派生 【図】SCHEMA(n) 図 ギgráphein「書く」から派生 【図(図解)】ILLUSTRATIO(f) 図解 【水泳】NATATIO(f) 水泳 ルーマニア語の語源は不詳 【スイカ】アラブal-battikha スイカ アラブsindīya[インドの]シンド産メロン CUCUMIS(m)「キュウリ」から派生 PEPO(m) トウナス 【水銀】MERCURIUS 神々の使神[水銀がよく動くことから] 【水彩画】イacquerello[＜AQUA 水]水彩画→借用 【推察】CONJECTURA(f) 推測 SUPPOSITIO(f) 推測 【推察する】CONJECTARE 推測する SUPPONERE 取り替える 【衰弱する】DEBILITARE

― 366 ―

フランス語	イタリア語	ルーマニア語
mythe(m)	mito(m)	mit(n)
nid(m)	nido(m)	cuib(n)
vinaigre(m)	aceto(m)	oțet(n)
schéma(m)	grafico(m)	schemă(f)
illustration(f)	illustrazione(f)	ilustrație(f)
natation(f)	nuoto(m)	înot(n)
pastèque(f)	cocomero(m)	pepene(m)
mercure(f)	mercurio(m)	mercur(n)
aquarelle(f)	acquerello(m)	acuarelă(f)
conjecture(f)	supposizione(f)	conjectură(f)
conjecturer	supporre	conjectura
s'affaiblir	indebolirsi	slăbi
niveau(m)	livello(m)	nivel(n)

弱める　SE[再帰代名詞]　FLEBILIS「悲しむべき」から派生　スラブslabŭ「衰弱した」から派生　【水準】LIBELLA(f) 水準

— 367 —

日本語	ポルトガル語	スペイン語
水晶	cristal(m)	cristal(m) de roca
水蒸気	vapor(m) de água	vapor(m) de agua
推進	promoção(f)	promoción(f)
推進する	promover	promover
彗星	cometa(m)	cometa(m)
推薦	recomendação(f)	recomendación(f)
推薦する	recomendar	recomendar
水素	hidrogênio(m)	hidrógeno(m)
推測	dedução(f)	deducción(f)
推測する	deduzir	deducir
衰退	decadência(f)	decadencia(f)
衰退する	decair	decaer
垂直の	vertical	vertical
スイッチ	interruptor(m)	interruptor(m)
推定	dedução(f)	deducción(f)

【水晶】CRYSTALLUM(n) 水晶　DE 〜の　俗ラ*rocca 岩　【水蒸気】VAPOR(m) 水蒸気　DE 〜の　AQUA(f) 水　ルーマニア語の語源は不詳　【推進】PROMOTIO(f) 促進　PULSARE「刺激する」から派生　PROMOVERE「促進する」から派生　【推進する】PROMOVERE 促進する　PULSARE 刺激する　PROMOVERE 促進する　【彗星】COMETA(m) 彗星　【推薦】RE-「再び」を表す接頭辞 + COMMENDATIO(f) 推薦　【推薦する】RE-「再び」を表す接頭辞 + COMMENDARE 推薦する　【水素】HYDROGENIUM(n) 水素　【推測】DEDUCTIO(f) 推測　CONJECTURA(f) 推測　【推測する】DEDUCERE 推測する　CONJECTARE 推測する　【衰退】DECEDERE「衰退する」の名詞化

フランス語	イタリア語	ルーマニア語
cristal(m)	cristallo(m) (di rocca)	cristal(n)
vapeur(m) d'eau	vapore(m)	abur(m)
poussée(f)	promozione(f)	promovare(f)
pousser	promuovere	promova
comète(f)	cometa(f)	cometă(f)
recommandation(f)	raccomandazione(f)	recomandaţie(f)
recommander	raccomandare	recomanda
hydrogène(m)	idrogeno(m)	hidrogen(n)
conjecture(f)	congettura(f)	deducţie(f)
conjecturer	congetturare	deduce
déclin(m)	declino(m)	decadenţă(f)
décliner	declinare	decădea
vertical	verticale	vertical
interrupteur(m)	interruttore(m)	întrerupător(n)
présomption(f)	presupposizione(f)	deducţie(f)

DECLINARE「回避する」の名詞化 【衰退する】DECEDERE 衰退する DECLINARE 回避する 【垂直の】VERTICALIS 頂上に向かう 【スイッチ】INTERRUMPERE「中断する」からの造語 【推定】DEDUCTIO(f) 推測 PRAESUMPTIO(f) 推測 PRAESUPPONERE「～を前提にする」から派生

日本語	ポルトガル語	スペイン語
推定する	deduzir	deducir
水道	aqueduto(m)	acueducto(m)
水平の	horizontal	horizontal
水兵	marinheiro(m)	marinero(m)
睡眠	sono(m)	sueño(m)
水曜日	quarta-feira	miércoles(m)
吸う(吸入)	respirar	respirar
吸う(飲む)	chupar	chupar
吸う(煙草)	fumar	fumar
数学	matemática(f)	matemáticas(f)
崇高な	sublime	sublime
数字	cifra(f)	cifra(f)
ずうずうしい	descarado	descarado
スーツ(男の)	costume(m)	traje(m)
スーツケース	mala(m)	maleta(f)

【推定する】DEDUCERE 推測する　PRAESUMERE 予測する　【水道】AQUAE-DUCTUS(m) 水道　【水平の】HORIZONTALIS 水平の　【水兵】MARE(n)「海」から派生　【睡眠】SOMNUS(m) 睡眠　【水曜日】QUARTUS 第四のFERIA(f) 週日　DIES MERCURIS 神々の使神メルクリウスの日　【吸う(吸入)】RESPIRARE 呼吸する　INSPIRARE 息吹く　【吸う(飲む)】SUGERE 吸うSUCUS(m)「汁」から派生　SORBERE 吸う　【吸う(煙草)】FUMUS(m)「煙」からの造語　【数学】MATHEMATICA(f) 数学　【崇高な】SUBLIMIS 崇高な【数字】アラブsifr 空(くう)　【ずうずうしい】CARA(f)「顔」から派生　FRONS(f)「顔」から派生　スラブobrazŭ「顔」から派生　【スーツ(男の)】CONSUETUDO(f)

— 370 —

フランス語	イタリア語	ルーマニア語
présumer	presumere	deduce
aqueduc(m)	acquedotto(m)	apeduct(n)
horizontal	orizzontale	orizontal
marin(m)	marinaio(m)	marinar(m)
sommeil(m)	sonno(m)	somn(n)
mercredi(m)	mercoledì(m)	miercuri(f)
respirer	inspirare	respira
sucer	succhiare	sorbi
fumer	fumare	fuma
mathémathiques(f)	matematica(f)	matematică(f)
sublime	sublime	sublim
chiffre(f)	cifra(f)	cifră(f)
effronté	sfrontato	obraznic
costume(m)	abito(m)	costum(n)
valise(f)	valigia(f)	geamantan(n)

習慣　HABITUS＜HABERE「ふるまう」から派生　【スーツケース】ゲ*malha「旅行鞄」＋縮小辞　アラブwalisa 小麦袋　トルコcamedan「洋服ダンス」から派生

日本語	ポルトガル語	スペイン語
スーパーマーケット	supermercado(m)	supermercado(m)
崇拝する	adorar	adorar
スープ	sopa(f)	sopa(f)
末(終わり)	fim(m)	fin(m)
据える	colocar	colocar
据える(設置)	instalar	instalar
スカート	saia(f)	falda(f)
スカーフ	lenço(m)	pañuelo(m)
すがすがしい	fresco	fresco
姿	figura(f)	figura(f)
好きな	favorito	favorito
好きだ(私は)	Gosto de	Me gusta
スキー	esqui(m)	esquí(m)
隙間	abertura(f)	abertura(f)
過ぎる	passar	pasar

【スーパーマーケット】英語supermarket スーパーマーケット　アラブmakhzan 倉庫　CUM ～と共に　ギautós- 自身の + SERVITIUM 奉公　【崇拝する】ADORARE 崇拝する　【スープ】ゲ*suppa スープに浸すパン切れ　【末(終わり)】FINIS(m) 結末　スラブsūvŭršiti「終わる」から派生　【据える】COLLOCARE 置く　PLATEA(f)「道路」から派生　PONERE 置く　俗ラ*assediare 据える　【据える(設置)】後ラ installare 僧籍につかせる　【スカート】SAGUM(n) 掛け布　ゲ*falda ひだ　アラブdjubba 長い衣服　後ラgunna 羊毛の衣服　新ギfústa「スカート」から派生　【スカーフ】LINTEUM(n) 亜麻布　PANNUS(m) 布きれ　古プロバンスfoulat 夏用の軽い羅紗　イタリア語の語源は不詳　トル

フランス語	イタリア語	ルーマニア語
supermarché(m)	supermercato(m)	magazin(n) cu autoservire
adorer	adorare	adora
soupe(f)	zuppa(f)	supă(f)
fin(f)	fine(f)	sfârşit(n)
placer	porre	aşeza
installer	installare	instala
jupe(f)	gonna(f)	fustă(f)
foulard(m)	sciarpa(f)	basma(f)
frais	fresco	răcoros
figure(f)	figura(f)	figură(f)
favori	preferito	favorit
J'aime bien	Mi piace	Îmi place
ski(m)	sci(m)	schi(n)
interstice(m)	apertura(f)	crăpătură(f)
passer	passare	trece

コ basma「プリント柄」から派生 【すがすがしい】ゲ*friskaz 塩辛くない RECENS 新鮮な 【姿】FIGURA(f) 姿 【好きな】FAVOR(m)「好意」から派生 PRAEFERRE「〜より好む」から派生 【好きだ(私は)】GUSTARE 味わう DE 〜に関して MIHI 私に EGO 私は AMARE 愛する PLACERE 気に入る 【スキー】ノルウエー ski 雪靴 【隙間】APERTURA(f) 開口 INTER 〜の間に＋STARE 立っている→名詞化 CREPATURA(f) 間隙 【過ぎる】 PASSUS(m)「歩み」の動詞化 TRAJICERE 渡る

— 373 —

日本語	ポルトガル語	スペイン語
すぐ(直ちに)	em seguida	en seguida
救い	socorro(m)	socorro(m)
救う	salvar	salvar
少ない(量)	pouco	poco
少なくとも	pelo menos	por lo menos
優れた	excelente	excelente
凄い(恐ろしい)	horrível	horrible
凄い(激しい)	tremendo	tremendo
凄い(非常な)	extraordinário	extraordinario
スケート	patinagem(f)	patinaje(m)
スケジュール	programa(m)	programa(m)
少し	um pouco	un poco
過ごす	passar	pasar
杜撰な	pouco esmerado	poco esmerado
筋道	lógica(f)	lógica(f)
涼しい	fresco	fresco

【すぐ(直ちに)】IN ～に SEQUI「従う」から派生 TOTUS 全くの DE ～の SUBITUS 突然の IN ～に+DARE「与える」の完了分詞女性形DATAから派生 【救い】SUCCURRERE「助けに急ぐ」の名詞化 ADJUTOR(m) 援助者 【救う】SALVARE 救済する 【少ない(量)】PAUCUS 少ない ABUNDANS 富んだ ルーマニア語の語源は不詳 【少なくとも】PER ～に関して ILLUM あの MINUS より少ない ECCE 見よ+ILLUM あれを ルーマニア語のpuţinの語源は不詳 【優れた】EXCELLENS 優れた 【凄い(恐ろしい)】HORRIBILIS 恐ろしい 【凄い(激しい)】TREMENDUS 恐ろしい TERRIFICARE「驚かす」から派生 VIOLENTUS 激しい ブルガリアgrozav「恐ろしい」から派

— 374 —

フランス語	イタリア語	ルーマニア語
tout de suite	subito	îndată
secours(m)	soccorso(m)	ajutor(m)
sauver	salvare	salva
peu abondant	poco	puţin
au moins	almeno	cel puţin
excellent	eccellente	excelent
horrible	orribile	oribil
terrifiant	violento	grozav
extraordinaire	straordinario	extraordinar
patinage(m)	pattinaggio(m)	patinaj(n)
programme(m)	programma(m)	program(n)
un peu	un po'	puţin
passer	passare	trece
négligé	poco accurato	puţin îngrijit
logique(f)	logica(f)	logică(f)
frais	fresco	răcoros

生 【凄い(非常な)】EXTRAORDINARIUS 非常な 【スケート】ケルト*patt-[<擬声音]脚 【スケジュール】PROGRAMMA(n) 計画 【少し】UNUS 一つの PAUCUS 少ない ルーマニア語の語源は不詳 【過ごす】PASSUS(m)「歩み」の動詞化 TRAJICERE 渡る 【杜撰な】PAUCUS 少ない NEGLEGERE「軽んじる」から派生 ACCURATUS 綿密な ブルガリア griža「心配」から派生 ルーマニア語の puţin の語源は不詳 【筋道】LOGICA(f) 論理 【涼しい】ゲ*friskaz 塩辛くない RECENS 新鮮な

日本語	ポルトガル語	スペイン語
進む	avançar	avanzar
スズメ	pardal(m)	gorrión(m)
進める	adiantar	adelantar
勧める	aconselhar	aconsejar
スタート	partida(f)	salida(f)
スタートする	partir	salir
スタイル	estilo(m)	estilo(m)
スタンプ	selo(m)	sello(m)
スチュワーデス	aeromoça(f)	azafata(f)
頭痛	dor(m) de cabeça	dolor(m) de cabeza
すっかり	completamente	completamente
酸っぱい	ácido	ácido
素敵な(見事な)	magnífico	magnífico
素敵な(驚くべき)	admirável	admirable
既に	já	ya

【進む】ABANTE「前に」の動詞化 【スズメ】PARDUS(m)「豹」から派生 ギmónakhos 一人の→修道士 PASSER(m) スズメ スラブvrabiï「スズメ」から派生 【進める】ANTE「前へ」から派生 【勧める】CONSILIUM(n)「助言」の動詞化 INDE そこから＋MINARE 追う 【スタート】PARTIRI「分ける」の名詞化 SALIRE「飛び跳ねる」の名詞化 PLICARE「畳む」の名詞化 【スタートする】PARTIRI 分ける SALIRE 飛び跳ねる PLICARE 畳む 【スタイル】STILUS(m) 文体 【スタンプ】SIGILLUM(n) 印 ギtumpanon 太鼓 【スチュワーデス】AER(m) 空気＋MUSTEUS「新鮮な」から派生 アラブas-safat「バスケット」からの造語 HOSPES(m) 客 英語stewardess スチ

— 376 —

フランス語	イタリア語	ルーマニア語
avancer	avanzare	avansa
moineau(m)	passero(m)	vrabie(f)
avancer	avanzare	avansa
conseiller	consigliare	îndemna
départ(m)	partenza(f)	plecare(f)
démarrer	partire	pleca
style(m)	stile(m)	stil(n)
timbre(m)	timbro(m)	ştampilă(f)
hôtesse(f)	hostess(f)	stewardesă(f)
mal(m) de tête	mal(m) di testa	durere(f) de cap
complètement	completamente	complet
acide	acido	acru
formidable	magnifico	magnific
remarquable	meraviglioso	admirabil
déjà	già	deja

ュワーデス 【頭痛】DOLOR(m) 苦痛 DE ～の CAPUT(n) 頭 TESTA(f) 煉瓦 MALUM(n) 痛み 【すっかり】COMPLETUS 完全な MENS「心」の奪格 【酸っぱい】ACIDUS 酸っぱい ACER 辛辣な 【素敵な(見事な)】MAGNIFICUS 華美な FORMIDABILIS 恐るべき 【素敵な(驚くべき)】ADMIRABILIS 驚くべき RE-[強意の接頭辞] ゲ*merki 印 MIRABILIS「驚くべき」に由来 MIRARI「驚く」に由来 【既に】JAM 既に DE ～の＋EX ～から＋JAM 既に

— 377 —

日本語	ポルトガル語	スペイン語
捨てる（物を）	jogar	echar
捨てる（放棄）	deitar	dejar
捨てる（見捨てる）	abandonar	abandonar
ステンドグラス	vidro(m) colorido	vidriera(f)
ストーブ	fogão(m)	estufa(f)
ストッキング	meia(f)	medias(f)
ストライキ	greve(f)	huelga(f)
ストレス	tensão(f)	tensión(f)
砂	areia(f)	arena(f)
素直な（柔順な）	obediente	obediente
すなわち	ou seja	o sea
スパイ	espia(mf)	espía(mf)
スパイス	espécie(f)	especia(f)
素早い	rápido	rápido
素晴らしい	magnífico	magnífico

【捨てる（物を）】JOCARI 冗談を言う　JACTARE 投げる　VIA(f)「道路」から派生　俗ラ *eruncare 捨てる　【捨てる（放棄）】LAXARE 緩める　QUIRE「〜できる」の完了分詞QUITUSから派生　【捨てる（見捨てる）】仏 abandonner [＜フランク *ban 権威]「捨てる」から借用　【ステンドグラス】VITRUM(n) ガラス　COLORATUS 彩られた　スラブ stīklo「ガラス」から派生　【ストーブ】FOC(m) 炉　ギ tûphos 煙　PENSILIS 垂れ下がった　トルコ soba「ストーブ」から派生　【ストッキング】MEDIUS「中間の」から派生　俗ラ *bassus 太くて低い　CALX(f) 踵　トルコ çorap「靴下」から派生　【ストライキ】俗ラ *grava 砂[「グレーヴ広場」の名前から]　EX 〜から + OPERARI「従事する」

フランス語	イタリア語	ルーマニア語
jeter	gettare via	arunca
quitter	lasciare	lasa
abandonner	abbandonare	abandona
vitrail(m)	vetro(m) colorato	sticlă(f) colorată
poêle(m)	stufa(f)	sobă(f)
bas(m)	calze(f)	ciorapi(m)
grève(f)	sciopero(m)	grevă(f)
stress(m)	tensione(f)	tensiune(f)
sable(m)	sabbia(f)	nisip(n)
obéissant	ubbidiente	supus
c'est-à-dire	cioè	adică
espion(m)	spia(f)	agent(m)
épice(f)	spezie(f)	mirodenie(f)
rapide	rapido	rapid
magnifique	magnifico	magnific

から派生　後ラ follicare「喘ぐ」からの造語　【ストレス】TENSIO(f) 緊張　英語 stress ストレス　【砂】ARENA(f) 砂　SABULUM(n) 砂利　ブルガリア nasip「砂」から派生　【素直な(柔順な)】OBOEDIENS 従順な　SUPPONERE「下に置く」の完了分詞 SUPPOSITUS から派生　【すなわち】AUT または　ser[＜ESSE ～である]の接続法現在　HOC + ECCE これを見よ　EST ～である　AD ～に　DICERE 言う　ルーマニア語の語源は不詳　【スパイ】ゲ *spehōn 綿密に探る　AGERE「動く」の現在分詞 AGENS から派生　【スパイス】SPECIES(f) 香料　ブルガリア miridija「バルサム」から派生　【素早い】RAPIDUS 急な　【素晴らしい】MAGNIFICUS 華美な

日本語	ポルトガル語	スペイン語
素晴らしい(優れた)	excelente	excelente
スピード	velocidade(f)	velocidad(f)
スプーン	colher(f)	cuchara(f)
全て	todo	todo
滑る	deslizar	deslizarse
スポーツ	desporte(m)	deporte(m)
ズボン	calças(f)	pantalones(m)
隅	canto(m)	rincón(m)
墨	tinta(f)	tinta(f)
済みません	Perdão.	Perdón.
速やかな	rápido	rápido
住む	morar	vivir
スモッグ	smog(m)	smog(m)
スリッパ	chinela(f)	zapatilla(f)
する(行う)	fazer	hacer

【素晴らしい(優れた)】EXCELLENS 優れた 【スピード】VELOCITAS(f) 速度 vist-[擬声音?]「早く」から派生 【スプーン】COC(H)LEAR(n) 匙 LINGULA(f) 匙 【全て】TOTUS 安全な 【滑る】俗ラ*elisare「滑る」から派生 フランク*glidan 滑る イタリア語は語源不詳 LUBRICARE 滑りやすくする 【スポーツ】DEPORATRE「運び去る」からの造語 【ズボン】古イPANTALONE[「パンタローネ」という劇中人物が穿いていたことから] 【隅】アラブrukun 隅 CUNEUS(m) 楔 ANGULUS(m) 隅 ブルガリアkolec「杭」から派生 【墨】TINGERE「染める」から派生 ギénkauston 紫色のインク 独Tusche 墨 【済みません】PER 完全に + DONARE 与える→後ラ

— 380 —

フランス語	イタリア語	ルーマニア語
excellent	eccellente	excelent
vitesse(f)	velocità(f)	viteză(f)
cuiller(f)	cucchiaio(m)	lingură(f)
tout	tutto	tot
glisser	scivolare	aluneca
sport(m)	sport(m)	sport(n)
pantalon(m)	pantaloni(m)	pantaloni(m)
coin(m)	angolo(m)	colț(n)
encre(f)	inchiostro(m)	tuș(n)
Pardon.	Mi scusi.	Pardon.
rapide	rapido	rapid
habiter	abitare	locui
smog(m)	smog(m)	ceață(f) de fum
pantoufle(f)	pantofole(f)	papuc(m)
faire	fare	face

---

perdonare「許す」の名詞化　ME 私を　EXCUSARE 弁護する　【速やかな】RAPIDUS 急激な　【住む】MORARI 止まる　VIVERE 生きる　HABITARE 住む　ハンガリー lakni「住む」から派生　【スモッグ】英語 smog[＜smoke 霧+ fog 霧]　ス niebla[＜NEBULA(f) 霧] 霧＋humo[＜FUMUS 煙] 煙 CAECIA(f)「盲目」から派生　FUMUS(m) 煙　【スリッパ】ポルトガル語の語源は不詳　ス zapato[語源不詳]「靴」＋縮小辞　ギ pantóphellos コルク樫の靴 トルコ papuç「靴」から派生　【する(行う)】FACERE する

日本語	ポルトガル語	スペイン語
擦る	esfregar	frotar
狡い	astuto	astuto
すると	então	entonces
鋭い(尖った)	afiado	afilado
鋭い(激しい)	agudo	agudo
ずれ(差異)	diferença(f)	diferencia(f)
ずれ(不一致)	desacordo(m)	desacuerdo(m)
座る	sentar-se	sentarse
澄んだ	límpido	limpio
寸法	medida(f)	medida(f)
寸法(靴の)	número(m)	número(m)

—せ—

背(背中)	costas(f)	espalda(f)
背(身長)	estatura(f)	estatura(f)
せいで(〜の)	devido a	debido a

【擦る】FRICARE 摩擦する 【狡い】ASTUTUS 狡猾な RECUSARE「策略を用いる」の完了分詞RECUSATUSから派生 トルコ şirret「悪意のある」から派生 【すると】IN 〜に＋TUNC その時 AD＋ILLA＋HORA あの時に向けて AD＋TUNC その時に向けて 【鋭い(尖った)】FILUM(n)「糸」から派生 PUNGERE「刺す」の完了分詞PUNCTUSから派生 ルーマニア語の語源は不詳 【鋭い(激しい)】ACUTUS 鋭い 【ずれ(差異)】DIFFERENTIA(f) 相違 DIVERGENS「異なる」から派生 【ずれ(不一致)】DIS-「否定」を表す接頭辞＋AD 〜へ＋COR(n) 心 QUARTUS 四分の一 DIVERGENTIA(f) 差異 【座る】SEDERE「座る」の現在分詞SEDENSから派生 SE[再帰代名詞]

— 382 —

フランス語	イタリア語	ルーマニア語
frotter	sfregare	freca
rusé	astuto	şiret
alors	allora	atunci
pointu	appuntito	ascuţit
aigu	acuto	acut
divergence(f)	differenza(f)	diferenţă(f)
écart(m)	disaccordo(m)	divergenţă(f)
s'asseoir	sedersi	se aşeza
limpide	limpido	limpede
mesure(f)	misura(f)	măsură(f)
pointure(f)	numero(m)	număr(n)
dos(m)	dorso(m)	spate(f)
taille(f)	statura(f)	statură(f)
à cause de	a causa di	datorită + 与格

【澄んだ】LIMPIDUS 澄んだ 【寸法】METERI「測る」の名詞化 MENSURA(f) 計量 【寸法(靴の)】NUMERUS(m) 数 PUNCTURA(f) 刺すこと 【背(背中)】SPATHA 剣+縮小辞 DORSUM(n) 背中 【背(身長)】STATURA(f) 身長 TALEA(f)「棒」 【せいで(〜の)】DEBERE「義務を持つ」の完了分詞 DEBITUS + AD 〜へ AB 〜で+CAUSA(f) 原因+DE 〜の DEBITORIUS 〜のせいで

日本語	ポルトガル語	スペイン語
姓	apelido(m)	apellido(m)
誠意	sinceridade(f)	sinceridad(f)
聖なる	sagrado	sagrado
誠意のある	sincero	sincero
成果	resultado(m)	resultado(m)
性格	caráter(m)	carácter(m)
正確な	exato	exacto
生活	vida(f)	vida(f)
税関	alfândega(f)	aduana(f)
世紀	século(m)	siglo(m)
正義	justiça(f)	justicia(f)
請求する	reclamar	reclamar
性急な	impaciente	impaciente
制御	controle(m)	control(m)
制御する	controlar	controlar
税金	imposto(m)	impuesto(m)

【姓】APPELITARE「通常〜と呼ぶ」に由来　NOMEN(n) 名前　COGNOMEN(n) 家名　【誠意】SINCERITAS(f) 誠意　【聖なる】SACRARE「神聖にする」の完了分詞SACRATUSに由来　SANCTUS 神聖な　【誠意のある】SINCERUS 誠実な　【成果】RESULTARE「跳ね返る」の完了分詞RESULTATUSに由来　【性格】CHARACTER(m) 特徴　【正確な】EXACTUS 正確な　【生活】VITA(f) 生活　【税関】アラブad-diwan「役所」に由来　ハンガリーvám「税関」に由来　【世紀】SAECULUM(n) 世紀　【正義】JUSTITIA(f) 公正　【請求する】RECLAMARE 抗議する　QUAERERE 求める　【性急な】IMPATIENS 耐えられない　PRAECIPITARE「突き落とす」の完了分詞PRAECIPITATUS

— 384 —

フランス語	イタリア語	ルーマニア語
nom(m)	cognome(m)	nume(n)
sincérité(f)	sincerità(f)	sinceritate(f)
saint	santo	sacru
sincère	sincero	sincer
résultat(m)	risultato(m)	rezultat(n)
caractère(m)	carattere(m)	caracter(n)
exact	esatto	exact
vie(f)	vita(f)	viață(f)
douane(f)	dogana(f)	vamă(f)
siècle(m)	secolo(m)	secol(n)
justice(f)	giustizia(f)	justiție(f)
réclamer	chiedere	reclama
précipité	impaziente	impetuos
contrôle(m)	controllo(m)	control(n)
contrôler	controllare	controla
impôt(m)	imposta(f)	impozit(n)

から派生 IMPETUOSUS 激しい 【制御】仏contre[＜CONTRA 〜に対して]〜に対して + rôle[＜ROTA 輪]役割→借用 【制御する】仏contre[＜CONTRA 〜に対して]〜に対して + rôle[＜ROTA 輪]役割→動詞化 【税金】IMPONERE「課す」の完了分詞IMPOSITUSから派生

日本語	ポルトガル語	スペイン語
生計	vida(f)	vida(f)
生計を立てる	ganhar a vida	ganarse la vida
清潔な	limpo	limpio
制限	restrição(f)	restricción(f)
制限する	restringir	restringir
成功	êxito(m)	éxito(m)
成功する	ter êxito	tener éxito
製作	fabricação(f)	fabricación(f)
製作する	fabricar	fabricar
生産	produção(f)	producción(f)
生産する	produzir	producir
清算する	liquidar	liquidar
制止する	conter	contener
政治	política(f)	política(f)
正式な	formal	formal

【生計】VITA(f) 生活 【生計を立てる】ゲ*waidanjan 食物を得る　ILLE あの　VITA(f) 生活　SIBI[再帰代名詞与格] 【清潔な】LIMPIDUS 澄んだ　PROPRIUS 恒常的な　POLIRE「磨く」の完了分詞POLITUSから派生　CURARE「配慮する」の完了分詞CURATから派生 【制限】RESTRICTIO(f) 制限 【制限する】RESTRINGERE 制限する　LIMITARE 限定する 【成功】EXITUS(m) 結果　SUCCEDERE「成功する」の完了分詞SUCCESSUSから派生 【成功する】TENERE 保持する　EXITUS(m) 結果　RE-「強意」の接頭辞 + EXIRE 外に出る 【製作】FABRICATIO(f) 製造 【製作する】FABRICARI 製造する 【生産】PRODUCTIO(f) 延引 【生産する】PRODUCERE 延引する 【清算す

フランス語	イタリア語	ルーマニア語
vie(f)	vita(f)	viaţă(f)
gagner sa vie	guadagnarsi la vita	îşi câştiga viaţă
propre	pulito	curat
restriction(f)	limitazione(f)	restricţie(f)
restreindre	limitare	restrânge
succès(m)	successo(m)	succes(n)
réussir	riuscire	reuşi
fabrication(f)	fabbricazione(f)	fabricaţie(f)
fabriquer	fabbricare	fabrica
production(f)	produzione(f)	producţie(f)
produire	produrre	produce
liquider	liquidare	lichida
contenir	contenere	înfrâna
politique(f)	politica(f)	politică(f)
officiel	ufficiale	formal

る】LIQUERE 流動する 【制止する】CONTINERE 抑制する　INFRENARE 抑制する　【政治】POLITICUS「政治の」から派生　【正式な】FORMALIS 形式の　OFFICIUM(n)「職務」に由来

日本語	ポルトガル語	スペイン語
性質	caráter(m)	carácter(m)
青春	juventude(f)	juventud(f)
聖書	Bíblia(f)	Biblia(f)
正常な	normal	normal
精神	espírito(f)	espíritu(f)
成人	adulto(m)	adulto(m)
聖人	santo(f)	santo(m)
正々堂々と	dignamente	dignamente
せいぜい	ao mais	a lo más
成績(結果)	resultado(m)	resultado(m)
製造	fabricação(f)	fabricación(f)
製造する	fabricar	fabricar
生存者	sobrevivente(m)	sobreviviente(m)
盛大な	pomposo	pomposo
贅沢な	luxuoso	lujoso
成長	crecimento(m)	crecimiento(m)

【性質】CHARACTER(m) 特徴　【青春】JUVENTUS(f) 青春　JUVENIS(mf) 青年　TENER「若い」から派生　【聖書】ギbiblía[biblíonの複数形]本　【正常な】NORMALIS 規定通りの　【精神】SPIRITUS(m) 精神　【成人】ADULTUS「成人した」から派生　【聖人】SANCTUS 神聖な　スラブsventū「聖なる」から派生　【正々堂々と】DIGNUS 然るべき　MENS(f)「心」の奪格　LEGALIS 合法的な　CUM 〜と共に　【せいぜい】AD 〜へ　ILLE あの　MAGIS 更に　PLUS 更に　MAXIMUS 最も大きな　ECCE + ILLUM あれを見よ　MULTUM 多く　【成績(結果)】RESULTARE「跳ね返る」の完了分詞RESULTATUSから派生　【製造】FABRICATIO(f) 製造　【製造する】FABRICARI 製造する

フランス語	イタリア語	ルーマニア語
caractère(m)	carattere(m)	caracter(n)
jeunesse(f)	giovinezza(f)	tinereţe(f)
Bible(f)	Bibbia(f)	Biblie(f)
normal	normale	normal
esprit(m)	spirito(m)	spirit(n)
adulte(mf)	adulto(m)	adult(m)
saint	santo(m)	sfânt
loyalement	lealmente	cu demnitate
au plus	al massimo	cel mult
résultat(m)	risultato(m)	rezultat(n)
fabrication(f)	fabbricazione(f)	fabricaţie(f)
fabriquer	fabbricare	fabrica
survivant(m)	sopravvissuto(m)	supravieţuitor(m)
magnifique	pomposo	pompos
luxueux	lusso	luxos
croissance(f)	crescita(f)	creştere(f)

【生存者】SUPERVIVERE「生きながらえる」の現在分詞SUPERVIVIENSから派生　SUPER ～を越えて＋VITA(f) 命→名詞化　SUPERVIVERE「生きながらえる」の過去分詞から派生　【盛大な】後ラ pomposus もったいぶった　MAGNIFICUS 豪奢な　【贅沢な】LUXUS(m)「派手」から派生　【成長】CRESCERE「成長する」の名詞化

日本語	ポルトガル語	スペイン語
成長する	crescer	crecer
生徒	aluno(m)	alumno(m)
政党	partido(m) político	partido(m) político
正当な	justo	justo
整頓する	arrumar	arreglar
青年	jovem(mf)	joven(mf)
性能	qualidade(f)	calidad(f)
製品	produto(m)	producto(m)
政府	governo(m)	gobierno(m)
制服	uniforme(m)	uniforme(m)
征服	conquista(f)	conquista(f)
征服する	conquistar	conquistar
生物	ser(m) vivo	ser(m) viviente
聖母	Virgem(f)	Virgen(f)
精密な	minucioso	minucioso

【成長する】CRESCERE 成長する 【生徒】ALUMNUS(m) 弟子 ELEVARE「高める」から派生 ALLEVARE「高める」から派生 【政党】PARTIRI「分ける」の完了分詞PARTITUSから派生 POLITICUS 政治の 【正当な】JUSTUS 正当な ギorthodóxein「正当に考える」から派生 【整頓する】フランク*hring 輪・列 ORDINARE 整える 【青年】JUVENIS「若い」から派生 HOMO(m) 人間 TENER 若い 【性能】QUALITAS(f) 性質 CAPACITAS(f) 余裕 【製品】PRODUCERE「生産する」の完了分詞PRODUCTUSから派生 【政府】GUBERNUM(n)「指揮」から派生 【制服】UNIFORMIS 同形の DIVISA「分配された」から派生 【征服】CONQUIRERE「探し求める」の完

— 390 —

フランス語	イタリア語	ルーマニア語
croître	crescere	creşte
élève(m)	allievo(m)	elev(m)
parti(m)	partito(m)	partid(n)
politique	(politico)	politic
juste	giusto	just
arranger	ordinare	aranja
jeune homme(m)	giovane(mf)	tânăr(m)
qualité(f)	qualità(f)	capacitate(f)
produit(m)	prodotto(m)	producţie(f)
gouvernement(m)	governo(m)	guvern(n)
uniforme(m)	divisa(f)	uniformă(f)
conquête(f)	conquista(f)	cucerire(f)
conquérir	conquistare	cuceri
être(m) vivant	essere(m) vivente	fiinţă(f)
Notre-Dame(f)	Madonna(f)	Fecioara Maria
minutieux	minuzioso	minuţios

了分詞女性形CONQUISTAから派生　COMQUIRERE「見つけだす」の名詞化　【征服する】CONQUIRERE 探し求める　CONQUIRERE 見つけだす 【生物】ESSE ～である　VIVUS 生命のある　VIVENS 生きている　FIERI「～になる」から派生　【聖母】VIRGO(f) 処女　NOSTRA 我々の　MEA 私の　DOMINA(f) 婦人　SANCTA 聖なる　MATER(f) 母　MARIA(f) マリア　ルーマニア語の形容詞の語源は不詳　【精密な】MINUTIA(f)「僅かなこと」の形容詞化

日本語	ポルトガル語	スペイン語
生命	vida(f)	vida(f)
声明	declaração(f)	declaración(f)
静養する	descansar	descansar
制約	restrição(f)	restricción(f)
制約する	restringir	restringir
生理	fisiologia(f)	fisiología(f)
生理(月経)	menstruação(f)	menstruación(f)
西洋	ocidente(m)	occidente(m)
整理する(整頓)	arrumar	arreglar
整理する(清算)	liquidar	liquidar
清涼飲料	refresco(m)	refresco(m)
セーター	suéter(m)	suéter(m)
勢力のある	influente	influyente
精力的な	enérgico	enérgico
世界	mundo(m)	mundo(m)

【生命】VITA(f) 生命　【声明】DECLARATIO(f) 宣言　【静養する】DIS-「否定」を表す接頭辞　CAMPSARE 曲げる　SE[再帰代名詞]　REPAUSARE 休む　ブルガリアotdihnati「息をする」から派生　【制約】RESTRICTIO(f) 制限　【制約する】RESTRINGERE 制限する　【生理】PHYSIOLOGIA(f) 生理　【生理(月経)】MENSTRUATIO(f) 月経　【西洋】OCCIDENS(m) 日の没する地域　【整理する(整頓)】フランク*hring「列」の動詞化　SYSTEMA(n)「組織」の動詞化　【整理する(清算)】　LIQUERE 流動する　【清涼飲料】RE-「強調」を表す接頭辞 + ゲ*friskaz 塩辛くない　-MENTUM(n)[名詞を作る語尾] BIBERE「飲む」から派生　【セーター】英語sweater セーター　フランス語

— 392 —

フランス語	イタリア語	ルーマニア語
vie(f)	vita(f)	viaţă(f)
déclaration(f)	dichiarazione(f)	declaraţie(f)
se reposer	riposarsi	se odihni
restriction(f)	restrizione(f)	resticţie(f)
restreindre	restringere	restrânge
physiologie(f)	fisiologia(f)	fiziologie(f)
menstruation(f)	mestruazione(f)	menstruaţie(f)
Occident(m)	Occidente(m)	Occident(n)
arranger	sistemare	aranja
liquider	liquidare	lichida
rafraîchissement(m)	bevanda(f)	băutură(f) răcoritoare
tricot(m)	maglione(m)	pulover(n)
influent	influente	influent
énergique	energico	energic
monde(m)	mondo(m)	lume(f)

の語源は不詳　MACULA(f)「汚点」から派生　英語pullover　プルオーバー【勢力のある】INFLUERE「流入する」の現在分詞INFLUENSから派生　【精力的な】ギenérgeia「活動」から派生　【世界】MUNDUS(m) 世界　LUMEN(n) 生命

日本語	ポルトガル語	スペイン語
席	assento(m)	asiento(m)
咳	tosse(f)	tos(f)
咳をする	tossir	toser
石炭	carvão(m)	carbón(m)
赤道	equador(m)	ecuador(m)
責任	responsabilidade(f)	responsabilidad(f)
責任のある	responsável	responsable
石油	petróleo(m)	petróleo(m)
世代	geração(f)	generación(f)
説教(宗教の)	sermão(m)	sermón(m)
積極的な	positivo	positivo
接近する	aproximar-se	aproximarse
設計	desenho(m)	diseño(m)
セッケン	sabão(m)	jabón(m)
絶好の	magnífico	magnífico
接触	contato(m)	contacto(m)

【席】SEDES(f)「席」から派生 PLATEA(f) 道路 POSITUS(m) 位置 LOCUS(m) 場所 【咳】TUSSIS(f) 咳 【咳をする】TUSSIRE 咳をする 【石炭】CARBO(m) 木炭 【赤道】AEQUATOR(m) 赤道 【責任】RESPONSUS(m)「答え」から派生 【責任のある】RESPONSUS(m)「答え」から派生 【石油】PETRA(f) 石×OLEUM(n) 油→造語 【世代】GENERATIO(f) 世代 【説教(宗教の)】SERMO(m) 説教 PRAEDICARE「公表する」から派生 【積極的な】POSITIVUS 肯定的な 【接近する】APPROXIMARE 近づく SE[再帰代名詞] PROPE「近く」から派生 APPROPIARE 近づく 【設計】DESIGNARE「模写する」から派生 PLANUS「平面の」から派生 【セッケン】SAPO(m) 石鹸

— 394 —

フランス語	イタリア語	ルーマニア語
place(f)	posto(m)	loc(n)
toux(f)	tosse(f)	tuse(f)
tousser	tossire	tuşi
charbon(m)	carbone(m)	carbon(n)
équateur(m)	equatore(m)	ecuator(n)
responsabilité(f)	responsabilità(f)	responsabilitate(f)
responsable	responsabile	responsabil
pétrole(m)	petrolio(m)	petrol(n)
génération(f)	generazione(f)	generaţie(f)
sermon(m)	sermone(m)	predică(f)
positif	positivo	pozitiv
s'approcher	approssimarsi	se apropia
plan(m)	piano(m)	plan(n)
savon(m)	sapone(m)	săpun(n)
magnifique	magnifico	magnific
contact(m)	contatto(m)	contact(n)

【絶好の】MAGNIFICUS 華美な 【接触】CONTACTUS(m) 接触

日本語	ポルトガル語	スペイン語
節制する	abster-se	abstenerse
接待	recepção(f)	recepción(f)
絶対的な	absoluto	absoluto
設備	instalação(f)	instalación(f)
絶頂	apogeu(m)	apogeo(m)
説得	convicção(f)	convicción(f)
説得する	convencer	convencer
絶望	desespero(m)	desesperación(f)
絶望する	desesperar-se	desesperarse
説明	explicação(f)	explicación(f)
説明する	explicar	explicar
節約する	economizar	ahorrar
設立する	establecer	establecer
是非	sem falta	sin falta
狭い	estreito	estrecho
せめて	pelo menos	por lo menos

【節制する】ABSTINERE 制限する SE[再帰代名詞] ESSE 〜である SOBRIUS 節制した MODERARI 制する 【接待】RECEPTIO(f) 接待 【絶対的な】ABSOLUTUS 絶対的な 【設備】STALLUM(n)「合唱席」から派生 【絶頂】ギapógaion 遠地点 【説得】CONVICTIO(f) 確証 PERSUASIO(f) 説得 CONVINCERE「確証する」から派生 【説得する】CONVINCERE 確証する PERSUADERE 説得する 【絶望】DIS-「否定」を表す接頭辞 + SPERARE 望む→名詞化 【絶望する】DIS-「否定」を表す接頭辞 + SPERARE「望む」から派生 【説明】EXPLICATIO(f) 説明 DIS-「否定」を表す接頭辞 + PLICARE 畳む→名詞化 【説明する】EXPLICARE 説明する DIS-「否定」を表す接頭

フランス語	イタリア語	ルーマニア語
s'abstenir	moderarsi	se abţine
réception(f)	ricezione(f)	recepţie(f)
absolu	assoluto	absolut
installation(f)	installazione(f)	instalaţie(f)
apogée(m)	apogeo(m)	apogeu(n)
persuasion(f)	persuasione(f)	convingere(f)
persuader	persuadere	convinge
désespoir(m)	disperazione(f)	desperare(f)
se désespoir	disperarsi	despera
explication(f)	spiegazione(f)	explicaţie(f)
expliquer	spiegare	explica
économiser	risparmiare	economisi
fonder	fondare	stabili
sans faute	per forza	fără greş
étroit	stretto	îngust
au moins	almeno	cel puţin

辞＋PLICARE 畳む 【節約する】OECONOMIS(f)「節約」の動詞化 アラブ horr「自由な」に由来 ゲ*aparanjan 節約する 【設立する】STABILIS「安定した」から派生 FUNDARE 確立する 【是非】SINE ～なしに 俗ラ*fallita 不足 PER ～によって FORTIA(f) 力 FORAS 外へ スラブ grěšiti「誤る」から派生 【狭い】STRICTUS 緊張した ANGUSTUS 狭い 【せめて】PER ～に関して ILLUM あの MINUS より少ない AD＋ILLUM あれに ECCE＋ILLUM あれを見よ ルーマニア語の puţin の語源は不詳

— 397 —

日本語	ポルトガル語	スペイン語
攻める	atacar	atacar
責める	acusar	acusar
セルフサービス	auto-serviço(m)	autoservicio(m)
ゼロ	zero(m)	cero(m)
世話	cuidado(m)	cuidado(m)
千	mil(m)	mil(m)
線	linha(f)	línea(f)
栓	tampa(f)	tapón(m)
善	bem(m)	bien(m)
繊維	fibra(f)	fibra(f)
善意	boa vontade(f)	buena voluntad(f)
選挙	eleição(f)	elección(f)
選挙する	eleger	elegir
先月	o mês passado	el mes pasado
宣言	declaração(f)	declaración(f)
洗剤	detergente(m)	detergente(m)

【攻める】イ attaccare[語源不詳]「攻める」から借用 【責める】ACCUSARE 非難する 俗ラ*repropriare 非難する 【セルフサービス】ギ autós「自身の」を表す接頭辞 SERVITIUM「奉公」 英語 self-service セルフサービス 【ゼロ】アラブ sifr 空(くう) 【世話】COGITARE「考える」の名詞化 フランク *sunni 気がかり CURA(f) 世話 ブルガリア griža「心配」から派生 【千】MILLE 千 【線】LINEA(f) 線 【栓】フランク *tappo ぼろぎれ 俗ラ *bosca 栓 【善】BENE「良く」の名詞化 【繊維】FIBRA(f) 繊維 【善意】BONA 良い VOLUNTAS(f) 意志 【選挙】ELECTIO(f) 選挙 ALLEGERE「選択する」の名詞化 【選挙する】ELIGERE 選挙する ALLEGERE 選択する 【先月】

フランス語	イタリア語	ルーマニア語
attaquer	attaccare	ataca
reprocher	accusare	acuza
self-service(m)	self-service(m)	autoservire(f)
zéro(m)	zero(m)	zero(m)
soin(m)	cura(f)	grijă(f)
mile(m)	mille(m)	mie(f)
ligne(f)	linea(f)	linie(f)
bouchon(m)	tappo(m)	tampon(n)
bien(m)	bene(m)	bine(n)
fibre(f)	fibra(f)	fibră(f)
bonne volonté(f)	buona volontà(f)	bunăvoinţă(f)
élection(f)	elezione(f)	alegere(f)
élire	eleggere	alege
le mois dernier	il mese scorso	luna trecută
déclaration(f)	dichiarazione(f)	declaraţie(f)
lessive(f)	detersivo(m)	detergent(m)

ILLE あの　MENSIS(m) 月　PASSUS(m)「歩み」の動詞化→過去分詞　俗ラ *de retro 後ろから　CURRERE「走る」の完了分詞CURSUSから派生　LUNA(f) 月　TRAJICERE「渡る」から派生　【宣言】DECLARATIO(f) 宣言　【洗剤】DETERGENS「洗いとる」の名詞化　LIXIVUS「灰汁の」から派生

日本語	ポルトガル語	スペイン語
前菜	antepasto(m)	entremés(m)
選考	seleção(f)	selección(f)
選考する	selecionar	seleccionar
宣告	declaração(f)	declaración(f)
宣告する	declarar	declarar
繊細な	delicado	delicado
先日	o outro dia	el otro día
選手(球技の)	jogador(m)	jugador(m)
先週	a semana passada	la semana pasada
先進国	país(m) avançado	país(m) avanzado
前進する	avançar	avanzar
センス	sentido(m)	sentido(m)
先生(小学校の)	professor(m)	maestro(m)
先生(中学校以上の)	professor(m)	profesor(m)

【前菜】INTERMISSUS 二つの物の間に置かれた DE＋FORIS＋DE＋OPERA 作品の外に ANTE 前に＋PASTUS(m) 食料 GUSTARE「楽しむ」の名詞化 【選考】SELECTIO(f) 選択 【選考する】SELECTIO(f)「選択」の動詞化 【宣告】DECLARATIO(f) 宣言 【宣告する】DECLARARE 宣言する 【繊細な】DELICATUS 優美な 【先日】ILLE あの ALTER 別の DIES(mf) 日 DIURNUS「日中の」の名詞化 ECCUM MODO その方法を見よ QUANTUS どれほどの？＋VELLE 欲する 【選手(球技の)】JOCARI「冗談を言う」から派生 【先週】ILLA あの SEPTIMANA(f) 一週間 PASSUS(m)「歩み」の動詞化→過去分詞 PRAECEDERE「先んじる」の現在分詞PRAECEDENSか

— 400 —

フランス語	イタリア語	ルーマニア語
hors-d'œuvre(m)	antipasto(m)	gustare(f)
sélection(f)	selezione(f)	selecţie(f)
sélectionner	selezionare	selecta
déclaration(f)	dichiarazione(f)	declaraţie(f)
déclarer	dichiarare	declara
délicat	delicato	delicat
l'autre jour	l'altro giorno	acum câteva zile
joueur(m)	giocatore(m)	jucător(m)
la semaine	la settimana	săptămâna
dernière	scorsa	trecută
pays(m)	paese(m)	ţară(f)
évolu	sviluppato	avansată
avancer	avanzare	avansa
sens(m)	senso(m)	sens(n)
instituteur(m)	maestro(m)	învăţător(m)
professeur(m)	professore(m)	profesor(m)

ら派生　EXCURSUS「急いだ」から派生　TRAJICERE「渡る」から派生　【先進国】PAGENSIS(m) 村人　ABANTE「～の前に」の動詞化→過去分詞　EVOLVERE「解く」から派生　イタリア語の形容詞は語源不詳　TERRA(f) 国　【前進する】ABANTE「～の前に」の動詞化　【センス】SENTIRE「感じる」から派生　SENSUS(m) 意識　【先生(小学校の)】PROFESSOR(m) 専門家　MAGISTER(m) 教師　INSTITUERE「教える」から派生　VITIUM(n)「欠点」から派生　【先生(中学校以上の)】PROFESSOR(m) 専門家

日本語	ポルトガル語	スペイン語
先生(医者)	doutor(m)	doctor(m)
先祖	antepassado(m)	antepasado(m)
戦争	guerra(f)	guerra(f)
センター	centro(m)	centro(m)
全体	conjunto(m)	conjunto(m)
全体の	inteiro	entero
選択	seleção(f)	selección(f)
洗濯機	máquina(f) de lavar	máquina(f) de lavar
洗濯する	lavar	lavar
船長	capitão(m)	capitán(m)
宣伝(主義の)	propaganda(f)	propaganda(f)
全能の	onipotente	omnipotente
全部	tudo(m)	todo(m)
扇風機	ventilador(m)	ventilador(m)
全般的な	geral	general

【先生(医者)】DOCTOR(m) 教える人 【先祖】ANTE 以前に＋PASSUS(m)「歩み」の動詞化→過去分詞→名詞化　ANTECESSOR(m) 先行する人　NATUS 生まれた　EXTRA 外に　【戦争】ゲ*werra 諍い　スラブrazboj「強奪」から派生　【センター】CENTRUM(n) 中心　【全体】CONJUNGERE「結合する」の完了分詞CONJUNCTUSから派生　INSIMUL 同時に　COMPLEXUS(m)「包囲」から派生　【全体の】INTEGER 完全な　【選択】SELECTIO(f) 選択　【洗濯機】MACHINA(f) 機械　DE ～の　LAVARE 洗う　AD ～へ　EX ～から＋PER ～のために＋LAVARE 洗う　【洗濯する】LAVARE 洗う　【船長】CAPUT(n)「頭」から派生　【宣伝(主義の)】PROPAGARE「広げる」から派

— 402 —

フランス語	イタリア語	ルーマニア語
docteur(m)	dottore(m)	doctor(m)
ancêtres(m)	antenato(m)	strămoş(m)
guerre(f)	guerra(f)	război(n)
centre(m)	centro(m)	centru(n)
ensemble(m)	complesso(m)	ansamblu(n)
entier	intero	integral
sélection(f)	selezione(f)	selecţiune(f)
machine(f) à laver	lavatrice(f)	maşină(f) de spălat
laver	lavare	spăla
capitaine(m)	capitano(m)	căpitan(m)
propagande(f)	propaganda(f)	propagandă(f)
omnipotent	onnipotente	omnipotent
tout(m)	tutto(m)	tot(n)
ventilateur(m)	ventilatore(m)	ventilator(m)
général	generale	general

生 【全能の】OMNIPOTENS 全能の 【全部】TOTUS 全くの 【扇風機】VENTILARE「風を送る」からの造語 【全般的な】GENERALIS 一般の

日本語	ポルトガル語	スペイン語
洗面所(浴室兼用の)	casa(f) de banho	cuarto(m) de baño
専門	especialidade(f)	especialidad(f)
専門家	especialista(mf)	especialista(mf)
専門の	especial	especial
専門の(職業的な)	profissional	profesional
占領	ocupação(f)	ocupación(f)
占領する	ocupar	ocupar
善良な	bom	bueno
善良さ	bondade(f)	bondad(f)
洗礼	batismo(m)	bautismo(m)
洗練された	refinado	refinado
線路(軌道)	trilho(m)	vía(f)

―そ―

| そう | Sim. | Sí. |

【洗面所(浴室兼用の)】CASA(f) 小屋 DE ～の BALNEUM(n) 浴室 フランス語のcabinetの語源は不詳 TELA(f) 布 【専門】SPECIALITAS(f) 特殊性 【専門家】SPECIALITAS(f)「特殊性」から派生 【専門の】SPECIALIS 特別な 【専門の(職業的な)】PROFESSIO(f) 専門 【占領】OCCUPATIO(f) 占有 【占領する】OCCUPARE 占有する 【善良な】BONUS 良い 【善良さ】BONITAS(f) 善 【洗礼】BAPTISMUS(m) 洗礼 BAPTIZARE「洗礼する」の名詞化 【洗練された】FINIRE「制限する」から派生 【線路(軌道)】VIA(f) 道路 FERRUM(n) 鉄 CALLIS(mf) 小径 【そう】SIC そのように HOC この + ILLE あの スラブda そう

フランス語	イタリア語	ルーマニア語
cabinet(m) de toilette	bagno(m)	baie(f)
spécialité(f)	specialità(f)	specialitate(f)
spécialiste(mf)	specialista(mf)	specialist(m)
spécial	speciale	special
professionnel	professionale	profesional
occupation(f)	occupazione(f)	ocupaţie(f)
occuper	occupare	ocupa
bon	buono	bun
bonté(f)	bontà(f)	bunătate(f)
baptême(m)	battesimo(m)	botez(n)
raffiné	raffinato	rafinat
voie(f)	ferrovia(f)	cale(f) ferată
Oui.	Sì.	Da

日本語	ポルトガル語	スペイン語
そうです	Sim, é.	Así es.
象	elefante(m)	elefante(m)
像	imagem(f)	imagen(m)
相違	diferença(f)	diferencia(f)
創意	invenção(f)	invención(f)
憎悪	ódio(m)	odio(m)
総意	vontade(f)	voluntad(f)
	geral	general
総会	assembléia(f)	asamblea(f)
	geral	general
騒音	ruído(m)	ruido(m)
増加	aumento(m)	aumento(m)
増加する	aumentar	aumentar
総額	soma(f)	suma(f)
総括	resumo(m)	resumen(m)
総括する	resumir	resumir

【そうです】SIC そのように EST ～である ECCE + HOC これを見よ ECCE + HAC ここで見よ ECCUM + SIC そのように見よ 【象】ELEPHANS(m) 象 【像】IMAGO(f) 像 【相違】DIFFERENTIA(f) 相違 【創意】INVENTIO(f) 創意 【憎悪】ODIUM(n) 憎悪 フランク*hatjan 憎む HORRERE「恐れる」から派生 【総意】VOLUNTAS(f) 意志 GENERALIS 全体の 【総会】SIMUL「一緒に」から派生 GENERALIS 全体の ADUNARE「結合する」から派生 【騒音】RIGITUS(m) 吠えること RUMOR(m) 騒音 セルビア grömōt「轟き」から派生 【増加】AUGMENTUM(n) 増加 AUGMENTARE「増加する」から派生 CRESCERE「成長する」から派生 【増加する】AUGMENTARE 増

フランス語	イタリア語	ルーマニア語
C'est ça.	È così.	Așa-i.
éléphant(m)	elefante(m)	elefant(m)
image(f)	immagine(f)	imagine(f)
différence(f)	differenza(f)	diferență(f)
invention(f)	invenzione(f)	invenție(f)
haine(f)	odio(m)	ură(f)
volonté(f)	volontà(f)	voință(f)
générale	generale	general
assemblée(f)	assemblea(f)	adunare(f)
générale	generale	generală
bruit(m)	rumore(m)	zgomot(n)
augmentation(f)	aumento(m)	creștere(f)
augmenter	aumentare	crește
somme(f)	somma(f)	sumă(f)
résumé(f)	riassunto(m)	rezumat(n)
résumer	riassumere	rezuma

加する CRESCERE 成長する 【総額】SUMMA(f) 総額 【総括】RESUMERE「再び取る」の名詞化 【総括する】RESUMERE 再び取る

日本語	ポルトガル語	スペイン語
双眼鏡	binóculo(m)	gemelos(m)
操業	operação(f)	operación(f)
操業する	operar	operar
早計な	prematuro	prematuro
草原	pradaria(f)	pradera(f)
倉庫	armazém(m)	almacén(m)
相互の	mútuo	mutuo
総合	síntese(f)	síntesis(f)
総合する	sintetizar	sintetizar
総合的な	sintético	sintético
操作	operação(f)	operación(f)
操作する	operar	operar
創作	criação(f)	creación(f)
創作する	criar	crear
捜索する	investigar	investigar
掃除	limpeza(f)	limpieza(f)

【双眼鏡】BIS 二度 + OCULUS(m) 目　GEMELLUS「一対の」から派生　【操業】OPERATIO(f) 仕事　LAVOR(m) 労働　【操業する】OPERARI 遂行する　LABORARE 働く　【早計な】PRAEMATURUS 尚早の　【草原】PRATUM(n)「草原」から派生　ブルガリア izlaz「出口」から派生　【倉庫】アラブ al-makhzan「その倉庫」から派生　アラブ makhzan「倉庫」から派生　【相互の】MUTUUS 相互の　【総合】SYNTHESIS(f) 結合　【総合する】SYNTHESIS(f)「結合」の動詞化　【総合的な】SYNTHESIS(f)「結合」から派生　【操作】OPERATIO(f) 仕事　MANUS(f) 手 + OPERA(f) 労働　【操作する】OPERARI 遂行する　MANUS(f) 手 + OPERARI 遂行する　【創作】CREATIO(f) 創造　【創作する】

フランス語	イタリア語	ルーマニア語
jumelles(f)	binocolo(m)	binoclu(n)
opération(f)	lavoro(m)	operaţie(f)
opérer	lavorare	opera
prématur e	prematuro	prematur
prairie(f)	prateria(f)	izlaz(n)
magasin(m)	magazzino(m)	magazie(f)
mutuel	mutuo	mutual
synthèse	sintesi(f)	sinteză(f)
synthétiser	sintetizzare	sintetiza
synthétique	sintetico	sintetic
opération(f)	operazione(f)	operaţie(f)
opérer	operare	opera
création(f)	creazione(f)	creaţie(f)
créer	creare	crea
rechercher	ricercare	cerceta
nettoyage(m)	pulitura(f)	curăţenie(f)

CREARE 創造する 【捜索する】INVESTIGARE 調べる RE-[強意の接頭辞] +俗ラ*circare ～の周りに行く CIRCITARE 歩き回る 【掃除】LIMPIDITAS(f) 清らかさ NITIDUS「美しい」から派生 POLIRE「磨く」から派生 CURARE「配慮する」から派生

日本語	ポルトガル語	スペイン語
掃除機	aspirador(m)	aspirador(m)
掃除する	limpar	limpiar
葬式	funeral(m)	funerales(m)
操縦	direção(f)	dirección(f)
操縦する	dirigir	dirigir
蔵書	biblioteca(f)	biblioteca(f)
装飾	decoração(f)	decoración(f)
装飾品	ornamento(m)	ornamento(m)
増進	aumento(m)	aumento(m)
増進させる	aumentar	aumentar
双生児	gêmeos(m)	gemelos(m)
創造	criação(f)	creación(f)
創造する	criar	crear
想像	imaginação(f)	imaginación(f)
想像する	imaginar	imaginar
相続	sucessão(f)	sucesión(f)

【掃除機】ASPIRARE「吹き込む」からの造語 PULVIS(m) 埃 【掃除する】LIMPIDUS「清らかな」の動詞化 NITIDUS「美しい」の動詞化 POLIRE 磨く CURARE 配慮する 【葬式】FUNERALIS「葬式の」から派生 MONUMENTUM(n)「墓標」から派生 【操縦】DIRECTIO(f) 指揮 CUM ～と共に + MANDARE 命じる→名詞化 【操縦する】DIRIGERE 指揮する CUM ～と共に + MANDARE 命じる 【蔵書】BIBLIOTHECA(f) 図書館 【装飾】DECORARE「飾る」の名詞化 【装飾品】ORNAMENTUM(n) 飾り 【増進】AUGMENTUM(n) 増加 ACCRESCERE「増加する」の名詞化 MAS「男らしい」の名詞化 【増進させる】AUGMENTARE 増加する ACCRESCERE

— 410 —

フランス語	イタリア語	ルーマニア語
aspirateur(m)	aspirapolvere(m)	aspirator(m)
nettoyer	pulire	curăţa
funérailles(f)	funerale(m)	înmormântare(f)
direction(f)	comando(m)	direcţie(f)
diriger	comandare	dirija
bibliothèque(f)	biblioteca(f)	bibliotecă(f)
décoration(f)	decorazione(f)	decorare(f)
ornement(m)	ornamento(m)	ornament(n)
accroissement(m)	aumento(m)	mărire(f)
accroître	aumentare	se mări
jumeaux(m)	gemelli(m)	geamăn(m)
création(f)	creazione(f)	creare(f)
créer	creare	crea
imagination(f)	immaginazione(f)	imaginaţie(f)
imaginer	immaginare	imagina
succession(f)	successione(f)	succesiune(f)

増加する　SE[再帰代名詞]　MAS「男らしい」の動詞化　【双生児】GEMELLUS「双生の」の名詞化　GEMINUS(m) 双生児　【創造】CREATIO(f) 創造　CREARE「創造する」の名詞化　【創造する】CREARE 創造する　【想像】IMAGINATIO(f) 想像　【想像する】IMAGINARI 想像する　【相続】SUCCESSIO(f) 相続

日本語	ポルトガル語	スペイン語
相続する	herdar	heredar
相対的な	relativo	relativo
増大	aumento(m)	aumento(m)
増大する	aumentar	aumentar
相談	consulta(f)	consulta(f)
相談する	consultar	consultar
装置	aparelho(m)	aparato(m)
相当する	corresponder	corresponder
相当な	bastante	bastante
騒動	tumulto(m)	tumulto(m)
遭難	acidente(m)	accidente(m)
挿入する	inserir	insertar
聡明な	inteligente	inteligente
相場(時価)	cotação(f)	cotización(f)
総理大臣	primeiro ministro(m)	primer ministro(m)

【相続する】HEREDITARE 相続する ルーマニア語の語源は不詳 【相対的な】RELATIVUS 関係のある 【増大】AUGMENTUM(n) 増加 AUGMENTARE「増加する」の名詞化 CRESCERE「成長する」の名詞化 【増大する】AUGMENTARE 増加する CRESCERE 成長する 【相談】CONSULTATIO(f)「相談」から派生 【相談する】CONSULTARE 相談する 【装置】APPARATUS(m) 装置 【相当する】RESPONDERE「対応する」から派生 CUM 〜と共に 【相当な】ギbastázein「支える」に由来 SUFFICIENS 十分な PAR「等しい」に由来 DE 〜に関して+SATUR 十分な 【騒動】TUMULTUS(m) 土の塊 【遭難】ACCIDENS(n) 椿事 INCIDERE「突然起きる」の現在分詞

— 412 —

フランス語	イタリア語	ルーマニア語
hériter	ereditare	moşteni
relatif	relativo	relativ
augmentation(f)	aumento(m)	creştere(f)
augmenter	aumentare	creşte
consultation(f)	consultazione(f)	consultaţie(f)
consulter	consultare	consulta
appareil(m)	apparecchio(m)	aparat(n)
correspondre	corripondere	corespunde
suffisant	parecchio	destul
tumulte(m)	tumulto(m)	tumult(n)
accident(m)	incidente(m)	accident(n)
insérer	inserire	insera
intelligent	intelligente	inteligent
cours(m)	quotazione(f)	curs(n)
premier	primo	prim
ministre(m)	ministro(m)	ministru(m)

INCIDENSに由来 【挿入する】INSERTARE 挿入する INSERERE 挿入する 【聡明な】INTELLIGENS 精通した 【相場(時価)】QUOTUS「何番目の?」の女性形QUOTAに由来 CURSUS(m) 競争 【総理大臣】PRIMARIUS 第一の MINISTER(m) 僕 PRIMUS 第一の

日本語	ポルトガル語	スペイン語
創立する	fundar	fundar
送料	porte(m)	porte(m)
ソース	molho(m)	salsa(f)
ソーセージ	salsicha(f)	salchicha(f)
ソーダ水	soda(f)	soda(f)
俗語	gíria(f)	vulgarismo(m)
即座に	imediatamente	inmediatamente
属する	pertencer a	pertenecer a
即席の	instantâneo	instantáneo
続々と	sucessivamente	sucesivamente
速達(郵便)	correio(m)	correo(m)
	expresso	urgente
速度	velocidade(f)	velocidad(f)
俗な	vulgar	vulgar

【創立する】FUNDARE 確立する 【送料】PORTARE「持ち運ぶ」から派生 DE 〜の EXPENSUS「支払われた」の女性形EXPENSAから派生 EXPEDITIO(f) 発送 TAXARE「査定する」から派生 TRANSPORTARE「運搬する」から派生 【ソース】MOLLIRE「柔らかくする」から派生 SALSUS「塩気のある」から派生 【ソーセージ】SALSICIA「塩の入った」から派生 ルーマニア語の語源は不詳 【ソーダ水】アラブsuwwad ソーダ 【俗語】GYRARE「回転させる」から派生 VULGARIS「俗な」から派生 LINGUA(f) 言語 LOCUTIO(f) 発言 POPULARIS 民衆の 【即座に】IMMEDIATUS 直接の MENS(f)「心」の奪格 【属する】PERTINERE 関わる AD 〜に ILLAC

— 414 —

フランス語	イタリア語	ルーマニア語
fonder	fondare	funda
port(m)	spesa(f) di spedizione	taxă(f) de transport
sauce(f)	salsa(f)	sos(n)
saucisson(m)	salsiccia(f)	cârnat(m)
soude(f)	soda(f)	sodă(f)
langage(m)	lingua(f)	limbă(f)
vulgaire	volgare	populară
immédiatement	immediatamente	imediat
appartenir à	appartenere a	aparține la
instantané	istantaneo	instantaneu
successivement	successivamente	succesiv
exprès(m)	espresso(m)	poștă(f) expres
vitesse(f)	velocità(f)	viteză(f)
vulgaire	volgare	vulgar

そこに 【即席の】INSTANS 現在の 【続々と】SUCCESSIVUS 連続の MENS(f)「心」の奪格 IN-「否定」の接頭辞+INTERRUMPERE「中断する」から派生 【速達(郵便)】古プロバンス correu 使者 EXPRESSUS 押し出された URGENS 差し迫った PONERE「置く」の完了分詞女性形 POSITA から派生 【速度】VELOCITAS(f) 速度 古仏 vist-[擬声音]「速く」から派生 【俗な】VULGARIS 俗な

日本語	ポルトガル語	スペイン語
側面	lado(m)	lado(m)
底	fundo(m)	fondo(m)
底(靴などの)	sola(f)	suela(f)
そこに	aí	ahí
祖国	pátria(f)	patria(f)
組織	organização(f)	organización(f)
素質	talento(m)	talento(m)
素質(適性)	aptidão(f)	aptitud(f)
訴訟	pleito(m)	pleito(m)
注ぐ	verter	verter
注ぐ(川が)	desembocar	desembocar
育てる	criar	criar
育てる(育成)	cultivar	cultivar
育つ	crescer	crecer
措置	medida(f)	medida(f)
即興の	improviso	improvisado

【側面】LATUS(n) 側面 COSTA(f) 肋骨 【底】FUNDUS(m) 底 【底(靴などの)】SOLUM(n) 靴の裏 LAMELLA(f) 薄板 ルーマニア語の語源は不詳 【そこに】IBI そこに + HIC ここに ILLAC そこに ECCUM それを見よ + ILLOC そこへ 【祖国】PATRIA(f) 祖国 【組織】後ラ organizare「組織する」から派生 【素質】後ラ talentum(n)[＜ギ tálanton 秤]志向 【素質(適性)】APTUS「適した」から派生 【訴訟】PLACERE「気に入る」から派生 PROCESSUS(m) 前進 CAUSA(f) 訴訟 【注ぐ】VERTERE 変わる VERSARE 向きを変える 【注ぐ(川が)】DIS-「否定」の接頭辞 + IN-[動詞を作る接頭辞] + BUCCA(f) 口 →動詞化 SE[再帰代名詞] VERSARE 向きを変える 【育てる】CREARE

— 416 —

フランス語	イタリア語	ルーマニア語
côté(m)	lato(m)	latură(f)
fond(m)	fondo(m)	fund(n)
semelle(f)	suola(f)	talpă(f)
là	là	acolo
patrie(f)	patria(f)	patrie(f)
organisation(f)	organizzazione(f)	organizaţie(f)
talent(m)	talento(m)	talent(n)
aptitude(f)	attitudine(f)	aptitudine(f)
procès(m)	causa(f)	cauză(f)
verser	versare	vărsa
déboucher	sboccare	se vărsa
élever	allevare	creşte
former	coltivare	cultiva
croître	crescere	creşte
mesure(f)	misura(f)	măsură(f)
improvisé	d'improvvisso	improvizat

創造する ELEVARE 高める CRESCERE 成長する 【育てる(育成)】CULTUS(m)「耕作」から派生 FORMARE 形成する 【育つ】CRESCERE 成長する 【措置】METIRI「測定する」から派生 MENSURA(f) 測定 【即興の】IMPROVISUS「思いがけない」から派生

日本語	ポルトガル語	スペイン語
卒業する	graduar-se	graduarse
即興で	de improviso	de improviso
率直に言って	francamente dizendo	francamente hablando
続行	continuação(f)	continuación(f)
続行する	continuar	continuar
率直な	franco	franco
そっと(軽く)	ligeiramente	ligeramente
そっと(密かに)	em segredo	en secreto
袖	manga(f)	manga(f)
外に	fora	fuera
備える	preparar-se	prepararse
その	esse	ese
その上	ainda mais	además
その内に(近日中に)	um dia destes	un día de éstos

【卒業する】GRADUS(m)「階段」から派生　SORTIRI くじを引く　LAURUS(f)「月桂樹」から派生　SE[再帰代名詞]　ABSOLVERE 完成する　【即興で】DE ～に関して + IMPROVISUS「思いがけない」から派生　AD ～へ + ILLE あの　PER ～に関して　スラブne-[否定の接頭辞] + ASPECTARE「注視する」から派生　【率直に言って】後ラ francus 率直な[フランク族の貴族は租税を免除され，自由だった]　MENS(f)「心」の奪格　DICERE「言う」の現在分詞DICENSから派生　FABULARI「喋る」の現在分詞FABULANSから派生　PARABOLA(f)「比喩」に由来する動詞の現在分詞の現在分詞から派生　DISCLUDERE「分かつ」から派生　ルーマニア語のvorbindの語源は不詳　【続行】CONTINUATIO(f)

— 418 —

フランス語	イタリア語	ルーマニア語
sortir	laurearsi	absolvi
à l'improviste	improvvisando	pe neaşteptate
franchement	francamente	deschis
parlant		vorbind
continuation(f)	continuazione(f)	continuare(f)
continuer	continuare	continua
franc	franco	franc
légèrement	leggermente	uşor
secrètement	segretamente	în secret
manche(f)	manica(f)	mânecă(f)
dehors	fuori	afară
se préparer	prepararsi	se pregăti
ce	quello	acela
de plus	per di più	mai mult
un de ces jours	fra pochi giorni	într-una din zilele următoare

---

連続 【続行する】CONTINUARE 連続する 【率直な】後ラ francus 率直な[フランク族の貴族は租税を免除され，自由だった] 【そっと(軽く)】LEVIS 軽い 【そっと(密かに)】IN 〜に SECRETUS 秘密の 【袖】MANICA(f) 袖 【外に】FORAS 外へ DE 〜から+FORIS 外で FORIS 外で AD 〜へ+FORAS 外へ 【備える】PRAEPARARE 準備する ルーマニア語の語源は不詳 【その】IPSE 自ら ECCE + HOC それを見よ ECCUM + ILLE あれを見よ 【その上】DE 〜に関して MAGIS 更に PLUS 更に MULTUS 多く 【その内に(近日中に)】UNUS 一つの DIES(mf) 日 DE 〜の ISTE この DIURNUS 「日中の」から派生 PAUCUS 少ない ルーマニア語のurmătoareの語源は不詳

— 419 —

日本語	ポルトガル語	スペイン語
その後	depois	después
そのころ	então	entonces
その他の	outro	otro
その時	então	entonces
その辺に	por aí	por ahí
そば	lado(m)	lado(m)
祖父	avô(m)	abuelo(m)
ソファー	sofá(m)	sofá(m)
祖母	avó(f)	abuela(f)
素朴な	simples	simple
粗末な	humilde	humilde
染める	tingir	teñir
そよ風	brisa(f)	brisa(f)
空	céu(m)	cielo(m)
剃る(髭を)	barbear-se	afeitarse
それ	esse	ése

【その後】DE 〜の POST 〜の後で ECCE + ILLA あれを見よ 【そのころ】IN 〜に + TUNC その時 AD + ILLA + HORA その時に向けて AD 〜へ + TUNEC その時 【その他の】ALTER 別の DE 〜の 【その時】IN 〜に + TUNC その時 AD + ILLA + HORA その時に向けて AD 〜へ + TUNEC その時 【その辺に】PER 〜にそって IBI そこに HIC ここに AD 〜へ + ILLE あの IN 〜に + VIBRARE 振動させる ECCUM ISTIC それを見よ それを ILLAC そこに AD 〜へ + HICE ここに 【そば】LATUS(n) 側面 COSTA(f) 肋骨 【祖父】AVUS(m) 祖父(＋縮小辞) GRANDIS 大きな PATER(m) 父 後ラnonnus[幼児語で]修道士 BONUS「良い」から派生

— 420 —

フランス語	イタリア語	ルーマニア語
depuis	dopo	după aceea
alors	allora	atunci
d'autres	altro	alt
alors	allora	atunci
aux environs	là	pe aici
côté(m)	lato(m)	latură(f)
grand-père(m)	nonno(m)	bunic(m)
canapé(m)	divano(m)	canapea(f)
grand-mère(f)	nonna(f)	bunică(f)
simple	semplice	simplu
humble	misero	modest
teindre	tingere	vopsi
brise(f)	brezza(f)	briză(f)
ciel(m)	cielo(m)	cer(n)
se raser	radersi	se rade
cela	codesto	acela

【ソファー】アラブsuffa ベンチ　CONOPEUM(n) 蚊帳　トルコdivan「御前会議」から派生　【祖母】AVIA(f) 祖母＋縮小辞　GRANDIS 大きな　MATER(f) 母　後ラnonnus［幼児語で］修道士　BONA「良い」から派生　【素朴な】SIMPLUS 単純な　【粗末な】HUMILIS 飾り気のない　MISER 不幸な　MODESTUS 慎ましい　【染める】TINGERE 濡らす　ブルガリアvápsam「私が染める」から派生　【そよ風】フリージアbrize そよ風　【空】CAELUM(n) 空　【剃る(髭を)】BARBA(f)「髭」から派生　AFFECTARE 気取る　SE［再帰代名詞］　RADERE そり落とす　【それ】IPSE それ自身　HOC＋ECCE それを見よ＋ILLAC そこに　ECCE＋ILLA あれを見よ

日本語	ポルトガル語	スペイン語
それから(それ以来)	desde então	desde entonces
それぞれの	cada	cada
それでは	então	entonces
それとも	ou	o
それ程	tanto	tanto
そろえる(一定にする)	igualar	igualar
そろそろ(ゆっくり)	lentamente	lentamente
そろそろ(間もなく)	dentro de pouco	dentro de poco
そろって	juntos	juntos
そわそわした	inquieto	inquieto
損	perda(f)	pérdida(f)
損害	dano(m)	daño(m)
尊敬	respeito(m)	respeto(m)
損する	perder	perder
尊敬する	respeitar	respetar
存在	existência(f)	existencia(f)

【それから(それ以来)】DE ～から　EX ～の中から　DE ～から　IN ～に＋TUNC その時　AD＋ILLA＋HORA その時に向けて　ECCE＋ILLA あれを見よ　【それぞれの】ギ katá ～ごとに　QUISQUE UNUS 各人ひとつ　OMNIS 全体の　【それでは】IN ～に＋TUNC その時　AD＋ILLA＋HORA その時に向けて　AD ～へ＋TUNEC その時　【それとも】AUT 又は　SI もし＋AUT 又は　【それ程】TANTUS それほど多い　ALIUD 別に＋TANTUM それほど多く　ECCUM＋TANTUM こんなに多く見なさい　【そろえる(一定にする)】AEQUALIS「等しい」の動詞化　【そろそろ(ゆっくり)】LENTUS 緩慢な　MENS(f)「心」の奪格　QUIETUS 平穏な　【そろそろ(間もなく)】

フランス語	イタリア語	ルーマニア語
depuis	da allora	după aceea
chaque	ogni	fiecare
alors	allora	atunci
ou	o	sau
autant	tanto	atât
égaliser	uguagliare	egala
lentement	lentamente	încet
sous peu	fra poco	curând
ensemble	insieme	împreună
inquiet	inquieto	nerăbdător
perte(f)	perdita(f)	pierdere(f)
dommages(m)	danno(m)	daună(f)
respect(m)	rispetto(m)	respect(n)
perdre	perdere	pierde
respecter	rispettare	respecta
existence(f)	esistenza(f)	existenţă(f)

DE ～から INTRO 中へ PAUCUS 少ない SUBTUS 下に INFRA 下方に CURRENDO 走ることで 【そろって】JUNCTUS「結合した」から派生 INSIMUL 同時に IN ～に+PER ～に対して+UNA 一つの 【そわそわした】INQUIETUS 不穏な IRREQUIETUS 休みのない ルーマニア語の語源は不詳 【損】PERDERE「失う」から派生 【損害】DAMNUM(n) 損害 【尊敬】RESPECTUS(m) 尊敬 【損する】PERDERE 失う 【尊敬する】RESPECTARE 顧みる 【存在】EXSISTENTIA(f) 存在

日本語	ポルトガル語	スペイン語
存在する	existir	existir
ぞんざいな(失礼な)	descortês	descortés
ぞんざいな(粗暴な)	grosseiro	grosero
損失	perda(f)	pérdida(f)
損傷	dano(m)	daño(m)
存続	subsistência(f)	subsistencia(f)
存続する	subsistir	subsistir
尊大な	arrogante	arrogante
尊重	respeito(m)	respeto(m)
尊重する	respeitar	respetar
そんな	tal	tal
そんなに	tanto	tanto
存分に	sem reserva	sin reserva

—た—

ダース	dúzia(f)	docena(f)

【存在する】EXSISTERE 生じる 【ぞんざいな(失礼な)】DIS-「否定」を表す接頭辞+COHORS(f) 囲い場 IN-「否定」を表す接頭辞+POLITUS 磨かれた スラブne-[否定の接頭辞]+新ギpolitikós 政治→形容詞化 【ぞんざいな(粗暴な)】GROSSUS「厚い」から派生 RUDIS 粗野な 【損失】PERDERE「失う」から派生 【損傷】DAMNUM(n) 損害 【存続】SUBSISTENTIA(f) 存在 PERSISTERE「固執する」から派生 CONTINUARE「続ける」の名詞化 【存続する】SUBSISTERE 立ち止まる PERMANERE 存続する CONTINUARE 続ける 【尊大な】ARROGANS 不遜な 【尊重】RESPECTUS(m) 尊敬 【尊重する】RESPECTARE 顧みる 【そんな】TALIS このような ECCUM+SIC

フランス語	イタリア語	ルーマニア語
exister	esistere	exista
impoli	scortese	nepoliticos
rude	rude	grosolan
perte(f)	perdita(f)	pierdere(f)
dommage(m)	danno(m)	daună(f)
persistance(f)	persistenza(f)	continuare(f)
subsister	permanere	continua
arrogant	arrogante	arogant
respect(m)	rispetto(m)	respect(n)
respecter	rispettare	respecta
tel	tale	aşa
tant	tanto	atât
sans réserve	senza riserve	fără rezervă

douzaine(f)	dozzina(f)	duzină(f)

そのように見よ 【そんなに】TANTUM こんなに多く ECCUM + TANTUM それほど多くを見よ 【存分に】SINE 〜なしに RESERVARE「保存する」の名詞化 AD 〜へ SATIATE 十分に FORAS 外へ 【ダース】DUODECIM「十二」から派生

日本語	ポルトガル語	スペイン語
ターミナル	terminal(m)	terminal(f)
題(表題)	título(m)	título(m)
体育	ginástica(f)	gimnasia(f)
体育館	ginásio(m)	gimnasio(m)
第一の	primeiro	primero
第一に	primeiro	primero
体温計	termômetro(m)	termómetro(m)
大会	congresso(m)	congreso(m)
体格の良い	corpulento	corpulento
大学	universidade(f)	universidad(f)
大気	atmosfera(f)	atmósfera(f)
耐久性	durabilidade(f)	durabilidad(f)
代金	importância(f)	importe(m)
大工	carpinteiro(m)	carpintero(m)

【ターミナル】TERMINALIS「終わりの」から派生 【題(表題)】TITULUS(m) 表題 【体育】ギgymnasía 体育 【体育館】GYMNASIUM(n) 体育館 PALAESTRA(f) 格闘競技場 ゲ*sala 住居 DE 〜の 【第一の】PRIMARIUS 第一の PRIMUS 第一の ANTE 前で 【第一に】PRIMARIUS「第一の」から派生 SE[再帰代名詞] PRIMUS 第一の ANTE 前で 【体温計】ギ thérmē 熱 + métron 計測 MEDICUS 治療の 【大会】CONGRESSUS(m) 会合 【体格の良い】CORPULENTUS 太った 【大学】UNIVERSITAS(f)「普遍性」から派生 【大気】ギatmós 煙 + sphaîra 地球 【耐久性】DURABILIS「持続性の」から派生 INDURARE 固くする DURARE「継続する」から派

— 426 —

フランス語	イタリア語	ルーマニア語
terminus(m)	terminal(m)	terminus(n)
titre(m)	titolo(m)	titlu(n)
gymnastique(f)	ginnastica(f)	gimnastică(f)
gymnase(m)	palestra(f)	sală(f) de gimnastică(f)
premier	primo	întâi
premièrement	primo	întâi
thermomètre(m)	termometro(m)	termometru(n)
médical		
congrès(m)	congresso(m)	congres(n)
corpulent	corpulento	corpolent
université(f)	università(f)	universitate(f)
atmosphère(f)	atmosfera(f)	atmosferă(f)
endurance(f)	durata(f)	durabilitate(f)
prix(m)	prezzo(m)	preţ(n)
charpintier(m)	carpentiere(m)	dulgher(m)

生 【代金】IMPORTARE「導入する」から派生　PRETIUM(n) 価格　【大工】CARPENTARIUS(m) 車大工　トルコ dülger「大工」から派生

日本語	ポルトガル語	スペイン語
待遇	tratamento(m)	tratamiento(m)
待遇(給料)	salário(m)	salario(m)
退屈な	aborrecido	aburrido
体系	sistema(m)	sistema(m)
体系的な	sistemático	sistemático
体験	experiência(f)	experiencia(f)
太鼓	tambor(m)	tambor(m)
滞在する	permanecer	permanecer
対策	medidas(f)	medidas(f)
大使	embaixador(m)	embajador(m)
大使館	embaixada(f)	embajada(f)
大事な(重要な)	importante	importante
大事な(貴重な)	precioso	precioso
体質	constituição(f)	constitución(f)
大して〜ない	não...muito	no...mucho
大衆	massas(f)	masa(f)

【待遇】TRACTARE「取り扱う」から派生 -MENTUM(n) 名詞を作る語尾 【待遇(給料)】SALARIUM(n) 給金 【退屈な】ABHORRERE「憎む」から派生 ODIUM(n)「憎しみ」から派生 新ギéplixa「打撃を被った」から派生 【体系】SYSTEMA(n) 体系 【体系的な】SYSTEMATICUS 体系的な 【体験】EXPERIENTIA(f) 経験 【太鼓】アラブtabl「ドラム」から派生 【滞在する】PERMANERE 持続する DIURNUS「日中の」から派生 SEDERE「座る」から派生 【対策】METIRI「測量する」から派生 MENSURA(f)「測定」から派生 【大使】後ラ ambactia 使節→イ ambasciatore「大使」から他のロマンス語が借用 【大使館】後ラ ambactia 使節→イ ambasciata「大使館」から他のロ

— 428 —

フランス語	イタリア語	ルーマニア語
traitement(m)	trattamento(m)	tratament(n)
salaire(m)	salario(m)	salariu(n)
ennuyeux	noioso	plictisitor
système(m)	sistema(m)	sistem(n)
systématique	sistematico	sistematic
expérience(f)	esperienza(f)	experientă(f)
tambour(m)	tamburo(m)	tambur(n)
séjourner	soggiornare	şedere(f)
mesure(f)	misura(f)	māsurā(f)
ambassadeur(m)	ambasciatore(m)	ambasador(m)
ambassade(f)	ambasciata(f)	ambasadā(f)
important	importante	important
précieux	prezioso	pretios
complexion(f)	costituzione(f)	constituţie(f)
ne...beaucoup	non...tanto	nu...prea
masses(f)	massa(f)	masā(f)

マンス語が借用 【大事な(重要な)】IMPORTARE「導入する」の現在分詞 IMPORTANSから派生 【大事な(貴重な)】PRETIUM(n)「価格」から派生 【体質】CONSTITUTIO(f) 性質　COMPLEXIO(f) 結合　【大して～ない】NON ない　MULTUM 多く　BELLUS 美しい＋COLAPHUS(m) 拳打　TANTUM そんなに多く　スラブprĕ「とても」から派生　【大衆】MASSA(f) 塊

— 429 —

日本語	ポルトガル語	スペイン語
大衆的な	popular	popular
体重	peso(m)	peso(m)
対称	simetria(f)	simetría(f)
対象	objeto(m)	objeto(m)
対照	contraste(m)	contraste(m)
退職	retiro(m)	retiro(m)
退職する	aposentar-se	retirarse
大臣	ministro(m)	ministro(m)
体制	regime(m)	régimen(m)
大西洋	Oceano(m) Atlântico	Océano(m) Atlántico
大切な	importante	importante
大切な(貴重な)	precioso	precioso
体操	ginástica(f)	gimnasia(f)
怠惰な	preguiçoso	perezoso
大多数	maioria(f)	mayoría(f)

【大衆的な】POPULARIS 民衆の 【体重】PENSUM(n) 重さ GRAVIS「重い」から派生 【対称】SYMMETRIA(f) 対称 【対象】OBJECTUM(n) 対象 【対照】CONTRA 〜に対して＋STARE 立っている→動詞化→名詞化 【退職】ポルトガル語・スペイン語は語源不詳 DEMISSIO(f) 低下 【退職する】スペイン語は語源不詳 DEMISSIO(f)「低下」から派生 LICENTIA(f)「自由」から派生 【大臣】MINISTER(m) 僕 【体制】REGIMEN(n) 統治 【大西洋】OCEANUS(m) 大洋 ATLANTICUS 大西洋の 【大切な】IMPORTARE「導入する」の現在分詞IMPORTANSから派生 【大切な(貴重な)】PRETIOSUS 高価な 【体操】ギgymnasía 体育 【怠惰な】PIGRITIA(f)「怠惰」から派生

フランス語	イタリア語	ルーマニア語
populaire	popolare	popular
poids(m)	peso(m)	greutate(f)
symétrie(f)	simmetria(f)	simetrie(f)
objet(m)	oggetto(m)	obiect(n)
contraste(m)	contrasto(m)	contrast(n)
démission(f)	dimissioni(f)	demisie(f)
démissionner	licenziarsi	demisiona
ministre(m)	ministro(m)	ministru(m)
régime(m)	regime(m)	regim(n)
Océan(m)	Oceano(m)	Oceanul(n)
Atlantique	Atlantico	Atlantic
important	importante	important
précieux	prezioso	preţios
gymnastique(f)	ginnastica(f)	gimnastică(f)
paresseux	ozioso	trândav
majorité(f)	maggioranza(f)	majoritate(f)

OTIOSUS 暇な　ルーマニア語の語源は不詳　【大多数】MAJORITAS(f) 大多数

日本語	ポルトガル語	スペイン語
大胆な	audaz	audaz
大抵	geralmente	generalmente
態度	atitude(f)	actitud(f)
大統領	presidente(m)	presidente(m)
台所	cozinha(f)	cocina(f)
タイトル	título(m)	título(m)
代表者	representante(mf)	representante(mf)
だいぶ	bastante	bastante
タイプライター	máquina(f) de escrever	máquina(f) de escribir
太平洋	Oceano(m) Pacífico	Océano(m) Pacífico
大変	muito	mucho
大変な(重大な)	grave	grave
逮捕	detenção(f)	detención(f)
逮捕する	deter	detener

【大胆な】AUDAX 勇気のある ルーマニア語の語源は不詳 【大抵】GENERALIS 全体的な MENS(f)「心」の奪格 IN ～に 【態度】俗ラ*aptitudo 配置 イタリア語の語源は不詳 【大統領】PRAESIDENS(m) 管理者 【台所】COQUINA(f) 台所 BUCCATA(f)「一口」から派生 【タイトル】TITULUS(m) 表題 【代表者】REPRAESENTARE「代表する」の現在分詞REPRAESENTANSから派生 【だいぶ】ギbastázein「支える」から派生 SATIS 十分に DE ～に関して + SATUR 十分な 【タイプライター】MACHINA(f) 機械 DE ～の SCRIBERE 書く SCRIPTUS 書くための 【太平洋】OCEANUS(m) 大洋 PACIFICUS 穏やかな 【大変】MULTUM 多く BELLUS 美しい +

— 432 —

フランス語	イタリア語	ルーマニア語
audacieux	audace	îndrăzneţ
généralement	generalmente	în general
attitude(f)	atteggiamento(m)	atitudine(f)
président(m)	presidente(m)	preşedinte(m)
cuisine(f)	cucina(f)	bucătărie(f)
titre(m)	titolo(m)	titlu(n)
représentant(m)	rappresentante(m)	reprezentant(m)
assez	abbastanza	destul
machine(f)	macchina(f) da	maşină(f) de
écrire	scrivere	scris
Océan(m)	Oceano(m)	Oceanul(n)
Pacifique	Pacifico	Pacific
beaucoup	molto	mult
grave	grave	greu
arrestation(f)	arresto(m)	arestare(f)
arrêter	arrestare	aresta

COLAPHUS(m) 拳打 【大変な(重大な)】GRAVIS 重要な 【逮捕】DETENTIO(f) 引き留めること RESTARE「逆らう」から派生 【逮捕する】DETINERE 引き留める RESTARE「逆らう」から派生

日本語	ポルトガル語	スペイン語
大砲	canhão(m)	cañón(m)
怠慢な	negligente	negligente
タイミング良く	a tempo	a tiempo
タイム	tempo(m)	tiempo(m)
体面	reputação(f)	reputación(f)
タイヤ	pneu(m)	neumático(m)
ダイヤモンド	diamante(m)	diamante(m)
ダイヤル	disco(m)	disco(m)
太陽	sol(m)	sol(m)
代用する	substituir	sustituir
平らな	plano	plano
代理	substituição(f)	sustitución(f)
代理の	substituto	sustitutivo
代理人	substituto(m)	sustituto(m)
代理(代理業者)	agente(m)	agente(m)
大陸	continente(m)	continente(m)

【大砲】CANNA(f) 葦 TONUS(m)「雷鳴」から派生 【怠慢な】NEGLEGENS 無頓着な 【タイミング良く】AD 〜に TEMPUS(n) 時 ILLE あの MOMENTUM(n) 瞬間 JUSTUS 正当な ILLAC そこに 【タイム】TEMPUS(n) 時 【体面】REPUTATIO(f) 吟味 【タイヤ】PNEUMATICUS 空気に関する 【ダイヤモンド】ADAMAS(n) 鋼鉄 【ダイヤル】DISCUS(m) 円盤 QUADRARE 「四角にする」の現在分詞QUADRANSから派生 SCALA(f) 目盛り 【太陽】SOL(m) 太陽(＋縮小辞) 【代用する】SUBSTITUERE 代わりに置く 【平らな】PLANUS 平らな 【代理】SUBSTITUTIO(f) 代理 SUPPLERE「完全にする」から派生 【代理の】SUBSTITUTIVUS 代理の SUPPLERE「完全にす

— 434 —

フランス語	イタリア語	ルーマニア語
canon(m)	cannone(m)	tun(n)
négligent	negligente	neglijent
à temps	al momento giusto	la timp
temps(m)	tempo(m)	tempo(m)
réputation(f)	reputazione(f)	reputaţie(f)
pneu(m)	pneumatico(m)	pneu(n)
diamant(m)	diamante(m)	diamant(n)
cadran(m)	disco(m)	scală(f)
soleil(m)	sole(m)	soare(m)
substituer	sostituire	substitui
plat	piano	plan
suppléance(f)	sostituzione(f)	substituire(f)
suppléant	sostituto	substituit
suppléant(m)	sostituto(m)	substitut(m)
agent(m)	agente(m)	agent(m)
continent(m)	continente(m)	continent(n)

る」から派生 【代理人】SUBSTITUTUS(m) 代理人 SUPPLERE「完全にする」から派生 【代理(代理業者)】AGENS(m) 行為者 【大陸】CONTINENS(f) 大陸

日本語	ポルトガル語	スペイン語
対立	oposição(f)	oposición(f)
対立する	opor-se	oponerse
大量の	grande quantidade de	gran cantidad de
体力	força(f) física	fuerza(f) física
対話	diálogo(m)	diálogo(m)
絶えず	constantemente	constantemente
耐える	agüentar	aguantar
倒す	derrubar	derrumbar
タオル	toalha(f)	toalla(f)
倒れる	cair	caer
高い	alto	alto
高い(物価が)	caro	caro
互いの	mútuo	mutuo
高さ	altura(f)	altura(f)
高める	elevar	elevar

【対立】OPPOSITIO(f) 対立 【対立する】OPPONERE 対立する SE[再帰代名詞] 【大量の】GRANDIS 大きな QUANTITAS(f) 量 DE ～で MAS「男らしい」から派生 【体力】FORTIA(f) 力 PHYSICUS 自然に関する 【対話】DIALOGUS(m) 対話 【絶えず】CONSTANS 不変の MENS(f)「心」の奪格 CONTINUUS 間断なき 【耐える】イ agguantare[＜guanto 手袋]握りしめる INDURARE 固くする SUPPORTARE 支える ルーマニア語の語源は不詳 【倒す】FACERE 引き起こす フランク*tûmon[＜tumb- 擬声音]転ぶ BATTUERE 打つ ルーマニア語の語源は不詳 【タオル】フランク*thwahljō 洗う SERVIRE 奴隷である EXSUCARE 絞り出す＋MANUS 手

— 436 —

フランス語	イタリア語	ルーマニア語
opposition(f)	opposizione(f)	opoziţie(f)
s'opposer	opporsi	se opune
grande quantité	grande quantità	mare cantitate
de	di	de
force(f) physique	forza(f) fisica	forţă(f) fizică
dialogue(m)	dialogo(m)	dialog(n)
continuellement	continuamente	constant
endurer	sopportare	răbda
faire tomber	abbattere	doborî
serviette(f)	asciugamano(m)	prosop(n)
tomber	cadere	cădea
haut	alto	înalt
cher	caro	scump
mutuel	mutuo	mutual
hauteur(f)	altezza(f)	înălţime(f)
élever	elevare	ridica

→名詞化 新ギprósopon 顔 【倒れる】CADERE 倒れる フランク*tûmon [＜tumb- 擬声音]転ぶ 【高い】ALTUS 高い 【高い(物価が)】CARUS 高価な スラブskonpū「貪欲な」から派生 【互いの】MUTUUS 相互の 【高さ】ALTUS「高い」から派生 IN + ALTUM「高いところに」から派生 【高める】ELEVARE 高める ERADICARE 根絶する

日本語	ポルトガル語	スペイン語
宝	tesouro(m)	tesoro(m)
だから	por isso	por eso
宝くじ	loteria(f)	lotería(f)
滝	catarata(f)	cascada(f)
妥協する	acomodar-se	acomodarse
抱く	abraçar	abrazar
たくさん	muito	mucho
タクシー	táxi(m)	taxi(m)
逞しい	vigoroso	vigoroso
逞しい(筋肉質の)	musculoso	musculoso
巧みな	hábil	hábil
蓄える(保存する)	reservar	reservar
竹	bambu(m)	bambú(m)
～だけ	somente	solamente
確かな	seguro	seguro
確かめる	confirmar	confirmar

【宝】THESAURUS(m) 宝 【だから】PER ～によって IPSUM それ自身 DUM さて＋TUNC その時 ECCE HOC これを見よ＋EST ～である DE ～から ECCE＋ILLA あれを見よ 【宝くじ】中オランダ loterije 当たりくじ 【滝】俗ラ*casicare「落ちる」から派生 【妥協する】ACCOMODARE 適応させる SE[再帰代名詞] 【抱く】BRACCHIUM(n) 肘→動詞化 【たくさん】MULTUM たくさん BELLUS 美しい＋COLAPHUS(m) 拳打 【タクシー】TAXARE「査定する」からの造語 【逞しい】VIGOROSUS 力のある 【逞しい(筋肉質の)】MUSCULOSUS 筋肉の多い 【巧みな】HABILIS 手頃な 【蓄える(保存する)】RESERVARE 保存する 【竹】マレー bambū 竹 【～だけ】

フランス語	イタリア語	ルーマニア語
trésor(m)	tesoro(m)	tezaur(n)
donc	perciò	de aceea
loterie(f)	lotteria(f)	loterie(f)
cascade(f)	cascata(f)	cascadă(f)
s'accommoder	accordarsi	se acomoda
embrasser	abbracciare	îmbrăţişa
beaucoup	molto	mult
taxi(m)	tassì(m)	taxi(n)
vigoureux	vigoroso	viguros
musculeux	muscoloso	musculos
habile	abile	abil
réserver	riservare	rezerva
bambou(m)	bambù(m)	bambus(m)
seulement	solamente	numai
sûr	sicuro	sigur
confirmer	assicurarsi	confirma

SOLUS 単独の　MENS(f)「心」の奪格　NON ～でない＋MAGIS 更に　【確かな】SECURUS 確かな　【確かめる】CONFIRMARE 確かめる　SECURUS「安全な」から派生

日本語	ポルトガル語	スペイン語
助かる(危険から)	salvar-se	salvarse
助かる(生き残る)	sobreviver	sobrevivir
助ける(援助する)	ajudar	ayudar
助ける(救助する)	salvar	salvar
訪ねる	visitar	visitar
尋ねる	perguntar	preguntar
ただの	gratuito	gratuito
ただの(平凡な)	comum	común
戦う	lutar	luchar
叩く	bater	batir
正しい(正確な)	correto	correcto
正しい(正当な)	justo	justo
直ちに	imediatamente	inmediatamente
畳む	dobrar	doblar
漂う	flotar	flotar
立ち上がる	levantar-se	levantarse

【助かる(危険から)】SALVARE 助ける SE[再帰代名詞] 【助かる(生き残る)】SUPERVIVERE 生きながらえる SUPER 〜の上に + VITA(f) 命→動詞化 【助ける(援助する)】ADJUTARE 助ける 【助ける(救助する)】SALVARE 助ける 【訪ねる】VISITARE 訪ねる 【尋ねる】PERCONTARI 尋ねる DEMANDARE 委ねる INTERROGARE 尋ねる 【ただの】GRATUITUS ただの 【ただの(平凡な)】COMMUNIS 共通の 【戦う】LUCTARI 格闘する 【叩く】BATTUERE 撃ち合う 【正しい(正確な)】CORRECTUS 正しい 【正しい(正当な)】JUSTUS 正当な 【直ちに】IMMEDIATUS 直接の MENS(f)「心」の奪格 【畳む】DUPLUS「二倍の」の動詞化 PLICARE 畳む 【漂う】

フランス語	イタリア語	ルーマニア語
se sauver	salvarsi	se salva
survivre	sopravvivere	supravieţui
aider	aiutare	ajuta
sauver	salvare	salva
visiter	visitare	vizita
demander	domandare	întreba
gratuit	gratuito	gratuit
commun	comune	comun
lutter	lottare	lupta
battre	battere	bate
correct	corretto	corect
juste	giusto	just
immédiatement	immediatamente	imediat
plier	piegare	dubla
flotter	fluttuare	pluti
s'élever	alzarsi	se ridica

FLUCTUARE 波打つ　ブルガリアpluta「浮く」から派生　【立ち上がる】
LEVARE「軽くする」の現在分詞LEVANSから派生　SE[再帰代名詞]
ELEVARE 上げる　ALTUS「高い」から派生　ERADICARE 根絶する

— 441 —

日本語	ポルトガル語	スペイン語
立ち去る	ir-se embora	irse
立ち止まる	parar	parar
立場	posição(f)	posición(f)
立つ(起立する)	levantar-se	levantarse
建つ(建物が)	edificar-se	edificarse
立つ(出発する)	partir	partir
経つ	passar	pasar
卓球	pingue-pongue(m)	ping-pong(m)
達する(水準が)	alcançar	alcanzar
達成する	realizar	realizar
脱線(話の)	digressão(f)	digresión(f)
脱線する	descarrilar	descarrilar
たった	somente	solamente
縦の	vertical	vertical
建物	edifício(m)	edificio(m)
立てる	levantar	levantar

【立ち去る】IRE 行く　SE[再帰代名詞]　IN BONAM HORAM 良いときに　INDE そこから　AMBULARE 漫歩する　VIA(f) 道路　【立ち止まる】PARARE 用意する　SE[再帰代名詞]　RESTARE「残る」から派生　FIRMARE 固める　スラブoprēti「止まる」から派生　【立場】POSITIO(f) 位置　【立つ(起立する)】LEVARE「軽くする」の現在分詞LEVANSから派生　SE[再帰代名詞]　ALTUS「高い」から派生　ERADICARE 根絶する　【建つ(建物が)】AEDIFICARE 建築する　SE[再帰代名詞]　SURGERE 起こす　ESSE ～である　CONSTRUERE「築く」の完了分詞CONSTRUCTUSから派生　【立つ(出発する)】PARTIRI 分ける　PLICARE 畳む　【経つ】PASSUS(m)「歩み」の動詞

— 442 —

フランス語	イタリア語	ルーマニア語
s'en aller	andare via	se duce
s'arrêter	fermarsi	se opri
position(f)	posizione(f)	poziție(f)
se lever	alzarsi	se ridica
s'élever	essere costruito	se edifica
partir	partire	pleca
passer	passare	trece
ping-pong(m)	ping-pong(m)	ping-pong(n)
arriver	raggiungere	ajunge
accomplir	compiere	realiza
déraillement(m)	digressione(f)	digresiune(f)
dérailler	deragliare	deraia
seulement	solamente	numai
vertical	verticale	vertical
bâtiment(m)	edificio(m)	edificiu(n)
relever	alzare	ridica

化 TRAJICERE 渡る 【卓球】英語 ping-pong[テーブルテニスの商標]ピンポン 【達する(水準が)】CALX(f)「踵」の動詞化 俗ラ*arripare 岸に着く ADJUNGERE 加える 【達成する】REALIS「事実の」の動詞化 AD ～へ COMPLERE 完全にする 【脱線(話の)】DIGRESSIO(f) 分離 英語 rail「レール」から派生 【脱線する】CARRUS(m)「荷馬車」から派生 英語 rail「レール」から派生 【たった】SOLUS 単独の MENS(f)「心」の奪格 NON ない + MAGIS 更に 【縦の】VERTICALIS 頂上に向かう 【建物】AEDIFICIUM(n) 建物 フランク*bastjan 樹皮で築く 【立てる】LEVARE「軽くする」の現在分詞 LEVANS から派生 ALTUS「高い」から派生 ERADICARE 根絶する

日本語	ポルトガル語	スペイン語
建てる	construir	construir
例えば	por exemplo	por ejemplo
例える	comparar	comparar
辿る	seguir	seguir
棚	estante(f)	estante(m)
谷	vale(m)	valle(m)
種(種子)	semente(f)	semilla(f)
種(果実の)	caroço(m)	pipa(f)
楽しい	agradável	agradable
楽しみ	prazer(m)	placer(m)
楽しむ	divertir-se	divertirse
頼む	pedir	pedir
煙草(植物)	tabaco(m)	tabaco(m)
煙草(紙巻き)	cigarro(m)	cigarrillo(m)
煙草(葉巻)	charuto(m)	cigarro(m)
旅	viagem(f)	viaje(m)

【建てる】CONSTRUERE 建てる 【例えば】PER 〜に関して　EXEMPLUM(n) 例　DE 〜に関して　【例える】COMPARAR 対立させる　ギparakonaein「研ぐ」から派生　【辿る】SEQUI 従う　ルーマニア語の語源は不詳　【棚】STARE「立っている」の現在分詞STANSの名詞化　STARE「立っている」から派生　イタリア語は語源不詳　【谷】VALLES(f) 谷　【種(種子)】SEMEN(n) 種　SEMENTIS(f)「種子」から派生　【種(果実の)】PIPARE「さえずる」から派生　俗ラ*pep-[擬声音]小さい　NUX(f)「クルミ」から派生　MEDIUS「中間の」から派生　【楽しい】GRATUS「気に入りの」から派生　アルバニアbukur「喜び」から派生　【楽しみ】PLACERE「気に入らす」の名

— 444 —

フランス語	イタリア語	ルーマニア語
construire	costruire	construi
par exemple	per esempio	de exemplu
comparer	paragonare	compara
suivre	seguire	urma
étagère(f)	scaffale(m)	etajeră(f)
vallée(f)	valle(f)	vale(f)
semence(f)	seme(m)	sămânţă(f)
pépin(m)	nocciolo(m)	miez(n)
agréable	gradevole	bucuros
plaisir(m)	piacere(m)	bucurie(f)
se divertir	divertirsi	se distra
prier	chiedere	ruga
tabac(m)	tabacco(m)	tutun(n)
cigarette(f)	sigaretta(f)	ţigară(f)
cigare(m)	sigaro(m)	ţigară(f) de foi
voyage(m)	viaggio(m)	călătorie(f)

詞化 アルバニア bukur「喜び」から派生 【楽しむ】DIVERTERE 気を紛らす SE[再帰代名詞] DISTRAHERE 分かつ 【頼む】PETERE 願望する PRECARI 懇願する QUAERERE 求める ROGARE 尋ねる 【煙草(植物)】?アラブ tabgh 煙草 ?カリブ tabaco 煙草 トルコ tütün「煙草」から派生 【煙草(紙巻き)】マヤ sik'ar 喫煙する＋縮小辞 独 Zigarre[＜スペイン語経由]葉巻 【煙草(葉巻)】マヤ sik'ar 喫煙する DE ～の FOLIUM(n) 葉 【旅】VIATICUS「旅に関する」から派生 CALLIS(mf)「小径」から派生

日本語	ポルトガル語	スペイン語
たび（〜するたびに）	cada vez que	cada vez que
度々	freqüentemente	frecuentemente
多分	talvez	tal vez
食べ物	comida(f)	comida(f)
食べる	comer	comer
たまの	raro	raro
玉(球)	bola(f)	bola(f)
卵	ovo(m)	huevo(m)
魂	alma(f)	alma(f)
騙す	enganar	engañar
タマネギ	cebola(f)	cebolla(f)
溜まる	acumular-se	acumularse
黙る	calar-se	callarse
ダム	represa(f)	presa(f)
為に(目的)	para	para
為に(理由)	por causa de	por causa de

【たび（〜するたびに）】ギkatá 〜ごとに　VICIS(f) 交代　QUOD［関係代名詞］OMNIS 全体の　VOLVERE「転がす」の完了分詞女性形VOLUTAから派生　ルーマニア語のoriの語源は不詳　DE 〜の　QUANTUS いかに大きい？【度々】FREQUENS 度重なる　MENS(f)「心」の奪格　【多分】TALIS このような + VICIS(f) 交代　POSSE 〜ができる　STARE 立っている　FORSIT 多分　【食べ物】COMEDERE「食い尽くす」から派生　ALIMENTUM(n) 食料　スラブhrana「食べ物」から派生　【食べる】COMEDERE 食い尽くす　MANDUCARE 食べる　【たまの】RARUS 希な　【玉(球)】BULLA(f) 球　フランク*bikkil サイコロ　【卵】OVUM(n) 卵　【魂】ANIMA(f) 魂　スラブduhū

フランス語	イタリア語	ルーマニア語
chaque fois que	ogni volta che	ori de câte ori
fréquemment	frequentemente	frecvent
peut-être	forse	poate
aliment(m)	alimento(m)	hrană(f)
manger	mangiare	mânca
rare	raro	rar
boule(f)	palla(f)	bilă(f)
œuf(m)	uovo(m)	ou(n)
âme(f)	anima(f)	duh(n)
tromper	ingannare	înşela
oignon(m)	cipolla(f)	ceapă(f)
s'accumuler	accumularsi	se acumula
se taire	tacere	tăcea
barrage(m)	diga(f)	baraj(n)
pour	per	pentru
à cause de	a causa di	din cauza

「魂」から派生 【騙す】IN 〜に対して GANNIRE 吠える フランス語・ルーマニア語の語源は不詳 【タマネギ】C(A)EPA(f) タマネギ+縮小辞 UNIO(f) タマネギ CAEPA(f) タマネギ 【溜まる】ACCUMULARE 積み上げる SE [再帰代名詞] 【黙る】ギkhalân「緩める」から派生 SE[再帰代名詞] TACERE 黙る 【ダム】PRESA「圧縮された」からの造語 フランス語・イタリア語・ルーマニア語の語源は不詳 【為に(目的)】PER 〜のために+AD 〜に PER 〜のために+INTRO 中へ 【為に(理由)】PER 〜のために CAUSA(f) 原因 DE 〜の AB 〜で DE 〜から+IN 〜に

日本語	ポルトガル語	スペイン語
ため息	suspiro(m)	suspiro(m)
試す	provar	probar
ためらう	hesitar	vacilar
頼る	depender de	depender de
タラ	bacalhau(m)	bacalao(m)
堕落する	corromper-se	corromperse
だらしない	negligente	negligente
足りない	faltar	faltar
足りる	bastar	bastar
誰が？	quem?	¿quién?
樽	barril(m)	barril(m)
弾圧する	oprimir	oprimir
単位	unidade(f)	unidad(f)
単一の	único	único
タンカー	navio(m) petroleiro	petrolero(m)

【ため息】SUSPIRITUS(m) ため息 SUSPIRARE「嘆息する」から派生 【試す】PROBARE 試す EXIGERE 調べる CIRCARE 一回り歩く 【ためらう】HAESITARE ためらう VACILLARE ためらう 【頼る】DEPENDERE 依存する DE 〜に関して 【タラ】ポルトガル語・スペイン語・フランス語・イタリア語の語源は不詳 英語cod タラ 【堕落する】CORRUMPERE 誘惑する SE[再帰代名詞] 【だらしない】NEGLEGENS 無頓着な 【足りない】俗ラ*fallita「不足」から派生 MANCUS「欠陥のある」から派生 新ギlípso[lipó「不足する」の未来形] 【足りる】ギbastázein 支える SUFFICERE 足りる ADJUNGERE 加える 【誰が？】QUI[の主格および対格]誰？ 【樽】ポルト

— 448 —

フランス語	イタリア語	ルーマニア語
soupir(m)	sospiro(m)	suspin(n)
essayer	provare	cerca
hésiter	esitare	ezita
dépendre de	dipendere da	depinde de
morue(f)	merluzzo(m)	cod(m)
se corrompre	corrompersi	se corupe
négligent	negligente	neglijent
manquer	mancare	lipsi
suffire	bastare	ajunge
qui?	chi?	cine?
baril(m)	barile(m)	butoi(n)
opprimer	opprimere	oprima
unité(f)	unità(f)	unitate(f)
unique	unico	unic
pétrolier(m)	petroliera(f)	petrolier(m)

ガル語・スペイン語・フランス語・イタリア語の語源は不詳　BUTIS(f) 壷【弾圧する】OPPRIMIRE 圧迫する　【単位】UNITAS(f) 単一　【単一の】UNICUS 唯一の　【タンカー】NAVIS(f) 船　後ラ petroleum(n)[＜PETRA 石＋OLEUM 油]「石油」からの造語

日本語	ポルトガル語	スペイン語
段階	grau(m)	grado(m)
探検	exploração(f)	exploración(f)
断言する	afirmar	afirmar
単語	palavra(f)	palabra(f)
タンゴ	tango(m)	tango(m)
短縮する	abreviar	abreviar
単純な	simples	simple
誕生日	aniversário(m)	cumpleaños(m)
タンス	armário(m)	armario(m)
ダンス	dança(f)	baile(m)
男性	homem(m)	hombre(m)
男性的な	viril	viril
団体(集団)	grupo(m)	grupo(m)
団体(組織)	corpo(m)	cuerpo(m)
段々(次第に)	gradualmente	gradualmente
単調な	monótono	monótono

【段階】GRADUS(m) 段 【探検】EXPLORATIO(f) 踏査 【断言する】FIRMUS「強固な」から派生 【単語】PARABOLA(f) 比喩 MUTTIRE「つぶやく」の完了分詞MUTTITUSから派生 CONVENTUM(n) 同意 【タンゴ】語源不詳［太鼓の擬声音，または「踊る」に由来するという説もある］【短縮する】ABBREVIARE 縮める REDUCERE 返す 【単純な】SIMPLEX 単純な 【誕生日】COMPLERE 満たす + ANNUS(m) 年齢 ANNIVERSARIUM(n) 記念日 DIES(mf) 日 DE ～の NASCI「生まれる」から派生 【タンス】ARMARIUM(n) 戸棚 トルコdolap「戸棚」から派生 【ダンス】フランク*dintjan「あちこち動く」から派生 BALLARE 踊る 【男性】HOMO(mf) 人間 【男性的な】VIRILIS

— 450 —

フランス語	イタリア語	ルーマニア語
grade(m)	grado(m)	grad(n)
exploration(f)	esplorazione(f)	explorare(f)
affirmer	affermare	afirma
mot(m)	parola(f)	cuvânt(n)
tango(m)	tango(m)	tangou(n)
abréger	ridurre	abrevia
simple	semplice	simplu
anniversaire(m)	compleanno(m)	zi(f) de naştere
armoire(f)	armadio(m)	dulap(n)
danse(f)	danza(f)	dans(n)
homme(m)	uomo(m)	om(m)
viril	virile	viril
groupe(m)	gruppo(m)	grup(n)
corps(m)	corpo(m)	corp(n)
graduellement	gradualmente	treptat
monotone	monotono	monoton

男の 【団体(集団)】ゲ*gruppo 集まり 【団体(組織)】CORPUS(n) 体 【段々(次第に)】GRADUS(m)「階段」から派生 MENS(f)「心」の奪格 TRAJICERE「渡る」の完了分詞女性形TRAJECTAから派生 【単調な】ギmonótonos 単調な

日本語	ポルトガル語	スペイン語
断定する(断言)	afirmar	afirmar
担当者	encarregador(m)	encargado(m)
単なる	simples	simple
単に	somente	solamente
タンパク質	proteína(f)	proteína(f)
暖房	aquecimento(m)	calefacción(f)
段落	parágrafo(m)	párrafo(m)
弾力性	elastidade(f)	elasticidad(f)
弾力のある	elástico	elástico
暖炉	lareiro(m)	chimenea(f)

―ち―

血	sangue(f)	sangre(f)
治安	ordem(f) pública	orden(m) público
地位(位置)	posição(f)	posición(f)
地域	região(f)	región(f)

【断定する(断言)】AFFIRMARE 確言する 【担当者】CARRUS(m)「荷馬車」から派生 PRAEPONERE「長にする」から派生 ADMINISTRATOR(m) 指導者 【単なる】SIMPLEX 単純な 【単に】SOLUS 唯一の MENS(f)「心」の奪格 NON ～でない + MAGIS 更に 【タンパク質】ギprōteîn「第一の」から派生 【暖房】CALEFACTARE「暖かくする」から派生 CALIDUS「暑い」から派生 【段落】PARAGRAPHUS(m) 節 【弾力性】ELASTICUS「弾力のある」から派生 【弾力のある】ELASTICUS 弾力のある 【暖炉】LAR(m)「家」から派生 CAMINUS(m) 暖炉 CAMINUS(m) 暖炉 トルコsoba「ストーブ」から派生 【血】SANGUIS(m) 血 【治安】ORDO(m) 秩序 PUBLICUS

— 452 —

フランス語	イタリア語	ルーマニア語
affirmer	affermare	afirma
préposé(m)	incaricato(m)	administrador(m)
simple	semplice	simplu
seulement	solamente	numai
protéine(f)	proteina(f)	proteină(f)
chauffage(m)	riscaldamento(m)	încălzire(f)
paragraphe(m)	paragrafo(m)	paragraf(n)
élasticité(f)	elasticità(f)	elasticitate(f)
élastique	elastico	elastic
cheminée(f)	camino(m)	sobă(f)
sang(m)	sangue(f)	sânge(n)
ordre(m) public	ordine(m)	ordine(f)
position(f)	posizione(f)	poziţie(f)
région(f)	regione(f)	regiune(f)

公の 【地位(位置)】 POSITIO(f) 地位 【地域】 REGIO(f) 地方

日本語	ポルトガル語	スペイン語
小さい	pequeno	pequeño
チーズ	queijo(m)	queso(m)
チーフ	chefe(m)	jefe(m)
チーム	equipe(m)	equipo(m)
知恵	sabedoria(f)	sabiduría(f)
チェーン	cadeia(f)	cadena(f)
チェス	xadrez(m)	ajedrez(m)
チェック(小切手)	cheque(m)	cheque(m)
近い(時間が)	próximo	próximo
近い(場所が)	perto	cercano
誓い	juramento(m)	juramento(m)
違い	diferença(f)	diferencia(f)
誓う	jurar	jurar
違う	diferente	diferente
近くの	vizinho	vecino

【小さい】俗ラ*pittitus[擬声音]小さい　俗ラ*pikk-[擬声音]　ルーマニア語の語源は不詳　【チーズ】CASEUS(m) チーズ　FORMATICUS 型どられた　ルーマニア語の語源は不詳　【チーフ】CAPUT(n) 頭　【チーム】古ノルマンディーakipa 船　【知恵】SAPIDUS「味のある」から派生　INTELLECTIO(f) 知恵　【チェーン】CATENA(f) 鎖　ブルガリアlanec「鎖」から派生　【チェス】アラブash-shitranj[＜サンスクリットcatur-aṅga 四隅]チェス　ペルシアshâh 王　【チェック(小切手)】英語check 小切手　ASSIGNARE「引き渡す」から派生　【近い(時間が)】PROXIMUS 最も近い　PROPE 近くに　APPROPIARE「近づく」から派生　【近い(場所が)】PRESSUS「圧縮された」から派生　CIRCA

— 454 —

フランス語	イタリア語	ルーマニア語
petit	piccolo	puţin
fromage(m)	formaggio(m)	brânză(f)
chef(m)	capo(m)	şef(m)
équipe(f)	équipe(f)	equipă(f)
sagesse(f)	saggezza(f)	înţelepciune(f)
chaîne(f)	catena(f)	lanţ(n)
échecs(m)	scacchi(m)	şah(n)
chèque(f)	assegno(m)	cec(n)
proche	prossimo	apropiat
proche	vicino	apropiat
serment(m)	giuramento(m)	jurământ(n)
différence(f)	differenza(f)	deosebire(f)
jurer	giurare	jura
différent	differente	diferit
voisin	vicino	vecin

～の周囲に PROPE 近くに VICINUS 近くの APPROPIARE「近づく」から派生 【誓い】JURAMENTUM(n) 宣誓 SACRAMENTUM(n) 誓い 【違い】DIFFERENTIA(f) 相違 DIS-「否定」を表す接頭辞+スラブosebiti「分ける」 【誓う】JURARE 誓う 【違う】DIFFERENS 異なった DIFFERRE「異なる」から派生 【近くの】VICINUS 近隣の

日本語	ポルトガル語	スペイン語
地下室	porão(m)	sótano(m)
地下の	subterrâneo	subterráneo
地下鉄	metro(m)	metro(m)
近ごろ	recentemente	recientemente
近づく(近接)	aproximar-se	aproximarse
力	força(f)	fuerza(f)
力のある	forte	fuerte
力のない(弱い)	débil	débil
力のある(勢力)	poderoso	poderoso
近道	atalho(m)	atajo(m)
地球	terra(f)	tierra(f)
チキン	frango(m)	pollo(m)
地区	bairro(m)	barrio(m)
遅刻する	chegar atrasado	llegar tarde

【地下室】PLANUM(n)「平地」から派生　SUBTUS「下に」から派生＋SOLUM(n)地面　STARE「立っている」の現在分詞STANSから派生　IN ～に＋TERRA(f)土→動詞化　ルーマニア語の語源は不詳　【地下の】SUBTERRANEUS 地下の　【地下鉄】METROPOLIS(f)「首都」からの造語　【近ごろ】RECENS 最近の　MENS(f)「心」の奪格　【近づく(近接)】APPROXIMARE 近づく　SE[再帰代名詞]　APPROPIARE 近づく　【力】FORTIA(f) 力　【力のある】FORTIS 強い　TALIS このような　【力のない(弱い)】DEBILIS 虚弱な　FLEBILIS 悲しむべき　【力のある(勢力)】POSSE「～できる」から派生　俗ラ*posseins 力のある　POTENS 強力な　【近道】TALEA(f)「棒」から派生

フランス語	イタリア語	ルーマニア語
sous-sol(m)	stanza(f) interrata	beci(n)
souterrain	sotterraneo	subteran
métro(m)	metrò(m)	metrou(n)
récemment	recentemente	recent
s'approcher	approssimarsi	se apropia
force(f)	forza(f)	forță(f)
fort	forte	tare
faible	debole	debil
puissant	potente	puternic
raccourci(m)	scorciatoia(f)	scurtătură(f)
terre(f)	terra(f)	pământ(n)
poulet(m)	pollo(m)	pui(m)
quartier(m)	quartiere(m)	cartier(n)
arriver en retard	arrivare in ritardo	întârzia

ACCURERE「急いでくる」から派生　CURTUS「切断された」から派生　PAVIMENTUM(n) 舗装　【地球】TERRA(f) 土地　PAVIMENTUM(n) 舗装　【チキン】ポルトガル語の語源は不詳　PULLUS(m) 雛　【地区】アラブ barr 外部　QUARTUM(n) 四分の一　【遅刻する】APPLICARE 側へ置く　TARDE 遅く　俗ラ *arripare 岸に着く　IN ～に　TARDE「遅く」から派生

— 457 —

日本語	ポルトガル語	スペイン語
知事	governador(m)	gobernador(m)
知識	conhecimento(m)	conocimiento(m)
地図	mapa(m)	mapa(m)
地図(市街図)	plano(m)	plano(m)
地図帳	atlas(m)	atlas(m)
知性	inteligência(f)	inteligencia(f)
地帯	zona(f)	zona(f)
父	pai(m)	padre(m)
乳	leite(m)	leche(f)
縮む(短縮)	encolher-se	encogerse
縮む(萎縮)	encurtar-se	encogerse
縮める(短縮)	encurtar	acortar
縮める(要約)	resumir	resumir
地中海	Mediterrâneo(m)	Mediterráneo(m)
秩序	ordem(f)	orden(m)

【知事】GUBERNATOR(m) 指導者　【知識】COGNOSCERE「知る」の名詞化　【地図】MAPPA(f) ナプキン　CHARTA(f) 書　【地図(市街図)】PLANUM(n) 平面　PLANTA(f)「足の裏」から派生　【地図帳】ATLAS(m)[1595年出版の地図帳の表紙に巨人アトラスが描かれていたことから]巨人アトラス　【知性】INTELLIGENTIA(f) 理解　【地帯】ZONA(f) 地帯　【父】PATER(m) 父　TATA(m) パパ　【乳】LAC(n) 乳　【縮む(短縮)】COLLIGERE「拾い集める」から派生　SE[再帰代名詞]　ACCURERE 急いでくる　RETRAHERE「後ろへ引く」から派生　STRINGERE 触れる　【縮む(萎縮)】CURTUS「短い」から派生　COLLIGERE「拾い集める」から派生　SE[再帰代名詞]　ギatrophía

— 458 —

フランス語	イタリア語	ルーマニア語
gouverneur(m)	governatore(m)	guvernator(m)
connaissance(f)	conoscenza(f)	cunoaștere(f)
carte(f)	carta(f)	hartă(f)
plan(m)	pianta(f)	plan(n)
atlas(m)	atlante(m)	atlas(n)
intelligence(f)	intelligenza(f)	inteligență(f)
zone(f)	zona(f)	zonă(f)
père(m)	padre(m)	tată(m)
lait(m)	latte(m)	lapte(n)
raccourcir	ritirarsi	se strânge
s'atrophier	atrofizzarsi	se strânge
raccourcir	accorciare	scurta
résumer	riassumere	rezuma
Méditerranée(f)	Mediterraneo(m)	Mare(f) Mediterană
ordre(m)	ordine(m)	ordine(f)

萎縮 STRINGERE 触れる 【縮める(短縮)】CURTUS「短い」から派生
ACCURERE 急いでくる 【縮める(要約)】RESUMERE 再び取る 【地中海】
MEDITERRANEUS 内地の MARE(n) 海 【秩序】ORDO(m) 秩序

日本語	ポルトガル語	スペイン語
窒息する	sufocar-se	sofocarse
チップ	propina(f)	propina(f)
知的な	intelectual	intelectual
知能	inteligência(f)	inteligencia(f)
知能指数	quociente(m) de inteligência	cociente(m) intelectual
知能的な	inteligente	inteligente
地平線	horizonte(m)	horizonte(m)
地方	região(f)	región(f)
地方の	regional	regional
致命的な	fatal	fatal
茶	chá(m)	té(m)
茶色の	marrom	marrón
着実な	sólido	sólido
着席する	sentar-se	sentarse

【窒息する】SUFFOCARE 窒息させる　STUPPA(f)「麻くず」から派生　【チップ】PROPINARE「乾杯する」から派生　仏pour[＜PER 〜のために]〜のために＋boire[＜BIBERE 飲む]飲む→造語　MANICA(f)「長袖」から派生　トルコbahşiş チップ　【知的な】INTELLECTUS(m)「理解」から派生　【知能】INTELLIGENTIA(f) 理解　【知能指数】QUOTIENS 何回？　INTELLECTUS(m)「理解」から派生　DE 〜の　CUM 〜と共に＋EFFICIENTIA(f) 効果　ILLE あの　CAPACITAS(f) 理解力　【知能的な】INTELLEGENS 理解した　INTELLECTUS(m)「理解」から派生　【地平線】HORIZON(m) 水平線　【地方】REGIO(f) 地方　【地方の】REGIONALIS 地方の　【致命的な】FATALIS

— 460 —

フランス語	イタリア語	ルーマニア語
étouffer	soffocare	se sufoca
pourboire(m)	mancia(f)	bacşiş(n)
intellectuel	intelligente	intelectual
intelligence(f)	intelligenza(f)	inteligenţā(f)
quotient(m) intellectuel	quoziente(m) d'intelligenza	coeficient(m) al capacitāţii intelectuale
intellectuel	intellettuale	inteligent
horizont(m)	orizzonte(m)	orizont(n)
région(f)	regione(f)	regiune(f)
régional	regionale	regional
fatal	fatale	fatal
thé(m)	tè(m)	ceai(n)
marron	marrone	brun
solide	solido	solid
s'asseoir	sedersi	se aşeza

天命の 【茶】中国語 茶葉 【茶色の】ポルトガル語・スペイン語・フランス語・イタリア語は語源不詳 ゲ*brūn 褐色の 【着実な】SOLIDUS 堅い 【着席する】SEDERE「座る」の現在分詞SEDENSから派生 SE[再帰代名詞] SEDERE 座る

日本語	ポルトガル語	スペイン語
着陸する	aterrar	aterrizar
茶碗	taça(f)	taza(f)
ちゃんと(正しく)	corretamente	correctamente
ちゃんとした(正しい)	correto	correcto
注意(留意)	atenção(f)	atención(f)
注意する(忠告)	advertir	advertir
チューインガム	chiclete(m)	chicle(m)
中央	centro(m)	centro(m)
中央の	central	central
中間の	meio	medio
中級の	intermédio	intermedio
中継する	retransmitir	retransmitir
忠告	conselho(m)	consejo(m)
忠告する	aconselhar	aconsejar

【着陸する】AD ～へ＋TERRA 土地→の動詞化 【茶碗】アラブtassa カップ 英語bowl 茶碗 スラブceaška「器」から派生 【ちゃんと(正しく)】CORRECTUS 正しい SE[再帰代名詞] MENS(f)「心」の奪格 【ちゃんとした(正しい)】CORRECTUS 正しい 【注意(留意)】ATTENTIO(f) 注意 【注意する(忠告)】ADVERTERE 注意する 【チューインガム】ナワトルchicli ゴムの樹液 英語chewing-gum チューインガム GUMMI(n) ゴム DE ～の MASTICARE「咬む」の目的分詞MASTICATUMから派生 【中央】CENTRUM(n) 中心 【中央の】CENTRALIS 中心の 【中間の】MEDIUS 中間の MEDIUS 中間の＋LOCUS(m) 場所→名詞化 【中級の】INTERMEDIUS 中間の MEDIANUS

— 462 —

フランス語	イタリア語	ルーマニア語
atterrir	atterrare	ateriza
bol(m)	tazza(f)	ceaşcă(f)
correctement	correttamente	corect
correcte	corretto	corect
attention(f)	attenzione(f)	atenţie(f)
avertir	avvertire	avertiza
chewing-gum(m)	chewing-gum(m)	gumă(f) de mestecat
centre(m)	centro(m)	centru(n)
central	centrale	central
milieu	medio	mediu
moyen	intermedio	intermediar
retransmettre	trasmettere in diretta	transmite
conseil(m)	consiglio(m)	sfat(n)
conseiller	consigliare	sfătui

中間の 【中継する】RE-「再び」を表す接頭辞 TRANSMITTERE 送る IN 〜に DIRECTA 真っ直ぐな 【忠告】CONSILIUM(n) 忠告 スラブsūvētū 「忠告」から派生 【忠告する】CONSILIUM(n) 「忠告」の動詞化 スラブ sūvētū 「忠告」から派生

日本語	ポルトガル語	スペイン語
中古の	de segunda mão	de segunda mano
仲裁	arbitragem(f)	arbitraje(m)
仲裁する	arbitrar	arbitrar
中止	interrupção(f)	interrupción(f)
中止する	interromper	interrumpir
忠実な	fiel	fiel
注射	injeção(f)	inyección(f)
駐車する	estacionar	aparcar
駐車場	estacionamento(m)	aparcamiento(m)
注釈	nota(f)	nota(f)
抽象的な	abstrato	abstracto
昼食	almoço(m)	almuerzo(m)
中心	centro(m)	centro(m)
中世	idade(f) média	edad(f) media
中絶	aborto(m)	aborto(m)

【中古の】DE ～の SECUNDUS 第二の MANUS(f) 手 OCCASIO(f) 好機 【仲裁】ARBITRARE「仲裁する」の名詞化 【仲裁する】ARBITRARE 仲裁する 【中止】INTERRUPTIO(f) 中断 INTERRUMPERE「中断する」の名詞化 【中止する】INTERRUMPERE 中断する 【忠実な】FIDELIS 信頼すべき 【注射】INJECTIO(f) 注射 【駐車する】STARE「立っている」の名詞化→動詞化 俗ラ*parricus 細長い棒→動詞化 【駐車場】STARE「立っている」の名詞化→動詞化→名詞化 英語parking 駐車場 LOCUS(m) 場所 俗ラ*parricus 細長い棒→動詞化 【注釈】NOTA(f) 印 COMMENTARIUS(m) 記録 【抽象的な】ABSTRACTUS 抽象的な 【昼食】ADMORDERE「かじる」から派生

— 464 —

フランス語	イタリア語	ルーマニア語
d'occasion	di seconda mano	de ocazie
arbitrage(m)	arbitrato(m)	arbitraj(n)
arbitrer	arbitrare	arbitra
interruption(f)	interruzione(f)	întrerupere(f)
interrompre	interrompere	întrerupe
fidèle	fedele	fidel
injection(f)	iniezione(f)	injecţie(f)
parquer	parcheggiare	parca
parking(m)	parcheggio(m)	loc(n) de parcare
commentaire(m)	commento(m)	comentariu(n)
abstrait	astratto	abstract
déjeuner(m)	pranzo(m)	prânz(n)
centre(m)	centro(m)	centru(n)
moyen âge(m)	medioevo(m)	ev mediu
avortement(m)	aborto(m)	avort(n)

JEJUNARE 断食する　PRANDIUM(n) 昼食　【中心】CENTRUM(n) 中心　【中世】AETAS(f) 時代　MEDIUS 中間の　MEDIANUS 中間の　AEVUM(n) 永遠　【中絶】ABORTUS(m) 流産　ABORTARE「堕胎させる」の名詞化

日本語	ポルトガル語	スペイン語
中毒	intoxicação(f)	intoxicación(f)
中年	idade(f) madura	edad(f) madura
注文	pedido(m)	pedido(m)
注文する	pedir	pedir
中立の	neutral	neutral
腸	intestino(m)	intestino(m)
チョウ	mariposa(f)	mariposa(f)
超過	excesso(m)	exceso(m)
超過する	exceder	exceder
兆候	sintoma(m)	síntoma(m)
彫刻	escultura(f)	escultura(f)
調査	investigação(f)	investigación(f)
調査する	investigar	investigar
調子	tom(m)	tono(m)
調子(拍子)	ritmo(m)	ritmo(m)

【中毒】INTOXICARE「毒を盛る」から派生 【中年】AETAS(f) 時代 MATURUS 熟した MEDIANUS 中間の MEDIUS 中間の スラブvrŭsta「年齢」から派生 MEDIUS 中間の＋LOCUS(m) 場所→形容詞化 【注文】PETERE「要求する」の完了分詞PETITUSから派生 俗ラ*commandare「注文する」から派生 ORDO(m)「指令」から派生 【注文する】PETERE 要求する 俗ラ*commandare 注文する ORDINARE 指令する 【中立の】NEUTRALIS 中立の NEUTER 二つとも～でない 【腸】INTESTINUM(n) 腸 【チョウ】María, pósate! マリア，おとまり！ PAPILIO(m) チョウ イタリア語・ルーマニア語の語源は不詳 【超過】EXCESSUS(m) 別れ EXCEDERE「超過す

— 466 —

フランス語	イタリア語	ルーマニア語
intoxication(f)	intossicazione(f)	intoxicare(f)
âge(m) moyen	età(f) media	vârstă(f) mijlocie
commande(m)	ordine(m)	comandă(f)
commander	ordinare	comanda
neutre	neutrale	neutral
intestin(m)	intestino(m)	intestin(n)
papillon(m)	farfalla(f)	fluture(m)
excédent(m)	eccesso(m)	exces(n)
excéder	eccedere	excede
symptôme(m)	sintomo(m)	simptom(n)
sculpture(f)	scultura(f)	sculptură(f)
recherche(f)	investigazione(f)	cercetăre(f)
rechercher	investigare	cerceta
ton(m)	tono(m)	ton(n)
rythme(m)	ritmo(m)	ritm(n)

る」の現在分詞EXCEDENSから派生 【超過する】EXCEDERE 出ていく EXCEDERE 超過する 【兆候】ギsúmptōma 兆候 【彫刻】SCULPTURA(f) 彫刻 【調査】INVESTIGATIO(f) 調査　CIRCA「～の周囲に」から派生 CIRCITARE「歩き回る」から派生 【調査する】INVESTIGARE 調査する CIRCA「～の周囲に」から派生　CIRCITARE 歩き回る 【調子】TONUS(m) 音調 【調子(拍子)】RHYTHMUS(m) 拍子

日本語	ポルトガル語	スペイン語
調子(具合)	condição(f)	condición(f)
聴衆	auditório(m)	auditorio(m)
長所	mérito(m)	mérito(m)
頂上	cume(f)	cumbre(f)
朝食	pequeno almoço(m)	desayuno(m)
調節する	ajustar	ajustar
挑戦	desafio(m)	desafío(m)
挑戦する	desafiar	desafiar
彫像	estátua(f)	estatua(f)
ちょうど	justamente	justamente
調達する	prover	proveer
挑発する	provocar	provocar
徴兵	recrutamento(m)	reclutamiento(m)
調和	harmonia(f)	armonía(f)
調和する	harmonizar-se	armonizar
チョーク	giz(m)	tiza(f)

【調子(具合)】CONDICIO(f) 条件　【聴衆】AUDITORIUM(n) 聴衆　【長所】MERITUM(n) 意義　【頂上】CULMEN(n) 頂上　CYMA(f) 新芽　【朝食】ポルトガル語pequenoの語源は不詳　ADMORDERE「かじる」から派生　JEJUNUS「断食の」から派生　俗ラ*pittitus[＜擬声音]小さな　PRIMUS 第一の　COLLATIO(f)「運び集めること」から派生　俗ラ*miccus 小さな　【調節する】JUSTUS「適正な」から派生　REGULA(f)「定規」から派生　【挑戦】DIS-「否定」を表す接頭辞＋FIDERE「信じる」から派生　【挑戦する】DIS-「否定」を表す接頭辞＋FIDERE「信じる」から派生　【彫像】STATUA(f) 肖像　【ちょうど】JUSTUS 正当な　MENS(f)「心」の奪格　EXACTUS 正確な　【調達す

— 468 —

フランス語	イタリア語	ルーマニア語
condition(f)	condizione(f)	condiție(f)
auditoire(m)	uditorio(m)	auditoriu(n)
mérite(m)	merito(m)	merit(n)
cime(f)	cima(f)	culme(f)
petit déjeuner(m)	prima colazione(f)	mic dejun(n)
régler	aggiustare	regla
défi(m)	sfida(f)	sfidare(f)
défier	sfidare	sfida
statue(f)	statua(f)	statuie(f)
justement	esattamente	exact
approvisionner	rifornire	aproviziona
provoquer	provocare	provoca
recrutement(m)	reclutamento(m)	recrutare(f)
harmonie(f)	armonia(f)	armonie(f)
s'harmoniser	armonizzare	armoniza
craie(f)	gesso(m)	cretă(f)

る】PROVIDERE 用意する　PROVISIO(f)「調達」の動詞化　フランク*frumjan「遂行する」から派生　【挑発する】PROVOCARE 挑発する　【徴兵】CRESCERE「成長する」からの造語　【調和】HARMONIA(f) 調和　【調和する】HARMONIA(f)「調和」の動詞化　SE[再帰代名詞]　【チョーク】GYPSUM(n) 石灰　ナワトル*tizatl 白墨　CRETA(f) 白墨

日本語	ポルトガル語	スペイン語
貯金	economia(f)	economía(f)
貯金する	economizar	economizar
直接の	direto	directo
チョコレート	chocolate(m)	chocolate(m)
著者	autor(m)	autor(m)
貯蔵する	guardar	guardar
ちょっと	um pouco	un poco
著名な	célebre	célebre
地理	geografia(f)	geografía(f)
賃金	salário(m)	salario(m)
賃貸借	aluguel(m)	alquiler(m)
鎮痛剤	calmante(m)	calmante(m)
沈没する	afundar-se	hundirse
沈黙	silêncio(m)	silencio(m)
沈黙する	calar-se	callarse
陳列	exposição(f)	exposición(f)

【貯金】OECONOMIA(f) 節約　ゲ*sparanjan「倹約」から派生　【貯金する】OECONOMIA(f)「節約」の動詞化　ゲ*sparanjan「倹約」から派生　【直接の】DIRECTUS 真っ直ぐな　【チョコレート】ナワトル*xocoatl ココア　【著者】AUCTOR(m) 著者　【貯蔵する】ゲ*wardōn 見守る　CONSERVARE 貯蔵する　ブルガリア pastrja「保存する」から派生　【ちょっと】UNUS 一つの　PAUCUS 少ない　ルーマニア語の語源は不詳　【著名な】CELEBER 有名な　【地理】GEOGRAPHIA(f) 地理　【賃金】SALARIUM(n)[＜SAL 塩]給金　【賃貸借】AD ～へ＋LOCARE「置く」から派生　アラブ al-kira 賃貸　BAJULARE「担いで運ぶ」から派生後ラ affictus「賃貸」から派生　FERRUM(n)「鉄」か

— 470 —

フランス語	イタリア語	ルーマニア語
économie(f)	risparmio(m)	economie(f)
économiser	risparmiare	economisi
direct	diretto	direct
chocolat(m)	cioccolato(m)	ciocolată(f)
auteur(m)	autore(m)	autor(m)
conserver	conservare	păstra
un peu	un po'	puțin
célèbre	celebre	celebru
géographie(f)	geografia(f)	geografie(f)
salaire(m)	salario(m)	salariu(n)
bail(m)	affitto(m)	închiriere(f)
calmant(m)	calmante(m)	calmant(n)
couler	affondare	se cufunda
silence(m)	silenzio(m)	tăcere(f)
se taire	tacere	tăcea
exposition(f)	esposizione(f)	expoziție(f)

ら派生　ブルガリアkirija「借用」から派生　【鎮痛剤】ギkaûma「熱さ」から派生　【沈没する】AD ～へ＋FUNDARE 固定させる　FUNDERE 倒す　SE［再帰代名詞］　COLARE 漏れる　CUM ～と共に＋FUNDARE 固定させる　【沈黙】SILENTIUM(n) 沈黙　TACERE「沈黙する」から派生　【沈黙する】ギkhalân「暖める」から派生　SE［再帰代名詞］　TACERE 沈黙する　【陳列】EXPOSITIO(f) 陳列

日本語	ポルトガル語	スペイン語
陳列する	expor	exponer
陳列ケース	mostrador(m)	mostrador(m)

—つ—

日本語	ポルトガル語	スペイン語
対	par(m)	par(m)
追加	adição(f)	adición(f)
追加の	adicional	adicional
追加する	adicionar	adicionar
追求する	perseguir	perseguir
追跡する	perseguir	perseguir
ついて（〜について）	sobre	sobre
ついでに	de passagem	de paso
ついに	finalmente	finalmente
追放する	expulsar	expulsar
費やす	gastar	gastar
墜落	caída(f)	caída(f)

【陳列する】EXPONERE 陳列する 【陳列ケース】MONSTRATOR(m) 案内 VITRUM(n)「ガラス」から派生 【対】PAR(n) 対 PARICULA(f) 小さな対 PAR「等しい」の中世複数形PARIAから派生 【追加】ADDITIO(f) 追加 【追加の】ADDITIONALIS 追加の 【追加する】ADDITIO(f)「追加」の動詞化 JUXTA「近くに」から派生 【追求する】PERSEQUI 追跡する ルーマニア語の語源は不詳 【追跡する】PERSEQUI 追跡する SEQUI 続く ルーマニア語の語源は不詳 【ついて（〜について）】SUPER 〜の上に SURSUM 上の方へ DE 〜から＋SUPER 〜の上に 【ついでに】DE 〜で PASSUS(m)「歩み」から派生 IN 〜に ILLE あの OCCASIO(f) 機会 PER 〜のために＋

— 472 —

フランス語	イタリア語	ルーマニア語
exposer	esporre	expune
vitrine(f)	vetrina(f)	vitrină(f)
paire(f)	paio(m)	pereche(f)
addition(f)	addizione(f)	adiţiune(f)
additionnel	addizionale	adiţional
ajouter	addizionare	adiţiona
poursuivre	perseguire	urmări
poursuivre	seguire	urmări
sur	su	despre
en passant	dell'occasione	printre altele
finalement	finalmente	în sfârşit
expulser	espellere	expulza
dépendre	spendere	cheltui
chute(f)	caduta(f)	cădere(f)

INTER ～の間に 【ついに】FINALIS 終わりの MENS(f)「心」の奪格 IN ～に スラブsūvŭršiti「終わる」から派生 【追放する】EXPULSARE 追放する EXPELLERE 駆逐する EXPULSARE 放遂する 【費やす】VASTARE 空(カラ)にする DISPENDERE 配分する ハンガリーhölteni「消費する」から派生 【墜落】CADERE「落ちる」の名詞化

日本語	ポルトガル語	スペイン語
墜落する	cair	caer
通貨	moeda(f)	moneda(f)
通過する	passar	pasar
通勤する	ir ao trabalho	ir a la oficina
通常	normalmente	normalmente
通常の	normal	normal
通信	comunicação(f)	comunicación(f)
通俗的な	popular	popular
通訳(人)	intérprete(m)	intérprete(m)
通訳する	traduzir	traducir
通路	passagem(f)	pasaje(m)
使う	usar	usar
使う(利用)	aproveitar	aprovechar
使う(消費)	gastar	gastar
捕まえる	prender	prender

【墜落する】CADERE 落ちる 【通貨】MONETA［女神JUNOの渾名，神殿で貨幣が鋳造された］ イ valuta［＜VALERE 価値がある］「貨幣」から派生 【通過する】PASSUS(m)「歩み」の動詞化 TRAJICERE 渡る 【通勤する】IRE 行く AD ～へ ILLE あの TRES 三＋PALUS(m) 棒 OFFICINA(f) 工場 AMBULARE 漫歩する PONERE「置く」の完了分詞POSITUSから派生 DE ～の LABOR(m) 労働 ILLAC そこに SERVITIUM(n) 奉公 【通常】NORMALIS 通常の MENS(f)「心」の奪格 【通常の】NORMALIS 通常の 【通信】COMMUNICATIO(f) 伝達 【通俗的な】POPULARIS 民衆の 【通訳(人)】INTERPRETARI「通訳する」の名詞化 【通訳する】TRADUCERE 翻

— 474 —

フランス語	イタリア語	ルーマニア語
tomber	cadere	cădea
monnaie(f)	moneta(f)	valută(f)
passer	passare	trece
aller à son travail	andare al lavoro	merge la serviciu
normalement	normalmente	normal
normal	normale	normal
communication(f)	comunicazione(f)	comunicare(f)
populaire	popolare	popular
interprète(m)	interprete(m)	interpret(m)
traduire	tradurre	traduce
passage(m)	passaggio(m)	pasaj(n)
employer	usare	folosi
utiliser	utilizzare	profita
dépenser	spendere	cheltui
prendre	prendere	prinde

訳する 【通路】PASSUS(m)「歩み」から派生 【使う】USUS(m)「使用」から派生 IMPLICARE 巻き込む 新ギófelos「利用する」から派生 【使う(利用)】PROFECTUS(m)「成功」から派生 UTILIS「有用な」から派生 【使う(消費)】VASTARE 空(カラ)にする DEPENDERE 支払う ハンガリー költeni「消費する」から派生 【捕まえる】PREHENDERE 捕らえる

日本語	ポルトガル語	スペイン語
つかむ	agarrar	agarrar
疲れ	cansaço(m)	cansancio(m)
疲れる	cansar-se	cansarse
月（天体）	lua(f)	luna(f)
月（暦）	mês(m)	mes(m)
次の	seguinte	siguiente
付き合う	andar com	tratar con
突き当たりに	ao fundo	en el fondo
付き添う	acompanhar	acompañar
尽きる	esgotar-se	agotarse
着く	chegar	llegar
突く	empurrar	empujar
継ぐ	suceder	suceder
机	escrivaninha(f)	mesa(f)
作る	fazer	hacer

【つかむ】ポルトガル語・スペイン語の語源は不詳　俗ラ *sacire 手に入れる AUCUPARE「窺う」から派生　【疲れ】CAMPSARE「曲げる」の名詞化 FATIGARE「疲れさせる」の名詞化　ブルガリア oboseja「裸足の」から派生 【疲れる】CAMPSARE 曲げる　SE［再帰代名詞］　FATIGARE 疲れさせる ブルガリア oboseja「裸足の」から派生　【月（天体）】LUNA(f) 月　【月（暦）】 MENSIS(m) 月　LUNA(f) 月　【次の】SEQUI「続く」の現在分詞 SEQUENS から派生　ルーマニア語の語源は不詳　【付き合う】AMBULARE 漫歩する CUM 〜と共に　TRACTARE 扱う　FRICARE 摩擦する　APUD 〜のそば に＋HOC この　FREQUENTARE しばしば訪れる　FIERI 〜になる　IN 〜

— 476 —

フランス語	イタリア語	ルーマニア語
saisir	afferrare	apuca
fatigue(f)	fatica(f)	oboseală(f)
se fatiguer	affaticarsi	se obosi
lune(f)	luna(f)	lună(f)
mois(m)	mese(m)	lună(f)
suivant	seguente	următor
frayer avec	frequentare	fi în relaţii
au fond	in fondo	în fond
accompagner	accompagnare	însoţi
s'épuiser	esaurirsi	se epuiza
arriver	arrivare	sosi
pousser	spingere	împinge
succéder	succedere	succeda
table(f)	tavolo(m)	masă(f)
faire	fare	face

に RELATIO(f) 関係 【突き当たりに】IN ～に ILLE あの FUNDUS(m) 基礎 AD ～へ 【付き添う】CON ～と共に＋PANIS(m) パン→動詞化 IN ～に＋SOCIUS(m) 仲間→動詞化 【尽きる】GUTTA(f)「滴」から派生 EX ～から＋PUTEUS(m) 井戸→動詞化 SE[再帰代名詞] EX-～から＋PUTEUS(m) 井戸→動詞化 EXHAURIRE 空にする 【着く】APPLICARE 側に置く AD ～へ＋RIPA 岸→動詞化 新ギsóso(sóno「着く」の未来形) 【突く】IMPELLERE 突き当てる PULSARE たたく EX ～から＋PANGERE 確定する IN ～に ＋PANGERE 確定する 【継ぐ】SUCCEDERE 継ぐ 【机】SCRIVERE「書く」から派生 MENSA(f) 机 TABULA(f) 板 【作る】FACERE 作る

日本語	ポルトガル語	スペイン語
作る(製造)	fabricar	fabricar
付け加える	adicionar	añadir
告げる	anunciar	anunciar
都合のよい(便利な)	conveniente	conveniente
伝える	comunicar	informar
土	terra(f)	tierra(f)
伝わる(噂が)	difundir-se	difundirse
続き	continuação(f)	continuación(f)
続く	continuar	continuar
続ける	continuar	continuar
慎み(慎重)	discrição(f)	discreción(f)
慎む	abster-se	abstenerse
慎ましい	modesto	modesto
包み	pacote(m)	paquete(m)
包む	embrulhar	envolver
包む(覆う)	cobrir	cubrir

【作る(製造)】FABRICARE 作る 【付け加える】IN- ～に + ADDERE 加える JUXTA「近くに」から派生 ADJUNGERE 加える ルーマニア語の語源は不詳 【告げる】ANNUNTIARE 知らせる 【都合のよい(便利な)】CONVENIENS 適した CONVENIRE「適合する」から派生 【伝える】COMMUNICARE 共有する INFORMARE 教える 【土】TERRA(f) 土 【伝わる(噂が)】DIFFUNDERE 広げる SE[再帰代名詞] EXPANDERE 広げる スラブ praštati「許す」から派生 【続き】CONTINUATIO(f) 連続 CONTINUARE「続く」から派生 【続く】CONTINUARE 続く 【続ける】CONTINUARE 続ける 【慎み(慎重)】DISCRETIO(f) 慎み 【慎む】ABSTINERE 禁じる SE

フランス語	イタリア語	ルーマニア語
fabriquer	fabbricare	fabrica
ajouter	aggiungere	adăuga
annoncer	annunciare	anunţa
convenable	conveniente	convenabil
informer	informare	informa
terre(f)	terra(f)	ţară(f)
se répandre	diffondersi	se împrăştia
continuation(f)	continuazione(f)	continuare(f)
continuer	continuare	continua
continuer	continuare	continua
discrétion(f)	discrezione(f)	discreţie(f)
se retenir	astenersi	se abţine
modeste	modesto	modest
paquet(m)	pacco(m)	pachet(n)
envelopper	avvolgere	împacheta
couvrir	coprire	acoperi

［再帰代名詞］ RETINERE 確保する 【慎ましい】MODESTUS 慎ましい 【包み】ゲ*pak「包み」から派生 【包む】ポルトガル語の語源は不詳 INVOLVERE 包む ADVOLVERE「転がす」から派生 ゲ*pak「包み」から派生 【包む(覆う)】COOPERIRE 完全に覆いかぶす

— 479 —

日本語	ポルトガル語	スペイン語
綴り	ortografia(f)	ortografía(f)
努め(義務)	dever(m)	deber(m)
努める	esforçar-se	esforzarse
勤める	trabalhar	trabajar
綱	corda(f)	cuerda(f)
繋がり(関係)	relação(f)	relación(f)
繋ぐ	ligar	ligar
常に	sempre	siempre
角(つの)	corno(m)	cuerno(m)
唾	cuspo(m)	saliva(f)
つばさ	asa(f)	ala(f)
粒	grão(m)	grano(m)
潰す(暇を)	matar o tempo	matar el tiempo
壷	pote(m)	pote(m)
蕾	botão(m)	botón(m)
妻	esposa(f)	esposa(f)

【綴り】ORTHOGRAPHIA(f) 正書法　【努め(義務)】DEBERE「義務がある」の名詞化　DEBITOR(m)「負債者」から派生　【努める】EX- 外へ + FORTIS 強い→動詞化　SE[再帰代名詞]　【勤める】TRES 三 + PALUS(m) 棒→動詞化　LABORARE 働く　LUCUBRARE 夜業をする　【綱】CHORDA(f) 綱　FIMBRIA(f) 端　【繋がり(関係)】RELATIO(f) 関係　【繋ぐ】LIGARE 結ぶ　【常に】SEMPER 常に　TOTUS 安全な + DIURNUS 日中の　TOTUS 全くの + DE 〜の + AD 〜へ + UNA 一つの　【角(つの)】CORNU(n) 角(つの)　【唾】CONSPUERE「唾を吐きかける」から派生　SALIVA(f) 唾　【つばさ】ANSA(f)「取っ手」から派生　ALA(f) つばさ　ALAPA(f)「平手打ち」から派生　【粒】

— 480 —

フランス語	イタリア語	ルーマニア語
orthographe(f)	ortografia(f)	ortografie(f)
devoir(m)	dovere(m)	datorie(f)
s'efforcer	sforzarsi	se sforţa
travailler	lavorare	lucra
corde(f)	corda(f)	frânghie(f)
relation(f)	relazione(f)	relaţie(f)
lier	legare	lega
toujours	sempre	totdeauna
corne(f)	corno(m)	corn(n)
salive(f)	saliva(f)	salivă(f)
aile(f)	ala(f)	aripă(f)
grain(m)	chicco(m)	boabă(f)
tuer le temps	ammazzare il tempo	omorî timpul
pot(m)	vaso(m)	oală(f)
bouton(m)	bocciolo(m)	boboc(m)
épouse(f)	moglie(f)	femeie(f)

GRANUM(n) 粒 イタリア語・ルーマニア語の語源は不詳 【潰す(暇を)】 MACTARE「破壊する」から派生 ILLE あの TEMPUS(n) 時 TUTARI 保護する イタリア語の動詞の語源は不詳 スラブumuriti「殺す」から派生 【壷】俗ラ*pottus 器 VASUS(m) 器 OLLA(f) 壷 【蕾】フランク*botan 打つ イタリア語の語源は不詳 新ギbubúk「蕾」から派生 【妻】SPONSA(f) 花嫁 MULIER(f) 女 FEMINA(f) 女

日本語	ポルトガル語	スペイン語
爪先	ponta(f) do pé	punta(f) del pie
つまずく	tropeçar	tropezar
つまらない(些細な)	trivial	trivial
つまり(結局)	por fim	en fin
罪	crime(m)	crimen(m)
罪(宗教上の)	pecado(m)	pecado(m)
罪のある	culpável	culpable
罪のない(潔白な)	inocente	inocente
爪(人の)	unha(f)	uña(f)
冷たい	frio	frío
詰める(入れる)	meter	meter
強い	forte	fuerte
強い(権力)	poderoso	poderoso
強さ	força(f)	fuerza(f)
強み	vantagem(f)	ventaja(f)

【爪先】PUNCTA(n) 点　DE ～の　ILLE あの　PES(m) 足　スラブvrūhū「先」から派生　PETIOLUS(m) 肉茎　【つまずく】INTERPEDIRE「妨げる」から派生　TRANS ～を越えて+フランク*būk 腹→動詞化　イタリア語の語源は不詳　SE[再帰代名詞]　俗ラ*impedicare つまずく　【つまらない(些細な)】TRIVIALIS 卑俗な　フランク*ban 宣言　【つまり(結局)】PER ～に関して　FINIS(f) 結末　IN ～に　スラブsūvūršiti「終わる」から派生　【罪】CRIMEN(n) 罪　【罪(宗教上の)】PECCATUM(n) 罪　【罪のある】CULPABILIS 罪のある　【罪のない(潔白な)】INNOCENS 罪のない　【爪(人の)】UNGULA(f) (猛禽獣の)爪　ルーマニア語の語源は不詳　【冷たい】FRIGIDUS 冷たい　RECENS

フランス語	イタリア語	ルーマニア語
pointe(f) de pied	punta(f) di piedi	vârful piciorului
trébucher	inciampare	se împiedica
banal	banale	banal
enfin	infine	în sfârşit
crime(m)	crimine(m)	crimă(f)
péché(m)	peccato(m)	păcat(n)
coupable	colpevole	culpabil
innocent	innocente	inocent
ongle(m)	unghia(f)	gheară(f)
froid	freddo	rece
mettre	riempire	umple
fort	forte	tare
puissant	potente	puternic
force(f)	forza(f)	tărie(f)
avantage(m)	vantaggio(m)	avantaj(n)

新鮮な 【詰める(入れる)】MITTERE 引き渡す RE-「強調」を表す接頭辞＋IMPLERE 満たす IMPLERE 満たす 【強い】FORTIS 強い TALIS このような 【強い(権力)】POSSE「能力がある」から派生 俗ラ*potere 〜できる 【強さ】FORTIA(f) 力 TALIS「このような」から派生 【強み】ABANTE「〜の前に」から派生

日本語	ポルトガル語	スペイン語
辛い	duro	duro
貫く	penetrar	penetrar
釣り	pesca(f)	pesca(f)
釣り合い	balança(f)	balanza(f)
釣銭	troco(m)	vuelta(f)
吊る	colgar	colgar
鶴	grua(f)	grulla(f)
釣る	pescar	pescar

—て—

日本語	ポルトガル語	スペイン語
手(人間の)	mão(f)	mano(f)
出会う(互いに)	encontrar-se	encontrarse
手当(看護)	cura(f)	cura(f)
提案	proposta(f)	propuesta(f)
提案する	propor	proponer
庭園	jardim(m)	jardín(m)

【辛い】DURUS 不快な 【貫く】PENETRARE 入り込む TRANSVERSARE 交差する PERTUNDERE 突き貫く 【釣り】PISCARI「魚を釣る」の名詞化 PISCIS(m) 魚 【釣り合い】BI- 二つの+LANX(f) 秤皿 AEQUILIBRIUM(m) 平衡 【釣銭】ポルトガル語の語源は不詳 VOLVERE「転がす」の完了分詞女性形VOLUTA名詞化 MONETA(f)[女神JUNOの渾名，神殿で貨幣が鋳造されていた] RESTARE「残る」の名詞化 【吊る】COLLOCARE 置く PENDERE 吊す 俗ラ*captiare つかむ 【鶴】GRUS(f) 鶴 ルーマニア語の語源は不詳 【釣る】PISCARI 釣る 【手(人間の)】MANUS(f) 手 【出会う(互いに)】IN- ～に+CONTRA ～に対して→動詞化 SE[再帰代名詞] ルーマ

— 484 —

フランス語	イタリア語	ルーマニア語
dur	duro	dur
traverser	attraversare	pătrunde
pêche(f)	pesca(f)	pescuit(n)
balance(f)	equilibrio(m)	echilibru(n)
monnaie(f)	resto(m)	rest(n)
pendre	appendere	agăţa
grue(f)	gru(f)	cocor(m)
pêcher	pescare	pescui
main(f)	mano(f)	mână(f)
se rencontrer	incontrarsi	se întâlni
soins(m)	medicazione(f)	tratare(f)
proposition(f)	proposta(f)	propunere(f)
proposer	proporre	propune
jardin(m)	giardino(m)	grădină(f)

ニア語の語源は不詳 【手当(看護)】CURA(f) 世話　フランク*sunni 関心　MEDICATIO(f) 治療　TRACTARE「扱う」の名詞化　【提案】PROPONERE「提出する」の完了分詞女性形PROPOSITA名詞化　PROPOSITIO(f) 提案　PROPONERE「提出する」の名詞化　【提案する】PROPONERE 提出する　【庭園】フランク*gard 柵＋縮小辞

日本語	ポルトガル語	スペイン語
定価	preço(m) fixo	precio(m) fijo
低下	baixa(f)	baja(f)
低下する	baixar	bajar
定期的な	periódico	periódico
定義	definição(f)	definición(f)
提供する	oferecer	ofrecer
抵抗	resistência(f)	resistencia(f)
抵抗する	resistir	resistir
定刻に	no horário determinado	a la hora establecida
停止(中断)	interrupção(f)	interrupción(f)
停止	parada(f)	parada(f)
停車する	parar	parar
定住する	estabelecer-se	establecerse
提出する	apresentar	presentar

【定価】PRETIUM(n) 価格　FIXUS 不動の　【低下】俗ラ*bassus「太くて低い」の名詞化　【低下する】俗ラ*bassus「太くて低い」の動詞化　SE[再帰代名詞]　EX- 〜から+CADERE 落ちる　【定期的な】PERIODICUS 定期的な　【定義】DEFINITIO(f) 定義　【提供する】OFFERRE 与える　【抵抗】RESISTENTIA(f) 抵抗　【抵抗する】RESISTERE 抵抗する　【定刻に】IN 〜に　ILLE あの　HORARIUS「時間の」から派生　DETERMINATUS 限られた　AD 〜に　ILLA あの　HORA(f) 時刻　STABILITUS 固定した　FIGERE「確かにする」の完了分詞FIXUSから派生　ハンガリーhotár「境界」から派生　【停止(中断)】INTERRUPTIO(f) 中断　【停止】PARARE「用意する」の完了

フランス語	イタリア語	ルーマニア語
prix(m) fix	prezzo(m) fisso	preţ(f)
abaissement(m)	abbassamento(m)	scădere(f)
baisser	abbassarsi	scădea
périodique	periodico	periodic
définition(f)	definizione(f)	definiţie(f)
offrir	offrire	oferi
résistance(f)	resistenza(f)	rezistenţă(f)
résister	resistere	rezista
à l'heure	all'ora	la ora
	fissata	hotărâtă
interruption(f)	interruzione(f)	întrerupere(f)
arrêt(m)	arresto(m)	încetare(f)
arrêter	arrestarsi	înceta
s'établir	stabilirsi	se stabili
présenter	presentare	prezenta

分詞女性形PARATAの名詞化　RESTARE「残る」の名詞化　QUIETARE「静める」から派生　【停車する】PARARE　用意する　RESTARE 残る　SE［再帰代名詞］　QUIETARE「静める」から派生　【定住する】STABILIS「安定した」の動詞化　SE［再帰代名詞］【提出する】PRAESENTARE 提出する

— 487 —

日本語	ポルトガル語	スペイン語
定食	prato(m) do dia	plato(m) del día
ディスコ	discoteca(f)	discoteca(f)
訂正する	corrigir	corregir
停電	corte(m) de eletricidade	corte(m) de electricidad
程度	grau(m)	grado(m)
丁寧な（礼儀正しい）	cortês	cortés
丁寧な（注意深い）	cuidadoso	cuidadoso
停留場	paragem(f)	parada(f)
デート	encontro(m)	cita(f)
デートする	encontrar-se	tener una cita
テープ（リボン）	fita(f)	cinta(f)
テーブル	mesa(f)	mesa(f)

【定食】俗ラ*plattus[＜ギplatýs 平らな]平らな　DE ～の　ILLE あの　DIES(mf) 日　MINUTUS「小さな」から派生　AB ～で　PRETIUM(n) 価格　FIXUS 不動の　MANDUCARE「食べる」の名詞化　ILLAC そこに　【ディスコ】DISCUS(m)「円盤」からの造語　【訂正する】CORRIGERE 正す　CORRECTUS「正しい」から派生　【停電】CURTARE「短くする」の名詞化　DE ～の　ELECTRICITAS(f) 電気　PENNA(f) 羽　INTERRUPTIO(f) 中断　CURRERE「走る」の現在分詞CURRENSから派生　【程度】GRADUS(m) 階級　【丁寧な（礼儀正しい）】COHORS(f)「護衛」から派生　POLITUS 磨かれた　新ギ politikós「政治」から派生　【丁寧な（注意深い）】COGITARE「熟考する」か

— 488 —

フランス語	イタリア語	ルーマニア語
menu(m) à prix fixe	menu(m) fisso	mâncare(f) la meniu fix
discothèque(f)	discoteca(f)	discotecă(f)
corriger	correggere	corecta
panne(f) d'électricité	interruzione(f) di corrente elettrica	pană(f) de curent
degré(m)	grado(m)	grad(n)
poli	cortese	politicos
attentif	attento	atent
arrêt(m)	fermata(f)	staţie(f)
rendez-vous(m)	appuntamento(m)	întâlnire(f)
avoir un rendez-vous	avere un appuntamento	avea o întâlnire
ruban(m)	nastro(m)	bantā(f)
table(f)	tavolo(m)	masă(f)

ら派生　ATTENTIVUS 熱中した　ATTENTUS 熱中した　【停留場】PARARE「用意する」の完了分詞女性形PARATAの名詞化　RESTARE「残る」の名詞化　FIRMARE「固める」の完了分詞女性形FIRMATAの名詞化　STATIO(f) 停泊場　【デート】IN ～に＋CONTRA ～に対して→名詞化　CITARE「呼び寄せる」の名詞化　REDDERE 返す＋VOS あなたを→rendez-vous　PUNCTUM(n)「点」から派生　【テープ】FIGERE「締め付ける」の完了分詞女性形FIXAから派生　CINGERE「囲む」の完了分詞女性形CINCTAから派生　古オランダringhband 首飾り　ゴート*nastilo「皮紐」から派生　スラブbanta「リボン」から派生　【テーブル】MENSA(f) 机　TABULA(f) 板

日本語	ポルトガル語	スペイン語
出掛ける	sair	salir
手紙	carta(f)	carta(f)
敵	inimigo(m)	enemigo(m)
敵(競争相手)	rival(m)	rival(m)
敵意	hostilidade(f)	hostilidad(f)
適応する	adaptar-se	adaptarse
出来事	acontecimento(m)	acontecimiento(m)
出来事(偶然の)	acidente(m)	accidente(m)
適した	adequado	adecuado
適切な	adequado	adecuado
的中する	acertar	acertar
適当な	apropiado	apropiado
適用する	aplicar	aplicar
できる(能力)	poder	poder
できる(知識)	saber	saber
出口	saída(f)	salida(f)

【出掛ける】SALIRE 飛び跳ねる SORTIRI 分かつ EXIRE 出る 【手紙】CHARTA(f) 紙・書 LITTERA(f) 文字 SCRIERE「書く」から派生 【敵】INIMICUS(m) 敵 トルコ düşman「敵」から派生 【敵(競争相手)】RIVALIS(m) [＜RIVUS(m) 川]競争相手 【敵意】HOSTILIS「敵意のある」に由来 【適応する】ADAPTARE 当てはめる SE[再帰代名詞] 【出来事】CONTINGERE「触れる」に由来 EVENIRE「出てくる」の名詞化 【出来事(偶然の)】ACCIDENS(n) 椿事 INCIDENS「偶然の」に由来 【適した】ADAEQUARE「同等にする」の完了分詞ADAEQUATUSから派生 【適切な】ADAEQUARE「同等にする」の完了分詞ADAEQUATUSから派生 【的中する】AD ～へ＋

フランス語	イタリア語	ルーマニア語
sortir	uscire	ieşi
lettre(f)	lettera(f)	scrisoare(f)
ennemi(m)	nemico(m)	duşman(m)
rival(m)	rivale(m)	rival(m)
hostilité(f)	ostilità(f)	ostilitate(f)
s'adapter	adattarsi	se adapta
événement(m)	avvenimento(m)	eveniment(n)
accident(m)	incidente(m)	accident(n)
adéquat	adeguato	adecvat
adéquat	adeguato	adecvat
atteindre le but	centrare	nimeri
approprié	appropriato	oportun
appliquer	applicare	aplica
pouvoir	potere	putea
savoir	sapere	şti
sortie(f)	uscita(f)	ieşire(f)

CERTUS 確実な→動詞化　ATTINGERE 触れる　ILLE あの　フランク*but「切り株」に由来　CENTRUM(n)「中心」から派生　ブルガリア nameri「計る」から派生　【適当な】PROPRIUS「恒常的な」から派生　OPPORTUNUS「適当な」から派生　【適用する】APPLICARE 側に置く　【できる(能力)】POSSE ～できる　【できる(知識)】SAPERE 味わう　【出口】SALIRE「飛び跳ねる」の完了分詞女性形 SALITA から派生　SORTIRI「分かつ」から派生　EXIRE「出る」から派生

日本語	ポルトガル語	スペイン語
手首	pulso(m)	muñeca(f)
でこぼこの	desigual	desigual
手頃な	adequado	adecuado
手頃な(納得のいく)	razoável	razonable
デザート	sobremesa(f)	postre(m)
手数料	comissão(f)	comisión(f)
テスト	ensaio(m)	ensayo(m)
テスト(学校の)	exame(m)	examen(m)
デタラメ	disparate(m)	disparate(m)
デタラメを言う	dizer disparates	decir disparates
手帳	agenda(f)	agenda(f)
鉄	ferro(m)	hierro(m)
撤回する	retirar	retirar

【手首】PULSUS(m) 打撃 PUGNUS(m)「握り拳」から派生 俗ラ*inclavare「締める」から派生 MANUS(f) 手 【でこぼこの】DIS-「否定」を表す接頭辞 AEQUALIS 等しい IN-「否定」を表す接頭辞 【手頃な】ADAEQUARE「同等にする」の完了分詞ADAEQUATUSから派生 【手頃な(納得のいく)】RATIONABILIS 合理的な MODERARI「中庸にする」から派生 【デザート】SUPER ～の上に MENSA 食卓 POSTREMUS「最後の」から派生 DESERVIRE「熱心に仕える(→食卓を片づける)」から派生 【手数料】COMMISSIO(f) 任務 【テスト】EXAGIUM(n) 試み 俗ラ*incircare「一回り歩く」から派生 【テスト(学校の)】EXAMEN(n) 試験 【デタラメ】DISPARARE

フランス語	イタリア語	ルーマニア語
poignet(m)	polso(m)	încheietura mâinii
inégal	disuguale	inegal
adéquat	adeguato	adecvat
modéré	moderato	rezonabil
dessert(m)	dessert(m)	desert(n)
commission(f)	commissione(f)	comision(n)
essai(m)	saggio(m)	încercare(f)
examen(m)	esame(m)	examen(n)
disparate(f)	cosa(f) senza senso	nerozie(f)
parler à tort et à travers	dire sciocchezze	spune nerozii
carnet(m)	taccuino(m)	agendā(f)
fer(m)	ferro(m)	fier(m)
retirer	ritirare	retrage

「引き離す」から派生　CAUSA(f) 原因　ABSENTIA(f) 不在　SENSUS(m) 感覚　ブルガリアneroda「不注意」から派生　【デタラメを言う】DICERE 言う　DISPARARE「引き離す」から派生　PARABOLA(f)「比喩」から派生　AB ～で　TORTUS よじれた　ET ～と　TRANSVERSUS 斜めの　イタリア語の名詞の語源は不詳　ブルガリアneroda「不注意」から派生　【手帳】AGERE「行う」の所相形容詞AGENDUMの女性形AGENDA「行われるべきこと」に由来　QUATERNI「四つずつの」から派生　アラブ*taqwim「正しい命令」から派生　【鉄】FERRUM(n) 鉄　【撤回する】re- 後ろへ + tirar 引く

日本語	ポルトガル語	スペイン語
哲学	filosofia(f)	filosofía(f)
手伝う	ajudar	ayudar
手続き	processo(m)	proceso(m)
鉄道	ferroviário(m)	ferrocarril(m)
徹夜する	tresnoitar	trasnochar
テニス	tênis(m)	tenis(m)
手荷物	bagagem(f)	bagaje(m)
デパート	armazém(m)	almacenes(m) grandes
手放す	abandonar	abandonar
手放す(売却)	vender	vender
手袋	luvas(f)	guantes(m)
手本	exemplo(m)	ejemplo(m)
手間(時間)	tempo(m)	tiempo(m)
手間(労力)	trabalho(m)	trabajo(m)

【哲学】PHILOSOPHIA(f) 哲学 【手伝う】ADJUTARE 助ける 【手続き】PROCESSUS(m) 前進 PROCEDERE「前へ進む」から派生 【鉄道】FERRUM(n) 鉄＋ス carril 軌道 俗ラ*camminus 道 DE ～の FERRUM(n) 鉄＋VIA(f) 道路 FERRATUS 鉄で覆われた 【徹夜する】TRANS- 越えて＋NOX(f) 夜→動詞化 VIGILARE 眠らずにいる TOTUS 全くの ILLE あの PASSUS(m)「歩み」の動詞化 FACERE する ALBUS 白い 【テニス】仏 tenir［＜TENERE 保持する］「持つ」の二人称複数命令形［→かけ声「それ行くぞ！」］から派生 【手荷物】英語 bag「袋」から派生 AB ～で MANUS(f) 手 【デパート】アラブ al-makhzan 倉庫 GRANDIS 大きな UNIVERSALIS 一般の

フランス語	イタリア語	ルーマニア語
philosophie(f)	filosofia(f)	filozofie(f)
aider	aiutare	ajuta
procédure(f)	procedura(f)	procedeu(n)
chemin(m) de fer	ferrovia(f)	cale(f) ferată
veiller toute la nuit	passare tutta la notte	face noapte albă
tennis(m)	tennis(m)	tenis(n)
bagage(m) à main	bagaglio(m)	bagaj(n)
grand magasin(m)	grande magazzino(m)	magazin(n) universal
abandonner	abbandonare	abandona
vendre	vendere	vinde
gant(m)	guanti(m)	mănuşă(f)
exemple(m)	esempio(m)	exemplu(n)
temps(m)	tempo(m)	timp(n)
travail(m)	lavoro(m)	lucru(n)

【手放す】古仏 à bandon［＜フランク *ban 権威］「〜の能力のある」から派生 【手放す（売却）】VENDERE 売る 【手袋】フランク *want ミトン MANUS(f)「手」から派生 【手本】EXEMPLUM(n) 模範 【手間（時間）】TEMPUS(n) 時間 【手間（労力）】TRES 三 + PALUS(m) 棒 LABORARE「働く」から派生 LUCUBRARE「夜業をする」から派生

日本語	ポルトガル語	スペイン語
出迎える	receber	recibir
デモ	manifestação(f)	manifestación(f)
手元に	em mãos	a mano
寺	templo(m)	templo(m)
照らす(照明)	iluminar	iluminar
テラス	terraço(m)	terraza(f)
出る	sair	salir
テレビ(放送)	televisão(f)	televisión(f)
点	ponto(m)	punto(m)
点(評点)	nota(f)	nota(f)
店員	balconista(mf)	dependiente(mf)
天気(天候)	tempo(m)	tiempo(m)
伝記	biografia(f)	biografia(f)
電気	electricidade(f)	electricidad(f)
転居する	mudar-se	mudarse
典型的な	típico	típico

【出迎える】RECIPERE 受け入れる　スラブpriimati「受ける」から派生　【デモ】MANIFESTATIO(f) 示威運動　【手元に】AB ～で[手段]　MANUS(f) 手　ILLE あの　IN ～に + DE ～から + MANUS(f) 手　【寺】TEMPLUM(n) 神殿　【照らす(照明)】ILLUMINARE 照らす　【テラス】TERRA(f)「土地」から派生　【出る】SALIRE 飛び跳ねる　SORTIRI くじを引く　EXIRE 出る　【テレビ(放送)】ギtele 遠い + VISIO(f) 見ること→造語　【点】PUNCTUS(m) 点　【点(評点)】NOTA(f) 印　VOTUM(n) 誓約　【店員】ゲ*balko「桁」から派生　DEPENDERE「従属する」の現在分詞DEPENDENSから派生　COMMITTERE「委ねる」の完了分詞COMMISSUSからの造語　VENDITOR(m) 売り手　【天

フランス語	イタリア語	ルーマニア語
recevoir	ricevere	primi
manifestation(f)	manifestazione(f)	manifestaţie(f)
à la main	alla mano	îndemână
temple(m)	tempio(m)	templu(n)
illuminer	illuminare	ilumina
terrasse(f)	terrazza(f)	terasă(f)
sortir	uscire	ieşi
télévision(f)	televisione(f)	televiziune(f)
point(m)	punto(m)	punct(n)
note(f)	voto(m)	notă(f)
vendeur(m)	commesso(m)	vânzător(m)
temps(m)	tempo(m)	timp(n)
biographie(f)	biografia(f)	biografie(f)
électricité	elettricità(f)	electricitate(f)
déménager	traslocare	se muta
typique	tipico	tipic

気(天候)】TEMPUS(n) 時 【伝記】BIOGRAPHIA(f) 伝記 【電気】ELECTRICITAS(f) 電気 【転居する】MUTARE 動かす　SE[再帰代名詞] DIS-「否定」を表す接頭辞＋MANERE 保つ　TRANS ～を越えて＋LOCARE 置く　【典型的な】TYPICUS 典型的な

日本語	ポルトガル語	スペイン語
天国	paraíso(m)	paraíso(m)
伝言	recado(m)	recado(m)
天才	gênio(m)	genio(m)
天使	anjo(m)	ángel(m)
展示する	expor	exponer
電子	elétron(m)	electrón(m)
電車	comboio(m)	tren(m)
天井	teto(m)	techo(m)
伝説	lenda(f)	leyenda(f)
伝染	contágio(m)	contagio(m)
伝染する(病気が主語)	contagiar-se	contagiarse
電池	pilha(f)	pila(f)
電灯	lâmpada(f) elétrica	lámpara(f) eléctrica
伝統	tradição(f)	tradición(f)
伝統的な	tradicional	tradicional

【天国】PARADISUS(m) 天国 【伝言】RECEPTARE「再び取る」から派生 MITTERE「投げる」から派生 【天才】GENIUS(m) 天分 【天使】ANGELUS(m) 天使 【展示する】EXPONERE 表明する 【電子】ELECTRUM(n) 琥珀 【電車】仏trainer[＜TRAHERE 引く]「引っ張る」からの造語 【天井】TECTUM(n) 天井 仏plat[＜俗ラ*platus 平らな]+fond[＜FUNDUS 土台] SIFFIGERE「下にくっつける」の完了分詞SUFFIXUSから派生 【伝説】LEGERE「読む」のゲルンディーヌムLEGENDA「読まれるべき物」から派生 【伝染】CONTAGIO(f) 感染 【伝染する(病気が主語)】CONTINGERE 伝染させる SE[再帰代名詞] TRANSMITTERE あちらへ送る 【電池】PILA(f) 柱

フランス語	イタリア語	ルーマニア語
paradis(m)	paradiso(m)	paradis(n)
message(m)	messaggio(m)	mesaj(n)
génie(m)	genio(m)	geniu(n)
ange(m)	angelo(m)	înger(m)
exposer	esporre	expune
électron(m)	elettrone(m)	electron(m)
train(m)	treno(m)	tren(n)
plafond(m)	soffitto(m)	plafon(n)
légende(f)	leggenda(f)	legendă(f)
contagion(f)	contagio(m)	contagiune(f)
se transmettre	contagiare	se contagia
pile(f)	pila(f)	pilă(f)
lampe(f) (électrique)	luce(f) elettrica	lampă(f)
tradition(f)	tradizione(f)	tradiţie(f)
traditionnel	tradizionale	tradiţional

【電灯】LAMPAS(f) 光　ELECTRICUS「琥珀のような」から派生　LUX(f) 光
【伝統】TRADITIO(f) 伝統　【伝統的な】TRADITIO(f)「伝統」から派生

日本語	ポルトガル語	スペイン語
天然の	natural	natural
展望	panorama(m)	panorama(m)
電報	telegrama(m)	telegrama(m)
展覧会	exposição(f)	exposición(f)
電話	telefone(m)	teléfono(m)
電話をかける	telefonar	telefonear

―と―

と(～と)	e	y
戸(ドア)	porta(f)	puerta(f)
度(回数)	vez(f)	vez(f)
度(温度)	grau(m)	grado(m)
トイレ	casa(f) do banho	baño(m)
党	partido(m)	partido(m)
塔	torre(f)	torre(f)
どう(元気)？	Que tal?	¿Qué tal?

【天然の】NATURALIS 自然の 【展望】ギpan 全て+hórāma 眺め 【電報】ギtele 遠い+grama 書かれた物→造語 【展覧会】EXPOSITIO(f) さらすこと 【電話】ギtele 遠い+phōné 音→造語 【電話をかける】ギtele 遠い+phōné 音→造語 【と(～と)】ET ～と SIC そのように 【戸(ドア)】PORTA(f) 戸 OSTIUM(n) 戸 【度(回数)】VICIS(f) 交代 VOLVERE「転がす」の完了分詞女性形VOLUTAから派生 DARE「与える」の完了分詞女性形DATAから派生 【度(温度)】GRADUS(m) 段 DE 上から下へ+GRADUS(m) 段 【トイレ】CASA(f) 小屋 DE ～の ILLE あの BALNEUM(n) 浴室 TELA(f) 織られたもの+縮小辞 【党】PARTIRI「分ける」から派生 【塔】TURRIS(f) 塔

フランス語	イタリア語	ルーマニア語
naturel	naturale	natural
panorama(m)	panorama(m)	panoramă(f)
télégramme(m)	telegramma(m)	telegramă(f)
exposition(f)	esposizione(f)	expoziţie(f)
téléphone(m)	telefono(m)	telefon(n)
téléphoner	telefonare	telefona
et	e	şi
porte(f)	porta(f)	uşă(f)
fois(f)	volta(f)	dată(f)
degré(m)	grado(m)	grad(n)
toilettes(f)	bagno(m)	toaletă(f)
parti(m)	partito(m)	partid(n)
tour(f)	torre(f)	turn(n)
Ça va?	Come stai?	Ce mai faci?

独Turm 塔 【どう(元気)?】 QUID 何？ TALIS このような ECCE + HAC ここで見よ VADERE 行く QUOMODO どのように？ STARE 立っている MAGIS 更に FACERE する

日本語	ポルトガル語	スペイン語
銅	cobre(m)	cobre(m)
同意する	consentir	consentir
統一する	unificar	unificar
同一の	mesmo	mismo
どうか	por favor	por favor
陶器	cerâmica(f)	cerámica(f)
動機	motivo(m)	motivo(m)
道具	instrumento(m)	instrumento(m)
洞窟	caverna(f)	caverna(f)
峠	desfiradeiro(m)	desfiladero(m)
投資する	investir	invertir
当時	então	entonces
同時に	ao mesmo tempo	al mismo tiempo
どうして？（なぜ）	por quê?	¿por qué?
搭乗員	tripulante(mf)	tripulante(mf)

【銅】CUPRUM(n)[＜ギKýpros キュプロス]銅 AES(n) 銅 【同意する】CONSENTIRE 調和する 【統一する】UNIFICARE 一つにする UNIRE 結合させる 【同一の】MET 自己の＋IPSIMUS「自身」の強調形 ISTE この＋IPSE 自体 ECCE 見よ＋ILLA あれ＋SIC そのように 【どうか】PER ～によって FAVOR(m) 好意 SI もし ILLE あれ VOBIS あなたに PLACET 気に入る VOS あなたを ROGARE 尋ねる 【陶器】ギkeramikós 土製の 【動機】MOTIVUM(n) 動機 【道具】INSTRUMENTUM(n) 道具 【洞窟】CAVERNA(f) 洞窟 CRYPTA(f) 洞穴 【峠】DIS-「否定」を表す接頭辞＋FIBULARE「縛り合わす」から派生 COLLUM(n) 首 VARICARE「大股に

フランス語	イタリア語	ルーマニア語
cuivre(m)	rame(m)	aramă(f)
consentir	consentire	consimţi
unifier	unificare	uni
même	stesso	acelaşi
s'il vous plaît	per favore	vă rog
céramique(f)	ceramica(f)	ceramică(f)
motif(m)	motivo(m)	motiv(n)
instrument(m)	strumento(m)	instrument(n)
caverne(f)	caverna(f)	grotă(f)
col(m)	valico(m)	pas(n)
investir	investire	investi
alors	allora	atunci
en même temps	allo stesso tempo	în acelaşi timp
pourquoi?	perché?	de ce?
équipage(m)	equipaggio(m)	echipaj(n)

歩く」から派生　PASSUS(m)「歩み」から派生　【投資する】INVESTIRE 装う　INVERTERE 裏返す　【当時】IN ～に＋TUNC その時　AD＋ILLAM＋HORAM あの時に向けて　AD ～へ＋TUNC その当時　【同時に】AD ～へ-MET 自己の＋IPSIMUS「自身」の強調形　TEMPUS(n) 時　ILLE あの ISTE この＋IPSE 自体　IN ～に　ECCE 見よ＋ILLA あれ＋SIC そのように 【どうして？(なぜ)】PER ～によって　QUID 何？　DE ～によって　【搭乗員】INTERPOLARE「手を加える」から派生　古ノルマンディー方言*skipa「船」から派生

― 503 ―

日本語	ポルトガル語	スペイン語
搭乗券	bilhete(m) de embarque	billete(m) de embarque
同情する	compadecer-se	compadecerse
統制	controle(m)	control(m)
当選する	ser eleito	ser elegido
どうぞ(依頼)	por favor	por favor
銅像	estátua(f) de bronze	estatua(f) de bronce
灯台	farol(m)	faro(m)
到着	chegada(f)	llegada(f)
到着する	chegar	llegar
とうとう	finalmente	finalmente
道徳	moral(f)	moral(f)
同伴する	acompanhar	acompañar
投票する	votar	votar
動物	animal(m)	animal(m)

【搭乗券】後ラbulla 教書＋縮小辞　DE ～の　BARIS(f) 小舟　COLAPHUS(m) 拳打　古ノルマンディー方言*skipa「船」から派生　TALUS(m)「踝」から派生　【同情する】CUM ～と共に＋PATI 苦しむ→COMPATI 同情する　SE[再帰代名詞]　MISERERI 同情する　【統制】仏contre[＜CONTRA に反して]～に反して＋rôle[＜ROTA 輪]役割　【当選する】ESSE ～である　ELIGERE「選挙する」の完了分詞ELECTUSから派生　STARE 立っている　FIERI ～になる　【どうぞ(依頼)】PER ～によって　FAVOR(m) 好意　SI もし　ILLE あれ　VOBIS あなたに　PLACET 気に入る　ROGARE 尋ねる　【銅像】STATUA(f) 肖像　DE ～の　BRUNDISIUM(n) 地名　【灯台】PHAROS(f)[フ

フランス語	イタリア語	ルーマニア語
coupon(m) d'embarquement	carta(f) d'imbarco	talon(n) de înbărcare
compatir	commiserare	compătimi
contrôle(m)	controllo(m)	control(n)
être élu	essere eletto	fi ales
s'il vous plaît	per favore	vă rog
statue(f) de bronze	statua(f) di bronzo	statuie(f) de bronz
phare(m)	faro(m)	far(n)
arrivée(f)	arrivo(m)	sosire(f)
arriver	arrivare	sosi
finalement	finalmente	în sfârşit
morale(f)	morale(f)	morală(f)
accompagner	accompagnare	acompania
voter	votare	vota
animal(m)	animale(m)	animal(n)

ァロス島の灯台に由来]　【到着】APPLICARE「側へ置く」の名詞化　俗ラ*arripare 岸に着く　新ギsóso[sóno「着く」の未来形]から派生　【到着する】APPLICARE 側へ置く　俗ラ*arripare 岸に着く　新ギsóso[sóno「着く」の未来形]から派生　【とうとう】FINALIS 終局の　MENS(f)「心」の奪格　IN ～に　スラブsūvūršiti「終わる」から派生　【道徳】MORALIS 道徳的な　【同伴する】CUM 共に + PANIS(m) パン→動詞化　【投票する】VOTUM(n)「誓約」の動詞化　【動物】ANIMAL(n) 動物

日本語	ポルトガル語	スペイン語
動物園	jardim(m)	jardín(m)
	zoológico	zoológico
透明な	transparente	transparente
トウモロコシ	milho(m)	maíz(m)
東洋	Oriente(m)	Oriente(m)
同様の	igual	igual
道路	caminho(m)	camino(m)
登録する	registrar	registrar
討論	discussão(f)	discusión(f)
童話	história(f)	cuento(m)
	infantil	infantil
当惑する	ficar embaraçado	quedar perplejo
遠い	distante	lejano
通す(放任)	deixar passar	dejar pasar
遠回りする	dar voltas	dar un rodeo

【動物園】フランク*gard 柵＋縮小辞　ギzôion 動物＋logía 学問→形容詞化
【透明な】TRANS 〜を越えて＋PARENS 見える　【トウモロコシ】MILIUM(n) キビ　タイノmahís トウモロコシ　GRANUM(n) 粒＋中ギturcus トルコの　俗ラ*palumbus トウモロコシ　【東洋】ORIENS(m) 東洋　【同様の】AEQUALIS 同様の　PAR 等しい　ASSIMULARE「類似させる」に由来　【道路】俗ラ *camminus[ケルト語起源]道　RUPTA 破られた　STRATA(f) 市街道　スラブdrumū「道」から派生【登録する】REGISTRUM(n)「表」の動詞化【討論】DISCUSSIO(f) 議論　【童話】HISTORIA(f) 物語　INFANTILIS 幼児の COMPTUS(m) 組み合わせ　PER 〜のために　bamb-[擬声音]　スラブpovestī

フランス語	イタリア語	ルーマニア語
jardin(m)	giardino(m)	grădină(f)
zoologique	zoologico	zoologică
transparent	trasparente	transparent
maïs(m)	granturco(m)	porumb(m)
Orient(m)	Oriente(m)	Orient(n)
pareil	uguale	asemănător
route(f)	strada(f)	drum(n)
enregistrer	registrare	se înregistra
discussion(f)	discussione(f)	discuţie(f)
conte(m) pour enfants	racconto(m) per bambini	poveste(f) pentru copii
être embarrassé	essere imbarazzato	fi încurcat
lointain	lontano	departe
laisser passer	lasciare passare	lăsa să treacă
faire un détour	fare una deviazione	ocoli

「物語」から派生　PER 〜のために＋INTER 〜の間に　【当惑する】FIXUS「不動の」から派生　QUIETARE 静める　PERPLEXUS 錯乱した　STARE 立っている　俗ラ*barra「棒」に由来　ESSE 〜である　FIERI 〜になる　【遠い】DISTARE「遠くにある」の現在分詞DISTANSに由来　LAXIUS「より広く」から派生　LONGUS 遠くの　DE 〜から＋PAR(f) 部分　【通す(放任)】LAXARE 緩める　PASSUS(m)「歩み」の動詞化　SI もし　TRAJICERE 渡る　【遠回りする】DARE 与える　VOLVERE「転がす」の完了分詞女性形VOLUTAから派生　UNUS 一つの　ROTA(f)「車輪」に由来　FARE する　TORNARE「彫琢する」から派生　VIA(f)「道路」から派生　スラブokol「輪」から派生

日本語	ポルトガル語	スペイン語
通り(街路)	rua(f)	calle(f)
通り(大通り)	avenida(f)	avenida(f)
通る	passar	pasar
都会	cidade(f)	ciudad(f)
溶かす	dissolver	disolver
時	tempo(m)	tiempo(m)
ドキュメンタリー	documentário(m)	documental(m)
とく(自分の髪を)	pentear-se	peinarse
得な	vantajoso	ventajoso
解く(解放)	desatar	desatar
解く(解決)	resolver	resolver
毒	veneno(m)	veneno(m)
得意(顧客)	cliente(m)	cliente(m)
得意な(強い)	forte	fuerte
得意な(自慢)	orgulhoso	orgulloso
独裁	ditadura(f)	dictadura(f)

【通り(街路)】RUPTA 破られた　CALLIS(mf) 小径　VIA(f) 道路　STRATA(f) 市街道　【通り(大通り)】ADVENIRE「到着する」に由来　CURSUS(m) 経路　古オランダ bolwerc 厚板の構築物　【通る】PASSUS(m)「歩み」の動詞化　TRAJICERE 渡る　【都会】CIVITAS(f) 都市　VILLA(f) 荘園　ハンガリー város「市」から派生　【溶かす】DISSOLVERE 溶かす　DILUERE 分解する　EXSOLVERE 解く　【時】TEMPUS(n) 時　【ドキュメンタリー】DOCUMENTUM(n)「実例」から派生　【とく(自分の髪を)】PECTERE 梳く　SE[再帰代名詞]　【得な】ABANTE「～の前に」から派生　【解く(解放)】DIS-「否定」を表す接頭辞 + APTARE 適応させる　DIS-「否定」を表す接頭辞 + NODARE 結び目

フランス語	イタリア語	ルーマニア語
rue(f)	via(f)	stradă(f)
avenue(f)	corso(m)	bulevard(n)
passer	passare	trece
ville(f)	città(f)	oraş(n)
diluer	sciogliere	dizolva
temps(m)	tempo(m)	timp(n)
documentaire(m)	documentario(m)	documentar(n)
se peigner	pettinarsi	se pieptăna
avantageux	vantaggioso	avantajos
dénouer	slegare	dezlega
résoudre	risolvere	rezolva
poison(m)	veleno(m)	venin(n)
client(m)	cliente(m)	client(m)
fort	forte	puternic
orgueilleux	orgoglioso	orgolios
dictature(f)	dittatura(f)	dictatură

を作る DISLIGARE 解く 【解く(解決)】RESOLVERE 解く 【毒】VENENUM(n) 毒 POTIO(f) 毒 【得意(顧客)】CLIENS(m) 食客 【得意な(強い)】FORTIS 強い POSSE 〜できる 【得意な(自慢)】フランク*urgōlī 優秀 【独裁】DICTATURA(f) 独裁

— 509 —

日本語	ポルトガル語	スペイン語
独裁者	ditador(m)	dictador(m)
読者	leitor(m)	lector(m)
特殊な	particular	particular
読書	leitura(f)	lectura(f)
独身の(男の)	solteiro	soltero
独占	monopólio(m)	monopolio(m)
ドクター(博士・医者)	doutor(m)	doctor(m)
特徴	característica(f)	característica(f)
特に	especialmente	especialmente
特別の	especial	especial
独立	independência(f)	independencia(f)
時計(腕用)	relógio(m)	reloj(m)
溶ける	derreter-se	disolverse
どこに？	onde?	¿dónde?
ところが	mas	pero
ところで	a propósito	a propósito

【独裁者】DICTATOR(m) 独裁者　【読者】LECTOR(m) 読者　スラブčitati「読む」から派生　【特殊な】PARTICULARIS 特殊な　【読書】LEGERE「読む」から派生　【独身の(男の)】SOLITARIUS 独居の　CAELIBATUS(m)「独身」から派生　【独占】MONOPOLIUM(n) 専売　【ドクター(博士・医者)】DOCTOR(m) 教える人　【特徴】CHARACTERISTICA(f) 特徴　【特に】SPECIALIS 特別の　MENS(f)「心」の奪格　【特別の】SPECIALIS 特別の　【独立】INDEPENDENS「独立の」の名詞化　【時計(腕用)】HOROLOGIUM(n) 時計　仏montrer[＜MONSTRARE 示す]→名詞化　HOROLOGIUM(n) 時計　スラブčasŭ「時間」から派生　【溶ける】DETERERE「減らす」から派生

フランス語	イタリア語	ルーマニア語
dictateur(m)	dittatore(m)	dictator(m)
lecteur(m)	lettore(m)	cititor(m)
particulier	particolare	particular
lecture(f)	lettura(f)	lectură(f)
célibataire	celibe	celibatar
monopole(m)	monopolio(m)	monopol(n)
docteur(m)	dottore(m)	doctor(m)
caractéristique(f)	caratteristica(f)	caracteristică(f)
spécialement	specialmente	special
spécial	special	special
indépendance(f)	indipendenza(f)	independenţă(f)
montre(m)	orologio(m)	ceas(n)
se résoudre	sciogliersi	se dizolva
où?	dove?	unde?
mais	però	dar
à propos	a proposito	apropo

DIS-「否定」を表す接頭辞＋SOLVERE「解く」から派生　SE［再帰代名詞］ RESOLVERE 溶かす　EXSOLVERE 解く　【どこに？】DE ～から　UNDE どこから？　【ところが】MAGIS 更に　PER ～のために　HOC この　ルーマニア語の語源は不詳　【ところで】AD ～に　PROPOSITUM(n) 提案

日本語	ポルトガル語	スペイン語
所々に	aqui e ali	aquí y allí
登山	alpinismo(m)	alpinismo(m)
登山者	alpinista(mf)	alpinista(mf)
年	ano(m)	año(m)
歳（年齢）	idade(f)	edad(f)
都市	cidade(f)	ciudad(f)
閉じ込める	encerrar	encerrar
図書館	biblioteca(f)	biblioteca(f)
戸棚	armário(m)	armario(m)
土地	terra(f)	tierra(f)
土地（用地）	terreno(m)	terreno(m)
途中で（道の）	no meio do caminho	a medio camino
どちら	qual?	¿cuál?
特許	patente(m)	patente(m)
特権	privilégio(m)	privilegio(m)

【所々に】ECCUM それを見よ + HIC ここで　ET 〜と　ECCUM それを見よ + ILLIC そこで　PER 〜を貫いて ECCUM + HAC それを見よ，ここで　ILLAC そこに　SIC そのように　ECCUM 見よ + ILLOC そこで　【登山】ALPES(f) アルプス[山脈の名前]に由来　【登山者】ALPES(f) アルプス[山脈の名前]に由来　【年】ANNUS(m) 年　【歳（年齢）】AETAS(f) 年齢　スラブ vrŭsta「年齢」から派生　【都市】CIVITAS(f) 都市　VILLA(f) 荘園　ハンガリー város「市」から派生　【閉じ込める】SERA「閂」から派生　FIRMARE「固める」から派生　INCLUDERE 閉じ込める　【図書館】BIBLIOTHECA(f) 図書館　【戸棚】ARMARIUM(n) 戸棚　トルコ dolap「戸棚」から派生　【土地】TERRA(f) 土地

— 512 —

フランス語	イタリア語	ルーマニア語
par-ci par-là	qua e là	ici şi colo
alpinisme(m)	alpinismo(m)	alpinism(n)
alpiniste(mf)	alpinista(mf)	alpinist(m)
an(m)	anno(m)	an(m)
âge(m)	età(f)	vârstă(f)
ville(f)	città(f)	oraş(n)
enfermer	rinchiudere	închide
bibliothèque(f)	biblioteca(f)	bibliotecă(f)
armoire(f)	armadio(m)	dulap(n)
terre(f)	terra(f)	pământ(n)
terrain(m)	terreno(m)	teren(n)
à mi-chemin	a mezza strada	la mijloc de drum
lequel?	quale?	care?
brevet(m)	brevetto(m)	brevet(n)
privilège(m)	privilegio(m)	privilegiu(n)

PAVIMENTUM(n) 舗装 【土地(用地)】TERRENUM(n) 土地 【途中で(道の)】IN ～に ILLE あの MEDIUS 中間の 俗ラ*camminus 道 AB ～において STRATA(f) 市街道 FACERE「する」から派生 ILLAC そこに MEDIUS 中間の LOCUS(m) 場所 DE ～の スラブdrumŭ「道」から派生 【どちら】QUALIS どのような? ILLE あの + QUALIS どのような? 【特許】PATENS「明白な」から派生 BREVIS「短い」から派生 【特権】PRIVILEGIUM(n) 特権

日本語	ポルトガル語	スペイン語
とっさに(突然)	de repente	de repente
突進する	lançar-se	lanzarse
突然	de repente	de repente
取っ手(容器の)	asa(f)	asa(f)
とても	muito	mucho
届く	chegar	llegar
整える	arrumar	arreglar
留まる	ficar	quedarse
隣に(〜の)	ao lado de	al lado de
隣の	vizinho	vecino
怒鳴る	gritar	gritar
とにかく	de qualquer modo	de cualquier modo
どの？	qual?	¿cuál?
どのくらい？	quanto?	¿cuánto?
扉	porta(f)	puerta(f)

【とっさに(突然)】DE 〜で REPENTE 突然 RAPIDUS 急激な MENS(f)「心」の奪格 DE 〜に関して+UNA 一つの+DARE「与える」の完了分詞女性形DATAから派生 【突進する】LANCEA(f)「槍」から派生 SE[再帰代名詞] 【突然】DE 〜で REPENTE 突然 TOTUS 全くの AB 〜で COLAPHUS(m)打撃 【取っ手(容器の)】ANSA(f) 取っ手 MANUS(f)「手」から派生 【とても】MULTUM たくさん BELLUS 愛らしい+COLAPHUS(m) 拳撃 【届く】APPLICARE 側に置く 俗ラ*arripare 岸に着く 新ギsóso(sóno「着く」の未来形) 【整える】REGULA(f)「定規」の動詞化 フランク*hring「輪」の動詞化 ORDINARE 整える 【留まる】FIXUS「不動の」の動詞化 QUIETARE

— 514 —

フランス語	イタリア語	ルーマニア語
rapidement	di repente	deodată
s'élancer	lanciarsi	se lansa
tout à coup	di repente	deodată
anse(f)	manico(m)	mâner(n)
beaucoup	molto	mult
arriver	arrivare	sosi
arranger	ordinare	aranja
rester	restare	rămâne
à côté de	accanto a	lângă
voisin	vicino	vecin
crier	gridare	răcni
en tout cas	ad ogni modo	în orice caz
lequel?	quale?	care?
combien?	quanto?	cât?
porte(f)	porta(f)	uşă(f)

静める SE[再帰代名詞] RESTARE 残る REMANARE 残留する 【隣に(〜の)】AD 〜へ ILLE あの LATUS(n) 側面 DE 〜の COSTA(f) 肋骨 LONGUM 長く 【隣の】VICINUS 近くの 【怒鳴る】QUIRITARE 悲鳴をあげる スラブ ryknonti「叫ぶ」から派生 【とにかく】DE 〜に関して QUALIS どのような？＋querer[＜QUAERERE]「求める」の接続法現在 MODUS(m) 方法 IN 〜に TOTUS 全くの CASUS(m) 場合 AD 〜へ OMNIS「全体の」から派生 IN 〜に 【どの？】QUALIS どのような？ ILLE あの＋QUALIS どのような？ 【どのくらい？】QUANTUS いかに多く？ QUOMODO どのように？＋BENE 良く 【扉】PORTA(f) 戸 OSTIUM(n) 戸

— 515 —

日本語	ポルトガル語	スペイン語
飛ぶ(空中を)	voar	volar
飛ぶ(跳躍)	pular	saltar
徒歩で	a pé	a pie
途方に暮れる	ficar perplexo	quedar perplejo
乏しい	pobre	pobre
トマト	tomate(m)	tomate(m)
止まる(停止)	parar	parar
泊まる	hospedar-se	alojarse
富	riqueza(f)	riqueza(f)
止める	parar	parar
止める(固定)	fixar	fijar
友達	amigo(m)	amigo(m)
共に(〜と)	com	con
土曜日	sábado(m)	sábado(m)
ドライブする	passear de carro	pasear en coche

【飛ぶ(空中を)】VOLARE 飛ぶ　EX 〜から + VOLARE 飛ぶ　【飛ぶ(跳躍)】PULLARE 湧き出る　SALTARE 踊る　SALIRE 飛ぶ　【徒歩で】AB 〜で　PES(m) 足　PER 〜に関して　DEORSUM 下方へ　【途方に暮れる】FIXUS「不動の」の動詞化　PERPLEXUS 錯乱した　RESTARE 残る　ORIENS「現れる」に由来　PERDITUS 失われた　SENTIRE 感じる　REMANERE 残る　【乏しい】PAUPER 貧しい　ブルガリアsirak「孤児」から派生　【トマト】ナワトルtomatl 大きくなる果実　POMUM(n) 果実 + DE 〜の + AURUM(n) 金　ROSEUS「バラの」から派生　【止まる(停止)】PARARE 用意する　スラブoprěti「止める」から派生　【泊まる】HOSPITARI 泊まる　古カタルーニア

フランス語	イタリア語	ルーマニア語
voler	volare	zbura
sauter	saltare	sări
à pied	a piedi	pe jos
rester désorienté	sentirsi perduto	rămâne perplex
pauvre	povero	sărac
tomate(f)	pomodoro(m)	roşie(f)
arrêter	arrestarsi	se opri
loger	alloggiare	şedea
richesse(f)	richezza(f)	bogăţie(f)
arrêter	fermare	opri
fixer	fissare	fixa
ami(m)	amico(m)	prieten(m)
avec	con	cu
samedi(m)	sabato(m)	sâmbătă(f)
se promener en voiture(f)	fare un giro in macchina	plimba cu maşina

llotja「部屋」から派生　SEDERE「座る」から派生　【富】ゲ*rīkja「支配者」から派生　スラブbogatū「富んだ」から派生　【止める】FIRMARE「固める」から派生　スラブoprěti「止める」から派生　【止める(固定)】FIXUS「不動の」の動詞化　【友達】AMICUS(m) 友人　スラブprijatelī「友人」から派生　【共に(～と)】CUM ～と共に　APUD ～のそばに + HOC ここに　【土曜日】SABBATUM(n) 土曜日　【ドライブする】PASSUS(m)「歩み」から派生　DE ～で　CARRUS(m) 荷馬車　IN ～に　ハンガリーkocsi 馬車　SE[再帰代名詞]　PRO 前へ + MINARI そびえる　VECTURA(f) 運送　FACERE する　UNUS 一つの　GYRUS(m) 旋回　MACHINA(f) 機械　PERAMBULARE 歩き回る

日本語	ポルトガル語	スペイン語
ドライヤー	secador(m)	secador(m)
トラック	caminhão(m)	camión(m)
トランプ	carta(f)	carta(f)
鳥	ave(f)	ave(f)
鳥(小鳥)	pássaro(m)	pájaro(m)
鶏(雌)	galinha(f)	gallina(f)
とりあえず	para o momento	por el momento
取り上げる(奪う)	privar	quitar
取り上げる(採用)	aceitar	aceptar
取り扱う	tratar	tratar
取り返す	retomar	recobrar
取り替える	cambiar	cambiar
取り掛かる	começar a	comenzar a
取り囲む	rodear	rodear
取り消す	cancelar	cancelar
取り出す	extrair	extraer

【ドライヤー】SICCARE「乾かす」から派生　EXSUCARE「涸らす」から派生　【トラック】語源不詳　【トランプ】CHARTA(f) 紙・書　【鳥】AVIS(f) 鳥　AVIS(f) 鳥＋縮小辞　PASSER(m)「スズメ」から派生　【鳥(小鳥)】PASSER(m) スズメ　AVIS(f) 鳥＋縮小辞＋縮小辞　PASSER(m)「スズメ」から派生　【鶏(雌)】GALLINA(f) 雌鳥　PULLUS(m)「ひよこ」の女性形PULLA(f)から派生　【とりあえず】PER 〜に関して　ILLE あの　MOMENTUM(n) 瞬間　PER 〜のために＋INTRO 中へ　【取り上げる(奪う)】PRIVARE 奪う　QUIETUS「静かな」から派生　LEVARE「軽くする」から派生　【取り上げる(採用)】ACCEPTARE 受け入れる　COLLIGERE 取り上げる　【取り扱う】TRACTARE

フランス語	イタリア語	ルーマニア語
séchoir(m)	fon(m)	uscător(n)
camion(m)	camion(m)	camion(n)
cartes(f)	carta(f)	carte(f)
oiseau(m)	uccello(m)	pasăre(f)
oiselet(m)	uccellino(m)	pasăre(f)
poule(f)	gallina(f)	găină(f)
pour le moment	per il momento	pentru moment
enlever	privare	priva
accueiller	accettare	accepta
traiter	trattare	trata
récupérer	ricuperare	recăpăta
changer	cambiare	schimba
commencer à	cominciare a	începe să
entourer	attorniare	încercui
annuler	annullare	anula
tirer	estrarre	scoate

引っ張る 【取り返す】RE-「再び」を表す接頭辞 + AUTUMARE 思う RECUPERARE 取り戻す 俗ラ*capitare「捕らえる」から派生 【取り替える】CAMBIARE 交換する 【取り掛かる】CUM 〜と共に + INITIARE 始める AD 〜へ INCIPERE 始める SI もし 【取り囲む】ROTA(f)「車輪」から派生 TORNARE「丸くする」から派生 CIRCUS(m)「輪」から派生 【取り消す】CANCELLARE 格子をとりつける NULLUS「少しも〜ない」から派生 【取り出す】EXTRAHERE 引き出す フランス語の語源は不詳 EXCUTERE 追い出す

日本語	ポルトガル語	スペイン語
取り立てる	cobrar	cobrar
取り次ぐ(仲介)	mediar	mediar
取り次ぐ(来客を)	anunciar	anunciar
取り付ける	colocar	colocar
取引	negócio(m)	negocio(m)
努力	esforço(m)	esfuerzo(m)
努力する	esforçar-se	esforzarse
取る	tomar	tomar
取る(得る)	obter	obtener
ドル	dólar(m)	dólar(m)
どれ	qual?	¿cuál?
奴隷	escravo(m)	esclavo(m)
ドレス	vestido(m)	vestido(m)
ドレッシング	molho(m) de salada	salsa(f) para ensalada

【取り立てる】RECUPERARE 取り戻す EXIGERE 追い出す CAPSA(f)「箱」から派生 【取り次ぐ(仲介)】MEDIARE 仲介する SE[再帰代名詞] INTERMITTERE 介在する FARE する DE～から+AB～から INTERMEDIUS「中間の」から派生 MEDIARE 仲介する 【取り次ぐ(来客を)】ANNUNTIARE 知らせる 【取り付ける】COLLOCARE 置く 後ラ installare 聖職者席に着ける 【取引】NEGOTIUM(n) 仕事 TRANSIGERE「取り決める」から派生 【努力】EX- 外へ+FORTIS 強い→名詞化 【努力する】EX- 外へ+FORTIS 強い→動詞化 SE[再帰代名詞] 【取る】AUTUMARE 思う PREHENDERE 取る LEVARE「軽くする」から派生 【取る(得る)】

— 520 —

フランス語	イタリア語	ルーマニア語
recouvrer	esigere	încasa
s'entremettre	fare da intermediario	media
annoncer	annunciare	anunţa
installer	installare	instala
transaction(f)	transazione(f)	negoţ(n)
effort(m)	sforzo(m)	efort(n)
s'efforcer	sforzarsi	se forţa
prendre	prendere	lua
obtenir	ottenere	obţine
dollar(m)	dollaro(m)	dolar(m)
lequel?	quale?	care?
esclave(mf)	schiavo(m)	sclav(m)
robe(f)	vestito(m)	rochie(f)
vinaigrette(f)	condimento(m) per l'insalata	sos(n) pentru salată

OBTINERE 固持する　【ドル】中オランダ(Joachims)thaler[鋳造所のあるボヘミアの町の名前]　【どれ】QUALIS どのような？　ILLE あの　【奴隷】後ラSclavus スラヴ人[スラヴ人の多くが奴隷だったことから]　【ドレス】VESTIS(f)「衣服」から派生　ゲ*raupa 略奪品　ブルガリア，セルビアroklja「ドレス」から派生　【ドレッシング】MOLLIRE「柔らかくする」から派生　DE ～のSALSUS「塩漬けの」から派生　PER ～のために　AD ～に　SAL(m)「塩」から派生　VINUM(n) 葡萄酒 + ACER 鋭い + 縮小辞　CONDIMENTUM(n) 香料　ILLE あの　PER ～のために + INTRO 中へ

日本語	ポルトガル語	スペイン語
泥	lama(f), lodo(m)	lodo(m)
泥棒（人）	ladrão(m)	ladrón(m)
とんでもない（馬鹿げた）	absurdo	absurdo
トンネル	túnel(m)	túnel(m)

―な―

ない	não	no
無い（非存在）	não há	no hay
内科	clínica(f) geral	medicina(f) interna
内閣	gabinete(m)	ministerio(m)
内緒で	em segredo	en secreto
ナイフ	faca(f)	cuchillo(m)
内部の	interior	interior
内容	conteúdo(m)	contenido(m)
ナイロン	náilon(m)	nilón(m)

【泥】LAMA(f) 水たまり　ケルト°bowa 泥　ゲ°fanga 泥　ウクライナ namil「泥」から派生　【泥棒（人）】LATRO(m) 追い剥ぎ　ROBARE「盗む」から派生　VOLARE「飛ぶ」から派生　ルーマニア語の語源は不詳　【とんでもない（馬鹿げた）】ABSURDUS 調子外れの　【トンネル】後ラ tunna 大酒樽　【ない】NON ない　【無い（非存在）】NON ない　HABET 彼が持つ　IBI そこに　ILLE あれ　PASSUS(m)「歩み」から派生　HIC ここに＋EST ～である　ESSE ～である　【内科】CLINICUS「病床の」から派生　GENERALIS 一般的な　MEDICINA(f) 医学　DE ～の　MALE HABITUS「悪い状態にある」から派生　INTERNUS 内部の　【内閣】ポルトガル語の語源は不詳　MINISTERIUM(n)

フランス語	イタリア語	ルーマニア語
boue(f)	fango(m)	nămol(m)
voleur(m)	ladro(m)	hoţ(m)
absurde	assurdo	absurd
tunnel(m)	tunnel(m)	tunel(n)
non	non	nu
il n'y a pas	non c'è	nu-i
médecine(f) de	medicina(f)	medicină(f)
maladies internes	interna	internă
ministère(m)	governo(m)	guvern(n)
en secret	in segreto	în secret
couteau(m)	coltello(m)	cuţit(n)
intérieur	interno	interior
contenu(m)	contenuto(m)	conţinut(n)
nylon(m)	nailon(m)	nailon(n)

役目 GUBERNUM(n) 指揮 【内緒で】IN 〜に SECRETUM(n) 秘密 【ナイフ】ポルトガル語の語源は不詳 CULTELLUS(m) 小刀 【内部の】INTERIOR 内部の 【内容】CONTINERE「含む」から派生 【ナイロン】英語nylon[＜(VI)NYL＋(RAY)ON]ナイロン

日本語	ポルトガル語	スペイン語
直す(訂正)	corrigir	corregir
直す(修繕)	consertar	reparar
治す(治療)	curar	curar
治る(病気)	recuperar-se	recuperarse
中に(～の)	em	en
長い	longo	largo
長靴	botas(f)	botas(f)
長さ	longura(f)	longitud(f)
仲直り	reconciliação(f)	reconciliación(f)
中庭	pátio(m)	patio(m)
半ば	meio	medio
長引く	prolongar-se	prolongarse
仲間	companheiro(m)	compañero(m)
中身	conteúdo(m)	contenido(m)
眺め	vista(f)	vista(f)
眺める	contemplar	contemplar

【直す(訂正)】CORRIGERE 治す 【直す(修繕)】CONSERERE「結びつける」の完了分詞CONSERTUSから派生 REPARARE 更新する 【治す(治療)】CURARE 世話する ゲ*warjan 守る VINDICARE 救う 【治る(病気)】RECUPERARE 回復する SE[再帰代名詞] ゲ*warjan 守る VINDICARE 救う 【中に(～の)】IN ～に 【長い】LONGUS 長い LARGUS 気前のいい 【長靴】ゲ*butta 鈍くなった イタリア語の語源は不詳 トルコ çizme「長靴」から派生 【長さ】LONGUS「長い」の名詞化 LONGITUDO(f) 長さ 【仲直り】RECONCILIATIO(f) 和解 【中庭】PACTUM(n)「契約」から派生 COHORS(f)「囲い場」から派生 【半ば】MEDIUS 中間の AB ～で MEDIETAS(f) 半分

— 524 —

フランス語	イタリア語	ルーマニア語
corriger	correggere	corecta
réparer	riparare	repara
guérir	curare	vindeca
(se) guérir	guarire	se vindeca
en	in	în
long	lungo	lung
botte(f)	stivali(m)	cizmă(f)
longueur(f)	lunghezza(f)	lungime(f)
réconciliation(f)	riconciliazione(f)	reconciliere(f)
cour(f)	cortile(m)	curte(f)
à moitié	mezzo	mediu
se prolonger	prolungarsi	se prolungi
compagnon(m)	compagno(m)	coleg(m)
contenu(m)	contenuto(m)	conţinut(n)
vue(f)	vista(f)	vedere(f)
regarder	guardare	privi

【長引く】PROLONGARE 長引かす SE［再帰代名詞］ 【仲間】CUM 〜と共に＋PANIS(m) パン→転意 COLLEGA(m) 同僚 【中身】CONTINERE「含む」から派生 【眺め】VIDERE「見る」の完了分詞VISUMから派生 VIDERE「見る」から派生 【眺める】CONTEMPLARE 観察する ゲ*wardōn 見張る ルーマニア語の語源は不詳

— 525 —

日本語	ポルトガル語	スペイン語
長持ちする	durar muito	durar mucho
流れ	corrente(f)	corriente(f)
流れる(液体)	correr	correr
流れる(循環)	circular	circular
鳴き声(鳥の)	canto(m)	canto(m)
泣く	chorar	llorar
鳴く(鳥が)	cantar	cantar
慰め	consolo(m)	consuelo(m)
慰める	consolar	consolar
無くする	perder	perder
無くする(除去)	suprimir	suprimir
無くなる(失う)	perder-se	perderse
無くなる(尽きる)	esgotar-se	agotarse
殴る	golpear	golpear
嘆かわしい	lamentável	lamentable
嘆く(悲しむ)	afligir-se	afligirse

【長持ちする】DURARE 存続する　MULTUM 多く　DURARE 継続する　LONGUS 長い + TEMPUS(n) 時　【流れ】CURRERE「流れる」の現在分詞 CURRENSから派生　CURSUS(m) 流れ　【流れる(液体)】CURRERE 流れる　COLARE 漏る　EXCURRERE 走り出る　【流れる(循環)】CIRCULARE 取り囲む　【鳴き声(鳥の)】CANTUS(m) 鳴き声　VERSUS(m)「畦」から派生　ルーマニア語の語源は擬声音　【泣く】PLORARE 泣きわめく　PLANGERE 悲泣する　【鳴く(鳥が)】CANTARE 歌う　ルーマニア語の語源は擬声音　【慰め】CONSOLARI「慰める」から派生　【慰める】CONSOLARI 慰める　【無くする】PERDERE 失う　【無くする(除去)】SUPPRIMERE 妨げる　ELIMINARE

フランス語	イタリア語	ルーマニア語
durer longtemps	durare	dura
cours(m)	corso(m)	curs(n)
couler	scorrere	curge
circuler	circolare	circula
chant(m)	canto(m)	ciripit(n)
pleurer	piangere	plânge
chanter	cantare	ciripi
consolation(f)	consolazione(f)	consolare(f)
consoler	consolare	consola
perdre	perdere	pierde
supprimer	eliminare	suprima
se perdre	perdere	se pierde
s'épuiser	esaurirsi	se epuiza
battre	colpire	lovi
lamentable	lamentevole	lamentabil
s'affliger	affliggersi	se plânge

「片づける」から派生 【無くなる(失う)】PERDERE 失う SE[再帰代名詞]【無くなる(尽きる)】EX- 〜から + GUTTA(f)「滴」→動詞化 SE[再帰代名詞] EX- 〜から + PUTEUS(m) 井戸→動詞化 EXHAURIRE 空にする 【殴る】COLAPHUS(m)「拳打」の動詞化 BATTUERE 打つ スラブ loviti「捕らえる」から派生 【嘆かわしい】LAMENTABILIS 悲しい DEPLORARE「悲しむ」から派生 【嘆く(悲しむ)】AFFLIGERE 不幸にする SE[再帰代名詞] PLANGERE 悲泣する

日本語	ポルトガル語	スペイン語
嘆く(不平)	lamentar	lamentar
投げる	atirar	echar
情け(慈悲)	caridade(f)	caridad(f)
情けない(惨めな)	miserável	miserable
ナシ	pêra(f)	pera(f)
なぜ？	por que?	¿por qué?
謎	enigma(m)	enigma(m)
名高い	famoso	famoso
雪崩	avalancha(f)	avalancha(f)
夏	verão(m)	verano(m)
懐かしむ	sentir saudade de	echar de menos a
夏休み	férias(f) de verão	vacaciones(f) de verano
納得する	convencer-se	convencerse
なでる(愛撫)	acariciar	acariciar

【嘆く(不平)】LAMENTARE 嘆く　SE[再帰代名詞]　SUPER 〜の上に　【投げる】ポルトガル語の語源は不詳　JACTARE 投げる　LANCEARE 槍で貫く　俗ラ*eruncare 投げる　【情け(慈悲)】CARITAS(f) 愛情　【情けない(惨めな)】MISERABILIS 悲惨な　MISER「不幸な」から派生　【ナシ】PIRUM(n)「ナシ」の複数形PERAから派生　【なぜ？】PER 〜のために　QUID 何？　DE 〜の　【謎】AENIGMA(f) 謎　【名高い】FAMOSUS 有名な　【雪崩】LAVI「滑る」から派生　【夏】VER(m)「春」から派生　AESTAS(f) 夏　【懐かしむ】SENTIRE 感じる　SOLITAS(f) 孤独　AFFLARE 息を吹きかける　DE 〜に関して　MINUS より少ない　AD 〜に　ゲ*grâta 嘆く　NOSTALGIA(f) 郷

— 528 —

フランス語	イタリア語	ルーマニア語
se lamenter sur	lamentarsi	lamenta
jeter	lanciare	arunca
charité(f)	carità(f)	caritate(f)
misérable	misero	mizerabil
poire(f)	pera(f)	pară(f)
pourquoi?	perché?	de ce?
énigme(m)	enigma(m)	enigmă(f)
fameux	famoso	făimos
avalanche(f)	valanga(f)	avalanşă(f)
été(m)	estate(f)	vară(f)
regretter	sentire nostalgia di	regreta
vacances(f) d'été	vacanze(f) estive	vacanţă(f) de vară
convenir	convincersi	se convinge
caresser	accarezzare	dezmierda

愁 【夏休み】FERIAE(f) 祭日　DE ～の　VACATIO(f) 休暇　VER(m)「春」から派生　AESTAS(f) 夏　AESTIVUS 夏の　【納得する】CONVINCERE 打ちまかす　SE[再帰代名詞]　DE ～の　CONVENIRE 一致する　【なでる(愛撫)】CARUS「愛すべき」から派生　俗ラ *dismerdare なでる

日本語	ポルトガル語	スペイン語
何？	que?	¿qué?
なにか	algo	algo
ナプキン	guardanapo(m)	servilleta(f)
鍋（深い）	panela(f)	olla(f)
名前	nome(m)	nombre(m)
怠ける	mandriar	holgazanear
生の	cru	crudo
波	onda(f)	onda(f)
並木道	alameda(f)	alameda(f)
涙	lágrima(f)	lágrima(f)
滑らかな	liso	liso
なめる	lamber	lamer
悩ます	atormentar	atormentar
悩み	sofrimento(m)	sufrimiento(m)
悩む	sofrir	sufrir
習う	aprender	aprender

【何？】QUID 何？ 【なにか】ALIQUOD なにか QUALIS どのような＋QUEM 誰を CAUSA(f) 原因 QUID 何？＋VREA 欲する 【ナプキン】ゲ*wardōn 見張る＋NAPPA(f) 杯 SERVIRE「役に立つ OLLA(f)」から派生 ゲ*thwalja「ハンカチ」に由来 TELA(f) 布＋縮小辞 【鍋（深い）】俗ラ*pannella フライパン OLLA(f) 鍋 ギkuathion 鍋＋縮小辞 PICTA「彩色した」から派生 【名前】NOMEN(n) 名前 【怠ける】イmandria「家畜の群」から派生 PIGRITIA(f)「怠惰」から派生 OTIARI 暇である SE[再帰代名詞] スラブlēnī「怠惰」から派生 【生の】CRUDUS 生の 【波】UNDA(f) 波 ゲ*vâgre 波 【並木道】ULMUS(f)「楡」から派生 AMBULARE「漫歩する」から派生

フランス語	イタリア語	ルーマニア語
que?	che?	ce?
quelque chose	qualcosa	ceva
serviette(f)	tovagliolo(m)	şervet(n)
casserole(f)	pentola(f)	oală(f)
nom(m)	nome(m)	nume(n)
paresser	oziare	se lenevi
cru	crudo	crud
vague(f)	onda(f)	undă(f)
allée(f)	viale(m)	alee(f)
larme(f)	lacrima(f)	lacrimă(f)
lisse	liscio	lin
lécher	leccare	linge
tourmenter	tormentare	chinui
souci(m)	soffrimento(m)	suferinţă(f)
souffrir	soffrire	suferi
apprendre	apprendere	învăţa

VIA(f)「道路」から派生 【涙】LACRIMA(f) 涙 【滑らかな】LIXARE「浸出によって取り出す」から派生　LENIS 穏やかな　【なめる】LAMBERE なめる　フランク *lekkon なめる　LINGERE なめ尽くす　【悩ます】TORMENTUM(n)「拷問」の動詞化　ハンガリー kín「苦痛」から派生　【悩み】SUFFERRE「耐える」の名詞化　SOLLICITARE「困らせる」から派生　【悩む】SUFFERRE 耐える　【習う】APPREHENDERE 掴む　俗ラ *invitiare[＜IN-「否定」を表す接頭辞＋VITIUM(n) 欠点]「欠点を取り去る」から派生

日本語	ポルトガル語	スペイン語
馴らす	domar	domar
並ぶ(行列)	entrar na fila	hacer cola
並べる	pôr em fila	poner en fila
なる(〜に)	tornar-se	ponerse
鳴る	soar	sonar
なるほど	Tem razão.	Tiene razón.
慣れる	acostumar-se	acostumbrarse
縄	corda(f)	cuerda(f)
南極	pólo(m) antártico	polo(m) antártico
難破する	naufragar	naufragar
南米	América(f) do Sul	América del Sur
難民	refugiado(m)	refugiado(m)

—に—

| 二 | dois | dos |

【馴らす】DOMARE 馴らす DOMITARE（何回も）馴らす BLANDUS「愛すべき」から派生 【並ぶ(行列)】INTRARE 入る IN 〜に ILLE あの FILUM(n)「糸」の複数形FILAから派生 FACERE する CAUDA(f) 尾 【並べる】PONERE 置く IN 〜に フランク*hring「輪」から派生 LINEA(f)「線」から派生 【なる(〜に)】TORNARE 丸くする SE[再帰代名詞] PONERE 置く DEVENIRE 到達する 【鳴る】SONARE 鳴る 【なるほど】TENERE 保つ RATIO(f) 道理 VOS あなた HABERE 保つ ILLA 彼女は DIRECTUS「真っ直ぐな」から派生 【慣れる】CONSUETUDO(f)「習慣」の動詞化 SE[再帰代名詞] PRIVATUS「個人の」から派生 HABITUS(m)「習慣」から

— 532 —

フランス語	イタリア語	ルーマニア語
dompter	domare	îmblânzi
faire la queue	fare la fila	face coadă
ranger	allineare	aranja
devenir	divenire	deveni
sonner	suonare	suna
Vous avez raison.	Lei ha ragione.	Aveţi dreptate.
s'apprivoiser	abituarsi	se obişnui
corde(f)	corda(f)	frânghie(f)
pôle(m) Sud	Polo(m) Sud	Polul(m) Sud
faire naufrage	naufragare	naufragia
Amérique(f) du Sud	Sudamerica(f)	America(f) de Sud
réfugié	rifugiato(m)	refugiat(m)
deux	due	doi

派生　ブルガリアobičaj「教える」から派生　【縄】CHORDA(f) 綱　FIMBRIA(f) 糸　【南極】POLUS(m) 極　ギantarktikós 北と反対の　ゲ*sunthaz 陽の側　【難破する】NAUFRAGAR 難破する　FACERE する　NAUFRAGIUM(n) 難破　【南米】Amerigo(Vespucci)［アメリカ大陸発見者の名前］アメリゴ　DE 〜の　ILLE あの　ゲ*sunthaz 陽の側　【難民】REFUGERE「逃げる」の完了分詞REFUGITUSから派生　【二】DUO 二つ

日本語	ポルトガル語	スペイン語
似合う	ficar bem a	sentar bien a
匂い	cheiro(m)	olor(m)
苦い	amargo	amargo
二月	fevereiro(m)	febrero(m)
賑やかな	animado	animado
握る	agarrar	agarrar
肉	carne(f)	carne(f)
肉体	corpo(m)	cuerpo(m)
憎む	odiar	odiar
逃げる	fugir	huir
にこにこする	sorrir	sonreír
濁る	turvar-se	enturbiarse
西	oeste(m)	oeste(m)
虹	arco-íris(m)	arco(m) iris
二重の	doble	doble
ニシン	arenque(m)	arenque(m)

【似合う】FIXUS「不動の」から派生　SEDERE「座る」の現在分詞SEDENSから派生　BENE 良く　AD ～に　AMBULARE 漫歩する　STARE 立っている　【匂い】FRAGRARE「薫る」から派生　ODOR(m) 匂い　スラブmirosati「嗅ぐ」から派生　【苦い】AMARUS 苦い　【二月】FEBRUARIUS(m) 二月　【賑やかな】ANIMATUS 活気のある　【握る】ポルトガル語・スペイン語の語源は不詳　俗ラ*sacire 捕らえる　PUGNUS(m)「握り拳」から派生　AUCUPARI 狙う　【肉】CARO(f) 肉　VIVERE「常食する」から派生　【肉体】CORPUS(n) 体　【憎む】ODI 憎む　フランク*hatjan 憎む　HORRERE 恐れる　【逃げる】FUGERE 逃げる　【にこにこする】SUBRIDERE 微笑む　【濁る】TURBIDUS

フランス語	イタリア語	ルーマニア語
aller	stare bene a	sta bine
odeur(f)	odore(m)	miros(n)
amer	amaro	amar
février(m)	febbraio(m)	februarie(m)
animé	animato	animat
saisir	impugnare	apuca
viande(f)	carne(f)	carne(f)
corps(m)	corpo(m)	corp(n)
haïr	odiare	urî
fuir	fuggire	fugi
sourire	sorridere	surâde
se troubler	intorbidirsi	se tulbura
ouest(m)	ovest(m)	vest(n)
arc-en-ciel(m)	arcobaleno(m)	curcubeu(n)
double	doppio	dublu
hareng(m)	aringa(f)	hering(m)

「混乱した」の動詞化　SE［再帰代名詞］　TURBARE「混乱させる」から派生　【西】ゲ*west 夕方　【虹】ARCUS(m) 虹　IRIS(f) 虹　IN ～に　CAELUM(n) 空　イタリア語のbalenoの語源・ルーマニア語の語源は不詳　【二重の】DUPLUS 二重の　【ニシン】ゲ*hâring 灰色の魚

日本語	ポルトガル語	スペイン語
偽の	falso	falso
偽物(模造品)	imitação(f)	imitación(f)
日常の	cotidiano	cotidiano
日曜日	domingo(m)	domingo(m)
日用品	artigo(m) de uso diário	artículo(m) de uso diario
日記	diário(m)	diario(m)
日光	raio(m) de sol	rayos(m) del sol
日中	durante o dia	durante el día
日程(旅程)	itinerário(m)	itinerario(m)
日本	Japão(m)	Japón(m)
二倍の	duplo	doble
荷物	bagagem(f)	equipaje(m)
入院	hospitalização(f)	hospitalización(f)
入学	ingresso(m)	ingreso(m)

【偽の】FALSUS 偽の 【偽物(模造品)】IMITATIO(f) 模倣 【日常の】QUOTIDIANUS 日常の 【日曜日】DOMINICUS 主の 【日用品】ARTICULUS(m) 断片 DE 〜の USUS(m) 使用 DIARIUS 毎日の OBJECTUM(n) 対象 QUOTIDIANUS 日々の ARTICULUS(m) 部分 【日記】DIARIUS「毎日の」から派生 DIURNUS 日中の 【日光】RADIUS(m) 光線 DE 〜の ILLE あの SOL(m) 太陽 LUMINARE(n) 光 LUX(f) 光 SOLARIS 太陽の LUMEN(n) 光 【日中】DURARE「続く」の現在分詞DURANSから派生 ILLE あの DIES(mf) 日 PENDERE「つるす」の現在分詞PENDENSから派生 DIURNUS「日中の」に由来 IN 〜に TEMPUS(n) 時 【日程(旅程)】ITINERARIUS

フランス語	イタリア語	ルーマニア語
faux	falso	fals
imitation(f)	imitazione(f)	imitaţie(f)
quotidien	quotidiano	cotidian
dimanche(f)	domenica(f)	duminică(f)
objet(m) d'usage quotidien	articolo(m) d'uso quotidiano	articol(n) de uz cotidian
journal(m)	diario(m)	jurnal(n)
lumière(f) du soleil	luce(f) solare	lumina(f) soarelui
pendant la journée	durante il giorno	în timpul zilei
itinéraire	itinerario(m)	itinerar(n)
Japon(m)	Giappone(m)	Japonia(f)
double	doppio	dublu
bagage(m)	bagaglio(m)	bagaj(n)
hospitalisation(f)	ospedalizzazione(f)	spitalizare(f)
entrée(f)	iscrizione(f)	intrare(f)

旅の 【日本】中国語 日本 【二倍の】DUPLUS 二重の 【荷物】古英語bag「小包」から派生 古ノルマンディー方言*skipa「船」から派生 【入院】HOSPITALIS「もてなしの良い」から派生 【入学】INGRESSUS(m) 入ること INTRARE「入る」から派生 INSCRIPTIO(f) 書き入れること

日本語	ポルトガル語	スペイン語
入国	migração(f)	inmigración(f)
ニュース	notícia(f)	noticia(f)
似る	parecer-se com	parecerse a
煮る	cozer	cocer
庭	jardim(m)	jardín(m)
にわか雨	aguaceiro(m)	aguacero(m)
鶏(オスの)	galo(m)	gallo(m)
人気のある	popular	popular
人形	boneca(f)	muñeca(f)
人間	homem(m)	hombre(m)
認識	cognição(f)	cognición(f)
人情のある	humano	humano
妊娠	concepção(f)	concepción(f)
ニンジン	cenoura(f)	zanahoria(f)
忍耐	paciência(f)	paciencia(f)
任務	cargo(m)	cargo(m)

【入国】IN 〜に MIGRATIO(f) 移住 IMMIGRARE「移り込む」から派生 【ニュース】NOTITIA(f) 知識 NOVELLUS 新しい SCIRE 知っている 【似る】PARERE 見える SE[再帰代名詞] CUM 〜と共に AD 〜に SIMILIS「似た」から派生 【煮る】COQUERE 煮る 【庭】ゲ*gard 柵+縮小辞 ブルガリア gradina「庭」から派生 【にわか雨】AQUA(f)「水」から派生 仏 à verse[＜VERARE 回す]ひっくり返したように→篠つくような→名詞化 【鶏(オスの)】GALLUS(m) 鶏 俗ラ*coccus[＜擬声音] スラブ kokoši 雌鳥 【人気のある】POPULARIS 大衆的な 【人形】ポルトガル語・スペイン語・イタリア語の語源は不詳 PUPA(f) 小さな娘 【人間】HOMO(mf) 人間 【認識】

— 538 —

フランス語	イタリア語	ルーマニア語
immigration(f)	immigrazione(f)	imigrare(f)
nouvelles(f)	notizia(f)	ştire(f)
ressembler à	somigliare a	semăna cu
cuire	cuocere	coace
jardin(m)	giardino(m)	grădină(f)
averse(f)	acquazzone(m)	aversă(f)
coq(m)	gallo(m)	cocoş(m)
populaire	popolare	popular
poupée(f)	bambola(f)	păpuşă(f)
homme(m)	uomo(m)	om(m)
cognition(f)	conoscenza(f)	cunoaştere(f)
humain	umano	uman
conception(f)	concepimento(m)	concepere(f)
carotte(f)	carota(f)	morcov(m)
patience(f)	pazienza(f)	răbdare(f)
charge(f)	carica(f)	sarcină(f)

COGNITIO(f) 認識　COGNOSCERE「知る」から派生　【人情のある】HUMANUS 人情のある　【妊娠】CONCEPTIO(f) 妊娠　CONCIPERE「妊娠する」から派生　【ニンジン】アラブ safunariya ボウフウ　CAROTA(f) ニンジン　ブルガリア morkov「ニンジン」から派生　【忍耐】PATIENTIA(f) 忍耐　ルーマニア語の語源は不詳　【任務】CARRUS(m)「荷馬車」から派生　SARCINA(f) 荷

日本語	ポルトガル語	スペイン語
任務（職務）	oficio(m)	oficio(m)
任務（使命）	missão(f)	misión(f)
任務（役目）	papel(m)	papel(m)
任命する	nomear	nombrar

—ぬ—

縫う	costurar	coser
抜く	tirar	tirar
脱ぐ	despir-se	quitarse
抜け目の無い	astuto	astuto
盗む	roubar	robar
布	pano(m)	tejido(m)
濡らす	molhar	mojar
塗る（ペンキ）	pintar	pintar
温い	tépido	tibio
濡れる	molhar-se	mojarse

【任務（職務）】OFFICIUM(n) 職務　FUNCTIO(f) 実行　【任務（使命）】MISSIO(f) 使命　【任務（役目）】PAPYRUS(f) 紙　ROTA(f) 車輪［＋縮小辞→俗ラ*rotulus 巻いたもの］から派生　INCARICARE「荷物を負う」から派生　【任命する】NOMINARE 任命する　NOMEN(n)「名」から派生　【縫う】CONSUERE 縫い合わせる　【抜く】ポルトガル語・スペイン語・フランス語は語源不詳　TOLLERE 取り去る　EXCUTERE 奪い取る　【脱ぐ】DIS-「否定」を表す接頭辞＋EXPEDIRE はぎ取る　QUIETUS「静かな」から派生　SE［再帰代名詞］　LEVARE「軽くする」から派生　TOLLERE 取り去る　俗ラ*disbracare 脱がす　【抜け目の無い】ASTUTUS 狡猾な　トルコ şirret「悪意のある」か

— 540 —

フランス語	イタリア語	ルーマニア語
fonctions(f)	funzione(f)	funcţie(f)
mission(f)	missione(f)	misiune(f)
rôle(m)	ruolo(m)	rol(n)
nommer	nominare	numi
coudre	cucire	coase
retirer	togliere	scoate
enlever	togliersi	se dezbrăca
astucieux	astuto	şiret
voler	rubare	fura
étoffe(f)	stoffa(f)	stofă(f)
mouiller	inumidire	uda
peindre	verniciare	picta
tiède	tiepido	călduţ
se mouiller	inumidirsi	se uda

ら派生 【盗む】ゲ*raubōn 強奪する　VOLARE「飛ぶ」から派生　【布】PANNUS(m) 布切れ　TEXERE「織る」の完了分詞TEXTUSから派生　ゲ*stoppōn「詰め物を入れる」から派生　【濡らす】MOLLIS「柔らかい」の動詞化　UMIDUS「湿った」から派生　UDARE 湿らせる　【塗る(ペンキ)】PINGERE「描く」の完了分詞異形PINCTUSに由来　PINGERE 描く　ギBerenīkē リビアの古都の名前[現在のベンガジ]に由来　【温い】TEPIDUS 暖かい　CALIDUS 温かい　【濡れる】MOLLIS「柔らかい」の動詞化　SE[再帰代名詞]　UMIDUS「湿った」から派生　UDARE 湿らせる

日本語	ポルトガル語	スペイン語
	—ね—	
根	raiz(f)	raíz(f)
音色	timbre(m)	timbre(m)
値打ち	valor(m)	valor(m)
値打ちのある	valioso	valioso
願い	desejo(m)	deseo(m)
願う(望む)	desejar	desear
願い(懇願)	pedir	pedir
ネクタイ	gravata(f)	corbata(f)
ネクタイピン	alfinete(m) de gravata	alfiler(m) de corbata
猫	gato(m)	gato(m)
値下げ	rebaixa(f)	rebaja(f)
値下げする	rebaixar	rebajar
ねじる	torcer	torcer

【根】RADIX(f) 根　【音色】TYMPANUM(n) 鼓　【値打ち】VALOR(m) 価値　【値打ちのある】VALERE「力がある」から派生　DE ～の　VALOR(m) 価値　PRETIOSUS 貴重な　【願い】DESIDIA(f)「怠惰」から派生　DOLERE「悩む」から派生　【願う(望む)】DESIDERE「無為に過ごす」から派生　DOLERE「悩む」から派生　【願い(懇願)】PETERE 追求する　SUPPLICARE 嘆願する　PRECARI 懇願する　QUAERERE「求める」から派生　【ネクタイ】クロアチア Hrvat「クロアチアの」から派生　【ネクタイピン】アラブ al-khidal 真珠　DE ～の　クロアチア Hrvat クロアチアの　SPINULA(f) 小さな刺　PER ～のために　ILLE あの　ACUS(f) 針　【猫】CATTUS(m) 猫　ルーマニア語

— 542 —

フランス語	イタリア語	ルーマニア語
racine(f)	radice(f)	rădicină(f)
timbre(m)	timbro(m)	timbru(n)
valeur(f)	valore(m)	valoare(f)
de valeur	prezioso	valoros
désir(m)	desiderio(m)	dorinţă(f)
désirer	desiderare	dori
supplier	pregare	cere
cravate(f)	cravatta(f)	cravată(f)
épingle(f) de cravate	spillo(m) per la cravatta	ac(n) de cravată
chat(m)	gatto(m)	pisică(f)
réduction(f)	riduzione(f)	reducere(f)
réduire le prix	ridurre il prezzo	reduce preţul
tordre	torcere	suci

の語源は猫を呼ぶときの擬声音[pis] 【値下げ】俗ラ *bassus「太くて低い」から派生 REDUCTIO(f) 戻すこと REDUCERE「戻す」から派生 【値下げする】俗ラ *bassus「太くて低い」から派生 REDUCERE 戻す ILLE あの PRETIUM(n) 価格 【ねじる】TORQUERE ねじる スラブ sučon「ねじる」から派生

日本語	ポルトガル語	スペイン語
ネズミ	rato(m)	ratón(m)
ねたみ	inveja(f)	envidia(f)
ねたむ	invejar	envidiar
値段	preço(m)	precio(m)
熱	calor(m)	calor(m)
熱(病気の)	febre(f)	fiebre(f)
熱狂的な	fanático	fanático
ネックレス	colar(m)	collar(m)
熱心に	aplicadamente	apasionadamente
熱帯の	tropical	tropical
熱中する	entusiasmar-se	entusiasmarse
熱烈な	ardente	ardiente
ねばねばした	pegajoso	pegajoso
粘り強い	perseverante	perseverante
値引きする	descontar	descontar
寝坊する	dormir até tarde	levantarse tarde

【ネズミ】ゲ*ratt-[ネズミがかじる擬声音] TALPA(f)「モグラ」から派生 SOREX(m) ネズミ 【ねたみ】INVIDIA(f) ねたみ 【ねたむ】INVIDERE ねたむ 【値段】PRETIUM(n) 価格 【熱】CALOR(m) 熱 CALIDUS「熱い」から派生 【熱(病気の)】FEBRIS(f) 病熱 【熱狂的な】FANATICUS 熱狂的な 【ネックレス】COLLARE(n) 首輪 COLLUM(n)「首」から派生 【熱心に】APPLICATUS 勢力を傾けた PASSIO(f) 激情 MENS(f)「心」の奪格 ATTENTUS 熱中した DILIGENS 注意深い CALIDUS「熱い」から派生 【熱帯の】TROPICUS「熱帯の」から派生 【熱中する】ギenthousiasmós「神が乗り移った」に由来 SE[再帰代名詞] 【熱烈な】ARDENS 燃えるような

— 544 —

フランス語	イタリア語	ルーマニア語
rat(m)	topo(m)	şoarece(m)
envie(f)	invidia(f)	invidie(f)
envier	invidiare	invidia
prix(m)	prezzo(m)	preţ(n)
chaleur(f)	calore(m)	căldură(f)
fièvre(f)	febbre(f)	febră(f)
fanatique	fanatico	fanatic
collier(m)	collana(f)	colier(n)
attentivement	diligentemente	călduros
tropical	tropicale	tropical
s'enthousiasmer	entusiasmarsi	se entuziasma
ardent	ardente	arzător
visqueux	vischioso	lipicios
visqueux	perseverante	perseverent
réduire le prix	fare uno sconto	sconta
se lever tard	alzarsi tardi	se ridica târziu

ARDERE「燃える」から派生　【ねばねばした】PICARE「ピッチを塗る」から派生　VISCUM(n)「鳥もち」から派生　スラブ lēpiti「くっつける」から派生　【粘り強い】PERSEVERANS 辛抱強い　VISCUM(n)「鳥もち」から派生　【値引きする】DIS-「否定」の接頭辞＋COMPUTARE 計算する　REDUCERE 引き戻す　ILLE あの　FARE する・作る　UNUS 一つの　DIS-「否定」の接頭辞＋COMPUTUS(m) 計算　PRETIUM(n) 価格　【寝坊する】DORMIRE 眠る　アラブ hatta ～まで　LEVARE「軽くする」の現在分詞 LEVANS に由来　SE［再帰代名詞］　TARDE 遅くに　ALTUS「高い」から派生　ERADICARE「根から引き抜く」から派生

日本語	ポルトガル語	スペイン語
眠い	estar com sono	tener sueño
寝る(眠る)	dormir	dormir
寝る(就寝)	deitar-se	acostarse
狙う	apontar	apuntar
狙う(目指す)	pretender	pretender
燃料	combustível(m)	combustible(m)
年齢	idade(f)	edad(f)

—の—

ノイローゼ	neurose(m)	neurosis(f)
農業	agricultura(f)	agricultura(f)
農産物	produto(m)	producto(m)
	agrícola	agrícola
農場	fazenda(f)	hacienda(f)
ノート	caderno(m)	cuaderno(m)
農民	agricultor(m)	agricultor(m)

【眠い】STARE 立っている　CUM ～と共に　SOMNUS(n) 睡眠　TENERE 保つ　HABERE 保つ　FIERI ～になる　【寝る(眠る)】DORMIRE 眠る　【寝る(就寝)】DEJECTARE「倒す」から派生　COSTA(f)「肋骨」の動詞化　SE[再帰代名詞]　COLLOCARE 置く　【狙う】PUNCTUM(n)「点」の動詞化　VISERE 注視する　OCULUS(m)「目」の動詞化　【狙う(目指す)】PRAETENDERE 前に差し出す　VISERE 注視する　MIRARI 驚く　OCULUS(m)「目」の動詞化　【燃料】COMBUSTIBILIS「可燃性の」から派生　【年齢】AETAS(f) 年齢　スラブvrūsta「年齢」から派生　【ノイローゼ】NEUROSIS(f) ノイローゼ　【農業】AGRICULTURA(f) 農業　【農産物】PRODUCERE「生む」の完了分詞

— 546 —

フランス語	イタリア語	ルーマニア語
avoir sommeil	avere sonno	fi somn
dormir	dormire	dormi
se coucher	coricarsi	se culca
viser	puntare	ochi
viser	mirare	ochi
combustible(m)	combustibile(m)	combustibil(m)
âge(m)	età(f)	vârstă(f)
névrose(f)	nevrosi(f)	nevroză(f)
agriculture(f)	agricoltura(f)	agricultură(f)
produit(m)	prodotto(m)	produs(n)
agricole	agricolo	agricol
ferme(f)	fattoria(f)	fermă(f)
cahier(m)	quaderno(m)	caiet(n)
agriculteur(m)	agricoltore(m)	agricultor(m)

PRODUCTUSから派生　AGRICOLA 土地の　【農場】FACERE「作る」のゲルンディーウムFACIENDA「作るべきこと」から派生　FACTOR(m)「作る人」から派生　FIRMUS「確固たる」から派生　【ノート】QUATERNI 四つずつの　【農民】AGRICULTOR(m) 農民

日本語	ポルトガル語	スペイン語
能率	eficiência(f)	eficiencia(f)
能率のよい	eficiente	eficiente
能力	capacidade(f)	capacidad(f)
能力のある	capaz	capaz
残す	deixar	dejar
残す(保存)	guardar	guardar
残り	resto(m)	resto(m)
残る(留まる)	ficar	quedarse
残る(余る)	sobrar	sobrar
載せる	pôr	poner
載せる(積載)	levar	llevar
除く(排除)	excluir	excluir
望み(切望)	desejo(m)	deseo(m)
望み(期待)	esperança(f)	esperanza(f)
望む(切望)	desejar	desear
望む(期待)	esperar	esperar

【能率】EFFICIENTIA(f) 効果 【能率のよい】EFFICIENS 効果のある 【能力】CAPACITAS(f) 能力 【能力のある】CAPAX 能力のある　CAPERE「役に立つ」から派生 【残す】LAXARE 緩める 【残す(保存)】ゲ*wardōn 見張る　CONSERVARE 保存する　ブルガリアpastrja「綺麗にする」から派生 【残り】RESTARE「残る」の名詞化 【残る(留まる)】FIXUS「不動の」から派生　QUIETARE 静める　RESTARE 残る　REMANERE 留まる 【残る(余る)】SUPERARE 余る　RESTARE 残る　新ギperissós「余った」から派生 【載せる】PONERE 置く　MITTERE 送る 【載せる(積載)】LEVARE 軽くする　PORTARE 持ち運ぶ　CARRUS(m)「荷馬車」から派生 【除く(排

— 548 —

フランス語	イタリア語	ルーマニア語
efficience(f)	efficienza(f)	eficienţă(f)
efficace	efficiente	eficient
capacité(f)	capacità(f)	capacitate(f)
capable	capace	capabil
laisser	lasciare	lăsa
conserver	conservare	păstra
reste(m)	resto(m)	rest(n)
rester	restare	rămâne
rester	restare	prisosi
mettre	mettere	pune
porter	caricare	purta
exclure	escludere	exclude
désir(m)	desiderio(m)	dorinţă(f)
espoir(m)	speranza(f)	speranţă(f)
désirer	desiderare	dori
espérer	sperare	spera

除)】EXCLUDERE 除く 【望み(切望)】DESIDIA(f) 怠惰 DESIDERARE 「熱望する」の名詞化 DOLERE「苦しむ」から派生 【望み(期待)】SPERARE 「望む」の名詞化 【望む(切望)】SPERARE 望む DESIDERARE 熱望する DOLERE「苦しむ」から派生 【望む(期待)】SPERARE 望む

日本語	ポルトガル語	スペイン語
喉	garganta(f)	garganta(f)
伸ばす（延長）	prolongar	prolongar
延ばす（延期）	adiar	aplazar
野原	campo(m)	campo(m)
伸びる	estender-se	extenderse
述べる	expressar	expresar
上る	subir	subir
飲み物	bebida(f)	bebida(f)
飲む	beber	beber
糊	cola(f)	pegamento(m)
乗り遅れる	perder	perder
乗り換える	baldear	transbordar
飲める（飲用）	potável	potable
乗り物	veículo(m)	vehículo(m)
乗る（乗り物）	subir em	subir a

【喉】ポルトガル語・スペイン語の語源は喉から発せられる擬声音　GURGES(m) 食道　GULA(f)「食道」から派生　スラブglūtū「ひと飲み」から派生　【伸ばす（延長）】PROLONGARE 延ばす　【延ばす（延期）】DIES(mf)「日」から派生　PLATEA(f)「道路」から派生　DIFERRE 拡げる　PROLONGARE 延ばす　MANE(n)「朝」から派生　【野原】CAMPUS(m) 平地　【伸びる】EXTENDERE 広げる　SE[再帰代名詞]　【述べる】EXPRIMERE「述べる」の完了分詞 EXPRESSUSの動詞化　SE[再帰代名詞]　EXPRIMERE 述べる　EXPONERE 公開する　【上る】SUBIRE 下がる[SUB 下へ＋IRE 行く→下から（上へ）行く] MONS(m)「山」から派生　SALIRE 飛び跳ねる　【飲み物】BIBERE「飲む」

フランス語	イタリア語	ルーマニア語
gorge(f)	gola(f)	gât(n)
prolonger	prolungare	prelungi
différer	prolungare	amâna
champagne(f)	campagna(f)	câmp(n)
s'étendre	stendersi	se extinde
s'exprimer	esprimere	exprima
monter	salire	sui
boisson(f)	bibita(f)	băutură(f)
boire	bere	bea
colle(f)	colla(f)	pastă(f)
manquer	perdere	pierde
changer	cambiare	schimba
potable	potabile	potabil
véhicule(m)	veicolo(m)	vehicul(n)
monter	montare	urca

から派生　【飲む】BIBERE 飲む　【糊】ギkolla ゴム　PICARE「ピッチを塗る」から派生　独Pasta 糊　【乗り遅れる】PERDERE 失う　MANCUS「欠陥のある」から派生　【乗り換える】アラブbatil「無益な」に由来　CAMBIARE 交換する　【飲める(飲用)】POTABILIS 飲みうる　【乗り物】VEHICULUM(n) 運搬具　【乗る(乗り物)】SUBIRE 上る[SUB 下へ＋IRE 行く→下から(上へ)行く]　IN ～に　AD ～へ　MONS(m)「山」から派生　ルーマニア語の語源は不詳

— 551 —

日本語	ポルトガル語	スペイン語

—は—

葉	folha(f)	hoja(f)
歯	dente(m)	diente(m)
場合	caso(m)	caso(m)
把握する	compreender	comprender
バーゲン	liquidação(f)	liquidación(f)
パーセント	por cento	por ciento
パーティー	festa(f)	fiesta(f)
パーマ(ネント)	permanente(f)	permanente(f)
はい(肯定)	Sim.	Sí.
はい(否定疑問にたいして)	Não.	No.
灰	cinza(f)	ceniza(f)
灰色の	gris	gris
肺炎	pulmonia(f)	pulmonía(f)
バイオリニスト	violinista(mf)	violinista(mf)

【葉】FOLIUM(n)「葉」の複数形FOLIAから派生　【歯】DENS(m) 歯　【場合】CASUS(m) 出来事　【把握する】COMPREHENDERE 掴む　【バーゲン】LIQUERE「流動する」からの造語　VALIDUS 強い×SOLIDUS 堅い　【パーセント】PER 〜につき　CENTUM 百(の)　ILLAC そこに　スラブsuto 百　【パーティー】FESTUM(n)「祝祭」の複数形FESTAから派生　SERO 遅くに　俗ラ*pertrajicere 渡っていく　【パーマ(ネント)】PERMANENS「恒久の」からの造語　【はい(肯定)】SIC そのように　HOC + ILLE この+あの　スラブda はい　【はい(否定疑問にたいして)】NON ない　【灰】CINIS(m)「灰」から派生　【灰色の】フランク*grīs 灰色の　CINIS(m)「灰」から派生　【肺炎】

— 552 —

フランス語	イタリア語	ルーマニア語
feuille(f)	foglia(f)	foaie(f)
dent(f)	dente(m)	dinte(m)
cas(m)	caso(m)	caz(n)
comprendre	comprendere	cuprinde
liquidation(f)	liquidazione(f)	lichidare(f)
pour-cent	per cento	la sută
soirée(f)	festa(f)	petrecere(f)
permanente(f)	permanente(f)	permanent(n)
Oui.	Sì.	Da.
Non.	No.	Nu.
cendre(f)	cenere(f)	cenuşă(f)
gris	grigio	cenuşiu
pneumonie(f)	polmonite(f)	pneumonie(f)
violiniste(mf)	violinista(mf)	violinist(m)

PULMONIA(f) 肺炎　ギpneumoníā 肺炎　【バイオリニスト】VIOLA(f)「スミレ」からの造語

日本語	ポルトガル語	スペイン語
バイオリン	violino(m)	violín(m)
廃墟	ruínas(f)	ruinas(f)
バイ菌	micróbio(m)	microbio(m)
背景	fundo(m)	fondo(m)
灰皿	cinzeiro(m)	cenicero(m)
廃止する	abolir	abolir
買収（贈賄）	suborno(m)	soborno(m)
売春	prostituição(f)	prostitución(f)
売春婦	prostituta(f)	prostituta(f)
賠償	compensação(f)	compensación(f)
排斥する	excluir	excluir
排他的な	exclusivo	exclusivo
配達	entrega(f)	entrega(f)
売店	quiosque(m)	quiosco(m)
売買	compra e venta(f)	compraventa(f)

【バイオリン】VIOLA(f)「スミレ」からの造語　【廃墟】RUINAE(f) 廃墟 RESTARE「残る」から派生　【バイ菌】ギmikró 小さな＋bíos 生物→造語　【背景】FUNDUS(m) 基礎　【灰皿】CINIS(m)「灰」からの造語　ルーマニア語の語源は不詳　【廃止する】ABOLERE 廃止する　【買収（贈賄）】SUBORNARE「密かに誘惑する」から派生　CAPTARE「獲得する」から派生　CORRUPTIO(f) 賄賂　スラブmito「税金」から派生　【売春】PROSTITUTIO(f) 売春　【売春婦】PROSTITUERE「売春する」の完了分詞女性形PROSTITUTAからの造語　【賠償】COMPENSATIO(f) 賠償　INDEMNIS「無傷の」から派生　REPARATIO(f) 補償　【排斥する】EXCLUDERE 除外する　【排他的な】

— 554 —

フランス語	イタリア語	ルーマニア語
violon(m)	violino(m)	vioară(f)
ruines(f)	rovine(f)	ruină(f)
microbe(m)	microbio(m)	microb(m)
fond(m)	sfondo(m)	fund(n)
cendrier(m)	portacenere(m)	scrumieră(f)
abolir	abolire	aboli
achat(m)	corruzione(f)	mituială(f)
prostitution(f)	prostituzione(f)	prostituţie(f)
prostituée(f)	prostituta(f)	prostitută(f)
indemnisation(f)	riparazione(f)	compensaţie(f)
exclure	escludere	exclude
exclusi	esclusivo	exclusiv
livraison(f)	distribuzione(f)	înmânare(f)
kiosque(m)	chiosco(m)	chioşc(n)
vente(f) et achat(m)	compravendita(f)	comerţ(n)

EXCLUSIVUS 排他的な 【配達】INTEGRARE 完全にする LIBERARE「解放する」から派生 DISTRIBUERE「分配する」から派生 MANUS(f)「手」から派生 【売店】ペルシア kûshk 宮殿 トルコ köşk あずまや 【売買】COMPARERE「買う」の名詞化 + VENDERE「売る」の名詞化 ET ～と CAPTARE「捕らえる」の名詞化 COMMERCIUM(n) 取引

日本語	ポルトガル語	スペイン語
ハイヒール(の靴)	sapato(m) de salto alto	zapato(m) de tacón alto
パイプ	tubo(m)	tubo(m)
パイプライン(石油の)	oleoduto(m)	oleoducto(m)
敗北	derrota(f)	derrota(f)
俳優	ator(m)	actor(m)
入る	entrar	entrar
入る(加入)	ingressar em	ingresar en
パイロット	piloto(m)	piloto(m)
蝿	mosca(f)	mosca(f)
生える(成育)	crescer	crecer
生える(発芽)	brotar	brotar
墓	tumba(f)	tumba(f)
馬鹿	tonto(m)	tonto(m)
破壊する	destruir	destruir

【ハイヒール(の靴)】アラブsabbat 靴　DE ～の　ALTUS 高い　CALCEARE「靴を履かせる」から派生　TALUS(m) 踵　ゲ*skarpa 皮のポケット　CUM ～と共に　ILLE あの　ゴート*taikka「跡」から派生　独Pantoffel 上靴　【パイプ】TUBUS(m) 管　【パイプライン(石油の)】OLEUM(n) 油　DUCTUS(m) 管　CONDUCERE「結合させる」から派生　DE ～の　PETRA(f) 石＋OLEUM(n) 油　【敗北】DIS-「否定」を表す接頭辞＋RUPTA「開かれた」→名詞化　DIS-「否定」を表す接頭辞＋FACERE「する」から派生　イタリア語の語源は不詳　FRANGERE「弱める」から派生　【俳優】ACTOR(m) 俳優　【入る】INTRARE 入る　【入る(加入)】INGREDI「入る」の完了分詞INGRESSUM

— 556 —

フランス語	イタリア語	ルーマニア語
chaussure(f) de talon haut	scarpe(f) con i tacchi alti	pantof(m) cu toc înalt
tube(m)	tubo(m)	tub(n)
oléoduc(m)	oleodotto(m)	conductă(f) de petrol
défaite(f)	sconfitta(f)	înfrângere(f)
acteur(m)	attore(m)	actor(m)
entrer	entrare	intra
entrer à	partecipare a	participa la
pilote(m)	pilota(m)	pilot(m)
mouche(f)	mosca(f)	muscă(f)
pousser	crescere	creşte
germer	germogliare	răsări
tombe(f)	tomba(f)	mormânt(n)
bête(mf)	tonto(m)	prost
détruire	distruggere	distruge

から派生　INTRARE 入る　AD ～へ　PARTICIPARE 関与する　ILLAC そこに　【パイロット】ギpēdón 舵棒　【蝿】MUSCA(f) 蝿　【生える(成育)】CRESCERE 成長する　PULSARE 打つ　【生える(発芽)】ゴート*brut「芽」から派生　GERMINARE 発芽する　SALIRE「飛ぶ」から派生　【墓】TUMBA(f) 墓　MONUMENTUM(n) 記念碑　【馬鹿】ポルトガル語・スペイン語の語源は不詳　BESTIA(f)「動物」から派生　スラブprostū「馬鹿な」から派生　【破壊する】DESTRUERE 壊す

— 557 —

日本語	ポルトガル語	スペイン語
葉書	cartão-postal(m)	tarjeta(f) postal
馬鹿げた	absurdo	absurdo
剥がす	despegar	despegar
博士	doutor(m)	doctor(m)
馬鹿な	bobo	bobo
はかない(空しい)	fugaz	fugaz
秤	balança(f)	balanza(f)
測る(寸法)	medir	medir
測る(重量)	pesar	pesar
図る(陰謀)	tramar	tramar
吐く(唾を)	cuspir	escupir
吐く(嘔吐)	vomitar	vomitar
掃く	varrer	barrer
穿く	vestir	vestir
履く	calçar	calzar
白紙	papel(m) branco	papel(m) blanco

【葉書】CHARTA(f) 紙　PONERE「置く」の完了分詞女性形POSITAから派生　【馬鹿げた】ABSURDUS 不条理な　【剥がす】DIS-「否定」を表す接頭辞 + PICARE ピッチを塗る　ギkolla「ゴム」から派生　ゴート*taikn「溝」から派生　スラブlēpiti「剥がす」から派生　【博士】DOCTOR(m) 教える人　【馬鹿な】BALBUS どもりの　BESTIA(f)「動物」から派生　EX-「欠如」を表す接頭辞 + SUCCUS 液汁　スラブprostū「単純な」から派生　【はかない(空しい)】FUGAX はかない　FUGITIVUS 逃亡の　【秤】BI- 二 + LANX 秤皿　トルコkantar「秤」から派生　【測る(寸法)】METIRI 測る　MENSURA(f)「測定」から派生　トルコkantar「秤」から派生　【測る(重量)】PENSARE 重さ

— 558 —

フランス語	イタリア語	ルーマニア語
carte(f) postale	cartolina(f)	carte(f) poştală
absurde	assurdo	absurd
décoller	staccare	dezlipi
docteur(m)	dottore(m)	doctor(m)
bête	sciocco	prost
fugace	fugace	fugitiv
balance(f)	bilancia(f)	cântar(n)
mesurer	misurare	cântări
peser	pesare	cântări
tramer	tramare	urzi
cracher	sputare	scuipa
vomir	vomitare	vomita
balayer	spazzare	mătura
porter	portare	(se) îmbrăca
chausser	infilarsi	se încălţa
papier(m) blanc	carta(f) bianca	hârtie(f) albă

を量る　トルコkantar「秤」から派生　【図る(陰謀)】TRAMA(f)「横糸」から派生　ORDIRI 始める　【吐く(唾を)】CONSPUERE 唾を吐く　俗ラ*craccare[擬声音]　SPUTARE 唾を吐く　ルーマニア語の語源は不詳　【吐く(嘔吐)】VOMITARE 吐く　VOMERE 吐く　【掃く】VERRERE 掃く　ケルト*banatlo「エニシダ」から派生　SPATIARI「歩く」から派生　ルーマニア語の語源は不詳　【穿く】VESTIRE 着せる　PORTARE 持ち運ぶ　SE[再帰代名詞]　BRACAE(f)「ゆったりしたズボン」から派生　【履く】CALCEARE 靴を履かせる　FILUM(n)「糸」から派生　SE[再帰代名詞]　【白紙】PAPYRUS(f) 紙　ゲ*blank 白い　CHARTA(f) 紙　スラブchartija「紙」から派生　ALBUS 白い

日本語	ポルトガル語	スペイン語
拍手	palmas(f)	palmas(f)
拍手する	bater palmas	batir palmas
白状する	confessar	confesar
薄情な	frio	frío
白人	branco(m)	blanco(m)
漠然とした	vago	vago
爆弾	bomba(f)	bomba(f)
爆発	expulção(f)	explosión(f)
爆発する	explodir	explotar
博物館	museu(m)	museo(m)
博覧会	exposição(f)	exposición(f)
迫力のある	vigoroso	vigoroso
激しい	intenso	intenso
激しい(暴力的)	violento	violento
禿げた	calvo	calvo

【拍手】PALMA(f) 手のひら BATTUERE「打つ」から派生 DE ～の MANUS(f) 手 APPLAUSUS(m) 拍手 【拍手する】BATTUERE 打つ PALMA(f) 手のひら DE ～の ILLE あの MANUS(f) 手 DE ～から + IN ～に PALMA(f) 平手 【白状する】CONFITEOR「白状する」の完了分詞 CONFESSUSから派生 スラブmarturisati「告白する」から派生 【薄情な】FRIGIDUS 冷たい RECENS 新鮮な 【白人】ゲ*blank 白い ALBUS 白い 【漠然とした】VAGUS 漠然とした 【爆弾】BOMBUS(m)「うつろな音」から派生 【爆発】EXPLOSIO(f) 非難 【爆発する】EXPLOSIO(f)「非難」から派生 EXPLODERE 排斥する 【博物館】MUSAEUM(n) 博物館 【博覧会】

— 560 —

フランス語	イタリア語	ルーマニア語
battement(m) de mains	battimano(m)	aplauze(f)
battre des mains	battere le mani	bate din palme
confesser	confessare	mărturisi
froid	freddo	rece
blanc(m)	bianco(m)	alb
vague	vago	vag
bombe(f)	bomba(f)	bombă(f)
explosion(f)	esplosione(f)	explozie(f)
exploser	esplodere	exploda
musée(m)	museo(m)	muzeu(n)
exposition(f)	esposizione(f)	expoziţie(f)
vigoureux	vigoroso	viguros
intense	intenso	intens
violent	violento	violent
chauve	calvo	chel

EXPOSITIO(f) 開陳 【迫力のある】VIGOROSUS 力のある 【激しい】INTENTUS 激しい 【激しい(暴力的)】VIOLENTUS 激しい 【禿げた】CALVUS 禿の トルコ kel「禿げた」から派生

日本語	ポルトガル語	スペイン語
バケツ	balde(m)	cubo(m)
派遣する	enviar	enviar
箱	caixa(f)	caja(f)
運ぶ	levar	llevar
運ぶ(事が)	ir	ir
ハサミ	tesoura(f)	tijeras(f)
端	extremidade(f)	extremidad(f)
端(先端)	ponta(f)	punta(f)
端(縁)	borda(f)	borde(m)
橋	ponte(f)	puente(m)
恥	vergonha(f)	vergüenza(f)
恥知らずな	sem-vergonha	sin vergüenza
梯子	escada(f)	escala(f)
始まる	começar	comenzar
初めから	desde o começo	desde el comienzo

【バケツ】アラブbatil「無益な」に由来　CUPA(f)「桶」から派生　SITELLA(f)くじつぼ　俗ラ*sicla「青銅の容器」から派生　CALDARIA(f)「蒸し風呂」から派生　【派遣する】IN ～に + VIA(f) 道 → 動詞化　EXPEDIRE 解く　TRANSMITTERE 行かせる　【箱】CAPSA(f) 箱　PYXIS(f) 箱　後ラcastula 箱　トルコkutu「箱」から派生　【運ぶ】LEVARE 軽くする　PORTARE 持ち運ぶ　DUCERE 導く　【運ぶ(事が)】IRE 行く　AMBULARE 漫歩する　AB + ANTE 前から　MERGERE 沈む　【ハサミ】TONSORIAS 剃髪用の　CAEDERE「切断する」の完了分詞CAESUSから派生　FORFEX(f) ハサミ　【端】EXTREMITAS(f) 端　【端(先端)】PUNCTA(f) 点　スラブvrūhū「先」

— 562 —

フランス語	イタリア語	ルーマニア語
seau(m)	secchio(m)	căldare(f)
envoyer	spedire	trimite
boîte(f)	scatola	cutie(f)
porter	portare	duce
aller	andare avanti	merge
ciseaux(m)	forbici(m)	foarfece(n)
extrémité(f)	estremità(f)	extremitate(f)
pointe(f)	punta(f)	vârf(n)
borde(f)	bordo(m)	margine(f)
pont(m)	ponte(m)	pod(n)
honte(f)	vergogna(f)	ruşine(f)
sans pudeur	senza fergogna	neruşinat
échelle(f)	scala(f)	scară(f)
commencer	cominciare	începe
depuis de	dall'inizio	de la început
commencement		

から派生　【端(縁)】フランク*borda 木製の小屋　ORA(f) 縁　MARGO(m) 縁
【橋】PONS(m) 橋　スラブpodū「板張り」から派生　【恥】VERECUNDIA(f)
羞恥心　フランク*haunita 軽蔑　ルーマニア語の語源は不詳　【恥知らずな】
SINE ～なしに　VERECUNDIA(f)「羞恥心」から派生　PUDOR(m) 恥　ルー
マニア語の語源は不詳　【梯子】SCALA(f) 階段　【始まる】CUM と共に＋
INITIARE 始める　INCIPERE 始める　【初めから】DE ～から＋EX ～から
＋DE ～から　ILLE あの　CUM と共に＋INITIARE 始める→名詞化　DE
～から＋POST 後ろで　INITIUM(n) 開始　DE ～から＋ILLE あの　ILLAC
そこに　INCIPERE「始める」から派生

日本語	ポルトガル語	スペイン語
初めに	primeiro	primero
初めて	pela primeira vez	por la primera vez
始める	começar	comenzar
パジャマ	pijama(m)	pijama(m)
場所	lugar(m)	lugar(m)
場所(空間)	espaço(m)	espacio(m)
柱	pilar(m)	pilar(m)
走る	correr	correr
バス	autocarro(m)	autobús(m)
恥ずかしい	vergonhoso	vergonzoso
バスケットボール	basquetebol(m)	baloncesto(m)
パスポート	passaporte(m)	pasaporte(m)
旗	bandeira(f)	bandera(f)
バター	manteiga(f)	manteca(f)
裸	nudez(f)	desnudez(f)

【初めに】PRIMARIUS 第一の　MENS(f)「心」の奪格　PRIMUS 第一の　MAGIS 更に　ANTE「前に」から派生　【初めて】PER ～に関して　ILLE あの　PRIMARIUS 第一の　VICIS(f) 交代　PRIMUS 第一の　VOLVERE「転がす」の完了分詞女性形VOLUTAから派生　PER ～のために＋INTRO 中へ　DARE「与える」の完了分詞女性形DATAから派生　【始める】CUM と共に＋INITIARE 始める　INCIPERE 始める　【パジャマ】英語pyjamas[＜ヒンディー pāejama イスラム教徒の緩いズボン]パジャマ　【場所】LOCUS(m)「場所」から派生　【場所(空間)】SPATIUM(n) 空間　【柱】PILA(f) 柱　PALUS(m) 棒　スラブ stlŭpŭ「枝」から派生　【走る】CURRERE 走る　LARGUS「気前に良い」か

— 564 —

フランス語	イタリア語	ルーマニア語
premièrement	prima	mai întâi
pour la première fois	per la prima volta	pentru prima dată
commencer	cominciare	începe
pyjama(m)	pigiama(m)	pijama(f)
lieu(m)	luogo(m)	loc(m)
espace(m)	spazio(m)	spaţiu(n)
pilier(f)	palo(m)	stâlp(m)
courir	correre	alerga
autobus(m)	autobus(m)	autobuz(n)
honteux	vergognoso	ruşinos
basket-ball(m)	pallacanestro(m)	baschet(n)
passeport(m)	passaporto(m)	paşaport(n)
drapeau(m)	bandiera(f)	drapel(n)
beurre(m)	burro(m)	unt(n)
nudité(f)	nudità(f)	goliciune(f)

ら派生 【バス】ギautós 自動の + OMNIBUS 皆のために[＜OMNIS「全員の」の複数奪格] 【恥ずかしい】VERECUNDIA(f)「羞恥心」から派生 フランク *haunita「軽蔑」から派生 ルーマニア語の語源は不詳 【バスケットボール】英語 basket-ball バスケットボール CAESTUS(m) 篭手(コテ) BALLA(f) 球 + CANISTRUM(n) 葦制の篭 【パスポート】仏 passer 通過する + porte 港→名詞化 【旗】ゴート *bandwo 旗印 俗ラ *drappus 布切れ 【バター】ポルトガル語・スペイン語の語源は不詳 BUTYRUM(n) バター UNCTUM(n) 香油 【裸】NUDUS 裸の DENUDARE「裸にする」から派生 スラブgolŭ「裸の」から派生

日本語	ポルトガル語	スペイン語
裸の	nu	desnudo
畑	campo(m)	campo(m)
裸足の	descalço	descalzo
果たす	cumprir	cumplir
働く(仕事)	trabalhar	trabajar
働く(機能)	funcionar	funcionar
八	oito(m)	ocho(m)
蜂	abelha(f)	abeja(f)
八月	agosto(m)	agosto(m)
蜂蜜	mel(f)	miel(f)
罰	castigo(m)	castigo(m)
発音	pronúncia(f)	pronunciación(f)
発音する	pronunciar	pronunciar
はっきりした	claro	claro
はっきりと	claramente	claramente
罰金	multa(f)	multa(f)

【裸の】NUDUS 裸の DENUDARE「裸にする」から派生 スラブgolū「裸の」から派生 【畑】CAMPUS(m) 平地 【裸足の】DIS-「否定」を表す接頭辞 + CALCEARE「靴を履かせる」から派生 DISCULCEATUS 裸足の 【果たす】COMPLERE 満たす IN 〜に + DE 〜から + PLENUS 十分な→動詞化 【働く(仕事)】TRES 三 + PALUS(m) 棒→動詞化 LABORARE 働く LUCUBRARE「夜業をする」から派生 【働く(機能)】FUNCTIO(f)「機能」の動詞化 【八】OCTO 八 【蜂】APIS(f) 蜂 + 縮小辞 ALVINA(f) 蜜蜂の巣 【八月】AUGUSTUS(m) 八月 [元はオクタウィウス・カエサルに付けられた「崇高な」という意味の副名] 【蜂蜜】MEL(n) 蜂蜜 【罰】CASTIGARE「罰

— 566 —

フランス語	イタリア語	ルーマニア語
nu	nudo	gol
champ(m)	campo(m)	câmp(n)
déchaussé	scalzo	descult
accomplir	compire	îndeplini
travailler	lavorare	lucra
fonctionner	funzionare	funcţiona
huit(m)	otto(m)	opt
abeille(f)	vespa(f)	albină(f)
aout(m)	agosto(m)	august(m)
miel(m)	miele(m)	miere(f)
punition(f)	punizione(f)	pedeapsă(f)
prononciation(f)	pronuncia(f)	pronunţare(f)
prononcer	pronunciare	pronunţa
claire	chiaro	clar
clairement	chiaramente	clar
amende(f)	multa(f)	amendă(f)

する」の名詞化　PUNITIO(f) 懲罰　新ギépaidepsa[paidéin「教える」のアオリスト]【発音】PRONUNTIATIO(f) 発音　【発音する】PRONUNTIARE 発音する　【はっきりした】CLARUS 明瞭な　【はっきりと】CLARUS 明瞭な MENS(f)「心」の奪格　【罰金】MULTA(f) 罰金　EMENDARE「正す」から派生

日本語	ポルトガル語	スペイン語
バッグ	saco(m)	saco(m)
発見	descobrimento(m)	descubrimiento(m)
発見する	descobrir	descubrir
発言	declaração(f)	declaración(f)
発行する	publicar	publicar
発車する	partir	partir
発射する	disparar	disparar
発生する	ocorrer	ocurrir
発送する	enviar	enviar
発達	desenvolvimento(m)	desarrollo(m)
発達する	desenvolver-se	desarrollar
発達した	desenvolvido	desarrollado
発展(進歩)	progresso(m)	progreso(m)
発展する	progredir	progresar
発売する	vender	vender
発表する	anunciar	anunciar

【バッグ】SACCUS(m) 袋　BURSA(f) 袋　【発見】DISCOOPERIRE「覆いを取る→発見する」の名詞化　【発見する】DISCOOPERIRE 覆いを取る→発見する　【発言】DECLARATIO(f) 宣言　PARABOLA(f)「比喩」から派生　ルーマニア語の語源は不詳　【発行する】PUBLICARE 公表する　【発車する】PARTIRI 離す　PLICARE 畳む　【発射する】DISPARARE 離す　フランス語の語源は不詳　LANCEA(f)「槍」から派生　【発生する】OCCURRERE 起こる　APPARERE 現れる　CADERE「落ちる」から派生　SE[再帰代名詞]　ルーマニア語の語源は不詳　【発送する】IN ～に + VIA(f) 道→動詞化　EXPEDIRE「解く」から派生　【発達】ポルトガル語・スペイン語・フランス語・イタリア語の語源

— 568 —

フランス語	イタリア語	ルーマニア語
sac(m)	borsa(f)	sac(m)
découverte(f)	scoperta(f)	descoperire(f)
découvrir	scoprire	descoperi
parole(f)	parola(f)	vorbă(f)
publier	pubblicare	publica
partir	partire	pleca
tirer	sparare	lansa
apparaître	accadere	se întâmpla
envoyer	inviare	expedia
développement(m)	sviluppo(m)	evoluţie(f)
se développer	svilupparsi	(se) dezvolta
développé	sviluppato	dezvoltat
développement(m)	progresso(m)	progres(n)
se développer	progredire	progresa
mettre en vente	mettere in vendita	vinde
annoncer	annunciare	anunţa

は不詳　EVOLUTIO(f)「開くこと」から派生　【発達する】動詞の語源は不詳　SE[再帰代名詞]　【発達した】語源不詳　【発展(進歩)】PROGRESSUS(m) 進歩　フランス語の語源は不詳　【発展する】PROGREDI 進歩する　PROGRESSUS(m)「進歩」の動詞化　フランス語の語源は不詳　【発売する】VENDERE 売る　MITTERE 投げる　IN ～に　VENDITUM(n) 販売　【発表する】ANNUNTIARE 知らせる

日本語	ポルトガル語	スペイン語
発明	invenção(f)	invención(f)
発明する	inventar	inventar
派手な(人目を引く)	vistoso	vistoso
鳩	pomba(f)	paloma(f)
話(会話)	conversa(f)	conversación(f)
話(物語)	história(f)	historia(f)
話す	falar	hablar
放す	soltar	soltar
離す	separar	separar
鼻血	hemorragia(f) nasal	hemorragia(f) nasal
バナナ	banana(f)	plátano(m)
花火	fogo(m) de artifício	fuegos(m) artificiales
離れる	separar-se	separarse
羽(羽毛)	pluma(f)	pluma(f)

【発明】INVENTIO(f) 発明 【発明する】INVENTUM(n)「発明品」の動詞化 【派手な(人目を引く)】VISUS(m)「見ること」から派生　VIDERE「見る」の現在分詞VIDENSから派生　BATTUERE「打つ」から派生　ILLAC そこに　OCULUS(m) 目　【鳩】PALUMBA(f) 鳩　俗ラ*pipio 小鳩　COLUMBA(f) 鳩　【話(会話)】CONVERSATIO(f) 社交　【話(物語)】HISTORIA(f) 物語　スラブ povestī「知らせ」から派生　【話す】FABULARI 喋る　PARABOLA(f)「比喩」から派生　ルーマニア語の語源は不詳　【放す】SOLUTUS「解き放たれた」の動詞化　LAXARE 解く　ブルガリアsloboden「自由な」から派生　【離す】SEPARARE 離す　【鼻血】ギhaîma 血 + rhēgnúnai 流出　NASALIS 鼻の

— 570 —

フランス語	イタリア語	ルーマニア語
invention(f)	invenzione(f)	invenţie(f)
inventer	inventare	inventa
voyant	vistoso	bătător la ochi
pigeon(m)	colombo(m)	porumbel(m)
conversation(f)	conversazione(f)	conversaţie(f)
histoire(f)	storia(f)	poveste(f)
parler	parlare	vorbi
lâcher	lasciare	slobozi
séparer	separare	separa
saignement(m) de nez	sangue(m) dal naso	sânge(n) la nas
banane(f)	banana(f)	banană(f)
feu d'artifice(m)	fuoco(m) artificiale	foc(n) de artificii
se séparer	separarsi	se separa
plume(f)	piuma(f)	pană(f)

SANGUINARE「出血する」から派生　DE ～からの　ILLE あの　NASUS(m) 鼻　ILLAC そこに　【バナナ】ポルトガル語からスペイン語以外のロマンス語に伝播したが，語源は不詳　PLATANUS スズカケの木[バナナの木もスズカケの木も葉が大きいことから]　【花火】FOCUS(m) 火　ARTIFICIALIS 人造の　ARTIFICIUM(n) 技巧　DE ～の　ARTIFICIUM(n) 技巧　【離れる】SEPARARE 離す　SE[再帰代名詞]　【羽(羽毛)】PLUMA(f) 柔毛　PINNA(f) 羽

日本語	ポルトガル語	スペイン語
羽（翼）	asa(f)	ala(f)
バネ	mola(f)	muelle(m)
母	mãe(f)	madre(f)
幅	largura(f)	anchura(f)
省く	omitir	omitir
葉巻	charuto(m)	cigarro(m)
浜辺	praia(f)	playa(f)
ハム	fiambre(m)	jamón(m)
はめる	encaixar	encajar
場面	cena(f)	escena(f)
早い	temporão	temprano
速い	rápido	rápido
早起きする	madrugar	madrugar
早く	cedo	temprano
速く	rapidamente	rápidamente
林	bosque(m)	bosque(m)

【羽（翼）】ANSA(f) 取っ手　ALA(f) 羽　ALAPA(f)「平手打ち」から派生　【バネ】MOLLIS 柔らかい　SORTIRI「分かつ」から派生　【母】MATER(f) 母　MAMMA(f) ママ　【幅】LARGUS「沢山の」から派生　AMPLUS「広い」の名詞化　【省く】OMITTERE 省略する　【葉巻】マヤ sik'ar 喫煙する　独 Zigarre 葉巻　DE ～の　FOLIUM(n) 葉　【浜辺】ギ plágia 側　【ハム】GAMBA(f) 足　PRAE 非常に＋EXSUGERE「吸い尽くす」の完了分詞 EXSUCTUS　【はめる】IN ～に＋CAPSA(f) 箱→動詞化　PYXIS(f)「箱」から派生　BUCCA(f)「口」から派生　【場面】SCAENA(f) 場面　【早い】TEMPORANEUS 丁度良い時の　TORRERE「焼き尽くす」の完了分詞 TOSTUS に由来　PRAESTO

フランス語	イタリア語	ルーマニア語
aile(f)	ala(f)	aripă(f)
ressort(m)	molla(f)	resort(n)
mère(f)	madre(f)	mamă(f)
largeur(f)	larghezza(f)	lărgime(f)
omettre	omettere	omite
cigare(m)	sigaro(m)	ţigară(f) de foi
plage(f)	spiaggia(f)	plajă(f)
jambon(m)	prosciutto(m)	jambon(n)
emboîter	attaccare	îmbuca
scène(f)	scena(f)	scenă(f)
tôt	presto	timpuriu
rapide	rapido	rapid
se lever tôt	alzarsi di buon'ora	se scula de dimineaţă
tôt	presto	devreme
rapidement	rapidamente	repede
bois(m)	bosco(m)	codru(m)

「手直しに」から派生　TEMPORIVUS「丁度良いときの」から派生　【速い】RAPIDUS 急激な　【早起きする】MATURARE 成熟させる　SE［再帰代名詞］LEVARE「軽くする」から派生　TORRERE「焼き尽くす」の完了分詞TOSTUSに由来　ALTUS「高い」から派生　DE ～から　BONUS 良い　HORA(f) 時間　俗ラ*manitia 朝　【早く】CITO 速く　TEMPORANEUS 丁度良い時の　PRAESTO「手直しに」から派生　DE ～から＋スラブvrěmen「時」から派生　【速く】RAPIDUS 急激な　MENS(f)「心」の奪格　【林】ゲ*busk 茂み

日本語	ポルトガル語	スペイン語
早寝する	deitar-se cedo	acostarse temprano
腹	ventre(m)	vientre(m)
腹を立てる	ficar com raiva	enojarse
バラ(の花)	rosa(f)	rosa(f)
払う	pagar	pagar
針	agulha(f)	aguja(f)
針金	arame(m)	alambre(m)
貼る(糊で)	pegar	pegar
春	primavera(f)	primavera(f)
バルコニー	balcão(m)	balcón(m)
晴れ	bom tempo(m)	buen tiempo(m)
破裂する	explodir	estallar
腫れる	inchar(-se)	hincharse
パン	pão(m)	pan(m)
範囲(圏)	esfera(f)	esfera(f)
範囲(広がり)	extensão(f)	extensión(f)

【早寝する】DEJECTARE「倒す」から派生　COSTA(f)「肋骨」の動詞化　SE [再帰代名詞]　COLLOCARE「置く」から派生　DE ～から+スラブvrěmen「時」から派生　【腹】VENTER(m) 腹　PANTEX(m) 腹　【腹を立てる】FIXUS「不動の」の動詞化　CUM ～と共に　RABIES(f) 乱心　IN ～に+ODIUM(n) 憎しみ→動詞化　SE[再帰代名詞]　FASTIDIRE 嫌う　SUPERARE「凌駕する」から派生　【バラ(の花)】ROSA(f) バラ　新ギtriandáfillo「バラ」から派生　【払う】PACARE 静める　スラブplatiti「清算する」から派生　【針】ACUS(f) 針+縮小辞　【針金】AES(n) 青銅　FILUM(n) 糸　DE ～の　FERRUM(n) 鉄　トルコsırma「金糸」から派生　【貼る(糊で)】PICARE ピッチを塗る　ギ

— 574 —

フランス語	イタリア語	ルーマニア語
se coucher tôt	coricarsi presto	se culca devreme
ventre(m)	ventre(m)	pântece(n)
se fâcher	arrabbiarsi	se supăra
rose(f)	rosa(f)	trandafir(m)
payer	pagare	plăti
aiguille(f)	ago(m)	ac(n)
fil(m) de fer	filo(m) di ferro	sârmă(f)
coller	incollare	lipi
printemps(m)	primavera(f)	primăvară(f)
balcon(m)	balcone(m)	balcon(n)
beau temps(m)	bel tempo(m)	vreme(f) frumoasă
exploser	scoppiare	crăpa
s'enfler	gonfiarsi	se umfla
pain(m)	pane(m)	pâine(f)
sphère(f)	sfera(f)	sferă(f)
étendue(f)	estensione(f)	extensiune(f)

---

kolla「ゴム」から派生　スラブlēpiti「くっつける」から派生　【春】PRIMO VERE 早春に　PRIMUS 最初の　TEMPUS(n) 時　【バルコニー】ゲ*balko 梁　【晴れ】TEMPUS(n) 時　FORMOSUS 美しい　【破裂する】EXPLODERE「たたき出す」から派生　後ラastella 破片　EXPLOSIO(f)「非難」から派生　イタリア語の語源は擬声音　CREPARE「音がする」から派生　【腫れる】INFLARE 膨らませる　SE[再帰代名詞]　CONFLARE「吹き付ける」から派生　【パン】PANIS(m) パン　【範囲(圏)】SPHAERA(f)「球」から派生　【範囲(広がり)】EXTENSIO(f) 延長　EXTENDERE「広げる」の完了分詞EXTENTUSから派生

日本語	ポルトガル語	スペイン語
ハンガー	cabide(m)	percha(f)
ハンカチ	lenço(m)	pañuelo(m)
反感	antipatia(f)	antipatía(f)
反逆する	rebelar-se	rebelarse
反逆者	rebelde(m)	rebelde(m)
反響(こだま)	eco(m)	eco(m)
番組	programa(m)	programa(m)
判決	sentença(f)	sentencia(f)
反抗する	desobedecer	desobedecer
番号	número(m)	número(m)
犯罪	crime(m)	crimen(m)
万歳	Viva!	¡Viva!
晩餐会	banquete(m)	cena(f)
反射	reflexão(f)	reflexión(f)
繁盛する	prosperar	prosperar
反省する	refletir	reflexionar

【ハンガー】アラブqabda 把むこと　PERTICA(f) 棒　CINCTURA(f) トーガの帯　CRUX(f)「十字架」から派生　CUNEUS(m)「楔」から派生　【ハンカチ】PANNUS(m) 布切れ＋縮小辞　MUCUS(m)「鼻汁」から派生　FACIES(f)「顔」から派生　Baptiste(de Cambrai)［13世紀の発明者の名前］バチスト　【反感】ANTIPATHIA(f) 反感　【反逆する】REBELLARE 背く　SE［再帰代名詞］スラブrazvrati「解放する」から派生　【反逆者】REBELLIS「反抗的な」の名詞化　【反響(こだま)】ECHO(f) 反響　【番組】PROGRAMMA(n) 番組　【判決】SENTENTIA(f) 判決　【反抗する】DIS-「否定」の接頭辞＋OBOEDIRE 服従する　OPPONERE 前に置く　SE［再帰代名詞］　REVOLVERE「巻き返

— 576 —

フランス語	イタリア語	ルーマニア語
cintre(m)	gruccia(f)	cuier(n)
mouchoir(m)	fazzoletto(m)	batistă(f)
antipathie(f)	antipatia(f)	antipatie(f)
se rebeller	ribellarsi	se răzvrăti
rebelle(mf)	ribelle(mf)	rebel(m)
écho(m)	eco(m)	ecou(n)
programme(m)	programma(m)	program(n)
sentence(f)	sentenza(f)	sentinţă(f)
se révolter	disubbidire	se opune
numéro(m)	numero(m)	număr(n)
crime(m)	crimine(m)	crimă(f)
Vivat!	Viva!	Trăiască!
dîner(m)	cena(f)	banchet(n)
reflet(m)	riflessione(f)	reflecţie(f)
prospérer	prosperare	prospera
réfléchir	riflettere	reflecta

す」から派生 【番号】NUMERUS(m) 数 【犯罪】CRIMEN(n) 罪 【万歳】VIVAT! 生き長らえよ！　スラブ trajati「続く」から派生　【晩餐会】ゲ*bank「ベンチ」から派生　CENA(f) 正餐　JEJUNARE「断食する」から派生　【反射】REFLEXIO(f) 反射　俗ラ*reflexus「反り返った」から派生　【繁盛する】PROSPERARE 繁盛させる　【反省する】REFLEXIO(f)「反省」の動詞化

— 577 —

日本語	ポルトガル語	スペイン語
伴奏	acompanhamento(m)	acompañamiento(m)
絆創膏	esparadrapo(m)	esparadrapo(m)
反則	falta(f)	falta(f)
反対の	contrário	contrario
反対に	ao contrário	al contrario
判断	julgamento(m)	juicio(m)
判断する	julgar	juzgar
半島	península(f)	península(f)
ハンドバッグ	bolsa(f)	bolso(m)
ハンドル	volante(m)	volante(m)
犯人	criminoso(m)	criminal(m)
反応	reação(f)	reacción(f)
反応する	reagir	reaccionar
販売	venda(f)	venta(f)
販売する	vender	vender
反発する	repulsar	repulsar

【伴奏】CUM 〜と共に＋PANIS(m) パン -MENTUM(n) 名詞を作る語尾 【絆創膏】ポルトガル語・スペイン語・フランス語の語源は不詳 ギkára「顔」から派生 ゲPflaster 膏薬 【反則】俗ラ*fallita 不足 VIOLARE「侵害する」の名詞化 REGULA(f) 規定 【反対の】CONTRARIUS 反対の 【反対に】AD 〜に ILLE あの CONTRARIUS 反対の DE 〜に関して＋IN 〜に＋スラブprotiva 〜に反する→前置詞化 【判断】JUDICARE「判断する」から派生 JUDICIUM(n) 判決 【判断する】JUDICARE 判決を下す 【半島】PAENINSULA(f) 半島 【ハンドバッグ】BURSA(f) 袋 AB 〜で MANUS(f) 手 SACCUS(m) 袋 トルコçanta「バッグ」から派生 【ハンドル】VOLARE

— 578 —

フランス語	イタリア語	ルーマニア語
accopagnement(m)	accompagnamento(m)	acompaniament(n)
sparadrap(m)	cerotto(m)	plasture(m)
faute(f)	fallo(m)	violarea(f) regulilor
contraire	contrario	contrar
au contraire	al contrario	dimpotrivă
jugement(m)	giudizio(m)	judecată(f)
juger	giudicare	judeca
péninsule(f)	penisola(f)	peninsulă(f)
sac à main(m)	borsetta(f)	geantă(f)
volant(m)	volante(m)	volan(n)
criminel(m)	criminale(mf)	criminal(m)
réaction(f)	reazione(f)	reacţie(f)
réagir	reagire	reacţiona
vente(f)	vendita(f)	vânzare(f)
vendre	vendere	vinde
riposter	reagire	respinge

「急ぐ」の現在分詞VOLANSから派生　【犯人】CRIMINOSUS「中傷の」から派生　CRIMINALIS「罪の」から派生　【反応】RE-「反対に」を表す接頭辞 ACTIO(f) 行動　【反応する】RE-「反対に」を表す接頭辞+AGERE 行動する　RE-「反対に」を表す接頭辞+ACTIO(f)「行動」の動詞化　【販売】VENDERE「売る」の完了分詞女性形VENDITAの名詞化　VENDERE「売る」から派生　【販売する】VENDERE 売る　【反発する】REPULSARE 反発させる　RESPONDERE「応答する」に由来　RE-「再び」を表す接頭辞　AGERE 動かす　RE-「再び」を表す接頭辞+EX ～から+PANGERE 確定する

日本語	ポルトガル語	スペイン語
パンフレット	folheto(m)	folleto(m)
半分	metade(f)	mitad(f)
パン屋(店)	padaria(f)	panadería(f)
反乱	revolta(f)	rebelión(f)

―ひ―

日(太陽)	sol(m)	sol(m)
日(暦の)	dia(m)	día(m)
日(日付)	data(f)	data(f)
火	fogo(m)	fuego(m)
火をつける	acender	encender
美	beleza(f)	belleza(f)
ピアノ	piano(m)	piano(m)
ピーマン	pimentão(m)	pimiento(m)
ビール	cerveja(f)	cerveza(f)
冷える	esfriar(-se)	enfriarse

【パンフレット】イ foglietto「小紙片」[←FOLIUM(n) 葉] OPUS(n)「作品」+縮小辞 BROCCHUS「出っ歯の」に由来 【半分】MEDIETAS(f) 半分 DIMIDIUS 半分の ルーマニア語の語源は不詳 【パン屋(店)】PANIS(m)「パン」から派生 中オランダ bolle「丸パン」から派生 スラブ brotŭ「パン」から派生 【反乱】REBELLIO(f) 反乱 REVOLVERE「巻き返す」の完了分詞女性形 REVOLTA から派生 【日(太陽)】SOL(m) 太陽 (+縮小辞) 【日(暦の)】DIES(mf) 日 DIURNUS「日中の」から派生 【日(日付)】DARE「与える」の完了分詞女性形 DATA に由来 【火】FOCUS(m) 火 【火をつける】ACCENDERE 火を点ける INCENDERE 火を点ける LUMINARE 照らす APPREHENDERE「掴

― 580 ―

フランス語	イタリア語	ルーマニア語
brochure(f)	opuscolo(m)	broşură(f)
demi(m)	metà(f)	jumătate(f)
boulangerie(f)	panetteria(f)	brutărie(f)
révolte(f)	rivolta(f)	rebeliune(f)
soleil(m)	sole(m)	soare(m)
jour(m)	giorno(m)	zi(f)
date(f)	data(f)	dată(f)
feu(m)	fuoco(m)	foc(n)
allumer	accendere	aprinde
beauté(f)	bellezza(f)	frumuseţe(f)
piano(m)	pianoforte(m)	pian(n)
piment(m) doux	peperone(m)	ardei(m) dulce
bière(f)	birra(f)	bere(f)
(se) refroidir	raffreddarsi	se răci

む」から派生 【美】BELLUS「綺麗な」から派生 FORMOSUS「美しい」から派生 【ピアノ】PLANUS 平坦な FORTIS 強い 【ピーマン】PIGMENTUM(n) 香料 DULCIS 甘い ARDERE「燃える」から派生 【ビール】CERVISIA(f) [ケルト語起源]ビール 古オランダ bier 飲み物 独 Bier ビール 【冷える】IN-[動詞を作る接頭辞]+FRIGIDUS「冷たい」→動詞化 SE[再帰代名詞] RECENS「新鮮な」から派生

日本語	ポルトガル語	スペイン語
被害	dano(m)	daño(m)
控えめな	discreto	discreto
比較する	comparar	comparar
日傘	guarda-sol(m)	parasol(m)
東	leste(m)	este(m)
光	luz(f)	luz(f)
光る	brilhar	brillar
引き受ける	aceitar	aceptar
引き起こす	provocar	provocar
引き返す	voltar atrás	volver
引きずる	arrastar	arrastrar
引き出し	gaveta(f)	gaveta(f)
引き出す(結論などを)	sacar	sacar
引きつける	atrair	atraer
引き取る(退去する)	retirar	retirar

【被害】DAMNUM(n) 損害 【控えめな】DISCRETUS 控えめな MODERATUS 適正な MODESTUS「慎ましい」から派生 【比較する】COMPARARE 比較する ギparakonaein「研ぐ」から派生 【日傘】ゲ*wardōn「見張る」から派生 SOL(m) 太陽 PARARE 用意する[→止める] UMBRA(f)「影」+縮小辞 DE 〜の 【東】ゲ*ēast 東方 【光】LUX(f) 光 LUMEN(n) 光 【光る】BERYLLUS(m)「緑柱石」から派生 EXTRA 外で + LUCERE 光る 【引き受ける】ACCIPERE 受け取る CARRUS(m)「荷馬車」から派生 SE[再帰代名詞] 【引き起こす】PROVOCARE 挑発する 【引き返す】VOLVERE 転がす AD 〜へ + TRANS 〜を越えて RE-「再び」を表す接頭辞 + TORNARE 丸く

フランス語	イタリア語	ルーマニア語
dommage(m)	danno(m)	daună(f)
modéré	discreto	modest
comparer	paragonare	compara
ombrelle(f)	parasole(m)	umbreluță(f) de soare
est(m)	est(m)	est(n)
lumière(f)	luce(f)	lumină(f)
briller	brillare	străluci
accepter	incaricarsi	accepta
provoquer	provocare	provoca
retourner	ritornare	întoarce
traîner	trascinare	târî
tiroir(m)	cassetto(m)	sertar(n)
tirer	trarre	trage
attirer	attrarre	atrage
se retirer	ritirarsi	retrage

する　INTORQUERE 回転させる　【引きずる】RASTRUM(n)「鍬」から派生　TRAHERE 引く　スラブtrēti「磨く」から派生　【引き出し】フランス語の語源は不詳　CASA(f)「小屋」から派生　新ギsirtári「引き出し」から派生　【引き出す(結論などを)】ゴート*sakan 争う　フランス語の語源は不詳　TRAHERE 引き出す　【引きつける】ATTRAHERE 引きつける　フランス語の語源は不詳　【引き取る(退去する)】RETRAHERE 後ろへ引く　SE［再帰代名詞］　フランス語・イタリア語の語源は不詳

日本語	ポルトガル語	スペイン語
引き取る(荷物を)	recolher	recoger
引き延ばす(時間を)	prolongar	prolongar
引き延ばす(写真を)	ampliar	ampliar
引く(線を)	traçar	trazar
引く(辞書を)	consultar	consultar
引く(値を)	rebaixar	rebajar
弾く(楽器を)	tocar	tocar
低い	baixo	bajo
髭(顎髭)	barba(f)	barba(f)
髭(口髭)	bigote(m)	bigote(m)
秘書	secretário(m)	secretario(m)
避暑	veraneio(m)	veraneo(m)
非常口	saída(f) de emergência	salida(f) de emergencia
非常に	muito	muy

【引き取る(荷物を)】RE-「再び」を表す接頭辞 + COLLIGERE 拾い集める PREHENDERE 取る RE-「再び」を表す接頭辞 + LEVARE 軽くする 【引き延ばす(時間を)】PROLONGARE 延ばす 【引き延ばす(写真を)】AMPLUS「大きな」の動詞化 GRANDIS「大きな」に由来 MAS「男らしい」から派生 【引く(線を)】TRACTUS(m)「引くこと」の動詞化 【引く(辞書を)】CONSULTARE 相談する 【引く(値を)】俗ラ *bassus「太くて低い」に由来 REDUCERE「引き戻す」に由来 FACERE する UNUS 一つの COMPUTUS(m)「計算」に由来 【弾く(楽器を)】俗ラ *toccare[触るときの擬声音] JOCARI からかう DE ~に関して SONARE 鳴らす CANTARE 歌う 【低い】俗ラ *bassus

— 584 —

フランス語	イタリア語	ルーマニア語
reprendre	ritirare	relua
prolonger	prolungare	prelungi
agrandir	ingrandire	mări
tracer	tracciare	trasa
consulter	consultare	consulta
réduire	fare uno sconto	reduce
jouer de	suonare	cânta la
bas	basso	jos
barbe(f)	barba(f)	barbă(f)
moustache(f)	baffi(m)	mustaţă(f)
secrétaire(mf)	segretario(m)	secretar(m)
villégiature	villeggiatura(f) (estiva)	vilegiatură(f)
issue(f) de secours	uscita(f) di sicurezza	ieşire(f) pentru caz de pericol
très	molto	foarte

太くて低い　DEORSUM 下方へ　【髭(顎髭)】BARBA(f) 髭　【髭(口髭)】ゲ *Bī Got! 神に誓って！　ギ mústax 上唇　イタリア語の語源は不詳　【秘書】SECRETARIUS(m) 秘書　【避暑】VER(n)「春」に由来　イ villeggiare[＜VILLA 別荘]「田舎へ行くから」派生　AESTIVUS 夏の　【非常口】SALIRE「飛び跳ねる」に由来　DE ～の　EMERGERE「出現する」の現在分詞 EMERGENS に由来　EXIRE「出る」に由来　SUCCURSUS(m) 援助　SECURITAS(f) 安全　PER ～のために＋INTRO 中へ　CASUS(m) 出来事　PERICULUM(n) 危険　【非常に】MULTUM 多く　TRANS ～を越えて　FORTIS 強い

日本語	ポルトガル語	スペイン語
微笑	sorriso(m)	sonrisa(f)
美人	beldade(f)	belleza(f)
ビスケット	biscoito(m)	galleta(f)
ピストル	pistola(f)	pistola(f)
密かな	secreto	secreto
密かに	em segredo	en secreto
額	frente(f)	frente(f)
左	esquerda(f)	izquierda(f)
左へ	à esquerda	a la izquierda
引っかかる	enganchar-se	engancharse
引っかく	arranhar	arañar
筆記する	apontar	apuntar
日付	data(f)	data(f)
引っ越す	mudar-se	mudarse
必死の	desesperado	desesperado
羊(雌)	ovelha(f)	oveja(f)

【微笑】SUBRIDERE「微笑する」に由来 【美人】BELLUS「綺麗な」に由来 DOMINA(f) 女主人　FORMOSUS「美しい」に由来 【ビスケット】BIS 二度 ＋COCTUS 焼かれた 【ピストル】チェコpištal 管 【密かな】SECRETUM(n) 秘密 【密かに】IN 〜に　SECRETUM(n) 秘密　SECRETUS 秘密の　MENS(f)「心」の奪格に由来 【額】FRONS(f) 額 【左】バスクizker 左　フランク*wenkjan 躊躇う×フランク*walkan 反る　SINISTER 左の　STANTICUS「疲れた」に由来 【左へ】AD 〜へ　ILLE あの　バスクizker 左　フランク*wenkjan 躊躇う×フランク*walkan 反る　SINISTER 左の　ILLAC そこに　STANTICUS「疲れた」に由来 【引っかかる】ポルトガル語・スペイン語・イタリア語の語

— 586 —

フランス語	イタリア語	ルーマニア語
sourire(f)	sorriso(m)	surâs(n)
beauté(f)	bella donna(f)	frumoasă(f)
biscuit(m)	biscotto(m)	biscuit(m)
pistolet(m)	pistola(f)	pistol(n)
secret	segreto	secret(n)
secrètement	segretamente	în secret
front(m)	fronte(f)	frunte(f)
gauche(f)	sinistra(f)	stânga(f)
à gauche	a sinistra	la stânga
s'accrocher	agganciarsi	se agăţa
griffer	graffiare	zgâria
écrire	scrivere	nota
date(f)	data(f)	dată(f)
déménager	traslocare	se muda
désespéré	disperato	desperat
brebis(f)	pecora(f)	oaie(f)

源は不詳　SE[再帰代名詞]　フランク *krôk「鉤」に由来　CAPTARE「捕らえる」に由来　【引っかく】ポルトガル語・スペイン語の語源は不詳　フランク *gripan ひっつかむ　SCABERE こする　【筆記する】PUNCTUM(n)「点」に由来　SCRIBERE 記す　NOTARE 記入する　【日付】DARE「与える」の完了分詞女性形DATAに由来　【引っ越す】MUTARE 動かす　SE[再帰代名詞]　DIS-「否定」を表す接頭辞 + MANERE 留まる　TRANS 〜を越えて + LOCUS(m) 場所→動詞化　【必死の】DIS-「否定」の接頭辞 + SPERARE「期待する」の完了分詞SPERATUSに由来　【羊(雌)】OVICULA(f) 子羊　VERVEX(m) 去勢した雄羊　PECUS(n)「家畜」から派生　OVIS(f)「羊」から派生

日本語	ポルトガル語	スペイン語
羊(子)	cordeiro(m)	cordero(m)
必需品	artigo(m) de primeira necessidade	artículo(m) de primera necesidad
必要な	necessário	necesario
必要とする	necessitar	necesitar
否定する	negar	negar
ビデオ	vídeo(m)	vídeo(m)
人(人間)	homem(m)	hombre(m)
人(人物)	pessoa(f)	persona(f)
人(人々)	gente(f)	gente(f)
ひどい	horrível	horrible
美徳	virtude(f)	virtud(f)
人混み	multidão(m)	muchedumbre(f)
等しい	igual	igual
瞳	pupila(f)	pupila(f)
一人	uma pessoa	una persona

【羊(子)】CHORDUS「時期遅れの」から派生　AGNELLUS(m) 子羊　【必需品】ARTICULUS(m) 部分　DE 〜の　PRIMARIUS 第一の　NECESSITAS(f) 必要　NECESSARIUS「必需品」から派生　OBJECTUM(n) 対象　IN-「否定」の接頭辞 ＋ DISPENSABILIS 分配可能な　STRICTUS 厳密な　【必要な】NECESSARIUS 必要　【必要とする】NECESSITAS(f)「必要」の動詞化　ESSE 〜である　NECCESARIUS 不可欠の　【否定する】NEGARE 否定する　【ビデオ】VIDEO「私が見る」からの造語　【人(人間)】HOMO(m) 人間　【人(人物)】PERSONA(f) 仮面　【人(人々)】GENS(f) 種族　MUNDUS(m) 世界　LUMEN(n)「光」から派生　【ひどい】HORRIBILIS 恐ろしい　【美徳】VIRTUS(f) 長所　【人混み】

フランス語	イタリア語	ルーマニア語
agneau(m)	agnello(m)	miel(m)
nécessaire(m)	oggetto(m)	strictul
	indispensabile	necesar(n)
nécessaire	necessario	necesar
nécessiter	essere necessario	necesita
nier	negare	nega
vidéo(m)	video(m)	video(n)
homme(m)	uomo(m)	om(m)
personne(f)	persona(f)	persoană(f)
monde(m)	gente(f)	lume(f)
horrible	orribile	teribil
vertu(f)	virtù(f)	virtute(f)
foule(f)	folla(f)	mulțime(f)
égal	uguale	egal
pupille(f)	pupilla(f)	pupilă(f)
une personne	una persona	o persoană

MULTUM(n)「多数」からの造語　俗ラ *fullare「布を圧縮する」から派生
【等しい】AEQUALIS 等しい　【瞳】PUPILLA(f) 瞳　【一人】UNUS 一つの
PERSONA(f) 仮面

日本語	ポルトガル語	スペイン語
独り言を言う	falar consigo mesmo	hablar consigo mismo
独りでに	automaticamente	automáticamente
非難	repreensão(f)	reproche(m)
非難する	repreender	reprochar
避難する	refugiar-se	refugiarse
美男	bonitão(m)	hombre(m) guapo
皮肉	ironia(f)	ironía(f)
ひねくれた	suscetível	retorcido
批判	crítica(f)	crítica(f)
批判する	criticar	criticar
響く	ecoar	sonar
響く(反響)	ressoar	resonar
皮膚	pele(f)	piel(f)
暇	tempo(m) livre	tiempo(m) libre
暇がある	ter tempo	tener tiempo

【独り言を言う】FABULARI 喋る　CUM ～と共に　SECUM 自らと共に　-MET 自らの + IPSIMUS「自身」の強調形 PARABOLA(f)「比喩」から派生　AD ～へ　DE ～から + AB ～から　SOLUS 単独の　ルーマニア語の動詞の語源は不詳　IN ～に　SE[再帰代名詞]　SUUS「独自の」から派生　【独りでに】AUTOMATUS 自動の　MENS(f)「心」の奪格　【非難】俗ラ*repropriare「責める」から派生　俗ラ*blastimare「呪う」から派生　【非難する】俗ラ*repropriare 責める　俗ラ*blastimare「呪う」から派生　【避難する】REFUGIARE 避ける　SE[再帰代名詞]　【美男】BONUS「良い」から派生　HOMO(m) 人間　VAPPA(f)「気の抜けた葡萄酒」から派生　BELLUS 愛らしい　HOMO(m) 男

— 590 —

フランス語	イタリア語	ルーマニア語
se parler à soi-même	parlare da solo	vorbi în sinea sa
automatiquement	automaticamente	automatic
reproche(m)	biasimo(m)	reproşare(f)
reprocher	biasimare	reproşa
se réfugier	rifugiarsi	refugia
bel homme(m)	bell'uomo(m)	om(m) frumos
ironie(f)	ironia(f)	ironie(f)
tordu	scontroso	răsucit
critique(f)	critica(f)	critică(f)
critiquer	criticare	critica
sonner	suonare	răsuna
résonner	risuonare	răsuna
peau(f)	pelle(f)	piele(f)
temps(m) libre	tempo(m) libero	timp(n) liber
avoir du temps	avere tempo	avea timp

FORMOSUS 美しい 【皮肉】IRONIA(f) 皮肉 【ひねくれた】SUSCEPTIBILIS「敏感な」から派生 RETORQUERE「変える」から派生 TORQUERE「曲げる」から派生 CONTRA「～に対して」から派生 スラブ sučja「捻れた」から派生 【批判】CRITICA(f) 批判 【批判する】CRITICA(f)「批判」の動詞化 【響く】ECHO(f)「山彦」の動詞化 SONARE 響く RESONARE 反響する 【響く(反響)】RESONARE 反響する 【皮膚】PELLIS(f) 獣皮 【暇】TEMPUS(n) 時 LIBER 自由な 【暇がある】TENERE 保つ TEMPUS(n) 時 HABERE 保つ DE ～の + ILLE あの

日本語	ポルトガル語	スペイン語
秘密	segredo(m)	secreto(m)
秘密の	segredo	secreto
微妙な	delicado	delicado
紐(物を縛る)	corda(f)	cuerda(f)
百	cento(m)	ciento(m)
百万	milhão(m)	millón(m)
日焼けする	queimar-se ao sol	tostarse al sol
冷やす	esfriar	enfriar
表	lista(f)	lista(f)
費用	despesa(f)	expensas(f)
秒	segundo(m)	segundo(m)
美容院	salão(m) de beleza	salón(m) de belleza
病院	hospital(m)	hospital(m)
評価	estimação(f)	estimación(f)
評価する	estimar	estimar

【秘密】SECRETUM(n) 秘密 【秘密の】SECRETUS 秘密の 【微妙な】DELICATUS 優美な 【紐(物を縛る)】CHORDA(f) 縄 FUNICULUS(m) 細い綱 【百】CENTUM 百の UNUS 一つの スラブsuto 百 【百万】MILLE「千の」からの造語 【日焼けする】CREMARE 焼き尽くす AB 〜からILLE あの SOL(m) 太陽 TORRERE「焼く」の完了分詞TOSTUMから派生 SE[再帰代名詞] フランス語・イタリア語・ルーマニア語の語源は不詳 【冷やす】IN-[動詞を作る接頭辞]＋FRIGIDUS 冷たい→動詞化 フランク*friskaz 塩辛くない RECENS「新鮮な」から派生 【表】ゲ*līsta 目録 TABULA(f) 板 【費用】DISPENSARE「分配する」から派生 ゲ*friskaz 塩辛くない

— 592 —

フランス語	イタリア語	ルーマニア語
secret(m)	segreto(m)	secret(n)
secret	segreto	secret
délicat	delicato	delicat
ficelle(f)	corda(f)	coardă(f)
cent(m)	cento(m)	o sută
million(m)	milione(m)	milion(n)
bronzer	abbronzarsi	se bronza
rafraîchir	raffreddare	răci
table(f)	tabella(f)	listă(f)
frais(m)	spese(f)	cheltuială(f)
seconde(m)	secondo(m)	secundă(f)
salon(m) de coiffure	parrucchiere(m)	salon(n) de coafură
hôpital(m)	ospedale(m)	spital(n)
estimation(f)	stima(f)	estimare(f)
estimer	stimare	estima

EXPENDERE「支払う」の完了分詞女性形EXPENSAから派生　ハンガリーkölteni「浪費する」から派生　【秒】SECUNDUS「第二の」から派生　【美容院】ゲ*sala 住居＋増大辞　DE 〜の　BELLUS「綺麗な」に由来　ゲ*kufia「兜」に由来　PILUS(m)「毛髪」に由来　【病院】HOSPITALIS「厚遇する」に由来　【評価】AESTIMATIO(f) 評価　AESTIMARE「評価する」から派生　【評価する】AESTIMARE 評価する

日本語	ポルトガル語	スペイン語
病気	doença(f)	enfermedad(f)
表現	espressão(f)	expresión(f)
表現する	expressar	expresar
表紙	capa(f)	tapa(f)
描写する	descrever	describir
標準	critério(f)	criterio(m)
表情	expressão(f)	expresión(f)
平等な	igual	igual
評判	fama(f)	fama(f)
評判の良い	de boa fama	de buena fama
標本	espécime(m)	espécimen(m)
表明する	manifestar	manifestar
表面	superfície(f)	superficie(f)
開く	abrir	abrir
開く(開催)	celebrar	celebrar
開く(開設)	fundar	fundar

【病気】INFIRMITAS(f) 無気力　MALE HABITUS「悪い状態にいる」から派生　スラブbolī「病気の」から派生　【表現】EXPRESSIO(f) 表現　【表現する】EXPRESSIO(f)「表現」の動詞化　EXPRIMERE 表現する　【表紙】CAPPA(f)「頭巾」から派生　COOPERIRE「完全に多いかぶせる」から派生　【描写する】DESCRIBERE 描写する　【標準】CRITERIUM(n) 標準　NORMA(f) 規定　英語standard 標準　【表情】EXPRESSIO(f) 表現　【平等な】AEQUALIS 等しい　【評判】FAMA(f) 評判　REPUTATIO(f) 考察　【評判の良い】DE 〜の　BONUS 良い　FAMA(f) 評判　REPUTATIO(f) 考察　【標本】SPECIMEN(n) 標本　CAMPUS(m)「戦場」から派生　【表明する】MANIFESTARE 表明す

フランス語	イタリア語	ルーマニア語
maladie(f)	malattia(f)	boală(f)
expression(f)	espressione(f)	expresie(f)
exprimer	esprimere	exprima
couverture(f)	copertina(f)	copertă(f)
décrire	descrivere	descrie
norme(f)	standard(m)	standard(n)
expression(f)	espressione(f)	expresie(f)
égal	uguale	egal
réputation(f)	reputazione(f)	faimă
de bonne réputation	di buona fama	de faimă bună
spéciment(m)	campione(m)	specimen(n)
manifester	manifestare	manifesta
surface(f)	superficie(f)	suprafață(f)
ouvrir	aprire	deschide
organiser	tenere	celebra
fonder	fondare	funda

る 【表面】SUPERFICIES(f) 表面 【開く】APERIRE 開く DISCLUDERE 分かつ 【開く(開催)】CELEBRARE 祝賀する ORGANUM(n)「道具」から派生 【開く(開設)】FUNDARE 作り出す

日本語	ポルトガル語	スペイン語
比率	proporção(f)	proporción(f)
ビル	edifício(m)	edificio(m)
昼寝	sesta(f)	siesta(f)
昼間に	de dia	de día
広い	ancho	ancho
拾う	apanhar	recoger
疲労	cansaço(m)	cansancio(m)
疲労する	cançar-se	cansarse
広げる	ampliar	ampliar
広場	praça(f)	plaza(f)
広間	salão(m)	salón(m)
瓶	botelha(f)	botella(f)
敏感な	sensível	sensible
ピンク色の	rosado	rosado
品質	qualidade(f)	calidad(f)
ピンチ	opressão(f)	apretura(f)

【比率】PROPORTIO(f) 比率 【ビル】AEDUFUCIUM(n) 建造物 IMMOBILIS「動かしにくい」から派生 スラブkladon「建築物」から派生 【昼寝】SEXTA 第六の 【昼間に】DE ～に関して DIES(mf) 日 DE INTUS 中から ILLE あの DIURNUS 日中の 【広い】AMPLUS 大きい LARGUS 沢山の 【拾う】PANNUS(m)「布」から派生 RE-「強調」を表す接頭辞＋COLLIGERE 拾い集める MASSA(f)「塊」から派生 COLLIGERE 拾い集める 【疲労】CAMPSARE「曲げる」の名詞化 FATIGARE「疲れさせる」から派生 イタリア語の語源は不詳 ブルガリアoboseja「裸足の」から派生 【疲労する】CAMPSARE 曲げる SE[再帰代名詞] FATIGARE 疲れさせる イタリア

— 596 —

フランス語	イタリア語	ルーマニア語
proportion(f)	proporzione(f)	proporţie(f)
immeuble(m)	edificio(m)	clădire(f)
sieste(f)	siesta(f)	siestă(f)
dans la journée	di giorno	de zi
large	ampio	larg
ramasser	raccogliere	culege
fatigue(f)	stanchezza(f)	oboseală(f)
se fatiguer	stancarsi	obosi
étendre	stendere	mări
place(f)	piazza(f)	piaţă(f)
grande pièce(f)	salone(m)	hol(n)
bouteille(f)	bottiglia(f)	sticlă(f)
sensible	sensibile	sensibil
rose	rosa	roz
qualité(f)	qualità(f)	calitate(f)
pétrin(m)	crisi(f)	strâmtoare(f)

語の語源は不詳　ブルガリア oboseja「裸足の」から派生　【広げる】AMPLUS「大きい」の動詞化　EXTENDERE 広げる　MAS「男らしい」から派生　【広場】PLATEA(f) 道路　【広間】ゲ*sala 住居＋増大辞　GRANDIS 大きな　英語 hall 広間　俗ラ*pettia 一画　英語 hall ホール　【瓶】後ラ buttis「酒袋」＋縮小辞　スラブ stiklo「ガラス」から派生　【敏感な】SENSIBILIS 感覚を有する　【ピンク色の】ROSA(f)「バラ」から派生　【品質】QUALITAS(f) 性質　【ピンチ】OPPRESSIO(f) 制圧　後ラ appectorare「胸に押し当てる」から派生　PISTRINUM(n) 搗砕機　CRISIS(f) 危機　STRICTUS「緊張した」から派生

日本語	ポルトガル語	スペイン語
ヒント	insinuação(f)	insinuación(f)
ピント	foco(m)	foco(m)
ピントを合わせる	focalizar	enfocar
頻繁な	freqüente	frecuente
頻繁に	com freqüência	con frecuencia
貧乏な	pobre	pobre

—ふ—

不安	inquietude(f)	inquietud(f)
ファン	fã(m)	aficionado(m)
ファン(スポーツ)	torcedor(m)	entusiasta(mf)
ファン(換気扇)	ventilador(m)	ventilador(m)
不安な	inquieto	inquieto
不意に	de repente	de repente
フィルター	filtro(m)	filtro(m)

【ヒント】INSINUATIO(f) 入りこむこと　ALLUDERE「風刺する」から派生　INSINUARE「入りこむ」から派生　【ピント】FOCUS(m) 焦点　【ピントを合わせる】FOCUS(m)「焦点」の動詞化　MITTERE 送る　AD ～へ　PUNCTUM(n) 点　VISERE「検査する」から派生　【頻繁な】FREQUENS 頻繁な　【頻繁に】CUM ～と共に　FREQUENTIA(f) 頻繁　FREQUENS 度重なる　MENS(f)「心」の奪格　【貧乏な】PAUPER 貧乏な　ブルガリア sirak「貧しい」から派生　【不安】INQUIETUS「不穏な」の名詞化　ANXIETAS(f) 不安　スラブ ne-「否定」を表す接頭辞 + LENIS 平静な　【ファン】FANATICUS 熱狂した　ADMIRATOR(m) 驚嘆者　ギ enthousiasmós「神が乗り移った」から派生

— 598 —

フランス語	イタリア語	ルーマニア語
allusion(f)	allusione(f)	insinuare(f)
foyer(m)	fuoco(m)	focar(n)
mettre au point	mettere a fuoco	viza
fréquent	frequente	frecvent
fréquemment	frequentemente	frecvent
pauvre	povero	sărac
anxiété(f)	inquietudine(f)	nelinişte(f)
fanatique(mf)	ammiratore(m)	amator(m) entuziast
supporteur(m)	tifoso(m)	microbist(m)
ventilateur(m)	ventilatore(m)	ventilator(m)
anxieux	inquieto	neliniştit
soudain	inaspettatamente	pe neaşteptate
filtre(m)	filtro(m)	filtru(n)

【ファン(スポーツ)】TORQUERE「巻く」から派生　ギenthousiasmós「神が乗り移った」から派生　SOPPORTARE「支える」から派生　TYPHUS(m)「チフス」から派生　ギmikros 小さな + bios 命→造語　【ファン(換気扇)】VENTILARE「風を送る」からの造語　【不安な】INQUIETUS 不穏な　ANXIUS 不安な　スラブne-「否定」を表す接頭辞 + LENIS 平静な　【不意に】DE ～に関して　REPENTE 突然　SUBITANEUS 突然起こった　EXPECTARE「待つ」の完了分詞×ASPECTARE「見る」の完了分詞に由来　PER ～のために　スラブne-「否定」を表す接頭辞 + LENIS 平静な　IN-「否定」を表す接頭辞　SE[再帰代名詞]　【フィルター】後ラ filtrum 濾過器

日本語	ポルトガル語	スペイン語
フィルム	film(m)	película(f)
封をする	selar	sellar
封切り	estréia(f)	estreno(m)
風景	paisagem(f)	paisaje(m)
風刺	sátira(f)	sátira(f)
風習	costumes(m)	costumbre(f)
風俗	costumes(m)	costumbres(f)
ブーツ	botas(f)	botas(f)
封筒	envelope(m)	sobre(m)
夫婦	casal(m)	matrimonio(m)
プール	piscina(f)	piscina(f)
不運	má sorte(f)	mala suerte(f)
増える	aumentar(-se)	aumentar
フォーク	garfo(m)	tenedor(m)
深い	profundo	profundo

【フィルム】英語film フィルム PELLICULA(f) 小さな獣皮 【封をする】SIGILLARE 封をする COACTARE 強制する 【封切り】STRENA(f)「贈り物」から派生 MITTERE「投げる」の完了分詞MISUSから派生 IN 〜に CIRCULATIO(f) 循環 PRIMA 第一の VISIO(f) 見ること PRIMARIUS「第一の」からの造語 【風景】PAGENSIS(m)「村人」からの造語 【風刺】SATURA(f) 風刺 【風習】CONSUETUDO(f) 習慣 UTI「使用する」の完了分詞USUSから派生 MOS(m)「習慣」から派生 【風俗】MOS(m)「習慣」から派生 UTI「使用する」の完了分詞USUSから派生 【ブーツ】ルーマニア語はイタリア語のghette「子供用のズボン」に由来 【封筒】ポルトガル語・

— 600 —

フランス語	イタリア語	ルーマニア語
pellicule(f)	pellicola(f)	peliculă(f)
cacheter	sigillare	sigila
mise(f) en circulation	prima visione(f)	premieră(f)
paysage(m)	paesaggio(m)	peisaj(n)
satire(f)	satira(f)	satiră(f)
coutume(f)	costume(m)	moravuri(n)
mœurs(f)	costumi(m)	moravuri(n)
bottes(f)	stivali(m)	ghete(f)
enveloppe(f)	busta(f)	plic(n)
couple(f)	coppia(f)	pereche(f)
piscine(f)	piscina(f)	piscină(f)
malchance(f)	sfortuna(f)	nenorocire(f)
augmenter	aumentare	se înmulţi
fourchette(f)	forchetta(f)	furculiţă(f)
profond	profondo	profund

フランス語の語源は不詳　SUPER 上に　後ラ buxis idis ツゲ製の箱　新ギ plíkos「封書」から派生　【夫婦】CASA(f)「小屋」から派生　MATRIMONIUM(n) 結婚　COPULA(f) 結合　PAR(n) 対＋縮小辞　【プール】PISCINA(f) 養魚池　【不運】MALUS 悪い　SORS(f) 運　俗ラ *cadentia 落ちること　DIS-「否定の」の接頭辞＋FORTUNA 幸運　スラブ ne-「否定の」の接頭辞＋naroku「幸運」から派生　【増える】AUGMENTARE 増す　SE［再帰代名詞］　MULTUS「多い」から派生　【フォーク】アラブ garf 一つかみ　TENERE「保つ」に由来　FURCA(f) 熊手＋縮小辞　【深い】PROFUNDUS 深い

— 601 —

日本語	ポルトガル語	スペイン語
不快な	desagradável	desagradable
不可能な	impossível	imposible
武器	arma(f)	armas(f)
不規則な	irregular	irregular
不吉な	sinistro	siniestro
不気味な	lúgubre	lúgubre
普及する	difundir-se	difundirse
不況	recessão(f)	recesión(f)
吹く	soprar	soplar
吹く(風)	ventar	soplar
吹く(楽器)	tocar	tocar
拭く	enxugar	enjugar
服	roupa(f)	ropa(f)
複雑な	complicado	complicado
福祉	bem-estar(m)	bienestar(m)
復習	repasse(m)	repaso(m)

【不快な】DIS-「否定」を表す接頭辞＋GRATUS「気に入りの」に由来　スラブne-「否定の」の接頭辞＋PLACERE「気に入る」の完了分詞PLACITUSから派生　【不可能な】IMPOSSIBILIS 不可能な　【武器】ARMA(f) 武器　【不規則な】IRREGULARIS 不規則な　【不吉な】SINISTER 不吉な　【不気味な】LUGUBRIS 悲しみの　SINISTER 不吉な　【普及する】DIFFUNDERE 広げる　SE［再帰代名詞］PROPAGARE 広げる　【不況】RECESSIO(f) 後退　DEPRESSIO(f) 抑圧　【吹く】SUFFLARE 吹く　【吹く(風)】SUFFLARE 吹く　BATTUERE 打つ　【吹く(楽器)】ポルトガル語・スペイン語は語源不詳　JOCARI 冗談を言う　DE ～に関して　SONARE 鳴らすCANTARE 歌う

フランス語	イタリア語	ルーマニア語
désagréable	sgradevole	neplăcut
impossible	impossibile	imposibil
arme(f)	arma(f)	armă(f)
irrégulier	irregolare	neregulat
sinistre	sinistro	sinistru
sinistre	lugubre	lububru
se propager	diffondersi	(se) propaga
récession(f)	depressione(f)	depresiune(f)
souffler	soffiare	sufla
souffler	soffiare	bate
jouer de	suonare	cânta la
essuyer	asciugare	usca
vêtement(m)	vestito(m)	haină(f)
compliqué	complesso	complicat
bien-être(m)	benessere(m)	bunăstare(f)
révision(f)	ripasso(m)	repetare(f)

ILLAC そこに 【拭く】EXSUCARE 汁を絞り出す 【服】ゲ*raupa 略奪品 VESTIMENTUM(n) 衣服 ブルガリアhalina「衣服」から派生 【複雑な】COMPLICATUS 混乱した 【福祉】BENE 良く + STARE 立っている→造語 ESSE ～である BONA 良い + STARE 立っている→造語 【復習】RE-「再び」を表す接頭辞 + PASSUS(m)「歩み」から派生 REVISIO(f) 再び見ること REPETERE 復習する

日本語	ポルトガル語	スペイン語
復讐	vingança(f)	venganza(f)
復習する	repassar	repasar
復讐する	vingar-se	vengarse
服従する	obedecer	obedecer
複数の	vários	varios
腹痛	dor(f) de barriga	dolor(m) de estómago
含む	incluir	incluir
膨らむ	encher-se	hincharse
袋	saco(m)	saco(m)
不潔な	sujo	sucio
不幸	infelicidade(f)	infelicidad(f)
不幸な	infeliz	infeliz
符号	sinal(m)	seña(f)
負債	dívida(f)	deuda(f)

【復讐】VINDICARE「復讐する」の名詞化　BONUS「良い」から派生　【復習する】RE-「再び」を表す接頭辞+PASSUS(m)「歩み」の動詞化　REPETERE 繰り返す　【復讐する】VINDICARE 復讐する　VINDICARE 復讐する　BONUS「良い」から派生　【服従する】OBOEDIRE 服従する　SE［再帰代名詞］SUPPONERE 従属させる　【複数の】VARIUS 様々の　MULTIPLEX 沢山の　【腹痛】DOLOR(m) 苦痛　DE 〜の　ポルトガル語のbarrigaの語源は不詳　STOMACHUS(m) 胃　MALUS 悪い　VENTER(m) 腹　ABDOMEN(n)「腹」から派生　【含む】INCLUDERE 囲む　COMPREHENDERE 含む　【膨らむ】IMPLERE 満たす　SE［再帰代名詞］　INFLARE 膨らませる　CONFLARE

— 604 —

フランス語	イタリア語	ルーマニア語
vengeance(f)	vendetta(f)	răzbunare(f)
répéter	ripassare	repeta
se venger	vendicarsi	răzbuna
obéir	ubbidire	se supune
multiples	vari	variaţi
mal(m) de ventre	dolore(m) addominale	durere(f) de stomac
comprendre	includere	include
se gonfler	gonfiarsi	se umfla
sac(m)	sacco(m)	pungă(f)
sale	sporco	murdar
malheur(m)	infelicità(f)	nenorocire(f)
malheureux	infelice	nefericit
signe(f)	segno(m)	semn(n)
dette(f)	debito(m)	datorie(f)

吹き付ける 【袋】SACCUS(m) 袋 ルーマニア語の語源は不詳 【不潔な】SUC(C)IDUS 湿った フランク*salo 汚い SPURCUS「不潔な」から派生 トルコmurdar「垢」から派生 【不幸】INFELICITAS(f) 不幸 MALA 悪い＋HORA(f) 時間 スラブne-「否定」を表す接頭辞＋narokū「幸運」から派生 【不幸な】INFELIX 不幸な MALA 悪い＋HORA(f) 時間→形容詞化 スラブne-「否定」を表す接頭辞＋FELIX 幸福な 【符号】SIGNALIS「印になる」から派生 SIGNUM(n)「記号」の複数形SIGNAから派生 【負債】DEBITUM(n)「借金」の複数形DEBITAから派生 DARE「与える」から派生

日本語	ポルトガル語	スペイン語
ふざける(冗談を言う)	brincar	bromear
不作法な	mal-educado	mal educado
相応しい	conveniente	conveniente
無事に	são e salvo	sano y salvo
不思議な	misterioso	misterioso
不自由	incomodidade(f)	incomodidad(f)
負傷する	ferir-se	herirse
不精な	preguiçoso	perezoso
侮辱	insulto(m)	insulto(m)
侮辱する	insultar	insultar
夫人	senhora(f)	señora(f)
婦人	mulher(f)	mujer(f)
不正な	injusto	injusto
防ぐ(予防)	prevenir	prevenir
不足する(物が主語)	faltar	faltar
付属品	acessório(m)	accesorios(m)

【ふざける(冗談を言う)】VINCULUM(n)「紐」に由来　PLACERE「気に入る」に由来　ゲ*skërzōn ふざける　スラブglumiti「冗談を言う」から派生　【不作法な】MALE 悪く + EDUCATUS 養育された　IMPOLITUS 不完全な　スラブne-「否定」を表す接頭辞 + 新ギpolitikós「政治」に由来　【相応しい】CONVENIENS 妥当な　【無事に】SANUS 健康な　ET そして　SALVUS 健康な　ルーマニア語の語源は不詳　【不思議な】MYSTERIA(f)「神秘」の形容詞化　【不自由】INCOMMODITAS(f) 不都合　【負傷する】FERIRE 傷つける　SE[再帰代名詞]　フランク*blettjan 傷つける　スラブraniti「傷つける」に由来　【不精な】PIGRITIA(f)「怠惰」の形容詞化　PIGER 怠慢な　スラブlēnī

— 606 —

フランス語	イタリア語	ルーマニア語
plaisanter	scherzare	glumi
impoli	maleducato	nepoliticos
convenable	conveniente	convenabil
sain et sauf	sano e salvo	teafăr
mystérieux	misterioso	misterios
incommodité(f)	incomodità(f)	incomoditate(f)
se blesser	ferirsi	se răni
paresseux	pigro	leneş
insulte(f)	insulto(m)	insultă(f)
insulter	insultare	insulta
dame(f)	signora(f)	doamnă(f)
femme(f)	donna(f)	femeie(f)
injuste	ingiusto	injust
prévenir	prevenire	preveni
manquer	mancare	lipsi
accessoire(m)	accessorio(m)	accesorii(n)

「怠惰な」に由来 【侮辱】INSULTUS(m) 侮辱 【侮辱する】INSULTARE 嘲笑する 【夫人】SENEX「年老いた」の比較級女性形 DOMINA(f) 女主人 【婦人】MULIER(f) 女 FEMINA(f) 女 DOMINA(f) 女主人 【不正な】INJUSTUS 不正な 【防ぐ(予防)】PRAEVENIRE 妨げる 【不足する(物が主語)】俗ラ *fallita「不足」から派生 MANCUS「欠陥のある」から派生 新ギ lípso(lipó「不足する」の未来形) 【付属品】ACCESSORIUM(n) 付属品

日本語	ポルトガル語	スペイン語
蓋（鍋の）	tampa(f)	tapa(f)
豚	porco(m)	puerco(m)
舞台	cena(f)	escena(f)
双子	gêmeos(m)	gemelos(m)
再び	de novo	de nuevo
再び〜する	voltar a + inf.	volver a + inf.
負担する	encarregar-se de	cargar con
縁	borda(f)	borde(m)
普通の（常態の）	normal	normal
物価	preço(m)	precio(m)
復活する	ressuscitar	resucitar
復旧する	restablecer-se	restablecerse
仏教	budismo(m)	budismo(m)
物質	matéria(f)	materia(f)
沸騰する	ferver	hervir
物理	física(f)	física(f)

【蓋（鍋の）】ゴート゜tappa 蓋　COOPERCULUM(n) 蓋　トルコ kapak「蓋」から派生　【豚】PORCUS(m) 豚　【舞台】SCAENA(f)「舞台」【双子】GEMINUS(m)「双生児」＋縮小辞　【再び】DE 〜に関して　NOVUS 新しい　【再び〜する】俗ラ゜voltare 回転する　VOLVERE 転がす　AD 〜へ　DE 〜から　NOVUS 新しい　TORNARE 丸くする　DE 〜から＋IN 〜に　【負担する】CARRUS(m)「荷馬車」から派生　SE[再帰代名詞]　DE 〜に関して　CUM 〜と共に　ASSUMERE 引き受ける　【縁】フランク゜bord 縁　MARGO(m) 縁　【普通の（常態の）】NORMALIS 規定通りの　【物価】PRETIUM(n) 価格　【復活する】RESUSCITARE 復活させる　SE[再帰代名詞]　RE-「再び」を表す接頭辞＋

フランス語	イタリア語	ルーマニア語
couvercle(m)	coperchio(m)	capac(n)
porc(m)	porco(m)	porc(m)
scène(f)	scena(f)	scenă(f)
jumeau(m)	gemelli(m)	gemeni(m)
de nouveau	di nuovo	din nou
動詞 + de nouveau	tornare a + inf.	動詞 + din nou
se charger de	incaricarsi	îşi asuma
bord(m)	orlo(m)	margine(f)
normal	normale	normal
prix(m)	prezzo(m)	preţ(n)
ressusciter	risuscitare	se reînvia
rétablir	ristabilire	(se) restabili
bouddhisme(m)	buddismo(m)	budism(n)
matière(f)	materia(f)	materie(f)
bouillir	bollire	fierbe
physique(f)	fisica(f)	fizică(f)

IN ～に + VIVIDUS 生き生きした 【復旧する】RE-「再び」を表す接頭辞 + STABIRIRE 固める　SE[再帰代名詞]　【仏教】サンスクリット buddha 賢明な　【物質】MATERIA(f) 材料　【沸騰する】FERVERE 沸騰する　BULLIRE 沸騰する　【物理】PHYSICA(f) 物理

日本語	ポルトガル語	スペイン語
プディング	pudim(m)	flan(m)
太い	grosso	grueso
不当な	injusto	injusto
ブドウ（実）	uva(f)	uva(f)
ぶどう酒	vinho(m)	vino(m)
太る	engordar	engordar
船	barco(m)	barco(m)
腐敗する	corromper-se	corromperse
部品	peça(f)	pieza(f)
吹雪	nevasca(f)	nevasca(f)
部分	parte(f)	parte(f)
不平	queixa(f)	queja(f)
不平を言う	queixar-se	quejarse
不便な	inconveniente	inconveniente
不満な	descontente	descontento

【プディング】英語pudding プディング 【太い】GROSSUS 厚い 【不当な】INJUSTUS 不当な 【ブドウ（実）】UVA(f) ブドウ　RACEMUS(m) ブドウの実　ルーマニア語の語源は不詳 【ぶどう酒】VINUM(n) ぶどう酒 【太る】GURDUS「愚かな」から派生　CRASSUS「太い」から派生 【船】BARCA(f) 小舟　古英語bât 舟　NAVIS(f) 船 【腐敗する】CORRUMPERE 粉砕する　SE[再帰代名詞]　PUTRESCERE 腐敗する　PUTREFACERE 腐らせる　EXTRICARE 解く 【部品】ケルト*pettia 破片・断片 【吹雪】NIX(f)「雪」から派生　TEMPESTAS(f) 嵐　DE ～の　イタリア語のbuferaの語源は不詳　スラブvihrŭ「吹雪」から派生 【部分】PARS(f) 部分 【不平】QUASSARE

フランス語	イタリア語	ルーマニア語
pudding(m)	budino(m)	pudincă(f)
gros	grosso	gros
injuste	ingiusto	injust
raisin(m)	uva(f)	strugure(m)
vin(m)	vino(m)	vin(n)
grossir	ingrassare	(se) îngrăşa
bateau(m)	nave(f)	navă(f)
(se) pourrir	putrefarsi	(se) strica
pièce(f)	pezzo(m)	piesă(f)
tempête(f) de neige	bufera(f) di neve	vifor(n)
partie(f)	parte(f)	parte(f)
plainte(f)	lagnanza(f)	plângere(f)
se plaindre	lagnarsi	plânge
incommode	scomodo	neconvenabil
mécontent	scontento	nemulţumit

「打ち砕く」の名詞化　LANIARE「引き裂く」から派生　PLANGERE 悲泣する　【不平を言う】QUASSARE 打ち砕く　SE[再帰代名詞]　LANIARE「引き裂く」から派生　PLANGERE 悲泣する　【不便な】INCONVENIENS 似ていない　INCOMMODUS 不便な　DIS-「否定」を表す接頭辞 + COMMODUS 適当な　スラブne-「否定」を表す接頭辞 + CONVENIRE「適合する」から派生　【不満な】DIS-「否定」を表す接頭辞 + CONTENTUS 満足した　フランク*missi 悪い + CONTENTUS 満足した　スラブne-「否定」を表す接頭辞 + MULTUS「多くの」から派生

日本語	ポルトガル語	スペイン語
踏切	passagem(f) de nível	paso(m) a nivel
踏む(踏んづける)	pisar	pisar
増やす	aumentar	aumentar
冬	inverno(m)	invierno(m)
フライト	vôo(m)	vuelo(m)
プライバシー	intimidades(f)	intimidad(f)
ブラインド	persiana(f)	persiana(f)
ブラウス	blusa(f)	blusa(f)
ブラシ	escova(f)	cepillo(m)
ブラジャー	sutiã(m)	sostén(m)
プラスチック	plástico(m)	plástico(m)
プラットフォーム	cais(m)	andén(m)
ブランコ	balanço(m)	columpio(m)
フランス	França(f)	Francia(f)
ブランディー	brande(m)	brandy(m)

【踏切】PASSUS(m) 歩み DE 〜で AB 〜において LIBELLA(f) 水準 TRAJICERE「渡る」から派生 【踏む(踏んづける)】PINSERE 踏みつぶす 俗ラ*fullare 布を圧搾する AB 〜で PES(m) 足 CALCARE 踏みつける PER 〜のために 【増やす】AUGMENTARE 増やす 【冬】HIBERNUM 冬の HIBERNA 冬の 【フライト】VOLARE「飛ぶ」の名詞化 EX 〜から+VOLARE 飛ぶ→名詞化 【プライバシー】INTIMUS「最も奥の」から派生 VITA(f) 生活 PRIVATUS 私的な 【ブラインド】PERSIA(f)「ペルシア」から派生 俗ラ*zelosus[外から見られずに密かに外をうかがう]妬み 【ブラウス】CAMISIA(f)「シャツ」から派生 【ブラシ】SCOPA(f) 箒 CIPPUS(m)「杭」+縮小辞

フランス語	イタリア語	ルーマニア語
passage(m) à niveau	passaggio(m) a livello	trecere(f) de nivel
fouler aux pieds	pestare	călca pe
augmenter	aumentare	augmenta
hiver(m)	inverno(m)	iarnă(f)
vol(m)	volo(m)	zbor(n)
vie(f) privée	vita(f) privata	intimitate(f)
jalousie(f)	persiana(f)	jaluzea(f)
blouse(f)	camicetta(f)	bluză(f)
brosse(f)	spazzola(f)	perie(f)
soutien-gorge(m)	reggiseno(m)	sutien(n)
plastique(m)	plastica(f)	mase(f) plastice
quai(m)	marciapiede(m)	peron(n)
balançoire(f)	altalena(f)	leagăn(n)
France(f)	Francia(f)	Franţa(f)
eau-de-vie(f)	brandy(m)	brandy(n)

BRUSCUM（楓の木に生じる瘤）【ブラジャー】SUSTINERE「下から支える」の名詞化　GURGES(m) 食道　REGERE 正しく導く＋SINUS(m) 胸　【プラスチック】PASTICUS 塑造の　MASSA(f) 塊　【プラットフォーム】古ノルマンディー方言*caio 波止場　ゲ*karkō 印＋PES(m) 足→造語　PETRA(f) 石→造語　【ブランコ】BIS- 二つの＋LANX(f) 秤皿　ルーマニア語の語源は不詳　【フランス】後ラFrankia フランク族の国　【ブランディー】古オランダ brandewijin 焼かれた　AQUA(f) 水＋DE 〜の＋VITA(f) 命

日本語	ポルトガル語	スペイン語
ブランド	marca(f)	marca(f)
振りをする	fingir	fingir
不利な	desvantajoso	desventajoso
振り返る	voltar-se	volverse
振り返る(反省)	refletir	reflexionar
不良の	mau	malo
振る	agitar	agitar
降る(雨)	chover	llover
降る(雪)	nevar	nevar
古い	velho	viejo
古い(昔からの)	antigo	antiguo
震える	tremer	temblar
無礼な	insolente	insolente
ブレーキ	freio(m)	freno(m)
プレゼント	presente(m)	regalo(m)
風呂	banho(m)	baño(m)

【ブランド】ゲ*markō 印 【振りをする】FINGERE 偽る SIMILARE「似ている」から派生 【不利な】DIS-「否定」を表す接頭辞+ABANTE 前へ→形容詞化 【振り返る】俗ラ*voltare 回転する VOLVERE 転がす SE[再帰代名詞] RE-「再び」を表す接頭辞+TORNARE 丸くする INTORQUERE 振り回す 【振り返る(反省)】REFLEXUS(m)「湾曲」から派生 【不良の】MALUS 悪い MALUM 悪い+FATUM(n) 不幸 CAPTIVUS 囚われの REUS 罪のある 【振る】AGITARE 振る 【降る(雨)】PLUERE 雨が降る 【降る(雪)】NIVERE 雪が降る NINGERE 雪が降る 【古い】VETUS「古い」+縮小辞 【古い(昔からの)】ANTIQUUS 古い 【震える】TREMERE 震える 【無礼な】

フランス語	イタリア語	ルーマニア語
marque(f)	marca(f)	marcă(f)
feindre	fingere	simula
désavantageux	svanataggioso	dezavantajos
se retourner	voltarsi	se întoarce
réfléchir	riflettere	reflecta
mauvais	cattivo	rău
agiter	agitare	agita
pleuvoir	piovere	ploua
neiger	nevicare	ninge
vieux	vecchio	vechi
antique	antico	antic
trembler	tremare	tremura
impoli	insolente	insolent
frein(m)	freno(m)	frână(f)
cadeau(m)	regalo(m)	cadou(n)
bain(m)	bagno(m)	baie(f)

INSOLENS 大胆な　IN-「否定」を表す接頭辞＋POLITUS 磨かれた　【ブレーキ】FRENUM(n) 手綱　【プレゼント】PRAESENS「速効の」に由来　CAPITELLUM(n) 小さな頭　【風呂】BALNEUM(n) 浴室　BALNEA(f) 浴場

日本語	ポルトガル語	スペイン語
プロの	proffissional	profesional
ブローチ	broche(m)	broche(m)
付録	apêndice(m)	apéndice(m)
プログラム	programa(m)	programa(m)
ブロック(建材)	bloco(m)	bloque(m)
ブロック(街区)	quarteirão(m)	manzana(f)
フロント	recepção(f)	recepción(f)
分	minuto(m)	minuto(m)
雰囲気	ambiente(m)	ambiente(m)
噴火	erupção(f)	erupción(f)
文化	cultura(f)	cultura(f)
分解	descomposição(f)	descomposición(f)
文学	literatura(f)	literatura(f)
紛失する	perder	perder
文書	documento(m)	documento(m)
文章	frase(f)	frase(f)

【プロの】PROFESSIO(f)「職業」から派生 【ブローチ】BROCCHUS 出っ歯の SPINA(f)「刺」から派生 【付録】APPENDIX(f) 付録 【プログラム】PROGRAMMA(n) 計画 【ブロック(建材)】オランダblok 木の幹 【ブロック(街区)】QUARTUS 第四の 【フロント】RECEPTIO(f)「待遇」からの造語 【分】MINUTUS 細分された 【雰囲気】AMBIRE「囲む」の現在分詞AMBIENS から派生 ギatmós 蒸気 + sphaîra 地球 【噴火】ERUPTIO(f) 爆発 【文化】CULTURA(f) 耕作 【分解】DIS-「否定」の接頭辞 + COMPOSITIO(f) 組み合わせ DIS-「否定」の接頭辞 + COMPONERE 整頓する 【文学】LITTERATURA(f) 書き物 【紛失する】PERDERE 失う 【文書】DOCUMENTUM(n) 証明 【文

フランス語	イタリア語	ルーマニア語
professionnel	professionista	profesional
broche(f)	spilla(f)	broşă(f)
appendice(m)	appendice(m)	apendice(n)
programme(m)	programma(m)	program(n)
bloc(m)	blocco(m)	bloc(n)
quartier(m)	quartiere(m)	cartier(n)
réception(f)	reception(f)	recepţie(f)
minute(f)	minuto(m)	minut(n)
ambiance(f)	atmosfera(f)	ambianţă(f)
éruption(f)	eruzione(f)	erupţie(f)
culture(f)	cultura(f)	cultură(f)
décomposition(f)	decomposizione(f)	descompunere(f)
littérature(f)	letteratura(f)	literatură(f)
perdre	perdere	pierde
document(m)	documento(m)	document(n)
phrase(f)	frase(f)	frază(f)

章】PHRASIS(f) 言い回し

日本語	ポルトガル語	スペイン語
分析	análise(f)	análisis(m)
紛争	conflito(m)	conflicto(m)
分担する	compartilhar	compartir
文通	correspondência(f)	correspondencia(f)
奮闘する	esforçar-se	esforzarse
分配する	distribuir	distribuir
分別のある	prudente	prudente
文法	gramática(f)	gramática(f)
文明	civilização(f)	civilización(f)
分野	campo(m)	campo(m)
分類する	classificar	clasificar
分裂する	separar-se	separarse

—へ—

| へ(〜へ)(到達点) | a | a |
| へ(〜へ)(方向) | para | para |

【分析】ANALYSIS(f) 分析 【紛争】CONFLICTUS(m) 衝突 【分担する】CUM 〜と共に + PARTICULA(f) 小部分→動詞化　CUM 〜と共に + PARTIRI 離す　DIVIDERE 分かつ　IN 〜に + PARTIRI 離す 【文通】RESPONDERE「適合する」に由来 【奮闘する】EX 外へ + FORTIS 強い→動詞化　SE[再帰代名詞]　MINARI「脅す」に由来 【分配する】DISTRIBUERE 分配する　PARTIRI 分配する 【分別のある】PRUDENS 注意深い 【文法】GRAMMATICA(f) 文法 【文明】CIVILISATIO(f) 文明 【分野】CAMPUS(m) 平地 【分類する】CLASSIS(f)「区分」の動詞化 【分裂する】SEPARARE 分ける　SE[再帰代名詞]　DIVIDERE 分ける　SCINDERE「切り裂く」に由来 【へ(〜へ)(到達

— 618 —

フランス語	イタリア語	ルーマニア語
analyse(f)	analisi(f)	analiză(f)
conflit(m)	conflitto(m)	conflict(n)
partager	dividere	împărţi
correspondance(f)	corrispondenza(f)	corespunde
se démener	sforzarsi	se sforţa
partager	distribuire	distribui
prudent	prudente	prudent
grammaire(f)	grammatica(f)	gramatică(f)
civilisation(f)	civiltà(f)	civilizaţie(f)
champ(m)	campo(m)	câmp(n)
classifier	classificare	clasifica
se diviser	separarsi	se separa
à	a	la
vers	verso	spre

点)】AD 〜へ ILLAC そこに 【へ（〜へ）（方向）】PER 〜のために + AD 〜へ VERSUS 〜の方へ SUPER 〜の上に

― 619 ―

日本語	ポルトガル語	スペイン語
ペアー(男女の)	casal(m)	pareja(f)
塀	muro(m)	muro(m)
兵役	serviço(m) militar	servicio(m) militar
平穏な	tranqüilo	tranquilo
平均	média(f)	promedio(m)
平行な	paralelo	paralelo
閉鎖する	fechar	cerrar
閉鎖的な	fechado	cerrado
平日(週日)	dia(m) de semana	día(m) de la semana
平静	calma(f)	calma(f)
兵隊	soldado(m)	soldado(m)
閉店する	fechar a loja	cerrar la tienda
平凡な	comum	común
平面	plano(m)	plano(m)

【ペアー(男女の)】CASA(f)「小屋」から派生　PAR(mf) 対　【塀】MURUS(m) 壁　スラブ zīdŭ「塀」から派生　【兵役】SERVITIUM(n) 奉公　MILITARIS 戦争の　【平穏な】TRANQUILLUS 平穏な　LENIS 平静な　【平均】MEDIUM(m)「中央」から派生　MEDIANUS「中央の」から派生　【平行な】PARALLELUS 平行な　【閉鎖する】FISTULARE 笛を吹く　SERA(f)「閂」から派生　FIRMARE 確かにする　CLAUDERE 閉じる　INCLUDERE 塞ぐ　【閉鎖的な】FISTULARE「笛を吹く」から派生　SERA(f)「閂」から派生　FIRMARE「確かにする」から派生　CLAUDERE「閉じる」から派生　INCLUDERE「塞ぐ」から派生 【平日(週日)】DIES(mf) 日　DE 〜の　SEPTIMANA(f) 一週間　ILLE あの

— 620 —

フランス語	イタリア語	ルーマニア語
paire(f)	coppia(f)	pereche(f)
mur(m)	muro(m)	zid(n)
service(m)	servizio(m)	serviciu(n)
militaire	militare	militar
tranquille	tranquillo	liniştit
moyenne(f)	media(f)	medie(f)
parallèle	parallelo	paralel
fermer	chiudere	închide
fermé	chiuso	închis
jour(m) ordinaire	giorno(m) feriale	zi(f) de lucru
calme(f)	calma(f)	linişte(f)
soldat(m)	soldato(m)	soldat(m)
fermer la boutique	chiudere il negozio	închide magazinul
banal	banale	comun
plan(m)	piano(m)	plan(n)

DIURNUS 日中の　ORDINARIUS 通常の　FERIALIS 週日の　LUCUBRARE「夜業をする」から派生　【平静】ギkaûma 熱さ　LENIS「平静な」から派生　【兵隊】古イsoldare[＜SOLIDUS 堅い]「給料を払う」の過去分詞soldatoから派生　【閉店する】FISTULARE「笛を吹く」から派生　ILLE あの　フランク*laubja「青葉の柵」から派生　SERA(f)「閂」から派生　TENDERE「張る」の完了分詞女性形TENTAから派生　FIRMARE 確かにする　ギapotēkē 倉庫　CLAUDERE 閉じる　NEGOTIUM(n) 営業　INCLUDERE「塞ぐ」から派生　アラブmakhzan「倉庫」から派生　【平凡な】COMMUNIS 普通の　フランク*ban「布告」から派生　【平面】PLANUM(n) 平面

日本語	ポルトガル語	スペイン語
平野	planície(f)	llanura(f)
平和	paz(f)	paz(f)
平和な	pacífico	pacifico
ページ	página(f)	página(f)
ベスト	colete(m)	chaleco(m)
ベストを尽くす	fazer o mais possível	hacer todo lo posible
下手な	inábil	inhábil
隔てる(AからBを)	separar	separar
別の	outro	otro
別の(〜は別にして)	exceto	excepto
蛇	serpente(f)	serpiente(f)
部屋(共同の)	sala(f)	sala(f)
減らす	diminuir	disminuir
ベル	campainha(f)	campanilla(f)
ベルト	cinto(m)	cinturón(m)

【平野】PLANUM(n)「平地」から派生 CAMPUS(m) 広場 【平和】PAX(f) 平和 【平和な】PACIFICUS 平和な PAX(f)「平和」から派生 【ページ】PAGINA(f) ページ 【ベスト】COLLUM(n)「首」から派生 アラブ jalīkah 囚人服 VESTIS(f)「衣服」から派生 【ベストを尽くす】FAERE する ILLE あの MAGIS 更に POSSIBILIS 可能な TOTUS 全くの DE 〜に関して SUI 自分の 【下手な】INHABILIS 不便な MALUS 悪い + DIRECTUS 真っ直ぐな MALUS 悪い + DEXTER 右の IN-「否定」を表す接頭辞 + CAPERE「役に立つ」から派生 【隔てる(AからBを)】SEPARARE 分ける 【別の】ALTER 別の 【別の(〜は別にして)】EXCEPTARE「取り出す」から派生 【蛇】SERPENS(mf)

フランス語	イタリア語	ルーマニア語
plaine(f)	pianura(f)	câmpie(f)
paix(f)	pace(f)	pace(f)
paisible	pacifico	pacific
page(f)	pagina(f)	pagină(f)
gilet(m)	panciotto(m)	vestă(f)
faire de son	fare tutto	face tot
mieux	il possibile	posibilul
maladroit	maldestro	incapabil
séparer	separare	separa
autre	altro	alt
excepté	eccetto	exceptând
serpent(m)	serpente(m)	şarpe(m)
salle(f)	camera(f)	cameră(f)
diminuer	diminuire	diminua
sonnette(f)	campanello(m)	clopoţel(m)
ceinture(f)	cintura(f)	centură(f)

蛇　【部屋(共同の)】ゲ*sala 住居　CAMERA(f)「丸天井」から派生　【減らす】DIMINUERE 割る　【ベル】CAMPANA「カンパニア地方の」+縮小辞 SONARE「鳴る」から派生　スラブklopotū「騒音」から派生　【ベルト】CINCTUS「帯で締められた」から派生　CINCTURA(f) 帯(+増大辞)

日本語	ポルトガル語	スペイン語
変な	estranho	extraño
ペン	caneta(f)	pluma(f)
変化	câmbio(m)	cambio(m)
変化(変更)	modificação(f)	modificación(f)
変化する	cambiar	cambiar
変化する(変更)	modificar-se	modificarse
弁解	desculpa(f)	disculpa(f)
弁解する	desculpar-se	disculparse
ペンキ	tinta(f)	pintura(f)
勉強	estudo(m)	estudio(m)
勉強する	estudar	estudiar
偏見	preconceito(m)	prejuicio(m)
弁護する	defender	defender
弁護士	advogado(m)	abogado(m)
変更する	modificar	modificar
返事	resposta(f)	respuesta(f)

【変な】EXTRANEUS 外国の 【ペン】CANNA(f)「葦」から派生 PLUMA(f) 柔毛 PENNA(f) 羽 PINNA(f) 羽 【変化】CAMBIARE「交換する」の名詞化 -MENTUM［名詞を作る語尾］ 【変化(変更)】MODIFICATIO(f) 変化 MODIFICARE「変える」の名詞化 【変化する】CAMBIARE 交換する EX ～から + CAMBIARE 交換する 【変化する(変更)】MODIFICARE 変える SE［再帰代名詞］ 【弁解】DIS-「否定」を表す接頭辞 + CULPA(f) 罪 EXCUSARE「弁解する」の名詞化 【弁解する】DIS-「否定」を表す接頭辞 + CULPA(f) 罪→動詞化 SE［再帰代名詞］ EXCUSARE 弁解する 【ペンキ】 TINCTUS「染められた」の女性形 TINCTA から派生 PINGERE「描く」から

— 624 —

フランス語	イタリア語	ルーマニア語
étrange	strano	straniu
plume(f)	penna(f)	pană(f)
changement(m)	cambiamento(m)	schimb(n)
modification(f)	modificazione(f)	modificare(f)
changer	cambiare	schimba
se modifier	modificarsi	se modifica
excuse(f)	scusa(f)	scuză(f)
s'excuser	scusarsi	scuza
peinture(f)	vernice(f)	vopsea(f)
étude(f)	studio(m)	studiu(n)
étudier	studiare	studia
préjugé(m)	pregiudizio(m)	prejudecată(f)
défendre	difendere	apăra
avocat(m)	avvocato(m)	avocat(m)
modifier	modificare	modifica
réponse(f)	risposta(f)	răspuns(n)

派生　ギVerenīkē[リビアの古都，現在のベンガジ]　【勉強】STUDIUM(n) 勉強　【勉強する】STUDERE「勉強する」から派生　【偏見】PRAE 前に＋CONCEPTUS(m) 概念　PRAEJUDICIUM(n) 予断　【弁護する】DEFENDERE 弁護する　APPARARE 準備する　【弁護士】ADVOCATUS(m) 弁護士　【変更する】MODIFICARE 変える　【返事】RESPONDERE「返事する」から派生　RESPONSUM(n) 答え

日本語	ポルトガル語	スペイン語
返事する	responder	responder
編集	redação(f)	redacción(f)
編集者	redactor(m)	redactor(m)
便所	casa(f) do banho	cuarto(m) de baño
弁償する	compensar	compensar
ペンダント	pingente(m)	pendiente(m)
ベンチ	banco(m)	banco(m)
便利な	conveniente	conveniente

―ほ―

母音	vogal(f)	vocal(f)
法	lei(f)	ley(f)
棒	pau(m)	palo(m)
防衛	defesa(f)	defensa(f)
防衛する	defender	defender

【返事する】RESPONDERE 返事する 【編集】REDIGERE「元へ戻す」から派生 【編集者】REDIGERE「元へ戻す」から派生 【便所】CASA(f) 小屋 DE 〜の BALNEUM(n) 浴室 QUARTUS「第四の」から派生 TELA(f) 織ったもの＋縮小辞 【弁償する】COMPENSARE 購う INDEMNIS「無傷の」から派生 【ペンダント】ポルトガル語の語源は不詳 PENDERE「掛かる」の現在分詞PENDENSから派生 【ベンチ】ゲ*bank ベンチ 【便利な】CONVENIENS 妥当な COMMODUS 適切な CONVENIRE「適合する」から派生 【母音】VOCALIS(f) 母音 【法】LEX(f) 法 【棒】PALUS(m) 棒 BASTUM(n) 棒 ルーマニア語の語源は不詳 【防衛】DEFENDERE「防ぐ」の完了分詞女性形

― 626 ―

フランス語	イタリア語	ルーマニア語
répondre	rispondere	răspunde
rédaction(f)	redazione(f)	redacție(f)
rédacteur(m)	redattore(m)	redactor(m)
toilettes(f)	toletta(f)	toaletă(f)
indemniser	compensare	compensa
pendentif(m)	pendente(m)	pandantiv(n)
banc(m)	panchina(f)	bancă(f)
commode	comodo	convenabil
voyelle(f)	vocale(f)	vocală(f)
loi(f)	legge(f)	lege(f)
bâton(m)	bastone(m)	băț(n)
défense(f)	difesa(f)	apărare(f)
défender	difendere	apăra

DEFENSAから派生　APPARARE「準備する」から派生　【防衛する】
DEFENDERE 防ぐ　APPARARE 準備する

日本語	ポルトガル語	スペイン語
貿易	comércio(m) exterior	comercio(m) exterior
望遠鏡	telescópio(m)	telescopio(m)
妨害する	estorvar	estorbar
箒	vassoura(f)	escoba(f)
放棄	renúncia(f)	renuncia(f)
方言	dialeto(m)	dialecto(m)
冒険	aventura(f)	aventura(f)
方向	direção(f)	dirección(f)
暴行	violência(f)	violencia(f)
暴行(性的)	violação(f)	violación(f)
報告	informe(f)	informe(f)
報告する	informar	informar
奉仕	serviço(m)	servicio(m)
帽子	chapéu(m)	sombrero(m)
防止する	prevenir	prevenir

【貿易】COMMERCIUM(n) 商業　EXTERIOR 外側の　【望遠鏡】ギtele 遠い + skópos 見る→造語　LUNA(f)「月」から派生　【妨害する】DISTURBARE 妨害する　TRABS(f)「梁」から派生　OBSTACULUM(n)「障害」から派生　IMPEDIRE「阻止する」から派生　【箒】VERRERE「掃く」から派生　SCOPAE(f) 箒　ケルト*banatlo 箒　ルーマニア語の語源は不詳　【放棄】RENUNTIARE「報告する」から派生　フランク*ban「権威」から派生　【方言】DIALECTOS(f) 方言　【冒険】ADVENIRE「起こる」の未来分詞女性単数形ADVENTURAから派生　【方向】DIRECTIO(f) 方向　【暴行】VIOLENTIA(f) 暴力　【暴行(性的)】VIOLATIO(f) 陵辱　VIOLARE「暴行する」から派生　STUPRUM(n) 汚

フランス語	イタリア語	ルーマニア語
commerce(m)	commercio(m)	comerţ(n)
extérieur	estero	exterior
lunette(f)	telescopio(m)	telescop(n)
entraver	ostacolare	împiedica
balai(m)	scopa(f)	mătură(f)
abandon(m)	rinuncia(f)	renunţare(f)
dialecte(m)	dialetto(m)	dialect(n)
aventure(f)	avventura(f)	aventură(f)
direction(f)	direzione(f)	direcţie(f)
violences(f)	violenza(f)	violenţă(f)
viol(m)	stupro(m)	viol(n)
rapport(m)	rapporto(m)	raport(n)
rapporter	riportare	raporta
service(m)	servizio(m)	serviciu(n)
chapeau(m)	cappello(m)	pălărie(f)
prévenir	prevenire	preveni

辱 【報告】INFORMARE「表現する」の名詞化　APPORTARE「運ぶ」から派生した動詞の名詞化　【報告する】INFORMARE　表現する　APPORTARE「運ぶ」から派生　【奉仕】SERVITIUM(n) 奉公　【帽子】CAPPA(f)「頭巾」+縮小辞　ス sombra(f)[＜SUB ～の下に + UMBRA(f) 影］「影」から派生　ルーマニア語の語源は不詳　【防止する】PRAEVENIRE 妨げる

日本語	ポルトガル語	スペイン語
放射能	radioatividade(f)	radioactividad(f)
報酬(金)	remuneração(f)	remuneración(f)
方針	directriz(f)	dirección(f)
防水の	impermeável	impermeable
宝石	jóia(f)	joya(f)
放送	transmissão(f)	transmisión(f)
放送する	transmitir	transmitir
包装する	empacotar	empaquetar
放送局	emissora(f)	emisora(f)
法則	regra(f)	regla(f)
包帯	atadura(f)	venda(f)
膨大な	enorme	enorme
放置する	deixar	dejar
包丁	faca(f)	cuchillo(m)
膨張する	dilatar-se	dilatarse
法廷	tribunal(m)	tribunal(m)

【放射能】RADIUS(m) 光線 + ACTIVUS 活発な → 造語　【報酬(金)】RENUMERATIO(f) 償還　REMUNERARI 報いる　【方針】DIRECTIO(f) 方向　ORIENS(m)「東」から派生　【防水の】IMPERMEABILIS 水の通らない　【宝石】JOCUS(m)「娯楽」から派生　ブルトンbizou「指輪」から派生　GEMMA(f) 宝石　【放送】TRANSMISSIO(f) 伝達　EMISSIO(f) 放つこと　【放送する】TRANSMITTERE 伝達する　EMITTERE 放つ　【包装する】オランダpak「包み」から派生　フランク*balla「梱」から派生　【放送局】EMITTERE「送る」に由来　STATIO(f)「立つこと」から派生　【法則】REGULA(f) 規定　LEX(f) 法　【包帯】APTARE「適応させる」から派生

― 630 ―

フランス語	イタリア語	ルーマニア語
radioactivité(f)	radioattività(f)	radioactivitate(f)
rémunération(f)	rimunerazione(f)	remunerare(f)
orientation(f)	direttiva(f)	direcţie(f)
imperméable	impermeabile	impermeabil(n)
joyau(m)	gemma(f)	bijuterie(f)
émission(f)	trasmissione(f)	emisiune(f)
émettre	trasmettere	emite
emballer	impacchettare	împacheta
station(f)	stazione(f)	staţie(f) de emisiune
loi(f)	legge(f)	regulă(f)
pansement(m)	benda(f)	bandaj(n)
énorme	enorme	enorm
laisser	lasciare	lăsa
couteau(m)	coltello(m)	cuţit(n)
se dilater	dilatarsi	se dilata
tribunal(m)	tribunale(m)	tribunal(n)

PENSARE「考慮する」に由来　ゲ゛binda 包帯　【膨大な】ENORMIS 巨大な【放置する】LAXARE 緩める　【包丁】英語 hack 斧　CULTELLUS(m) 小刀【膨張する】DILATARE 広げる　SE[再帰代名詞]　【法廷】TRIBUNAL(n) 法廷

日本語	ポルトガル語	スペイン語
報道	noticia(f)	noticia(f)
暴動	motim(m)	motín(m)
褒美	prêmio(m)	premio(m)
豊富な	abundante	abundante
暴風雨	tempestade(f)	tempestad(f)
方法	maneira(f)	manera(f)
葬る	enterrar	enterrar
亡命	exílio(m)	exilio(m)
亡命する	exilar-se	exiliarse
訪問	visita(f)	visita(f)
訪問する	visitar	visitar
法律	lei(f)	ley(f)
暴力	violência(f)	violencia(f)
ほうれん草	espinafre(m)	espinaca(f)
吠える(猛獣)	rugir	rugir
吠える(犬)	ladrar	ladrar

【報道】NOTITIA(f) 知識　INFORMATIO(f) 表現　SCIRE「知っている」から派生　【暴動】俗ラ*exmovita 暴動　TUMULTUS(m) 暴動　ルーマニア語の語源は不詳　【褒美】PRAEMIUM(n) 報酬　【豊富な】ABUNDANS 富んだ　【暴風雨】TEMPESTAS(f) 暴風雨　FORTUNA(f) 不運　【方法】MANUS(f)「手」から派生　MEDIANUS「中央の」から派生　【葬る】IN-[動詞を作る接頭辞] + TERRA(f) 土→動詞化　HUMUS(f)「大地」から派生　SUB 下に MONUMENTUM(n)「記念碑」から派生　【亡命】EXSILIUM(n) 追放　EX 外へ + PATRIA(f) 祖国→動詞化→名詞化　【亡命する】EXSILIARE 逃げ去る　SE[再帰代名詞]　EX 外へ + PATRIA(f) 祖国→動詞化　【訪問】VISITARE

— 632 —

フランス語	イタリア語	ルーマニア語
information(f)	notizia(f)	știre(f)
émeute(f)	tumulto(m)	răscoală(f)
prix(m)	premio(m)	preț(n)
abondant	abbondante	abundent
tempête(f)	tempesta(f)	furtună(f)
moyen(m)	maniera(f)	manieră(f)
enterrer	sotterrare	înmormânta
expatriation(f)	esilio(m)	exil(n)
s'expatrier	esiliarsi	se exila
visite(f)	visita(f)	vizită(f)
visiter	visitare	vizita
loi(f)	legge(f)	lege(f)
violence(f)	violenza(f)	violență(f)
épinard(m)	spinacio(m)	spanac(n)
rugir	ruggire	urla
aboyer	abbaiare	lătra

「訪問する」の名詞化 【訪問する】VISITARE 訪問する 【法律】LEX(f) 法 【暴力】VIOLENTIA(f) 暴力 【ほうれん草】アラブisbinākh「刺のある」から派生 【吠える(猛獣)】RUGIRE 吠える ULULARE「叫ぶ」から派生 【吠える(犬)】LATRARE 吠える BAUBARI 吠える

日本語	ポルトガル語	スペイン語
頬	bochecha(f)	mejilla(f)
ボーイ	camareiro(m)	camarero(m)
ボーナス	bônus(m)	bonificación(f)
ボール(テニス)	pelota(f)	pelota(f)
ボール(サッカー)	bola(f)	balón(m)
ボール紙	papelão(m)	cartón(m)
ボールペン	esferográfico(m)	bolígrafo(m)
補給する	abastecer	abastecer
募金	donativo(m)	colecta(f)
牧場	pasto(m)	granja(f)
ポケット	bolso(m)	bolsillo(m)
惚けた	caduco	chocheado
惚ける(老人)	caducar	chochear
保険	seguro(m)	seguro(m)
保護する	proteger	proteger
歩行者	pedestre(mf)	peatón(m)

【頬】ポルトガル語・フランス語の語源は不詳　MAXILLA(f) 顎　ゲ*wankja 頬　スラブobrazŭ「顔」から派生　【ボーイ】CAMERA(f)「丸天井」に由来　フランク*wrakjo 近侍　独Kellner ボーイ　【ボーナス】BONUS 良い　GRATIFICATIO(f) 贈与　PRAEMIUM(n) 報酬　【ボール(テニス)】PILA(f) 球＋縮小辞　ルーマニア語の語源は不詳　【ボール(サッカー)】俗ラ*palla 球＋増大辞　【ボール紙】PAPYRUS(f) 紙＋増大辞　CHARTA(f) 紙＋増大辞　【ボールペン】ギsphaîra 球＋graphē 書くこと→造語　ギpoli- 多＋graphē 書くこと→造語　CRETA(f)「白墨」に由来　AB ～で　フランク*bikkil 賽　ハンガリー人発明者László Biróに由来　英語pick ピック　【補給する】BASTUM(n)「棒」から派生　フ

— 634 —

フランス語	イタリア語	ルーマニア語
joue(f)	guancia(f)	obraz(m)
garçon(m)	cameriere(m)	chelner(m)
gratification(f)	gratifica(f)	primă(f)
balle(f)	palla(f)	minge(f)
ballon(m)	pallone(m)	minge(f)
carton(m)	cartone(m)	carton(n)
crayon(m) à billes	biro(m)	pix(n)
ravitailler	rifornire	aproviziona
quête(f)	colleta(f)	colectă(f)
pâturage(m)	fattoria(f)	imaş(n)
poche(f)	tasca(f)	buzunar(n)
gâteux	rimbambito	ramolit
devenir gâteux	rimbambire	se ramoli
assurance(f)	assicurazione(f)	asigurare(f)
protéger	proteggere	proteja
piéton(m)	pedone(m)	pieton(m)

ランス語の語源は不詳　フランク*frumjan「遂行する」に由来　PROVISIO(f)「食料調達」に由来　【募金】DONATIVUM(n) 寄付　COLLECTA(f) 出資　QUAESITUS(m) 調査　【牧場】PASTUS(m) 牧場　GRANUM(n)「粒」から派生　PASTURA(f) 牧草地　FACERE「作る」から派生　ハンガリーnyomás「押すこと」から派生　【ポケット】BURSA(f)「ポケット」に由来　フランク*pokka ポケット　TAXARE「強く触れる」に由来　【惚けた】bambo[擬声音]【惚ける(老人)】CADUCUS「衰えた」から派生　DEVENIRE 到達する　VASTARE「奪う」に由来　【保険】SECURUS「安全な」に由来　【保護する】PROTEGERE 保護する　【歩行者】PES(m)「足」に由来

— 635 —

日本語	ポルトガル語	スペイン語
母語	língua(f) materna	lengua(f) materna
埃	poeira(f)	polvo(m)
誇り	orgulho(m)	orgullo(m)
星	estrela(f)	estrella(f)
欲しい	desejar	desear
保守的な	conservador	conservador
補助金	subsídio(m)	subsidio(m)
保証	garantia(f)	garantía(f)
保証する	assegurar	asegurar
干す	secar	secar
ボス	chefe(m)	jefe(m)
ポスター	cartaz(m)	cartel(m)
ポスト	caixa(f) coletora	buzón(m)
細い	delgado	delgado
舗装	pavimento(m)	pavimentación(f)

【母語】LINGUA(f) 言語　MATERNUS 母の　【埃】PULVIS(m) 埃　スラブprachū「埃」に由来　【誇り】フランク*urgōlī 優秀　スラブmondrū「慎重な」に由来　【星】STELLA(f) 星　【欲しい】DESIDERARE こがれる　VELLE 欲する　【保守的な】CONSERVATOR(m)「保護者」に由来　【補助金】SUBSIDIUM(n) 予備　SUBVENTIO(f) 援助　【保証】フランク*warjan 正しいと保証する　【保証する】SECURUS「安全な」に由来　フランク*warjan 正しいと保証する　【干す】SICCUS「乾いた」に由来　【ボス】CAPUT(n)「頭」　【ポスター】アラブqirtas「一巻きの紙」から派生　FIGERE「刻みつける」から派生　【ポスト】CAPSA(f) 箱　COLLECTOR(m)「募集者」に由来　フランク*bultjo 太い釘

フランス語	イタリア語	ルーマニア語
langue(f) maternelle	lingua(f) materna	limbă(f) maternă
poussière(f)	polvere(f)	praf(n)
orgueil(m)	orgoglio(m)	mândrie(f)
étoile(f)	stella(f)	stea(f)
vouloir	desiderare	vrea
conservateur	conservatore	conservator
subvention(f)	sovvenzione(f)	subsidiu(n)
garantie(f)	garanzia(f)	garantie(f)
garantir	garantire	garanta
sécher	essiccare	seca
chef(m)	capo(m)	şef(m)
affiche(f)	cartello(m)	afiş(n)
boîte(f)	buca(f) delle lettere	cutie(f) poştală
fin	sottile	subţire
revêtement(m)	pavimentazione(f)	pavaj(n)

PYXIS(f) 箱　BUCCA(f) 口　DE ～の　ILLE あの　トルコ kutu「箱」から派生　PONERE「置く」の完了分詞女性形 POSITA に由来　【細い】DELICATUS 優美な　SUBTILIS 繊細な　FINIS(f)「限界」から派生　【舗装】PAVIMENTARE「舗装する」の名詞化　VESTIMENTUM(n)「敷物」に関連　PAVIRE「踏み固める」から派生

日本語	ポルトガル語	スペイン語
保存する	conservar	conservar
ポタージュ	creme(m)	potaje(m)
ボタン	botão(m)	botón(m)
墓地	cemitério(m)	cementerio(m)
北極	pólo(m) ártico	polo(m) ártico
ホック	colchete(f)	corchete(m)
発作	ataque(m)	ataque(m)
ホッチキス	grampeador(m)	grapadora(f)
ホテル	hotel(m)	hotel(m)
歩道	calçada(f)	acera(f)
ほどく	desatar	desatar
殆ど	quase	casi
骨	osso(m)	hueso(m)
骨(魚の)	espinha(f)	espina(f)
炎	chama(f)	llama(f)
微笑む	sorrir	sonreír

【保存する】CONSERVARE 保存する 【ポタージュ】ケルトcrama クリーム ×後ラchrisma 聖油 仏pot[＜俗ラ*pottus 壺]土鍋 DE ～の LEGUMEN(n) 野菜 【ボタン】フランク*botan 打つ ルーマニア語の語源は不詳 【墓地】ギkoimētērion 寝室 MONUMENTUM(n) 記念碑 【北極】POLUS(m) 極 ARCTICUS 北の ゲ*narth 北 【ホック】フランク*krok 鉤 ゲ*krappa 小鉤 ブルガリアkopče「穴」から派生 【発作】語源不詳 【ホッチキス】ゲ*krappa「小鉤」から派生 CONSUERE「縫う」から派生 CAPSA(f)「箱」から派生 【ホテル】HOSPES(m)「客」から派生 ゴート*haribaírgo 兵士達の宿舎 【歩道】CALCEARE「靴を履かせる」に由来 FACIES(f)「外形」に由来

フランス語	イタリア語	ルーマニア語
conserver	conservare	conserva
potage(m)	potage(m)	cremă(f) de legume
bouton(m)	bottone(m)	nasture(m)
cimetière(m)	cimitero(m)	mormânt(n)
pôle(m) Nord	Polo(m) Nord	Polul(m) Nord
agrafe(f)	gancio(m)	copcă(f)
attaque(m)	attacco(m)	atac(n)
agrafeuse(f)	cucitrice(f)	capsator(m)
hôtel(m)	albergo(m)	hotel(n)
trottoir(m)	marciapiede(m)	trotuar(n)
dénouer	sciogliere	dezlega
presque	quasi	cam
os(m)	osso(m)	os(n)
arête(f)	spina(f)	os(n) de peşte
flamme(f)	fiamma(f)	flacără(f)
sourire	sorridere	surâde

フランク*trottôn 馬が速歩で行く　ゲ*karkō 印 + PES(m) 足→造語　【ほどく】DIS-「否定」を表す接頭辞 + APTARE 適応させる　DIS-「否定」を表す接頭辞 + NODARE 結び目を作る　EXSOLVERE ほどく　DISLIGARE ほどく　【殆ど】QUASI 殆ど　près[＜PRESSE 簡潔に]近くに + que[＜QUOD 〜だから]　QUAM 〜より + MAGIS 更に　【骨】OS(n) 骨　【骨(魚の)】SPINA(f) 魚の骨　ARISTA(f) 穂　OS(n) 骨　DE 〜の　PISCIS(m) 魚　【炎】FLAMMA(f) 炎　FACULA(f) 松明　【微笑む】SUBRIDERE 微笑む

日本語	ポルトガル語	スペイン語
褒める	elogiar	elogiar
彫る(刻む)	gravar	grabar
掘る	cavar	cavar
本	livro(m)	libro(m)
本屋	livraria(f)	librería(f)
盆	bandeja(f)	bandeja(f)
本気で	seriamente	seriamente
本質	essência(f)	esencia(f)
本質的な	essencial	esencial
本社	matriz(f)	casa(f) matriz
本当の	verdadeiro	verdadero
本能	instinto(m)	instinto(m)
ポンプ	bomba(f)	bomba(f)
翻訳	tradução(f)	traducción(f)
翻訳する	traduzir	traducir
ぼんやりとした	vago	vago

【褒める】ELOGIUM(n)「賞賛」の動詞化　LAUDARE 褒める　【彫る(刻む)】フランク*graban 掘る　SCULPERE 刻む　【掘る】CAVARE 掘る　フランス語・ルーマニア語の語源は不詳　【本】LIBER(m) 書物　CHARTA(f) 書　【本屋】LIBER(m)「書物」に由来　【盆】フランク*bindan 結びつける　ギplatús 幅のある　VASUM(n)「盆」に由来　トルコtava「フライパン」から派生　【本気で】SERIUS まじめな　MENS(f)「心」の奪格　【本質】ESSENTIA(f) 本質　【本質的な】ESSENTIALIS 本質的な　【本社】MATRIX 源　CASA(f) 小屋　SEDES(f)「家」から派生　SOCIALIS 仲間の　CENTRALIS 中心の　SEDES(f) 位置　【本当の】VERITAS(f)「真実」に由来　VERAX 誠実な　AD

フランス語	イタリア語	ルーマニア語
louer	lodare	elogia
graver	scolpire	grava
creuser	scavare	săpa
livre(m)	libro(m)	carte(f)
librairie(f)	libreria(f)	librărie(f)
plateau(m)	vassoio(m)	tavă(f)
sérieusement	seriamente	serios
essence(f)	essenza(f)	esenţă(f)
essentiel	essenziale	esenţial
siège(m) social	sede(f) centrale	sediu(n) central
vrai	vero	adevărat
instinct(m)	istinto(m)	instinct(n)
pompe(f)	pompa(f)	pompă(f)
traduction(f)	traduzione(f)	traducere(f)
traduire	tradurre	tradue
vague	vago	vag

～へ + DE ～から + VERUM(n) 真実→形容詞化 【本能】INSTINCTUS(m) 刺激 【ポンプ】BOMBUS(m) うつろな音 オランダpompe［擬声音］ 【翻訳】TRADUCTIO(f) 翻訳 TRADUCERE「翻訳する」から派生 【翻訳する】TRADUCERE 翻訳する 【ぼんやりとした】VAGUS 不安定な

日本語	ポルトガル語	スペイン語
ぼんやりした(放心)	distraído	distraído
本来の	original	original

― ま ―

日本語	ポルトガル語	スペイン語
毎日	todos os dias	todos los días
前の	anterior	anterior
前の(過ぎた)	passado	pasado
前へ	adiante	adelante
任せる	encarregar	encargar
曲がり角	esquina(f)	esquina(f)
曲がる	dobrar(-se)	doblarse
巻く	enrolar	enrollar
幕	cortina(f)	cortina(f)
枕	travesseiro(m)	almohada(f)
マグロ	atum(m)	atún(m)
負ける	perder	perder

【ぼんやりした(放心)】DISTRAHERE「分かつ」に由来 【本来の】ORIGINALIS 本来の 【毎日】TOTUS 全くの ILLE あの DIES(mf) 日 DIURNUS「日中の」に由来 IN 〜に 【前の】ANTERIOR 前にある 【前の(過ぎた)】PASSUS(m)「歩み」の動詞化→過去分詞 TRAJICERE「渡る」から派生 【前へ】AD 〜へ+DE 〜から+IN 〜に+ANTE 前で IN 〜に AB 〜から+ANTE 前で IN 〜に+AB 〜から+ANTE 前で 【任せる】CARRUS(m)「荷馬車」から派生 俗ラ*credintia「信頼」から派生 【曲がり角】ポルトガル語・スペイン語の語源は不詳 ANGULUS(m) 角 TORNARE「丸くする」の現在分詞TORNANSから派生 CUBITUM(n)「肘」から派生 【曲がる】

フランス語	イタリア語	ルーマニア語
distrait	distratto	distrat
originel	originale	original

tous les jours	tutti i giorni	în toate zilele
antérieur	anteriore	anterior
passé	passato	trecut
en avant	avanti	înainte
charger	incaricare	încredinţa
tournant(m)	angolo(m)	cotitură(f)
se courber	piegarsi	coti
rouler	arrotolare	înfăşura
rideau(m)	sipario(m)	cortină(f)
oreiller(m)	guanciale(m)	căpătâi(n)
thon(m)	tonno(m)	ton(m)
perdre	perdere	pierde

DUPLUS「二重の」の動詞化　SE[再帰代名詞]　CURVARE 曲げる　PLICARE「畳む」から派生　CUBITUM(n)「肘」から派生　【巻く】ROTA(f) 輪＋縮小辞→動詞化　FASCIA(f) 紐→動詞化　【幕】CORTINA(f) 鼎状の座席　ゲ゜ridan 絞る　SIPARUM(n) 幕　【枕】TRANSVERSARIUS「斜めの」から派生　アラブ al-mikhadda 枕　AURICULA(f) 小さな耳　ゲ゜wankja 頬　CAPITANEUS「大形の」から派生　【マグロ】THYNNNUS(m) マグロ　【負ける】PERDERE 失う

日本語	ポルトガル語	スペイン語
曲げる	curvar	curvar
孫	neto(m)	nieto(m)
真心	sinceridade(f)	sinceridad(f)
まごつく（狼狽）	ficar confuso	quedar confuso
摩擦	fricção(f)	fricción(f)
正に	exactamente	exactamente
まじめな	sério	serio
魔術	feitiço(m)	hechicería(f)
魔術師	feiticeiro(m)	hechicero(m)
混じる	misturar-se	mezclarse
マス	truta(f)	trucha(f)
まず	em primeiro lugar	en primer lugar
不味い	insípido	insípido
マスコミ	comunicação(f) em masa	comunicación(f) en masa

【曲げる】CURVUS「曲がった」の動詞化　PLICARE 畳む　【孫】NEPTIS(f) 孫娘　俗ラ*pitti-[＜擬声音]小さな＋FILIUS(m) 息子　【真心】SINCERITAS(f) 誠実　【まごつく（狼狽）】FIXUS「不動の」の動詞化　CONFUSUS 狼狽した　QUIETUS「平穏な」の動詞化　俗ラ*barra「棒」から派生　CONFUNDERE 狼狽させる　REMANERE 残留する　【摩擦】FRICTIO(f) 摩擦　【正に】EXACTUS 正確な　MENS(f)「心」の奪格　PRAECISSUS 簡明な　【まじめな】SERIUS まじめな　【魔術】FACTICIUS「人造の」から派生　ギmagikē 魔術　スラブvraža「魔術」から派生　【魔術師】FACTICIUS「人造の」から派生　ギmagikē「魔術」から派生　スラブvraža「魔術」から派生　【混じる】

— 644 —

フランス語	イタリア語	ルーマニア語
courber	piegare	curva
petit-fils(m)	nipote(mf)	nepot(m)
sincérité(f)	sincerità(f)	sinceritate(f)
être embarrassé	confondersi	rămâne confuz
friction(f)	frizione(f)	fricţiune(f)
précisément	esattamente	exact
sérieux	serio	serios
magie(f)	magia(f)	vrăjitorie(f)
magicien(m)	mago(m)	vrăjitor(m)
se mêler	mischiarsi	se amesteca
truite(f)	trota(f)	păstrăv(m)
en premier lieu	in primo luogo	mai întâi
insipide	insipido	insipid
communications(f)	comunicazione(f)	comunicaţie(f)
de masse	di massa	în masă

MISCERE 混合する　SE[再帰代名詞]　MISTUS「混合した」から派生　【マス】TRUCTA(f) マス　ブルガリアpăstarva「斑点のある」から派生　【まず】IN ～に　PRIMARIUS 第一の　LOCUS(m) 場所　PRIMUS 第一の　MAGIS 更に　ANTE「前に」から派生　【不味い】INSIPIDUS 味のない　【マスコミ】COMMUNICATIO(f) 伝達　IN ～に　MASSA(f) 塊　DE ～の

— 645 —

日本語	ポルトガル語	スペイン語
貧しい	pobre	pobre
混ぜる	misturar	mezclar
また	outra vez	otra vez
また(同様に)	também	también
また(否定)	tampouco	tampoco
未だ	ainda	todavía
または	ou	o
町	cidade(f)	ciudad(f)
街	rua(f)	calle(f)
待合室	sala(f) de espera	sala(f) de espera
間違い	erro(m)	error(m)
間違える	errar	errar
待つ	esperar	esperar
松	pinheiro(m)	pino(m)
マッサージ	massagem(f)	masaje(m)
真っ直ぐな	direito	derecho

【貧しい】PAUPER 貧しい　ブルガリアsirak「貧しい」から派生　【混ぜる】MISCERE 混合する　MISTUS「混合した」から派生　【また】ALTER 別の　VICIS(f) 交代　HINC + AD + HORAM そこから今まで　UNQUAM かつて　UNUS 一つの　DARE「与える」の完了分詞時制形DATAから派生　【また(同様に)】TANTUS こんなに大きい + BENE 良く　ALIUD 別のもの + SIC そのように　イタリア語の語源は不詳　DE 〜から　ASSIMILIS「同様に」から派生　【また(否定)】TANTUS こんなに大きい + PAUCUS 少ない　NON 〜でない　PLUS 更に　NEQUE また〜でない　【未だ】INDE そこから　TOTUS 全くの + VIA(f) 道路　HINC + AD + HORAM そこから今まで　UNQUAM かつて

フランス語	イタリア語	ルーマニア語
pauvre	povero	sărac
mêler	mischiare	amesteca
encore	ancora	încă o dată
aussi	anche	de asemenea
non plus	neanche	nici
encore	ancora	încă
ou	o	sau
ville(f)	città(f)	oraş(n)
rue(f)	strada(f)	stradă(f)
salle(f) d'attente	sala(f) d'aspetto	sală(f) de aşteptare
erreur(m)	errore(m)	greşeală(f)
se tromper	errare	greşi
attendre	aspettare	aştepta
pin(m)	pino(m)	pin(m)
massage(m)	massaggio(m)	masaj(n)
droit	diritto	drept

【または】AUT 又は　SI もし＋AUT 又は　【町】CIVITAS(f) 国家　VILLA(f) 荘園　ハンガリー város「市」から派生　【街】CALLIS(mf) 小径　STRATA(f) 大道　RUGA(f) 皺　【待合室】ゲ°sala 住居　DE ～の　SPERARE「望む」の名詞化　ATTENDERE「拡げる」から派生　ASPECTUS「見ること」から派生　AD ～へ＋SPECTARE 見る　【間違い】ERROR(m) 間違い　スラブ grēšiti「誤る」から派生　【間違える】ERRARE 間違える　SE［再帰代名詞］　スラブ grēšiti「誤る」から派生　【待つ】SPERARE 期待する　ATTENDERE 拡げる　AD ～へ＋SPECTARE 見る　【松】PINUS(f) 松　【マッサージ】アラブ massa「触る」から派生　【真っ直ぐな】DIRECTUS 真っ直ぐな

日本語	ポルトガル語	スペイン語
全く	completamente	completamente
全く～ない	absolutamente não	no absolutamente
マッチ	fósforo(m)	fósforo(m)
祭り	festa(f)	fiesta(f)
まで(～まで)	até	hasta
窓	janela(f)	ventana(f)
まとめて	juntamente	en conjunto
まとめる(結集)	juntar	juntar
まとめる(整頓)	ordenar	ordenar
学ぶ	aprender	aprender
間に合う	chegar ao tempo	llegar a tiempo
真似	imitação(f)	imitación(f)
真似する	imitar	imitar
招く(招待)	convidar	convidar
招く(起因)	causar	causar

【全く】COMPLETUS 完全な　MENS(f)「心」の奪格　【全く～ない】ABSOLUTUS 完全な　MENS(f)「心」の奪格　NON ない　DE ～の　ILLE あの　TOTUS 全くの　【マッチ】ギphōsphóros 光を放つ　LUMINARE「照らす」から派生　FLAMMIFER「炎を運ぶ」から派生　トルコkibrit「マッチ」から派生　【祭り】FESTUM(n)「祝祭」の複数形　SERVARE「救う」から派生　【まで(～まで)】アラブhatta ～まで　INDE そこから＋USQUE ～まで　FINIS(m) 限界＋AD ～へ　PAENE 殆ど＋AD ～へ　【窓】JANUA(f)「戸」から派生　VENTUS(m)「風」から派生　FENESTRA(f) 窓　【まとめて】JUNCTUS 結合した　MENS(f)「心」の奪格　IN ～に　CONJUNCTUS 結合した　古オラン

フランス語	イタリア語	ルーマニア語
complètement	completamente	complet
du tout	non assolutamente	nu absolut
allumette(f)	fiammifero(m)	chibrit(n)
fête(f)	festa(f)	sărbătoare(f)
jusque	fino a	până
fenêtre(f)	finestra(f)	fereastră(f)
en bloc	in blocco	în amsamblu
joindre	radunare	aduna
ordonner	ordinare	ordona
apprendre	apprendere	învăţa
être à temps	arrivare in tempo	sosi la timp
imitation(f)	imitazione(f)	imitaţie(f)
imiter	imitare	imita
inviter	invitare	invita
causer	causare	cauza

ダbloc 伐採された幹　INSIMUL 同時に　【まとめる(結集)】JUNGERE「接合する」の完了分詞JUNCTUSから派生　JUNGERE 接合する　ADUNARE 結合する　【まとめる(整頓)】ORDINARE 整える　【学ぶ】APPREHENDERE 掴む　VITIUM(n)「欠点」に由来　【間に合う】APPLICARE 側に置く　AD ～に　TEMPUS(n) 時　STARE 立っている　俗ラ*arripare 岸に着く　新ギ sóso(sóno「着く」の未来形)　ILLAC そこに　【真似】IMITATIO(f) 模倣　【真似する】IMITARI 模倣する　【招く(招待)】INVITARE 招待する　【招く(起因)】CAUSARE 生じる

— 649 —

日本語	ポルトガル語	スペイン語
まばらな	pouco denso	poco denso
麻痺	paralisia(f)	parálisis(f)
麻痺した	paralisado	paralizado
麻痺する	paralisar-se	paralizarse
真昼に	em pleno dia	en pleno día
まぶしい	deslumbrante	deslumbrante
瞼	pálpebra(f)	pálpado(m)
魔法瓶	termo(m)	termo(m)
幻(幻覚)	visão(f)	visión(f)
豆類	legume(m)	legumbre(f)
間もなく	pronto	pronto
守る(防衛)	defender	defender
守る(保護)	proteger	proteger
麻薬	droga(f)	droga(f)
眉毛	sobrancelha(f)	ceja(f)
迷う(道に)	perder-se	perderse

【まばらな】PAUCUS 少ない DENSUS 濃密な clair[＜CLARUS 明るい]まばらに + semé[＜SEMINARE 蒔く]蒔かれた RATUS 一定の FILUM(n)「糸」から派生 【麻痺】PARALYSIS(f) 麻痺 【麻痺した】PARALYSIS(f)「麻痺」から派生 【麻痺する】PARALYSIS(f)「麻痺」から派生 STARE 立っている 【真昼に】IN ～に PLENUS 十分な DIES(mf) 日 AD ～へ MEDIUS 中間の + DIES(mf) 日 DIURNUS 一日中の 【まぶしい】DIS-「否定」を表す接頭辞 + LUMEN(n)「光」→動詞化 EX- ～から + フランク*blaudi 弱い ORBUS「失った」から派生 【瞼】PALPEBRA(f) 瞼 【魔法瓶】ギthérmē「熱」からの造語 【幻(幻覚)】VISIO(f) 見ること 【豆類】LEGUMEN(n) 豆類

— 650 —

フランス語	イタリア語	ルーマニア語
clairsemé	rado	răsfirat
paralysie(f)	paralisi(f)	paralizie(f)
paralysé	paralizzato	paralizat
être paralysé	paralizzarsi	paraliza
à midi	in pieno giorno	în plină zi
éblouissant	abbagliante	orbitor
paupière(f)	palpebra(f)	pleoapă(f)
thermos(m)	thermos(m)	termos(n)
vision(f)	visione(f)	viziune(f)
légumes(m) secs	legumi(m)	legumă(f)
bientôt	fra poco	curând
défender	difendere	apăra
protéger	proteggere	proteja
drogue(f)	droga(f)	drog(n)
sourcil(m)	sopracciglio(m)	sprânceană(f)
se perdre	perdersi	se pierde

SICCUS 乾いた 【間もなく】PROMPTUS 眼前の bien[＜BENE 良く]＋tôt [＜TOSTUS 乾いた] PAUCUS 少ない INFRA 下方に CURRENDO 走りながら 【守る(防衛)】DEFENDERE 守る APPARARE 準備する 【守る(保護)】PROTEGERE 保護する 【麻薬】アラブdrowa 小麦の球 【眉毛】SUPERCILIUM(n) 眉毛 CILIUM(n)「瞼」の複数形CILIAから派生 【迷う(道に)】PERDERE 失う SE[再帰代名詞]

日本語	ポルトガル語	スペイン語
迷う(躊躇)	vacilar	vacilar
マヨネーズ	maionese(f)	mayonesa(f)
丸い	redondo	redondo
まるで〜のように	como se +接続法過去	como si +接続法過去
希な	raro	raro
回す(回転)	fazer girar	dar vuelta
回す(回付)	fazer circular	hacer circular
周り(周囲)	redor(m)	alrededor(m)
回り道	desvio(m)	rodeo(m)
回り道をする	dar um rodeio	hacer un rodeo
万	dez mil	diez mil
万一	se por acaso	por si acaso
満員の	cheio	lleno
漫画(風刺画)	caricatura(f)	caricatura(f)
満月	lua(f) cheia	luna(f) llena

【迷う(躊躇)】VACILLARE 躊躇う HAESITARE 躊躇う ルーマニア語の語源は不詳 【マヨネーズ】Mahón[マヨネーズを最初に作ったスペインの地名] 【丸い】ROTUNDUS 丸い QUIA なぜならば 【まるで〜のように】QUOMODO どのように? SI もし QUIA なぜならば SIC そのように 【希な】RARUS 希な 【回す(回転)】FACERE する GYRARE 旋回する VOLVERE「転がす」の完了分詞女性形VOLUTAから派生 DARE 与える TORNARE 丸くする INTORQUERE 回す 【回す(回付)】FACERE 生じさす CIRCULARE 丸くする 【周り(周囲)】RADERE「掻く」から派生 pour [＜PER 〜のために]〜のために+tour(m)[＜TORNARE 丸くする]周囲 DE

— 652 —

フランス語	イタリア語	ルーマニア語
hésiter	esitare	şovăi
mayonnaise	maionese(f)	maioneză(f)
rond	rotondo	rotund
comme si ＋半過去	come se ＋接続法過去	ca şi cum ＋接続法
rare	raro	rar
tourner	fare girare	întoarce
faire circuler	fare circolare	face circula
pourtour(m)	dintorni(m)	jur(n)
détour(m)	deviazione(f)	înconjur(n)
faire un détour	fare una deviazione	face un înconjur
dix mille	diecimila	zece mii
si par hasard	se per caso	dacă cumva
plein	pieno	plin
caricature(f)	caricatura(f)	caricatură(f)
pleine lune(f)	luna(f) piena	lună(f) plină

～から＋IN ～に＋TURNUS(m) 順序　GYRUS(m) 回転　【回り道】DEVIARE「迷う」から派生　ROTA(f) 車輪　DIS-「否定」を表す接頭辞＋TORNARE 丸くする→名詞化　INCONJURARE「共同宣言する」から派生　【回り道をする】DARE 与える　UNUS 一つの　ROTA(f)「車輪」から派生　FACERE する　俗ラ*deviatio 逸脱　INCONJURARE「共同宣言する」から派生　【万】DECEM 十　MILLE 千　【万一】SI もし　PER ～に関して　AD ～に＋CASUS(m) 落下　アラブ az-zahr 花・賽　DE ～から＋QUOD ～に関して　QUOMODO どのように？＋VELLE 欲する　【満員の】PLENUS 十分な　【漫画(風刺画)】CARICATURA(f) 漫画　【満月】LUNA(f) 月　PLENUS 完全な

― 653 ―

日本語	ポルトガル語	スペイン語
マンション	apartamento(m)	piso(m)
満足	satisfação(f)	satisfacción(f)
満足させる	satisfazer	satisfacer
満足する	satisfazer-se	satisfacerse
真ん中	centro(m)	centro(m)
真ん中(〜の)	no meio de	en medio de
万年筆	caneta(f) tinteiro	estilográfica(f)

―み―

実(果実)	fruto(m)	fruto(m)
見失う	perder de vista	perder de vista
見栄	vaidade(f)	vanidad(f)
見える(人が主語)	ver	ver
見える(物が主語)	ver-se	verse
見送る(延期する)	prorogar	prorrogar
見送る(人を)	ir despedir-se	despedir

【マンション】PARS(f)「部分」に由来 PALATIUM(n) 宮殿 【満足】SATISFACTIO(f) 満足 【満足させる】SATISFACERE 満足させる 【満足する】SATISFACERE 満足させる SE[再帰代名詞] STARE 立っている 【真ん中】CENTRUM(n) 中央 【真ん中(〜の)】IN 〜に ILLE あの MEDIUM(n) 中央 DE 〜の AD 〜に + ILLE あの MEDIUS 中間の + LOCUS(m) 場所 【万年筆】CANNA(f) 葦 + 縮小辞 TINGERE「染める」に由来 STILUS(m) 尖筆 ギ graphikós 書くための PENNA(f) 羽 【実(果実)】FRUCTUS(m) 果実 【見失う】PERDERE 失う DE 〜に関して VIDERE「見る」の完了分詞 VISUS から派生 VIDERE「見る」から派生 【見栄】VANITAS(f) 虚栄

フランス語	イタリア語	ルーマニア語
appartement(m)	palazzo(m)	apartament(n)
satisfaction(f)	soddisfazione(f)	satisfacţie(f)
satisfaire	soddisfare	satisface
être satisfait	essere soddisfatto	se satisface
centre(m)	centro(m)	centru(n)
au milieu de	in mezzo a	în miezul + 属格
stylo(m)	penna(f) stilografica	stilou(n)
fruit(m)	frutto(m)	fruct(n)
perdre de vue	perdere di vista	pierde din vedere
vanité(f)	vanità(f)	vanitate(f)
voir	vedere	vedea
se voir	vedersi	se vedea
remettre	posporre	prelungi
raccompagner	andare a salutare	conduce

【見える(人が主語)】VIDERE 見る 【見える(物が主語)】VIDERE 見る SE［再帰代名詞］ 【見送る(延期する)】PROROGARE 延長する REMITTERE 解放する POSTPONERE 後に置く PERLONGUS「非常に長い間の」から派生 【見送る(人を)】IRE 行く EXPETERE 追求する SE［再帰代名詞］ CUM 〜と共に＋PANIS(m) パン→動詞化 AMBULARE「漫歩する」から派生 AD 〜へ SALUTARE 挨拶する CONDUCERE「結合させる」から派生

— 655 —

日本語	ポルトガル語	スペイン語
見落とす	não notar	no advertir
磨く	polir	pulir
見方	ponto(m) de vista	punto(m) de vista
味方	amigo(m)	amigo(m)
ミカン	tangerina(f)	mandarina(f)
幹	tronco(m)	tronco(m)
右の	direito	derecho
見事な	admirável	admirable
ミサイル	míssil(m)	misil(m)
岬	cabo(m)	cabo(m)
短い	curto	corto
短い（時間）	breve	breve
みじめな	miserável	miserable
未熟な	imaturo	inmaduro
ミシン	máquina(f) de costura	máquina de coser

【見落とす】NON ない　NOTARE 注目する　ADVERTERE 気づく　PASSUS(m) 歩み　ゲ*markō「境界」から派生　FACERE する　UNUS 一つの　DIS-「否定」を表す接頭辞 + VISUS(m)「見ること」から派生　【磨く】POLIRE 磨く　LUCIDARE「照らす」から派生　LUSTRARE「明るくする」から派生　【見方】PUNCTUM(n) 点　DE ～の　VIDERE「見る」の完了分詞VISUSから派生　【味方】AMICUS(m) 同盟者　スラブprijatelĭ「友人」から派生　【ミカン】Tânger[地名]「タンジール」に由来　ヒンディーmantrī「官吏」から派生　【幹】TRUNCUS(m) 幹　【右の】DIRECTUS 真っ直ぐな　【見事な】ADMIRABILIS 驚くべき　【ミサイル】MITTERE「発する」の完了分詞MISSUSからの造語

— 656 —

フランス語	イタリア語	ルーマニア語
ne pas remarquer	fare una svista	nu nota
polir	lucidare	lustrui
point(m) de vue	punto(m) di vista	punct(n) de vedere
ami(m)	amico(m)	prieten(m)
mandarine(f)	mandarancio(m)	mandarină(f)
tronc(m)	tronco(m)	trunchi(n)
droit	destro	drept
admirable	ammirevole	admirabil
missile(m)	missile(m)	rachetă(f)
cap(m)	capo(m)	cap(n)
court	corto	scurt
bref	breve	scurt
misérable	miserabile	mizerabil
immature	immaturo	nematur
machine(f) (à coudre)	macchina(f) da cucire	maşină(f) de cusut

独Rakete ロケット 【岬】CAPUT(n) 頭 【短い】CURTUS 短い 【短い(時間)】BREVIS 短い　CURTUS 短い 【みじめな】MISERABILIS 悲惨な 【未熟な】IMMATURUS 未熟な　スラブne-「否定」を表す接頭辞 + MATURUS 熟した 【ミシン】MACHINA(f) 機械　DE 〜の　CONSUERE「縫い合わせる」[および，その完了分詞CONSUTUS]から派生

— 657 —

日本語	ポルトガル語	スペイン語
水	água(f)	agua(f)
湖	lago(m)	lago(m)
水着(女性用)	maiô(m)	traje(m) de baño
水着(男性用)	calção(m) de banho	traje(m) de baño
見捨てる	abandonar	abandonar
店	loja(f)	tienda(f)
未成年者	menor(mf)	menor(mf)
見せる	mostrar	mostrar
溝(地面の)	fosso(m)	foso(m)
満たす(満足)	satisfazer	satisfacer
乱す	desordenar	desordenar
道	caminho(m)	camino(m)
未知の	desconhecido	desconocido
身近な	familiar	familiar

【水】AQUA(f) 水　【湖】LACUS(m) 湖　【水着(女性用)】MACULA(f)「網の目」から派生　TRAHERE「引く」から派生　DE ～の　BALNEUM(n) 浴室　CONSUETUDO(f) 習慣　【水着(男性用)】CALX(m)「踵」から派生　TRAHERE「引く」から派生　DE ～の　BALNEUM(n) 浴室　英語 slip 水着　CONSUETUDO(f) 習慣　CULUS(m)「尻」から派生　【見捨てる】フランク*ban「権威」から派生　【店】フランク*laubja「青葉の柵」から派生　TENDERE「張る」の完了分詞女性形TENTAから派生　アラブmakhzan 倉庫　NEGOTIUM(n)「仕事」から派生　【未成年者】PARVUS「小さな」の比較級MINORから派生　ADOLESCENS「成長した」から派生　AETAS(f) 年齢

— 658 —

フランス語	イタリア語	ルーマニア語
eau(f)	acqua(f)	apă(f)
lac(m)	lago(m)	lac(n)
maillot(m) de bain	costume(m) da bagno	costum(n) de baie
slip(m) de bain	costume(m) da bagno	chiloţi(m)
abandonner	abbandonare	abandona
magasin(m)	negozio(m)	magazin(n)
minorité(f)	minore(mf)	adolescent(m)
montrer	mostrare	arăta
fossé(m)	fosso(m)	şanţ(n)
satisfaire	soddisfare	satisface
troubler	disordinare	deranja
chemin(m)	cammino(m)	drum(n)
inconnu	sconosciuto	neconoscut
familier	familiare	familiar

【見せる】MONSTRARE 示す　ルーマニア語の語源は不詳　【溝（地面の）】FODERE「掘る」の完了分詞FOSSUSから派生　独Schanze「堡塁」から派生　【満たす（満足）】SATISFACERE 満足させる　【乱す】DIS-「否定」を表す接頭辞+ORDINARE 整える　TURBARE 混乱させる　フランク*hring「輪」から派生　【道】俗ラ*camminus(m) 道　スラブdrumŭ「道」から派生　【未知の】DIS-「否定」を表す接頭辞+COGNOSCERE「知る」から派生　INCOGNITUS 無知の　スラブne-「否定」を表す接頭辞　【身近な】FAMILIARIS 親密な

— 659 —

日本語	ポルトガル語	スペイン語
見違える	equivocar	equivocar
導く	dirigir	dirigir
導く(指導)	orientar	orientar
見つける	encontrar	encontrar
見つける(発見)	descobrir	descubrir
密集する	aglomerar-se	aglomerarse
密度	densidade(f)	densidad(f)
見つめる	fitar	fijarse
見積もり	estimação(f)	estimación(f)
見積もる	estimar	estimar
密輸	contrabando(m)	contrabando(m)
未定の	indeterminado	indeterminado
見通し	perspectiva(f)	perspectiva(f)
緑色の	verde	verde
見取り図	plano(m)	dibujo(m)
皆	todo o mundo	todo el mundo

【見違える】EQUIVOCUS「曖昧な」の動詞化 SE[再帰代名詞] フランス語の語源は不詳 ルーマニア語の語源は不詳 【導く】DIRIGERE 整える フランク*witan 方向を示す CONDUCERE「集める」から派生 【導く(指導)】ORIRI「現れる」の現在分詞ORIENSから派生 DIRIGERE 導く 【見つける】IN ～に＋CONTRA ～に反して→動詞化 TROPUS(m)「比喩」から派生 ルーマニア語の語源は不詳 【見つける(発見)】DISCOOPERIRE 覆いを取る 【密集する】AGGLOMERARE 追加する SE[再帰代名詞] ADUNARE「結合する」から派生 【密度】DENSITAS(f) 密度 【見つめる】FIXUS「不動の」の動詞化 ゲ*wardōn 見張る SE[再帰代名詞] OBLITUS「忘れた」の動詞

— 660 —

フランス語	イタリア語	ルーマニア語
se tromper	equivocare	se înșela
guider	guidare	conduce
diriger	dirigere	orienta
trouver	trovare	găsi
découvrir	scoprire	descoperi
s'agglomérer	radunarsi	se aglomera
densité(f)	densità(f)	densitate(f)
regarder	guardare	se uita
estimation(f)	stima(f)	estimare(f)
estimer	stimare	estima
contrebande(f)	contrabbando(m)	contrabandă(f)
indéterminé	indeterminato	nedeterminat
perspective(f)	previsione(f)	perspectivă(f)
vert	verde	verde
plan(m)	schizzo(m)	plan(n)
tout le monde	tutto il mondo	toată lumea(f)

化 【見積もり】AESTIMATIO(f) 見積もり　AESTIMARE「見積もり」から派生　【見積もる】AESTIMARE 見積もる　【密輸】イ contra[＜CONTRA 〜に対して]〜に対して+ bando 布告→造語　【未定の】INDETERMINATUS 未決定の　スラブ ne-「否定」を表す接頭辞+ INDETERMINATUS 未決定の　【見通し】PERSPECTIVUS「遠近画法による」の名詞化　【緑色の】VERIDIS 緑の　【見取り図】PLANUS「平らな」の名詞化　イタリア語の語源は擬声音　【皆】TOTUS 全体の　ILLE あの　MUNDUS(m) 世界　LUMEN(n)「光」から派生

— 661 —

日本語	ポルトガル語	スペイン語
見なす	considerar	considerar
港	porto(m)	puerto(m)
南	sul(m)	sur(m)
源	origem(f)	origen(m)
見習う	imitar	imitar
身なり	atavio(m)	atavío(m)
醜い	feio	feo
見逃す(犯人を)	deixar escapar	dejar escapar
身の回り品	objeto(m) de uso pessoal	efecto(m) personal
実る	dar fruto	dar fruto
実る(成果)	dar resultado	dar fruto
見晴らし	panorama(m)	panorama(m)
見晴らしの良い	ter boa vista	tener buena vista
見張る	vigiar	vigilar

【見なす】CONSIDERARE 判定する 【港】PORTUS(m) 港 【南】ゲ*sūth 陽の方 【源】ORIGO(f) 由来 【見習う】IMITARI 模倣する 【身なり】ゲ*taujan「整える」から派生 TENERE「保つ」から派生 【醜い】FOEDUS 醜い フランク*laid 困った BRUTUS「重い」から派生 ルーマニア語の語源は不詳 【見逃す(犯人を)】LAXARE 緩める EX 外へ+CAPPA 頭巾→動詞化 PERDERE 失う 【身の回り品】OBJECTUM(n) 前に置かれた物 DE ～の USUS(m) 使用 PERSONALIS 人の EFFECTUM(n) もたらされた物 【実る】DARE 与える FRUCTUS(m) 果実 DONARE 与える DE ～の+ILLE あの SE[再帰代名詞] COQUERE「料理する」から派生 FRUCTUS(m) 果実

— 662 —

フランス語	イタリア語	ルーマニア語
considérer	considerare	considera
port(m)	porto(m)	port(n)
sud(m)	sud(m)	sud(n)
origine(f)	origine(f)	origine(f)
imiter	imitare	imita
tenue(f)	tenuta(f)	ţinută(f)
laid	brutto	hâd
laisser échapper	lasciarsi perdere	lăsa scăpa
objets(m) personnels	oggetti(m) personali	obiecte(n) de uz personal
donner des fruits	dare frutto	se coace
porter ses fruits	dare frutti	da roade
panorama(m)	panorama(m)	panoramă(f)
avoir une vue dégagée	avere una bella vista	avea o bună vedere
garder	guardare	veghea

【実る(成果)】DARE 与える　RESULTATUM(n) 反響したこと　FRUCTUS(m) 果実　PORTARE もたらす　SUI 自分の　スラブrodū「豊作」から派生　【見晴らし】ギpan 全て + hórāma 眺め→造語　【見晴らしの良い】TENERE 保つ　BONUS 良い　VIDERE「見る」の完了分詞VISUSから派生　HABERE 保つ　DIS-「否定」を表す接頭辞+フランク*waddi 質→動詞化→過去分詞　BELLUS 綺麗な　ILLE あの　VIDERE「見る」の名詞化　【見張る】VIGILARE 眠らずにいる　ゲ*wardōn 見張る

日本語	ポルトガル語	スペイン語
身振り	gesto(m)	gesto(m)
身分	condição(f) social	condición(f) social
身分証明書	carteira(f) de identidade	tarjeta(f) de identificación
見本	amostra(f)	muestra(f)
見舞い	visita(f)	visita(f)
見舞いする	visitar	visitar
見回す	olhar em volta	mirar alrededor de sí
見回る	dar uma volta	dar una vuelta
耳	orelha(f)	oreja(f)
耳（聴覚）	ouvido(m)	oído(m)
身元	identidade(f)	identidad(f)
脈	pulso(m)	pulso(m)
みやげ（記念の）	lembrança(f)	regalo(m)
みやげ（贈り物）	regalo(m)	regalo(m)

【身振り】GESTUS(m) 身ぶり 【身分】CONDITIO(f) 条件 SOCIALIS 社会の 【身分証明書】CHARTA(f) 手紙 DE 〜の IDENTITAS(f) 同一性 【見本】MONSTRARE「示す」の名詞化 CAMPUS(m) 広場 【見舞い】VISITARE「訪問する」の名詞化 【見舞いする】VISITARE 訪問する FACERE する UNUS 一つの VISITARE「訪問する」の名詞化 【見回す】OCULUS(m)「目」の動詞化 IN 〜に VOLVERE「転がす」の完了分詞女性形VOLUTA から派生 MIRARI 驚く フランク*wardōn「見張る」から派生 SE［再帰代名詞］ TURRIS(f)「塔」から派生 DE 〜に関して COMPREHENDERE「総括する」から派生 CUM 〜と共に スラブpriviti「ねじる」から派生 【見回

— 664 —

フランス語	イタリア語	ルーマニア語
geste(m)	gesto(m)	gest(n)
condition(f)	condizione(f) sociale	condiţie(f)
carte(f) d'identité	carta(f) d'identità	carnet(n) de identitate
modèle(m)	campione(m)	mostră(f)
visite(f)	visita(f)	vizită(f)
faire une visite	visitare	vizita
regarder autour de soi	guargarsi attorno	cuprinde (cu privire)
faire une ronde	fare un giro	face un rond
oreille(f)	orecchio(m)	ureche(f)
ouïe(f)	udito(m)	auz(n)
identité(f)	identità(f)	identitate(f)
pouls(m)	polso(m)	puls(n)
souvenir(m)	souvenir(m)	suvenir(n)
cadeau(m)	regalo(m)	cadou(n)

る】DARE 与える　UNUS 一つの　VOLVERE「転がす」の完了分詞女性形 VOLUTAから派生　ROTUNDUS「丸い」から派生　GYRUS(m) 輪　【耳】AURIS(f)「耳」+縮小辞　【耳(聴覚)】AUDIRE「聞く」の完了分詞AUDITUSから派生　【身元】IDENTITAS(f) 同一性　【脈】PULSUS(m) 脈　【みやげ(記念の)】MEMORARE「想い出させる」から派生　SUBVENIRE 援助する　【みやげ(贈り物)】古仏gale「喜び」から派生　CAPITELLUS(m) 小さな頭

日本語	ポルトガル語	スペイン語
ミュージカル	musical(m)	musical(m)
名字	apelido(m)	apellido(m)
未来	futuro(m)	futuro(m)
未来の	futuro	futuro
魅力	encanto(m)	encanto(m)
魅力的な	atraente	atractivo
見る(見える)	ver	ver
見る(眺める)	olhar	mirar
見分ける	distinguir	distinguir
民間の	civil	civil
民芸品	artesanato(m)	artesanado(m)
民主的な	democrático	democrático
民主主義	democracia(f)	democracia(f)
民衆	povo(m)	pueblo(m)

【ミュージカル】MUSICA(f)「音楽」から派生　COMOEDIA(f) 喜劇　【名字】APPELITARE「通称で呼ぶ」から派生　NOMEN(n) 名前　DE 〜の　FAMILIA(f) 家族　COGNOMEN(n) 家名　【未来】FUTURUM(n) 未来　VENIRE「来る」から派生　【未来の】FUTURUS 未来の　【魅力】CANTARE「魔法にかける」から派生　ATTRATIVUS「引きつける」から派生　ATTRAHERE「引きつける」から派生　【魅力的な】ATTRACTIVUS 引きつける　CARMINARE「歌を作る」の現在分詞CARMINANSから派生　【見る(見える)】VIDERE 見る　【見る(眺める)】OCULUS(m)「目」の動詞化　MIRARI 驚嘆する　ゲ*wardōn 見張る　ルーマニア語の語源は不詳　【見分け

— 666 —

フランス語	イタリア語	ルーマニア語
comédie(f) musicale	musical(m)	comedie(f) muzicală
nom(m) de famille	cognome(m)	nume(n) de familie
futur(m)	futuro(m)	viitor(n)
futur	futuro	viitor
charme(m)	attrattiva(f)	şarm(n)
charmant	attraente	atractiv
voir	vedere	vedea
regarder	guardare	privi
distinguer	distinguere	distinge
civil	civile	civil
objet(m) d'art folklorique	artigianato(m)	artizanat(n)
démocratique	democratico	democratic
démocratie(f)	democrazia(f)	democraţie(f)
peuple(m)	popolo(m)	popor(n)

る】DISTINGUERE 区別する 【民間の】CIVILIS 市民の 【民芸品】ARS(f)「術」から派生 OBJECTUM(n) 対象 DE 〜の ARS(f)「美術」から派生 英語folk[独Volksの英語訳]民間の＋英語lore[独Kundeの英語訳]民間伝承 LOCALIS 場所の 【民主的な】ギdēmokratía「民主主義」の形容詞化 【民主主義】ギdēmokratía 民主主義 【民衆】POPULUS(m) 民衆

日本語	ポルトガル語	スペイン語
民族(国民)	povo(m)	pueblo(m)
民族(人種)	raça(f)	raza(f)
民族音楽	música(f) folclórica	música(f) folklórica
民話	conto(m) popular	cuento(m) popular

—む—

無	nada(f)	nada(f)
無意識	inconsciência(f)	inconciencia(f)
無意識の	inconsciente	inconsciente
向かいの	da frente	de enfrente
向かう	dirigir-se a	dirigirse a
迎えに行く	ir buscar	ir a buscar
迎える	receber	recibir
昔の	antigo	antiguo

【民族(国民)】POPULUS(m) 民衆 【民族(人種)】語源不詳 【民族音楽】MUSICA(f) 音楽 英語folk[独Volksの英語訳]民間の＋英語lore[独Kundeの英語訳]民間伝承→形容詞化 【民話】COMPTUS(m) 計算 POPULARIS 民衆の 英語folk[独Volksの英語訳]民間の＋英語lore[独Kundeの英語訳]民間伝承→形容詞化 スラブbasnī「寓話」から派生 【無】NASCI「生まれる」の完了分詞女性形NATAから派生 RES(f) 物 NULLUS「重要でない」の女性形NULLAに由来 NE 決して〜でない＋MICA 少量 【無意識】IN-「否定」の接頭辞＋CONSCIENTIA 自覚 【無意識の】IN-「否定」の接頭辞＋CONSCIENS 自覚している 【向かいの】DE 〜の FRONS(f) 前面 IN 〜に FACIES(f) 顔

フランス語	イタリア語	ルーマニア語
peuple(m)	popolo(m)	popor(n)
race(f)	razza(f)	rasă(f)
musique(f)	musica(f)	muzică(f)
folklorique	folcloristica	folclorică
conte(m)	racconto(m)	basm(n)
folklorique	folcloristico	
rien(m)	nulla(m)	nimic(n)
inconscience(f)	incoscienza(f)	inconştienţă(f)
inconscient	incosciente	inconştient
en face	di fronte	în faţă
se diriger vers	dirigersi verso	se îndrepta către
aller chercher	andare a prendere	merge pentru a căuta
recevoir	ricevere	primi
ancien	antico	antic

【向かう】DIRIGERE 向ける　SE［再帰代名詞］　AD 〜へ　VERSUS 〜へ向かって　IN 〜に＋DIRECTUS 真っ直ぐな　CONTRA 〜に対して　【迎えに行く】IRE 行く　AD 〜へ　フランク*busk「森」に由来　AMBULARE 漫歩する　CIRCARE 一回りする　PREHENDERE 取る　MERGERE「沈める」に由来　PER 〜のために＋INTRO 中へ　ルーマニア語のcăutaの語源は不詳　【迎える】RECIPERE 取り戻す　スラブpriimati「受ける」から派生　【昔の】ANTIQUUS 古い

日本語	ポルトガル語	スペイン語
昔から	desde há muito tempo	desde hace mucho tiempo
無関心な	indiferente	indiferente
向く	voltar-se para	volverse hacia
向く(面する)	dar para	dar a
剥く	pelar	pelar
無口な	calado	callado
無限の	infinito	infinito
婿	genro(m)	yerno(m)
婿(花婿)	noivo(m)	novio(m)
向こうに(あちらに)	lá	allí
無効の	nulo	nulo
無言の	silencioso	silencioso
無罪	inocência(f)	inocencia(f)
無罪の	inocente	inocente
虫(昆虫)	inseto(m)	insecto(m)

【昔から】DE 〜から＋EX 〜から＋DE 〜の→〜の中から FACERE する MULTUS 多くの TEMPUS(n) 時 DE＋POST 〜から＋〜の後で LONGUS 長い DE 〜から＋AB 〜から TANTUS こんなに大きな 【無関心な】INDIFFERENS 無差別の 【向く】VOLVERE 転がす SE[再帰代名詞] FACIES(f)「顔」から派生 TORNARE 丸くする VERSUS 〜へ向かって 【向く(面する)】DARE 与える PER 〜のために AD 〜に DONARE 与える SUPER 〜の上に IN 〜に SURSUM 上へ 【剥く】PILARE 禿頭にする 独kurieren「治療する」から派生 【無口な】CALARE「帆を下ろす」に由来 TACITURNUS 無口な 【無限の】INFINITUS 無限の 【婿】GENER(m) 婿

フランス語	イタリア語	ルーマニア語
depuis longtemps	da tanto tempo	de demult
indifférent	indifferente	indiferent
se tourner vers	voltarsi verso	se întoarce spre
donner sur	dare su	da în
peler	pelare	curăţa
taciturne	taciturno	tăcut
infini	infinito	infinit
gendre(m)	genero(m)	ginere(m)
nouveau marié(m)	sposo(m)	mire(m)
là	là	acolo
nul	nullo	nul
silencieux	silenzioso	tăcut
innocence(f)	innocenza(f)	inocenţă(f)
innocent	innocente	inocent
insecte(m)	insetto(m)	insectă(f)

【婿(花婿)】NOVUS 新しい　MARITARE「結婚させる」に由来　SPONSUS(m) 花婿　ルーマニア語の語源は不詳　【向こうに(あちらに)】ILLA そこに　ILLIC そこに　ILLAC そこに　ECCUM それを見よ+ILLOC そこへ　【無効の】NULLUS 無意味の　【無言の】SILENTIOSUS 無言の　TACERE「黙する」から派生 【無罪】INNOCENTIA(f) 無罪　【無罪の】INNOCENS 無罪の　【虫(昆虫)】INSECTUM(n) 虫

— 671 —

日本語	ポルトガル語	スペイン語
無視する(考慮しない)	não dar importância a	no hacer caso de
蒸し暑い	abafado	sofocante
虫歯	dente(m) cariado	diente(m) cariado
矛盾	contradição(f)	contradicción(f)
矛盾する	contradezir-se	contradecirse
むしろ	antes	antes
無数の	inúmero	innumerable
難しい	difícil	difícil
息子	filho(m)	hijo(m)
結ぶ	atar	atar
娘	filha(f)	hija(f)
娘(少女)	moça(f)	muchacha(f)
無駄な	inútil	inútil
無断で	sem avisar	sin aviso
無知な	ignorante	ignorante

【無視する(考慮しない)】NON ～でない DARE 与える IMPORTARE「導き入れる」から派生 FACERE する CASUS(m) 出来事 ALIQUIS 若干＋UNUS 一つの DE ～に関して TENERE 保つ COMPUTUS(m) 計算 【蒸し暑い】ポルトガル語の語源は不詳 SUFFOCARE「窒息させる」の現在分詞SUFFOCANSに由来 STUPPA(f)「麻くず」に由来 【虫歯】DENS(m) 歯 CARIES(f) 腐食 【矛盾】CONTRADICTIO(f) 矛盾 【矛盾する】CONTRADICERE 反駁する SE[再帰代名詞] STARE 立っている 【むしろ】ANTE 前の方へ 仏plus[＜PLUS 更に]tôt[＜TOSTUS 乾いた]より早く ANTEA より早く MAGIS 更に EX ～から＋ブルガリア brabja se「誘拐す

— 672 —

フランス語	イタリア語	ルーマニア語
ne faire aucun cas de	non tenere conto di	nu face caz de
étouffant	soffocante	sufocant
dent(f) cariée	dente(m) cariato	dinte(m) cariat
contradiction(f)	contraddizione(f)	contradicţie(f)
être contradictoire	contraddire	contrazice
plutôt	anzi	mai degrabă
innombrable	innumerevole	nenumărat
difficile	difficile	dificil
fils(m)	figlio(m)	fiu(m)
nouer	legare	lega
fille(f)	figlia(f)	fiică(f)
jeune fille(f)	ragazza(f)	fată(f)
inutile	inutile	zadarnic
sans avis	senza avviso	fără aviz
ignorant	ignorante	ignorant

る」から派生 【無数の】INNUMERABILIS 無数の　スラブne-「否定」を表す接頭辞＋NUMERARE「数える」の完了分詞NUMERATUSから派生　【難しい】DIFFICILIS 困難な　【息子】FILIUS(m) 息子　【結ぶ】APTARE 適応させる　NODARE 結ぶ　LIGARE 結ぶ　【娘】FILIA(f) 娘　【娘（少女）】MUSTEUS「新しい」から派生　JUVENIS 若い　FILIA(f) 娘　アラブraqqas 配達夫　FETA(f) 母獣　【無駄な】INUTILIS 役に立たない　スラブza darū「無駄に」から派生　【無断で】SINE ～なしに　VISUS(m) 見ること　FORAS 外へ　VISUS(m)「見ること」から派生　【無知な】IGNORANS 無知の

日本語	ポルトガル語	スペイン語
無茶な	extravagante	extravagante
夢中になる	apaixonar-se por	apasionarse por
空しい	vão	vano
胸（心臓）	coração(m)	corazón(m)
無能な	incompetente	incompetente
無謀な	arriscado	atrevido
村	vila(f)	aldea(f)
群がる	aglomerar-se	aglomerarse
紫色の	purpúreo	purpúreo
無理な	impossível	imposible
無理に	à força	por fuerza
無料の	gratuito	gratuito
群	grupo(m)	grupo(m)
群（群衆）	multidão(f)	muchedumbre(f)

【無茶な】EXTRA 外へ＋VAGANS 逸脱する　【夢中になる】PASSIO(f)「激情」から派生　SE［再帰代名詞］　PER ～のために　ESSE ～である　FIERI ～になる　DE ～から　【空しい】VANUS 空しい　【胸（心臓）】COR(n)「心」＋増大辞　ANIMA(f)「魂」から派生　【無能な】IN-「否定」の接頭辞＋COMPETENS 適当な　【無謀な】ポルトガル語・ルーマニア語の語源は不詳　TRIBUERE SIBI「自分に出来ると思う」の完了分詞　TRIBUTUSに由来　TEMERARIUS 無謀な　【村】VILLA(f) 荘園　アラブad-day?a 小村　FOSSATUM(n)「堀」から派生　【群がる】AGGLOMERARE 加える　SE［再帰代名詞］　イ gruppo［＜ゲ*gruppo 集まり］「群」から派生　【紫色の】

— 674 —

フランス語	イタリア語	ルーマニア語
extravagant	stravagante	extravagant
se passionner de	essere appassionato di	fi pasionat de
vain	vuoto	van
cœur(m)	cuore(m)	inimă(f)
incompétent	incompetente	incompetent
téméraire	temerario	îndrăzneţ
village(m)	villagio(m)	sat(n)
s'agglutiner	raggrupparsi	se aglomera
violet	viola	purpuriu
impossible	impossibile	imposibil
de force	a forza	cu forţă
gratuit	gratuito	gratuit
troupe(m)	gruppo(m)	grup(n)
foule(f)	folla(f)	mulţime(f)

PUEPUREUS「紫の」から派生　VIOLA(f)「スミレ」から派生　【無理な】IMPOSSIBILIS 不可能な　【無理に】AB 〜で　FORTIA(f) 力　PER 〜によって　DE 〜で　CUM 〜と共に　【無料の】GRATUITUS 無料の　【群】イ gruppo [<ゲ*gruppo 集まり]群　【群(群衆)】MULTUS「多くの」から派生　FULLO(m)「縮充工」から派生

日本語	ポルトガル語	スペイン語
―め―		
目	olho(m)	ojo(m)
目（視線）	olhar(m)	mirada(f)
目（視力）	vista(f)	vista(f)
芽	broto(m)	brote(m)
姪	sobrinha(f)	sobrina(f)
銘柄	marca(f)	marca(f)
名刺	cartão(m) de visita	tarjeta(f) de visita
迷信	superstição(f)	superstición(f)
名人	mestre(m)	maestro(m)
名声	fama(f)	fama(f)
命中する	acertar	acertar
明白な	claro	claro
名物	produto(m) famoso	producto(m) famoso

【目】OCULUS(m) 目　【目（視線）】OCULUS(m)「目」から派生　MIRARI「驚く」から派生　ゲ*wardōn 見張る　スラブpriviti「ねじる」から派生　【目（視力）】VIDERE「見る」の完了分詞VISUSから派生　VIDERE「見る」から派生　【芽】ゴート*brut「芽」から派生　BURRA(f)「毛束」から派生　GEMMA(f) 芽　ルーマニア語の語源は不詳　【姪】SOBRINA(m) 従姉妹　NEPTIS(f) 姪　【銘柄】ゲ*mark 境界　【名刺】CHARTA(f) 紙・書　古仏targe「盾」+縮小辞DE 〜の　VISITARE「訪問する」の名詞化　BULLA(f) 教書+縮小辞　【迷信】SUPERSTITIO(f) 迷信　【名人】MAGISTER(m) 指導者　EXPERTUS 経験のある　【名声】FAMA(f) 名声　REPUTATIO(f) 熟考　【命中する】AD 〜

フランス語	イタリア語	ルーマニア語
œil(m)	occhio(m)	ochi(m)
regard(m)	sguardo(m)	privire(f)
vue(f)	vista(f)	vedere(f)
bourgeon(m)	gemma(f)	mugur(m)
nièce(f)	nipote(f)	nepoată(f)
marque(f)	marca(f)	marcă(f)
carte(f) (de visite)	biglietto(m) da visita	carte(f) de vizită
superstition(f)	superstizione(f)	superstiţie(f)
maître(m)	esperto(m)	maestru(m)
réputation(f)	fama(f)	faimă(f)
atteindre	colpire	nimeri
clair	chiaro	clar
spécialité(f)	specialità(f)	produs(n) faimos
	locale	

ヘ + CERTUS 確実な→動詞化　ATTINGERE 触れる　COLAPHUS(m) 拳打 ブルガリア nameria「的中する」から派生　【明白な】CLARUS 明るい　【名物】PRODUCERE「生む」の完了分詞 PRODUCTUM から派生　FAMA(f)「名声」の形容詞化　SPECIALITAS(f) 特殊性　LOCALIS 場所の

日本語	ポルトガル語	スペイン語
名簿	lista(f)	lista(f)
銘々	cada um	cada uno
名誉	honra(f)	honor(m)
明瞭な	claro	claro
命令	ordem(f)	orden(m)
命令する	ordenar	ordenar
迷惑な	molesto	molesto
メートル	metro(m)	metro(m)
眼鏡	óculos(m)	gafas(f)
目覚まし時計	despertador(m)	despertador(m)
目覚める	despertar(-se)	despertar(se)
目印	sinal(m)	señal(f)
雌	fêmeia(f)	hembra(f)
珍しい	raro	raro
目立つ	destacar-se	destacarse
メダル	medalha(f)	medalla(f)

【名簿】ゲ*līsta 目録 【銘々】ギkatá ～ごとに UNUS 一つの QUISQUE + UNUS それぞれ一つ OMNIS + UNUS 全て一つの FIERI「～になる」の接続法現在3人称単数FIAT + QUALIS どのような？ 【名誉】HONOR(m) 名誉 【明瞭な】CLARUS 明るい 【命令】ORDO(m) 指令 【命令する】ORDINARE 規定する 【迷惑な】MOLESTUS 煩わしい ODIUM(n)「憎しみ」から派生 ルーマニア語の語源は不詳 【メートル】METRUM(n) メートル 【眼鏡】OCULUS(m) 目 古カタルーニア gafa 留め金のついた道具 LUNA(f)「月」から派生 【目覚まし時計】VIGILARE「眠らずにいる」から派生 EVIGILARE「眠らずにいる」から派生 DE ～から + EXCITARE「かき立てる」から派生

— 678 —

フランス語	イタリア語	ルーマニア語
liste(f)	lista(f)	listă(f)
chacun	ognuno(m)	fiecare
honneur(m)	onore(m)	onoare(f)
clair	chiaro	clar
ordre(m)	ordine(m)	ordin(n)
ordonner	ordinare	ordona
ennuyeux	molesto	jenant
mètre(m)	metro(m)	metru(m)
lunettes(f)	occhiali(m)	ochelari(m)
réveil(m)	sveglia(f)	deşteptător(n)
se réveiller	svegliarsi	se deştepta
signe(f)	segno(m)	semn(n)
femelle(f)	femmina(f)	femelă(f)
rare	raro	rar
se distinguer	distinguersi	se distinge
médaille(f)	medaglia(f)	medalie(f)

【目覚める】ポルトガル語・スペイン語の語源は不詳　VIGILARE 眠らずにいる　SE[再帰代名詞]　EVIGILARE 眠らずにいる　DE 〜から＋EXCITARE「かき立てる」から派生　【目印】SIGNALIS 印になる　SIGNUM(n) 記号　【雌】FEMINA(f) 女　【珍しい】RARUS 希な　【目立つ】ポルトガル語・スペイン語の語源は不詳　SE[再帰代名詞]　DINTINGUERE 区別する　【メダル】語源不詳

日本語	ポルトガル語	スペイン語
滅多に	raramente	raramente
めでたい	feliz	feliz
メニュー	carta(f)	carta(f)
目眩がする	ter vertigem	tener vértigo
メモ	nota(f)	nota(f)
メモする	notar	notar
メロン	melão(m)	melón(m)
面会する	visitar	entrevistarse con
免許	licença(f)	permiso(m)
免除する	dispensar	dispensar
免税品	artigo(m) livre de impostos	artículo(m) libre de impuestos
面積	superfície(f)	superficie(f)
面倒な（複雑な）	complicado	complicado
メンバー	membro(m)	miembro(m)

【滅多に】RARUS 希な　MENS(f)「心」の奪格　【めでたい】FELIX 幸福な　AUGURIUM(n)「予言」から派生　【メニュー】CHARTA(f) 紙・書　ゲ*lista 目録　MINUTUS「小さな」から派生　【目眩がする】TENERE 保つ　VERTIGO(f) 目眩　HABERE 保つ　ILLE あの　ルーマニア語の語源は不詳　【メモ】NOTARE「印を付ける」の名詞化　PUNCTUM(n)「点」から派生　【メモする】NOTARE 印を付ける　PREHENDERE 捕らえる　PUNCTUM(n)「点」から派生　DE ～の　【メロン】MELO(m) メロン　PEPO(m) トウナス　GALBINUS 萌葱色の　【面会する】VISITARE 訪れる　CUM ～と共に　HABERE 保つ　UNUS 一つの　entre[＜INTER ～の間に]＋voir[＜VIDERE 見る]垣間みる→名詞

フランス語	イタリア語	ルーマニア語
rarement	raramente	rar
heureux	felice	ferice
carte(f)	menù(m)	meniu(n)
avoir le vertige	avere le vertigini	ameţi
note(f)	appunto(m)	notă(f)
noter	prendere appunti di	nota
melon(m)	melone(m)	pepene(m) galben
avoir une entrevue avec	visitare	vizita
permission(f)	permesso(m)	permis(n)
exempter	esentare	cruţa
article(m) détaxé	articolo(m) esentasse	articol(n) scutit de vamă
superficie(f)	superficie(f)	suprafaţă(f)
ennnui	complicato	complicat
membre(m)	membro(m)	membru(m)

化 APUD + HOC そのそばに 【免許】LICENTIA(f) 許可 PERMISSUM(n) 許可 PERMISSIO(f) 許可 【免除する】DISPENSARE 分配する EXIMERE「取り去る」の完了分詞EXEMPTUSから派生 ルーマニア語の語源は不詳 【免税品】ARTICULUS(m) 部分 LIBER 自由な DE ～に関して IMPONERE「課す」の完了分詞IMPOSITUSから派生 DIS-「否定」を表す接頭辞 + TAXARE「評価する」から派生 SCUTUM(n)「盾」から派生 ハンガリー vám「関税・税関」から派生 【面積】SUPERFICIES(f) 表面 【面倒な(複雑な)】COMPLICATUS 混乱した ODIUM(n)「憎しみ」から派生 【メンバー】MEMBRUM(n) 一部

日本語	ポルトガル語	スペイン語
綿密な	minucioso	minucioso

―も―

も（～も）	também	también
も（否定）	tampouco	tampoco
もう	já	ya
もう一度	outra vez	otra vez
儲ける	ganhar	ganar
申し込む	pedir	pedir
申し出（提案）	proposta(f)	propuesta(f)
毛布	cobertor(m)	manta(f)
猛烈な	violento	violento
猛烈な（凶暴）	furioso	furioso
燃える	queimar-se	quemarse
モーター	motor(m)	motor(m)
目撃する	testemunhar	presenciar

【綿密な】MINUTUM(n)「小さなこと」から派生 【も（～も）】TANTUS こんなに大きい + BENE 良く　ALIUD 別のもの + SIC そのように　イタリア語の語源は不詳　SIC そのように　【も（否定）】TANTUS こんなに大きい　PAUCUS 少ない　NON ～でない　PLUS 更に　NEQUE ～も～でない　【もう】JAM 既に　【もう一度】ALTER 別の　VICIS(f) 交代　UNUS ひとつの　HINC + AD + HORAM ここからその時まで　VOLVERE「転がす」から派生　【儲ける】フランク*waidanjan 食べ物を手に入れる　CASTIGARE「改善する」から派生　【申し込む】PETERE 熱望する　DEMANDARE 委ねる　QUAERERE 求める　【申し出（提案）】PROPOSITUM(n) 提案　PROPOSITIO(f) 提案　【毛

フランス語	イタリア語	ルーマニア語
minutieux	minuzioso	minuţios
aussi	anche	şi
non plus	neanche	nici
déjà	già	deja
encore une fois	ancora una volta	încă o dată
gagner	guadagnare	câştiga
demander	chiedere	cere
proposition(f)	proposta(f)	propunere(f)
couverture(f)	coperta(f)	cuvertură(f)
violent	violento	violent
furieux	furioso	furios
s'allumer	bruciare	arde
moteur(m)	motore(m)	motor(n)
assister à	assistere a	asista la

布】COOPERIRE「完全に覆い隠す」から派生 【猛烈な】VIOLENTUS 激しい 【猛烈な(凶暴)】FURIOSUS 狂っている 【燃える】CREMARE 焼き尽くす SE[再帰代名詞] LUMINARE 照らす イタリア語の語源は不詳 ARDERE 「燃える」から派生 【モーター】MOTOR(m) 動かすもの 【目撃する】TESTIMONIUM(m)「証言」から派生 PRAESENTIA(f)「居合わせること」から派生 ASSISTERE 近づく AD ～へ ILLAC そこに

日本語	ポルトガル語	スペイン語
目的	objetivo(m)	objetivo(m)
目的地	destino(m)	destino(m)
目標	objetivo(m)	objetivo(m)
木曜日	quinta-feira(f)	jueves(m)
模型	maquete(f)	maqueta(f)
もし	se	si
文字	letra(f)	letra(f)
もしもし	Está?	¡Oiga!
模造品	imitação(f)	imitación(f)
持ち上げる	levantar	levantar
持ち主	dono(m)	dueño(m)
もちろん	sem dúvida	sin duda
持つ	ter	tener
持つ(所有)	possuir	poseer
もっと多く	mais	más
もっぱら	exclusivamente	exclusivamente

【目的】OBJECTUM(n)「目的」から派生 【目的地】DESTINARE「定める」から派生 【目標】OBJECTUM(n)「目的」から派生 【木曜日】QUINTUS 第五の FERIA(f) 週日 JOVIS ジュピターの 【模型】MACULA(f) 汚れ MODULUS(m) 尺度 【もし】SI もし DE ～に関して＋QUOD ～に関して 【文字】LITTERA(f) 文字 【もしもし】STAT 彼がいる AUDIAT[AUDIRE「聞く」の接続法現在3人称単数]彼が聞くことを 米語hallo[擬声音] PROMPTUS 準備のできた 【模造品】IMITATIO(f) 模倣 【持ち上げる】LEVARE「軽くする」の現在分詞LEVANSから派生 ALTUS「高い」の動詞化 ERADICARE「根絶する」から派生 【持ち主】DOMINUS(m) 主人 PROPRIETARIUS「所有者の」

フランス語	イタリア語	ルーマニア語
objet(m)	obiettivo(m)	obiect(n)
destination(f)	destinazione(f)	destinație(f)
objectif(f)	obiettivo(m)	obiectiv(n)
jeudi(m)	giovedì(m)	joi(f)
maquette(f)	modello(m)	machetă(f)
si	se	dacă
lettre(f)	lettera(f)	literă(f)
Allô!	Pronto!	Alo!
imitation(f)	imitazione(f)	imitație(f)
lever	alzare	ridica
propriétaire(m)	proprietario(m)	proprietar(m)
sans faute	senza dubbio	fără îndoială
avoir	avere	avea
posséder	possedere	poseda
plus	più	mai
exclusivement	esclusivamente	exclusiv

から派生 【もちろん】SINE ～なしに DUBITARE「疑う」の名詞化 俗ラ *fallita「不足」から派生 FORAS 外へ IN-[動詞を作る接頭辞]＋DUO 二つ【持つ】TENERE 保つ HABERE 保つ 【持つ(所有)】POSSIDERE 所有する【もっと多く】MAGIS 更に PLUS 更に 【もっぱら】EXCLUSIVUS 独占的な MENS(f)「心」の奪格

日本語	ポルトガル語	スペイン語
モップ	esfregão(m)	fregona(f)
もてなす	acolher	acoger
モデル(ファッションモデル)	modelo(m)	modelo(m)
戻す	devolver	devolver
戻す(嘔吐)	vomitar	vomitar
基づく	basear-se em	basarse en
基づく(起因)	resultar de	resultar de
求める	exigir	exigir
求める(探す)	buscar	buscar
元々	originalmente	originalmente
戻る	regressar	regresar
物	coisa(f)	cosa(f)
物語	história(f)	historia(f)
物差し	régua	regla(f)

【モップ】EX- 〜から + FRICARE「擦る」からの造語　ケルト*banatlo 箒　SCIRPUS(m) 藺草　SCOPAE(f) 箒　DE 〜の　ロンバルディア方言strak「消耗した」から派生　ルーマニア語のbățの語源は不詳　ブルガリアkärpa「布」から派生　ILLAC そこに　CAPUT(n) 頭　PER 〜に関して + INTRO 中へ EXTERGERE「拭い去る」から派生　PER 〜に関して　DEORSUM 下方へ 【もてなす】COLLIGERE 集める　HOSPITARI「泊まる」から派生　【モデル(ファッションモデル)】MODULUS(m)「尺度」に由来　【戻す】DEVOLVERE 下へ転がす　REMITTERE 返す　IN 〜に + AD 〜へ + POST 後ろに→動詞化 【戻す(嘔吐)】VOMITARE しばしば吐く　VOMERE 吐く　【基づく】BASIS

フランス語	イタリア語	ルーマニア語
balai-serpillière(m)	scopa(f) di stracci	bāţ(n) cu cârpe la cap pentru şters pe jos
accueillir	accogliere	ospăta
modèle(m)	modello(m)	model(n)
remettre	rimettere	înapoia
vomir	vomitare	vomita
être basé sur	basarsi	se baza pe
résulter de	derivare	rezulta de
demander	chiedere	cere
chercher	cercare	căuta
originairement	originariamente	original
revenir	ritornare	se întoarce
chose(f)	cosa(f)	lucru(n)
histoire(f)	storia(f)	poveste(f)
règle(f)	riga(f)	riglă(f)

「基礎」の動詞化　IN ～に　STARE ～立っている　PER ～について　SUPER ～の上に　【基づく（起因）】RESULTARE 跳ね返る　DE ～から　DERIVARE 誘導する　【求める】EXIGERE 要求する　DEMANDARE 委ねる　QUAERERE 求める　【求める（探す）】フランク*busk「茂み」の動詞化　QUAERERE 求める　CIRCA「～の周囲に」の動詞化　【元々】ORIGINALIS 本源的な　MENS(f)「心」の奪格　【戻る】REGRESSUS(m)「退却」の動詞化　RE-「再び」を表す接頭辞 + VENIRE 来る　TORNARE 丸くする　【物】CAUSA(f) 原因　LUCUBRARE「夜業をする」から派生　【物語】HISTORIA(f) 物語　スラブpovestī「物語」から派生　【物差し】REGULA(f) 定規　ロンバルディア方言riga「線」から派生

日本語	ポルトガル語	スペイン語
ものすごい	terrível	terrible
模範的な	exemplar	ejemplar
木綿	algodão(m)	algodón(m)
腿	coxa(f)	muslo(m)
桃	pêssego(m)	melocotón(m)
靄	neblina(f)	niebla(f)
燃やす	queimar	quemar
催す	celebrar	celebrar
貰う	receber	recibir
貰う(獲得)	ganhar	ganar
森	bosque(m)	bosque(m)
漏れる(液体)	escoar(-se)	escaparse
漏れる(秘密)	descobrir-se	descubrirse
脆い	frágil	frágil
問題	problema(m)	problema(m)
問題(事柄)	assunto(m)	asunto(m)

【ものすごい】TERRIBILIS 恐ろしい 【模範的な】EXEMPLARIS 写しとして役立つ 【木綿】アラブ qutn 綿 独 Watte「詰め綿」から派生 【腿】COXA(f) 腰 MUSCULUS(m) 筋肉 BOMBACIUM(n) 綿 【桃】PERSICUM(n) ペルシアの果物 MALUM(n) リンゴ + COTONIUS[＜Kydōnía クレタ島の町の名前] 【靄】NEBULA(f) 靄 ゲ*brod シチュウ FUSCUS「暗い」から派生 CAECUS「盲目の」から派生 【燃やす】CREMARE 焼き尽くす ARDERE 燃える USTULARE 焼く イタリア語の語源は不詳 【催す】CELEBRARE 祝賀する 【貰う】RECIPERE 受け入れる スラブ priimati「受ける」から派生 【貰う(獲得)】フランク*waidanjan 食べ物を手に入れる CASTIGARE「強制する」

フランス語	イタリア語	ルーマニア語
terrible	terribile	teribil
exemplaire	esemplare	exemplar
coton(m)	cotone(m)	vată(f)
cuisse(f)	coscia(f)	bumbac(n)
pêche(f)	pesca(f)	piersic(m)
brouillard(m)	foschia(f)	ceaţă(f)
brûler	bruciare	arde
célébrer	celebrare	celebra
recevoir	ricevere	primi
gagner	guadagnare	câştiga
bois(m)	bosco(m)	codru(m)
fuir	fuoriuscire	transpira
se divulguer	essere rivelato	curge
fragile	fragile	fragil
problème(m)	problema(m)	problemă(f)
sujet(m)	soggetto(m)	treabă(f)

から派生 【森】ゲ*busk 茂み QUADRUM(n)「正方形」から派生 【漏れる(液体)】EXCOLARE「完成する」から派生 EX- 外へ＋CAPPA(f) 頭巾→動詞化 FUGERE 逃げる FORIS 外へ＋EXIRE 出る TRANS ～を越えて＋SPIRARE 呼吸する 【漏れる(秘密)】DISCOOPERIRE 取り去る SE[再帰代名詞] DIVULGARE 広める ESSE ～である REVELARE 露にする CURRERE「流れ去る」から派生 【脆い】FRAGILIS 弱い 【問題】PROBLEMA(n) 問題 【問題(事柄)】ASSUMPTUS(n) 引き受けられたこと SUBJECTUM(n) 論題 スラブtrĕba「取引」から派生

日本語	ポルトガル語	スペイン語

—や—

矢	flecha(f)	flecha(f)
八百屋	quitanda(f)	verdulería(f)
八百屋(人)	verdureiro(m)	verdulero(m)
やがて	pronto	pronto
喧しい	ruidoso	ruidoso
薬缶	chaleira(f)	tetera(f)
夜間に	de noite	de noche
山羊	cabra(f)	cabra(f)
焼き肉	carne(f) asada	carne(f) asada
焼く	queimar	quemar
役(職務)	função(f)	función(f)

【矢】フランク*fliugika 飛ぶもの　SAGITTA(f) 矢　【八百屋】バンツー kitanda 雑貨屋　VIRIDIS「緑の」から派生　ギ apothēkē 倉庫　DE ～の　MERCATUS(m) 商い　NEGOTIUM(n) 商業　LEGUMEN(n) 野菜　ルーマニア語の語源は不詳　【八百屋(人)】VIRIDIS「緑の」から派生　MERCATUS(m) 商い　DE ～の　LEGUMEN(n) 野菜　トルコ zerzevaţ「野菜」から派生　【やがて】PROMPTUS 眼前の　bien[＜BENE 良く]＋tôt[＜TOSTUS 乾いた]　PAUCUS 少ない　INFRA 下方に　CURRENDO 走りながら　【喧しい】RUMOR(m)「騒音」から派生　RUGIRE「吠える」から派生　セルビア grömōt「轟き」から派生　【薬缶】中国「茶」から派生　BULLIRE「沸騰する」から派生　【夜間に】DE ～に関して

— 690 —

フランス語	イタリア語	ルーマニア語
flèche(f)	freccia(f)	săgeată(f)
boutique(f) de marchand de légumes	negozio(m) de verdure	aprozar(m)
marchand(m) de légumes	verduraio(m)	zarzavagiu(m)
bientôt	fra poco	curând
bruyant	rumoroso	zgomotos
bouilloire(f)	bollitore(m)	ceainic(n)
de nuit	di notte	de noapte
chèvre(f)	capra(f)	capră(f)
viande(f) grillé	carne(f) alla griglia	friptură(f)
brûler	bruciare	arde
fonction(f)	funzione(f)	funcţie(f)

NOX(f) 夜 【山羊】CAPRA(f) 山羊 【焼き肉】CARO(f) 肉 ASSARE「焼く」の完了分詞女性形ASSATAから派生 VIVERE「生きる」の所相形容詞女性形VIVENDAから派生 AD ～に従って ILLE あの CRATICULA(f)「焼く道具」から派生 俗ラ*frictura「焼いたもの」から派生 【焼く】CREMARE 焼き尽くす USTULARE「焼く」から派生 ARDERE「焼く」から派生 イタリア語の語源は不詳 【役(職務)】FUNCTIO(f) 機能

日本語	ポルトガル語	スペイン語
役(役割)	papel(m)	papel(m)
役に立つ	útil	útil
約	mais ou menos	más o menos
薬剤師	farmacêutico(m)	farmacéutico(m)
約束	promessa(f)	promesa(f)
約束する	prometer	prometer
役目	função(f)	función(f)
役目(義務)	dever	deber
火傷	queimadura(f)	quemadura(f)
火傷する	queimar-se	quemarse
野菜	verdura(f)	verdura(f)
優しい(愛情のある)	carinhoso	cariñoso
優しい	fácil	fácil
易しい(単純な)	simples	simple
優しい(親切)	amável	amable

【役(役割)】PAPYRUS(f) 紙　ROTA(f)「車輪」から派生　スラブchartija「紙」から派生　【役に立つ】UTILIS 有益な　【約】MAGIS 更に　AUT 又は　MINUS より少ない　VIBRARE「振動させる」から派生　PLUS 更に　MULTUM 多く　【薬剤師】PHARMACIA(f)「製薬術」から派生　【約束】PROMITTERE「約束する」の完了分詞女性形PROMESSAから派生　【約束する】PROMITTERE 約束する　FACERE する　UNUS 一つの　PROMITTERE「約束する」の完了分詞女性形PROMESSAから派生　【役目】FUNCTIO(f) 機能　【役目(義務)】DEBERE「義務がある」の名詞化　DARE「与える」から派生　【火傷】CREMARE「焼き尽くす」の名詞化　USTULARE「焼く」の名詞化　ARDERE

— 692 —

フランス語	イタリア語	ルーマニア語
rôle(m)	ruolo(m)	hârtie(f)
utile	utile	util
environ	più o meno	mai mult sau mai puţin
pharmacien(m)	farmacista(mf)	farmacist(m)
promesse(f)	promessa(f)	promisiune(f)
faire une promesse	promettere	promite
fonction(f)	funzione(f)	funcţie(f)
devoir(m)	dovere(m)	datorie(f)
brûlure(f)	bruciatura(f)	arsură(f)
se brûler	bruciarsi	se arde
légumes(m)	verdura(f)	zarzavat(n)
affectueux	affetuoso	drăgăstos
facile	facile	uşor
simple	semplice	simplu
aimable	amabile	amabil

「焼く」の名詞化　イタリア語の語源は不詳　【火傷する】CREMARE 焼き尽くす　SE[再帰代名詞]　USTULARE 焼く　ARDERE 焼く　イタリア語の語源は不詳　【野菜】VIRIDIS「緑の」の名詞化　LEGUMEN(n) 野菜　トルコ zerzevaţ「野菜」から派生　【優しい(愛情のある)】CARUS「愛すべき」から派生　AFFECTUS(m)「愛情」から派生　スラブdragostī「貴重な」から派生　【優しい】FACILIS 容易な　LEVIS「軽い」から派生　【易しい(単純な)】SIMPLEX 単純な　【優しい(親切)】AMABILIS 親切な

日本語	ポルトガル語	スペイン語
椰子の実	coco(m)	coco(m)
養う(養育)	criar	criar
養う(扶養)	manter	mantener
野心	ambição(f)	ambición(f)
野心的な	ambicioso	ambicioso
安い	barato	barato
安売り	liquidação(f)	liquidación(f)
休み	descanso(m)	descanso(m)
休み(休日)	feriado(m)	día(m) de descanso
休む	descansar	descansar
休む(欠席)	faltar a	faltar a
野生の	selvagem	salvaje
痩せる	emagrecer	adelgazar(se)
家賃	aluguel(m)	alquiler(m) de casa
奴	tipo(m)	tipo(m)

【椰子の実】ギkókkos「粒」から派生　NUX(f)「クルミ」から派生　DE ～の 【養う(養育)】CREARE 生む　ELEVARE 高める　NUTRIRE 養育する　【養う(扶養)】MANU 手で＋TENERE 保つ　NUTRIRE 飼育する　INTER ～の間で＋TENERE 保つ　【野心】AMBITIO(f) 野望　【野心的な】AMBITIOSUS 野望のある　【安い】古ノルド*baratta「口論」から派生　BONUS 良い＋MERCATUS 商い　AB ～で　新ギefthinós「安い」から派生　【安売り】LIQUERE「流動する」の名詞化　イsaldare「勘定を締め切る」の名詞化　VENDERE「売る」から派生　【休み】DIS-「否定」を表す接頭辞＋CAMPSARE 曲げる→名詞化　PAUSA(f) 休み　REPAUSARE「休む」の名詞化　ブルガリ

フランス語	イタリア語	ルーマニア語
coco(m)	cocco(m)	nucă(f) de cocos
élever	nutrire	nutri
nourrir	mantenere	întreţine
ambition(f)	ambizione(f)	ambiţie(f)
ambitieux	ambizioso	ambiţios
bon marché	a buon mercato	ieftin
solde(m)	saldi(m)	sold(n)
pause(f)	riposo(m)	odihnă(f)
congé(m)	giorno(m) festivo	zi(f) de odihnă
se reposer	riposare	se odihni
s'absenter de	assentarsi da	lipsi de la
sauvage	selvatico	sălbatic
maigrir	dimagrire	slăbi
loyer(m)	affitto(m)	chirie(f)
type(m)	tipo(m)	tip(m)

ア otdihna「息」から派生 【休み(休日)】FERIATUS「祝祭日の」から派生 DIES(mf) 日 DE 〜の COMMEATUS(m) 賜暇 DIURNUS「日中の」の名詞化 FESTIVUS 楽しい 【休む】REPAUSARE 休む 【休む(欠席)】俗ラ *fallita 不足 AB 〜から ABSENTARE 遠ざける 新ギ lípso(lipó「不足する」の未来形) ILLAC そこに 【野生の】SILVATICUS 森の 【痩せる】EMACRESCERE しおれる DELICATUS「優美な」から派生 MACER「優美な」から派生 スラブ slabŭ「弱い」から派生 【家賃】アラブ al-kira 賃貸 CASA(f) 小屋 LOCARIUM(n) 家賃 FIGERE「堅固にする」の完了分詞 FICTUSから派生 ブルガリア kirija「賃貸」から派生 【奴】TYPUS(m) 像

日本語	ポルトガル語	スペイン語
厄介な	incômodo	molesto
薬局	farmácia(f)	farmacia(f)
やっと(ついに)	por fim	por fin
やつれる	esgotar-se	extenuarse
雇う	empregar	emplear
屋根	telhado(m)	tejado(m)
やはり(同じく)	também	también
やはり(案の定)	como se esperava	como se esperaba
野蛮な	bárbaro	bárbaro
破る	romper	romper
破る(法を)	violar	violar
破る(約束を)	faltar a	faltar a
山	montanha(f)	montaña(f)
闇	obscuridade(f)	obscuridad(f)
止む	parar	parar

【厄介な】INCOMMODUS 厄介な　MOLESTUS 煩わしい　ODIUM(n)「嫌悪」から派生　COLUS(f)「糸巻き竿」から派生　【薬局】PHARMACIA(f) 製薬術　【やっと(ついに)】PER ～に関して　FINIS(m) 結末　IN ～に　AD ～へ　ILLE あの　FINIS(m) 結末　スラブ sūvŭršiti「終わる」から派生　【やつれる】GUTTA(f)「滴」から派生　EXTENUARE 弱める　SE［再帰代名詞］　FLEBILIS「悲しむべき」から派生　【雇う】IMPLICARE 包む　UTILIS「役立つ」から派生　【屋根】TEGULA(f)「屋根瓦」から派生　TEGERE「覆う」の完了分詞 TECTUS から派生　COOPERIRE「全く覆い隠す」から派生　【やはり(同じく)】TANTUS こんなに大きい　BENE 良く　ALIUD 別のことも ＋ SIC そのように

フランス語	イタリア語	ルーマニア語
ennuyeux	molesto	încurcat
pharmacie(f)	farmacia(f)	farmacie(f)
enfin	alla fine	în sfârşit
s'affaiblir	sciuparsi	se extenua
employer	impiegare	utiliza
toit(m)	tetto(m)	acoperiş(n)
aussi	anche	şi
comme prévu	come immaginavo	aşa cum am prevăzut
barbare	barbaro	barbar
rompre	rompere	rupe
violer	violare	viola
manquer à	mancare a	lipsi de la
montagne(f)	montagna(f)	munte(m)
obscurité(f)	oscurità(f)	obscuritate(f)
cesser	cessare	înceta

【やはり（案の定）】QUOMODO どのように？　SE[再帰代名詞]　SPERARE 期待する　PRAEVIDERE「予見する」の完了分詞PRAEVISUSから派生　IMAGINARI「想像する」の完了分詞IMAGINATUSから派生　ECCUM それをみよ＋SIC そのように　HABERE 保つ　【野蛮な】BARBARUS 野蛮な　【破る】RUMPERE 破る　【破る（法を）】VIOLARE 侵害する　【破る（約束を）】俗ラ*fallita「不足」から派生　AB ～から　MANCUS「欠陥のある」から派生　新ギ lípso(lipó「不足する」の未来形）　DE ～から　ILLAC そこに　【山】MONTANUS「山の」から派生　MUNS(m) 山　【闇】OBSCURITAS(f) 闇　【止む】PARARE 用意する　CESSARE 中止する　QUIETARE「静める」から派生

日本語	ポルトガル語	スペイン語
止める	deixar	dejar
寡夫	viúvo(m)	viudo(m)
やや	um pouco	un poco
やり方	maneira(f)	manera(f)
やり直す	refazer	rehacer
柔らかい	brando	blando
柔らかい(色・光)	suave	suave
和らげる	suavizar	suavizar

―ゆ―

湯	água(f) quente	agua(f) caliente
唯一の	único	único
憂鬱	melancolia(f)	melancolía(f)
憂鬱な	melancólico	melancólico
有益な	útil	útil
有益な(教訓的な)	instrutivo	instructivo

【止める】LAXARE 緩める　CESSARE 中止する　【寡夫】VIDUUS(m) 寡夫の　【やや】UNUS 一つの　PAUCUS 少ない　ルーマニア語の語源は不詳　【やり方】MANUS(f)「手」から派生　【やり直す】RE-「再び」を表す接頭辞＋FACERE する　【柔らかい】BLANDUS 愛すべき　MOLLIS 柔らかい　TENER 柔らかい　【柔らかい(色・光)】SUAVIS 心地よい　DULCIS「好ましい」から派生　【和らげる】SUAVIS 心「地よい」の動詞化　DULCIS「好ましい」の動詞化　MOLLIS「柔らかい」から派生　【湯】AQUA(f) 水　CALENS 温かい　CALIDUS 温かい　【唯一の】UNICUS 唯一の　【憂鬱】MELANCHOLIA(f) 憂鬱　【憂鬱な】MELANCHOLICUS 憂鬱な　【有益な】UTILIS 有益な　【有益な(教

フランス語	イタリア語	ルーマニア語
cesser	cessare	lăsa
veuf(m)	vedovo(m)	văduv(m)
un peu	un po'	puţin
manière(f)	maniera(f)	manieră(f)
refaire	rifare	reface
mou	tenero	moale
doux	soave	suav
adoucir	addolcire	muia
eau(f) chaud	acqua(f) calda	apă(f) caldă
unique	unico	unic
mélancolie(f)	malinconia(f)	melancolie(f)
mélancolique	malinconico	melancolic
utile	utile	util
instructif	educativo	instructiv

訓的な)】INSTRUCTUS(m)「教育」から派生　EDUCATIVUS 教育的な

日本語	ポルトガル語	スペイン語
優越感	complexo(m) de superioridade(f)	complejo(m) de superioridad
遊園地	parque(m) de diverções	parque(m) de atracciones
誘拐	seqüestro(m)	secuestro(m)
誘拐する	seqüestrar	secuestrar
有害な	prejudicial	perjudicial
夕方に	ao anoitecer	al anochecer
勇敢な	valente	valiente
勇気	coragem(f)	coraje(m)
友好	amizade(f)	amistad(f)
有効な	válido	válido
有効な(効き目)	eficiente	eficaz
有罪の	culpado	culpable
優秀な	excelente	excelente

【優越感】COMPLEXUS(m) 巻き付けること DE ～に関する SUPERIOR「上位の」から派生 【遊園地】後ラparricus 牧養生 DE ～に関する DIVERTERE「離す」から派生 ATTRAHERE「引きつける」から派生 【誘拐】SEQUESTRUM(n) 強制隔離 LEVARE「軽くする」から派生 SEQUESTRARE「隔離する」から派生 RAPERE「引き裂く」から派生 【誘拐する】SEQUESTRARE 隔離する LEVARE「軽くする」から派生 RAPERE「引き裂く」から派生 【有害な】PRAEJUDICIALIS 有害な DAMNOSUS 有害な NOCERE「害になる」から派生 【夕方に】AD ～へ ILLE あの NOX(f)「夜」から派生 SERA 遅く DE ～に関して CONTRA ～に対して 【勇敢な】

— 700 —

フランス語	イタリア語	ルーマニア語
complex(m) de	complesso(m) di	complex(d) de
supériorité	superiorità	superioritate
parc(m) d'attractions	parco(m) dei divertimenti	parc(n) de atracţii
enlèvement(m)	sequestro(m)	răpire(f)
enlever	sequestrare	răpi
nuisible	dannoso	dăunător
au soir	di sera	către seră
courageux	coraggioso	curajos
courage(m)	coraggio(m)	curaj(n)
amitié(f)	amicizia(f)	prietenie(f)
valide	valido	valid
efficace	efficace	eficace
coupable	colpevole	culpabil
excellent	eccellente	excelent

VALENS 強い　COR(n)「心」から派生　【勇気】COR(n) 心　【友好】AMICITIA(f) 友情　スラブprijatelī「友人」から派生　【有効な】VALIDUS 強い　【有効な(効き目)】EFFICIENS 効果のある　EFFICAX 効果のある　【有罪の】CULPATUS 咎められるべき　CULPABILIS 罪のある　【優秀な】EXCELLENS 優れた

日本語	ポルトガル語	スペイン語
優勝する	ganhar o campamento	ganar la victoria
友情	amizade(f)	amistad(f)
夕食	jantar(m)	cena(f)
友人	amigo(m)	amigo(m)
優先的に	de preferência	preferentemente
郵送する	enviar por correio	enviar por correo
Uターンする	dar meia-volta	dar media vuelta
誘導する	dirigir	dirigir
有毒の	venenoso	venenoso
有能な	competente	competente
夕日	sol(m) ponente	sol(m) poniente
郵便	correio(m)	correos(m)
郵便局	correio(m)	correos(m)

【優勝する】フランク*waidanjan 食物を得る　ILLE あの　CAMPUS(m)「平地」から派生　VICTORIA(f) 勝利　OBTINERE 固持する　【友情】AMICITIA(f) 友情　スラブprijatelĭ「友人」から派生　【夕食】JENTARE「朝食を取る」から派生　CENA(f) 食事　JEJUNARE「断食する」から派生　【友人】AMICUS(m) 友人　スラブprijatelĭ「友人」から派生　【優先的に】DE ～に関して　PRAFERRE「より好む」から派生　IN ～に　PRIORITAS(f) 優先　CUM ～と共に　【郵送する】IN ～に＋VIA(f) 道路→動詞化　PER ～によって　古プロバンスcorrieu 使者　EXPEDIRE 解く　PONERE「置く」の完了分詞女性形POSITAから派生　TRANSMITTERE あちらへ送る　PER ～に関して＋IN ～に　【Uターン

— 702 —

フランス語	イタリア語	ルーマニア語
gagner le championnat	ottenre la vittoria	obţine o victorie
amitié(f)	amicizia(f)	prietenie(f)
dîner(m)	cena(f)	cină(f)
ami(m)	amico(m)	prieten(m)
en priorité	prioritariamente	cu prioritate
envoyer par la poste	spedire per posta	trimite prin poştă
faire demi-tour	tornare indietro	întoarce
conduire	guidare	conduce
toxique	velenoso	veninos
compétent	competente	competent
soleil(m) couchant	sole(m) calante	soare-apune(m)
poste(f)	posta(f)	poştă(f)
poste(f)	ufficio(m) postale	poştă(f)

する】DARE 与える　MEDIUS 中間の　VOLVERE「転がす」の完了分詞女性形VOLUTAから派生　DIMIDIUS 半分の　TORNARE「丸くする」から派生　IN ～に＋DE ～から＋RETRO 後ろへ　INTORQUERE「回転させる」から派生　【誘導する】DIRIGERE 真っ直ぐにする　CONDUCERE 集めるフランク*wītan 世話をする　【有毒の】VENENOSUS 有毒な　TOXICUM(n)「毒」の形容詞化　【有能な】COMPETENS 適当な　【夕日】SOL(m) 太陽 PONENS 横たえる　COLLOCARE「置く」の現在分詞COLLOCANSから派生　後ラchalare「帆綱を緩める」から派生　APPONERE「そこへ置く」から派生　【郵便局】OFFICIUM(n) 職務

日本語	ポルトガル語	スペイン語
郵便番号	código(m) de endereçamento postal	código(m) postal
裕福な	rico	rico
有望な	prometedor	prometedor
有名な	famoso	famoso
ユーモア	humor(m)	humor(m)
夕焼け	arrebol(m) da tarde	arrebol(m) de la tarde
有利な	vantajoso	ventajoso
有利な(好都合な)	favorável	favorable
有料の	pago	de pago
幽霊	fantasma(m)	fantasma(m)
誘惑	sedução(f)	seducción(f)
誘惑する	seduzir	seducir
床	assoalho(m)	suelo(m)

【郵便番号】CAUDEX(m) 目録 DE 〜の INDIRECTUS「間接の」から派生 PONERE「置く」の完了分詞女性形POSITAから派生 NUMERUS(m) 数 【裕福な】ゲ*rīkja 支配者 スラブbogatū「富んだ」から派生 【有望な】 PROMITTERE「約束する」から派生 【有名な】FAMOSUS 有名な 【ユーモア】HUMOR(m) 液 【夕焼け】RUBOR(m) 赤 DE 〜の ILLE あの SOL(m) 太陽 TARDE 遅く ゲ*brasa おき COLLOCARE「置く」の現在分詞 COLLOCANSから派生 RUSSUS「赤い」から派生 TRANS 〜を越えて+ MONS(m) 山→日没 CAELUM(n) 空 APPREHENDERE「掴む」の完了分詞 APPREHENSUSから派生 CUM 〜と共に APPONERE「そこに置く」から

— 704 —

フランス語	イタリア語	ルーマニア語
code(m) postal	codice(m) postale	număr(n) al oficiului poştal
riche	ricco	bogat
prometteur	promettente	promiţător
fameux	famoso	faimos
humour(m)	umorismo(m)	humor(n)
embrasement(m) du soleil couchant	rosso(m) del tramonto	cer(n) aprins cu apus de soare
avantageux	vantaggioso	avantajos
favorable	favorevole	favorabil
payant	a pagamento	cu plată
fantôme(m)	fantasma(m)	fantomă(f)
séduction(f)	seduzione(f)	seducţie(f)
séduire	sedurre	seduce
sol(m)	suolo(m)	duşmea(f)

派生 【有利な】ABANTE「〜の前に」から派生 【有利な(好都合な)】FAVORABILIS 好意ある 【有料の】PACARE「静める」から派生 DE 〜の AB 〜で CUM 〜と共に スラブplata「料金」から派生 【幽霊】PHANTASMA(n) 幽霊 【誘惑】SEDUCTIO(f) 誘惑 【誘惑する】SEDUCERE 誘惑する 【床】SOLUM(n) 地面 トルコ döşeme「床」から派生

— 705 —

日本語	ポルトガル語	スペイン語
愉快な(楽しい)	divertido	divertido
雪	neve(f)	nieve(f)
雪が降る	nevar	nevar
行く	ir	ir
行く(通う)	freqüentar	frecuentar
行方不明の	desaparecido	desaparecido
行く先	destino(m)	destino(m)
湯気	vapor(m)	vapor(m)
輸血	transfusão(f) de sangue	transfusión(f) de sangre
輸出	exportacão(f)	exportación(f)
輸出する	exportar	exportar
ゆすぐ	enxuagar	enjuagar
揺する	sacudir	sacudir
譲る	ceder	ceder
譲る(売却)	vender	vender

【愉快な(楽しい)】DIVERTERE「引き離す」から派生　GAUDIUM(n)「喜び」から派生　スラブveselū「陽気な」から派生　【雪】NIX(f) 雪　ルーマニア語の語源は不詳　【雪が降る】NIX(f)「雪」から派生　【行く】IRE 行く　AMBULARE 漫歩する　MERGERE 沈める　【行く(通う)】FREQUENTARE しばしば訪れる　【行方不明の】DIS-「否定」の接頭辞＋PARERE 現れる　DIS-「否定」の接頭辞　COMPARERE「現れる」から派生　【行く先】DESTINARE「定める」から派生　【湯気】VAPOR(m) 蒸気　【輸血】TRANSFUSIO(f) 輸血　DE 〜のSANGUIS(m) 血　【輸出】EXPORTATIO(f) 輸出　【輸出する】EXPORTARE 輸出する　【ゆすぐ】EX 外へ＋AQUA(f) 水→動詞化　RECENS「新鮮な」か

フランス語	イタリア語	ルーマニア語
joyeux	divertente	vesel
neige(f)	neve(f)	zăpadă(f)
neiger	nevicare	ninge
aller	andare	merge
fréquenter	frequentare	frecventa
disparu	scomparso	dispărut
destination(f)	destinazione(f)	destinaţie(f)
vapeur(m)	vapore(m)	vapori(m)
transfusion(f) de sangue	trasfusione(f) di sangue	transfuzie(f) de sânge
exportación(f)	esportazione(f)	export(n)
exporter	esportare	exporta
rincer	sciacquare	(se) clăti
ébranler	scuotere	clătina
céder	cedere	ceda
vendre	vendere	vinde

ら派生　AQUA(f)「水」から派生　SE[再帰代名詞]　スラブklatiti「揺する」から派生　【揺する】SUB 下に＋QUATERE 揺り動かす　フランス語の語源は不詳　スラブklatiti「揺する」から派生　【譲る】CEDERE 譲る　【譲る(売却)】VENDERE 売る

日本語	ポルトガル語	スペイン語
輸送	transporte(m)	transporte(m)
輸送する	transportar	transportar
豊かな(豊富な)	abundante	abundante
豊かな(肥沃な)	fértil	fértil
油断する	descuidar-se	descuidarse
ゆっくりと	lentamente	lentamente
輸入	importação(f)	importación(f)
輸入する	importar	importar
指	dedo(m)	dedo(m)
指輪	anel(m)	anillo(m)
夢	sonho(m)	sueño(m)
由来(起源)	origem(f)	origen(m)
由来(原因)	causa(f)	causa(f)
由来する	derivar-se de	derivar(se) de
百合	açucena(f)	azucena(f)
緩い	frouxo	flojo

【輸送】TRANSPORTARE「運送する」の名詞化 【輸送する】TRANSPORTARE 運送する 【豊かな(豊富な)】ABUNDANS 富んだ 【豊かな(肥沃な)】FERTILIS 肥沃な 【油断する】DIS-「否定」の接頭辞+COGITARE 考慮する NEGLIGERE 顧みない 【ゆっくりと】LENTE ゆっくりと MENS(f)「心」の奪格 QUIETUS 「平穏な」から派生 【輸入】IMPORTARE「導き入れる」の名詞化 【輸入する】IMPORTARE 導き入れる 【指】DIGITUS(m) 指 【指輪】ANELLUS(m) 小さな指輪 【夢】SOMNIUM(n) 夢 EX[強意]+VAGUS 放浪する→名詞化 VISUM(n)「幻影」から派生 【由来(起源)】ORIGO(f) 由来 【由来(原因)】 CAUSA(f) 原因 【由来する】DERIVARE 誘導する SE[再帰代名詞] DE～

フランス語	イタリア語	ルーマニア語
transport(m)	trasporto(m)	transport(n)
transporter	trasportare	transporta
abondant	abbondante	abundent
fertile	fertile	fertil
négliger	negligere	neglija
lentement	lentamente	încet
importation(f)	importazione(f)	import(n)
importer	importare	importa
doigt(m)	dito(m)	deget(n)
anneau(m)	anello(m)	inel(n)
rêve(m)	sogno(m)	vis(n)
origine(f)	origine(f)	origine(f)
cause(f)	causa(f)	cauză(f)
dériver de	derivare da	deriva de la
lis(m)	giglio(m)	crin(m)
lâche	floscio	moale

から DE ～から + AB ～で ILLAC そこに 【百合】アラブas-susana 百合 LILIUM(n) 百合 スラブkrinŭ「百合」から派生 【緩い】FLUXUS 締まりのない LAXUS 締まりのない MOLLIS 柔らかい

日本語	ポルトガル語	スペイン語
許す(許可)	permitir	permitir
許す(容赦)	desculpar	disculpar
緩む	afrouxar-se	aflojar(se)
揺れる	agitar-se	agitarse

—よ—

世	mundo(m)	mundo(m)
世(人生)	vida(f)	vida(f)
夜明け	madrugada(f)	madrugada(f)
用(用事)	assunto(m)	asunto(m)
酔う(酒に)	emborrachar-se	emborracharse
酔う(船に)	ter enjôo	marearse
用意	preparação(f)	preparación(f)
用意する	preparar(-se)	preparar
容易な	fácil	fácil

【許す(許可)】PERMITTERE 許す 【許す(容赦)】DIS-「否定」の接頭辞＋CULPA(f) 罪→動詞化 俗ラ*perdonare 許す LIBERTARE 自由にする 【緩む】FLUXUS「締まりのない」の動詞化 SE[再帰代名詞] LENTUS「ゆっくりとした」の動詞化 RELAXARE 緩める 【揺れる】AGITARE 振る SE[再帰代名詞] TREMERE 震える 【世】MUNDUS(m) 世界 LUMEN(n) 光 【世(人生)】VITA(f) 生涯 【夜明け】MATURARE「せき立てる」の名詞化 DE ～の DIES(mf) 日 ALBA(f) 曙 スラブzorï「曙」から派生 【用(用事)】ASSUMPTUS 引き受けられた AD ～に＋FACERE する スラブtrěba「取引」から派生 【酔う(酒に)】ポルトガル語・スペイン語の語源は不詳

フランス語	イタリア語	ルーマニア語
permettre	permettere	permite
pardonner	perdonare	ierta
se relâcher	allentarsi	(se) relaxa
s'agiter	tremare	(se) agita
monde(m)	mondo(m)	lume(f)
vie(f)	vita(f)	viaţă(f)
aube(f)	alba(f)	zori(m) de zi
affaire(f)	affare(m)	treabă(f)
s'enivrer	ubriacarsi	se îmbăta
avoir le mal de mer	avere il mal di mare	avea rău de mare
préparation(f)	preparazione(f)	pregătire(f)
préparer	preparare	pregăti
facile	facile	facil

INEBRIARE 酔わす　SE[再帰代名詞]　EBRIUS「酔っている」から派生　俗ラ*bibitus[＜BIBERE 飲む]→動詞化　【酔う(船に)】TENERE 保つ　ODIUM(n)「飽満」から派生　スペイン語の語源は不詳　SE[再帰代名詞]　HABERE 保つ　IN ～に　MALUM(n) 不幸　REUS「罪のある」から派生　DE ～に関して　MARE(n) 海　【用意】PRAEPARATIO(f) 用意　ルーマニア語の語源は不詳　【用意する】PRAEPARARE 用意する　ルーマニア語の語源は不詳　【容易な】FACILIS 容易な

日本語	ポルトガル語	スペイン語
要因	fator(m)	factor(m)
容器	recipiente(m)	recipiente(m)
陽気な	alegre	alegre
容疑者	suspeito	sospechoso
要求	exigência(f)	exigencia(f)
要求する	exigir	exigir
用紙	formulário(m)	formulario(m)
養子	filho(m) adotivo	hijo(m) adoptivo
養子にする	adotar	adoptar
様式	estilo(m)	estilo(m)
用心する	tomar cuidado	tener cuidado
様子（状態）	estado(m)	estado(m)
様子（外観）	aspecto(m)	aspecto(m)
要するに	em resumo	en resumen
養成する	formar	formar
養成する（教育）	educar	educar

【要因】FACTOR(m) 行為者　【容器】RECIPENS 受け入れる　VASUM(n) 器　【陽気な】ALACER 楽しい　ゴート゜gâheis 速い　スラブveselū「陽気な」から派生　【容疑者】SUSPECTUS 疑われた　INDICARE「告訴する」から派生　【要求】EXIGENTIA(f) 要求　QUAERERE「要求する」から派生　【要求する】EXIGERE 要求する　QUAERERE 要求する　【用紙】FORMULARIUS(m) 様式　【養子】FILIUS(m) 息子　ADOPTIVUS 養子の　ルーマニア語の名詞の語源は不詳　【養子にする】ADOPTARE 養子にする　【様式】STILUS(m) 文体　【用心する】TENERE 保つ　COGITATUM(n) 思いつき　FACERE する　ATTENTIO(f) 注意　SE[再帰代名詞]　スラブpaziti「世話をする」から派生

フランス語	イタリア語	ルーマニア語
facteur(m)	fattore(m)	factor(m)
récipient(m)	recipiente(m)	vas(n)
gai	allegro	vesel
suspect(m)	sospettato(m)	suspect(m)
exigence(f)	esigenza(f)	cerere(f)
exiger	esigere	cere
formulaire(m)	formulario(m)	formular(n)
fils(m) adopté	figlio(m) adottivo	copil(m) adoptiv
adopter	adottare	adopta
style(m)	stile(m)	stil(n)
faire attention	fare attenzione	se păzi
état(m)	stato(m)	stare(f)
aspect(m)	aspetto(m)	aspect(n)
(en) bref	in breve	pe scurt
former	formare	cultiva
éduquer	educare	educa

【様子(状態)】STATUS(m) 状態　STARE「立っている」の名詞化　【様子(外観)】ASPECTUS(m) 外観　【要するに】IN ～に　RESUMERE「再び取る」から派生　BREVIS 短い　PER ～に関して　CURTUS「短い」から派生　【養成する】FORMARE 教え込む　CULTUS(m)「耕作」から派生　【養成する(教育)】EDUCERE 引き出す

日本語	ポルトガル語	スペイン語
養成する(訓練)	treinar	entrenar
容積	capacidade(f)	capacidad(f)
要素	elemento(m)	elemento(m)
幼稚な	infantil	infantil
幼稚園	jardim-de-infância(m)	jardín(m) de infancia
要点	ponto(m) principal	punto(m) esencial
羊毛	lã(f)	lana(f)
要約	resumo(m)	resumen(m)
要約する	resumir	resumir
ヨーグルト	iogurte(m)	yogur(m)
ヨーロッパ	Europa(f)	Europa(f)
ヨーロッパの	europeu	europeo
余暇	tempo(m) livre	tiempo(m) libre
予感	pressentimento(m)	presentimiento(m)
預金	depósito(m)	depósito(m)

【養成する(訓練)】TRAHERE「引く」から派生 LENO(m)「仲買人」から派生? 【容積】CAPACITAS(f) 容量 【要素】ELEMENTUM(n) 要素 【幼稚な】INFANTILIS 幼児の 【幼稚園】フランク*gard「柵」から派生 DE 〜の INFANTIA(f) 子ども INFANTILIS 幼児の 【要点】PUNCTUM(n) 点 PRINCIPALIS 主要な ESSENTIALIS 本質的な 【羊毛】LANA(f) 羊毛 【要約】RESUMERE「再び取る」の名詞化 【要約する】RESUMERE 再び取る 【ヨーグルト】ブルガリアjaurt ヨーグルト 【ヨーロッパ】EUROPA(f)[＜ギ Európē]日の沈む所 【ヨーロッパの】EUROPA(f)[＜ギEurópē]「日の沈む所」の形容詞化 【余暇】TEMPUS(n) 時 LIBER 自由な 【予感】PRAESENTIRE

— 714 —

フランス語	イタリア語	ルーマニア語
entraîner	allenare	antrena
capacité(f)	capacità(f)	capacitate(f)
élément(m)	elemento(m)	element(n)
enfantin	infantile	infantil
jardin(m) d'enfants	giardino(m) d'infanza	grădiniţă(f)
point(m) essentiel	punto(m) essenziale	punct(n) esenţial
laine(f)	lana(f)	lână(f)
résumé(m)	riassunto(m)	rezumat(n)
résumer	riassumere	rezuma
yaourt(m)	yogurt(m)	iaurt(n)
Europe(f)	Europa(f)	Europa(f)
européen	europeo	european
temps(m) libre	tempo(m) libero	timp(n) liber
pressentiment(m)	presentimento(m)	presimţire(f)
dépôt(m)	deposito(m)	depunere(f)

「予感する」の名詞化 【預金】DEPOSITUM(n) 預け物 DEPONERE「預託する」の名詞化

— 715 —

日本語	ポルトガル語	スペイン語
良く(上手に)	bem	bien
良く(沢山)	muito	mucho
欲の深い	cobiçoso	codicioso
欲(欲望)	desejo(m)	deseo(m)
浴室	casa(f) do banho	baño(m)
翌日に	no dia seguinte	al día siguiente
余計な	desnecessário	innecesario
避ける	evitar	evitar
横	lado(m)	lado(m)
横切る	atravessar	atravesar
予告	aviso(m)	aviso(m)
予告する	avisar	avisar
汚す(しみ)	manchar	manchar
横たわる	deitar-se	acostarse
予算	orçamento(m)	presupuesto(m)

【良く(上手に)】BENE 良く 【良く(沢山)】MULTUM 多く BELLUS 美しい + COLAPHUS(m) 拳打 【欲の深い】CUPIDITAS(f)「欲望」から派生 CUPIDUS「熱望している」から派生 スラブlakomū「貪欲な」から派生 【欲(欲望)】DESIDIA(f)「怠惰」から派生 DESIDERARE「焦がれる」から派生 DOLOR(m)「苦痛」から派生 【浴室】CASA(f) 小屋 DE 〜の ILLE あの BALNEUM(n) 浴室 ゲ*sala 住居 【翌日に】IN 〜に ILLE あの DIES(mf) 日 SEQUENS 次の MANE 朝 DIURNUS 日中の ルーマニア語の形容詞の語源は不詳 【余計な】DIS-「否定」を表す接頭辞 IN-「否定」を表す接頭辞 NECESSARIUS 不可欠の SUPERFLUERE「有り余る」から派生 スラ

— 716 —

フランス語	イタリア語	ルーマニア語
bien	bene	bine
beaucoup	molto	mult
cupide	cupido	lacom
désir(m)	desiderio(m)	dorinţă(f)
salle(f) de bain	bagno(m)	baie(f)
le lendemain	il giorno seguente	ziua următoare
superflu	non necessario	netrebuincios
éviter	evitare	evita
côté(m)	lato(m)	latură(f)
traverser	attravesare	traversa
préavis(m)	preavviso(m)	aviz(n)
prévenir	preavvisare	aviza
salir	macchiare	păta
se coucher	coricarsi	se culca
budget(m)	bilancio(m)	buget(n)

ブne-「否定」を表す接頭辞+trĕbovati「要求する」→形容詞化 【避ける】EVITARE 避ける 【横】LATUS(n) 側面 COSTA(f) 肋骨 【横切る】TRANSVERSUS「交差した」から派生 【予告】VISUS(m) 見ること PRAEVIDERE「予見する」から派生 【予告する】AD 〜へ+VISUS(m) 現象→動詞化 PRAEVIDERE 予見する 【汚す(しみ)】MACULA(f)「汚れ」の動詞化 フランク*salo 汚れた ルーマニア語の語源は不詳 【横たわる】DEJECTARE「投げ倒す」から派生 COSTA(f)「肋骨」の動詞化 COLLOCARE 置く 【予算】ポルトガル語の語源は不詳 PRAE 前に+SUPPONERE 下に置く→名詞化 BILANX(f) 天秤 英語 budget 予算[<BULGA 袋]

日本語	ポルトガル語	スペイン語
予習する	preparar a lição	preparar la lección
予想	expectativa(f)	pronóstico(m)
予想する	prever	prever
予測する	prever	prever
欲求不満	frustração(f)	frustración(f)
酔っぱらった	borracho	borracho
予定(計画)	plano(m)	plan(m)
予定(時間表)	horário(m)	horario(m)
夜中に	à meia noite	a medianoche
余白	margem(f)	margen(m)
予備の	de reserva	de reserva
予備知識	conhecimento(m) prévio	conocimiento(m) previo
呼び鈴	campainha(f)	timbre(m)
呼ぶ	chamar	llamar
余分の(無用の)	supérfluo	superfluo

【予習する】PRAEPARARE 準備する ILLE あの LECTIO(f) 読むこと ルーマニア語の語源は不詳 【予想】EXSPECTATUS「期待された」から派生 ギprognōstika 予想 PRAEVIDERE「予見する」から派生 【予想する】PRAEVIDERE 予見する ギprognōstika「予想」から派生 【予測する】PRAEVIDERE 予見する 【欲求不満】FRUSTRATIO(f) 迷い FRUSTRARE「騙す」から派生 【酔っぱらった】ポルトガル語・スペイン語の語源は不詳 EBRIUS 酔っている 俗ラ*bibitus[＜BOBERE 飲む]から派生 【予定(計画)】PLANUS「平らな」の名詞化 【予定(時間表)】HORARIUS「時間の」の名詞化 【夜中に】AD ～に MEDIUS 中間の NOX(f) 夜 IN ～に MEDIUM(n) 中

— 718 —

フランス語	イタリア語	ルーマニア語
préparer ses leçons	preparare la lezione	pregăti
pronostic(m)	pronostico(m)	prevedere(f)
prévoir	pronosticare	prevedea
prévoir	prevedere	prevedea
frustration(f)	frustrazione(f)	frustrare(f)
ivre	ubriaco	beat
plan(m)	piano(m)	plan(n)
horaire(m)	orario(m)	orar(n)
à minuit	a mezzanotte	în miezul nopții
marge(f)	margine(m)	margine(f)
de réserve	di scorta	de rezervă
connaissances(f)	conoscenze(f)	cunoștință(f)
préliminaires	preliminari	prealabilă
sonnette(f)	campanello(m)	sonerie(f)
appeler	chiamare	chema
superflu	superfluo	superfluu

心 【余白】MARGO(m) 境界 【予備の】DE ～に関して RESERVARE「保存する」の名詞化 イタリア語の語源は不詳 【予備知識】COGNOSCERE「知る」の名詞化 PRAEVIUS 予見された 俗ラ*praeliminaris 予備の AMBULARE「漫歩する」から派生 【呼び鈴】CAMPANA(f) 鈴＋縮小辞 SONARE「鳴る」から派生 【呼ぶ】CLAMARE 呼ぶ APPELLARE 呼びかける 【余分の（無用の）】SUPERFLUUS 余分の

日本語	ポルトガル語	スペイン語
予報	previsão(f)	pronóstico(m)
予防する	prevenir	prevenir
読む	ler	leer
嫁	nora(f)	nuera(f)
嫁(花嫁)	noiva(f)	novia(f)
予約	reserva(f)	reserva(f)
予約する	reservar	reservar
寄り掛かる	encostar-se em	apoyarse en
拠り所にする	basear-se em	basarse en
寄り道する	dar uma passadinha	dar un rodeo
寄る(立ち寄る)	passar por	pasar por
夜	noite(f)	noche(f)
夜に	de noite	de noche
喜ぶ	alegrar-se	alegrarse
よろしい(間投詞)	Bom.	Bueno.

【予報】PRAEVIUS「予見された」の名詞化　ギprognōstika 予想　【予防する】PRAEVENIRE 妨げる　【読む】LEGERE 読む　スラブčitati「読む」から派生　【嫁】NURUS(f) 嫁　BELLA 綺麗な＋FILIA(f) 娘　【嫁(花嫁)】NOVA「新しい」の名詞化　MARITARE「結婚させる」の完了分詞女性形MARITATAに由来　SPONSARE「結婚する」の完了分詞女性形SPONSAに由来　【予約】RESERVARE「保存する」の名詞化　PRAENOTARE「予知する」の名詞化　【予約する】RESERVARE 保存する　【寄り掛かる】COSTA(f)「肋骨」から派生　SE[再帰代名詞]　IN ～に　AD ～へ＋PODIUM(n) 露台→動詞化　スラブsūpreženŭ「結婚した」から派生　【拠り所にする】BASIS(f)「基礎」の動詞

フランス語	イタリア語	ルーマニア語
pronostic(m)	previsione(f)	pronostic(n)
prévenir	prevenire	preveni
lire	leggere	citi
belle-fille(f)	nuora(f)	noră(f)
(nouvelle) mariée(f)	sposa(f)	mireasă(f)
réservation(f)	prenotazione(f)	rezervă(f)
réserver	prenotare	rezerva
s'appuyer	appoggiarsi	se sprijini de
se baser sur	basarsi su	se baza pe
faire un détour	fare qualche deviazione	face un ocol
passer chez	passare da	trece prin
nuit(f)	notte(f)	noapte(f)
de nuit	di notte	de noapte
se réjouir	allegrarsi	se bucura
Bien.	Bene.	Bun.

化 SE[再帰代名詞] SUPER 〜の上に SURSUM 上の方へ PER 〜に関して 【寄り道する】DARE 与える UNUS 一つの PASSUS(m)「歩み」から派生 ROTA(f)「車輪」から派生 FACERE する TORNARE 丸くする QUALIS どのような + QUID 何 VIA(f)「道路」から派生 ブルガリア okol「周囲」から派生 【寄る(立ち寄る)】PASSUS(m)「歩み」の動詞化 PER 〜を経て CASA(f) 小屋 DE 〜から + AB 〜から TRAJICERE「渡る」から派生 【夜】NOX(f) 夜 【夜に】DE 〜の間に NOX(f) 夜 【喜ぶ】ALACER「楽しい」の動詞化 SE[再帰代名詞] アルバニア bukur「喜び」の動詞化 【よろしい(間投詞)】BONUS 良い BENE 良く

日本語	ポルトガル語	スペイン語
宜しく(〜に)	Lembranças a 〜	Recuerdos a 〜
世論	opinião(f) pública	opinión(f) pública
弱い	débil	débil
弱い(壊れやすい)	frágil	frágil

―ら―

日本語	ポルトガル語	スペイン語
雷雨	chuva(f) com trovoadas	aguacero(m) con truenos
ライオン	leão(m)	león(m)
来月	o mês que vem	el mes que viene
来週	a semana que vem	la semana que viene
ライター	isqueiro(m)	encendedor(m)
来年	o ano que vem	el año que viene
楽な	cômodo	cómodo

【宜しく(〜に)】MEMORARE「想い出す」から派生　AD 〜へ　RESPECTUS(m) 考慮　TANTUS こんなに大きい　SALUTARE「挨拶する」から派生　COMPLEMENTUM(n)「補足」から派生　【世論】OPINIO(f) 意見　PUBLICUS 公の　【弱い】DEBILIS 弱い　【弱い(壊れやすい)】FRAGILIS 弱い　【雷雨】PLUVIA(f) 雨　CUM 〜と共に　TONUS(m)「雷鳴」から派生　AQUA(f)「水」から派生　TONARE「雷が鳴る」から派生　AURA(f) 風　TEMPESTAS(f) 暴風雨　新ギfurtúna「雷が鳴る」から派生　【ライオン】LEO(m) ライオン　【来月】ILLE あの　MENSIS(m) 月　QUI[関係代名詞]　VENIRE 来る　PROXIMUS 最も近い　LUNA(f) 月　VENIRE「来る」の未来分詞VENITURUSに由来

― 722 ―

フランス語	イタリア語	ルーマニア語
Mes respects à ~	Tanti saluti a ~	Complimente +与格
opinion(f) publique	opinione(f) pubblica	opinie(f) publică
débile	debole	debil
fragile	fragile	fragil
orage(m)	temporale(m)	furtună(f)
lion(m)	leone(m)	leu(m)
le mois prochain	il prossimo mese	luna viitoare
la semaine prochaine	la prossima settimana	săptămâna viitoare
briquet(m)	accendino(m)	brichetă(f)
l'année prochaine	l'anno prossimo	anul viitor
confortable	comodo	comod

【来週】ILLE あの　SEPTIMANA(f) 一週間　QUI[関係代名詞]　VENIRE 来る　PROXIMUS 最も近い　VENIRE「来る」の未来分詞VENITURUSに由来　【ライター】ESCARIUS「食べ物の」から派生　INCENDERE 火をつける　フランス語・ルーマニア語の語源は不詳　ACCENDERE「火をともす」から派生　【来年】ILLE あの　ANNUS(m) 年　QUI[関係代名詞]　VENIRE 来る　PROXIMUS 最も近い　VENIRE「来る」の未来分詞VENITORUSに由来　【楽な】COMMODUS 快適な　CONFORTABILIS 強くすることのできる

日本語	ポルトガル語	スペイン語
楽な(容易な)	fácil	fácil
楽園	paraíso(m)	paraíso(m)
落第	reprovação(f)	fracaso(m)
落胆する	ficar decepcionado	desalentarse
楽天的な	otimista	optimista
ラジオ	rádio(m)	radio(m)
楽観する	ver com otimismo	ver con optimismo
ラッシュアワー	hora(f) do pico	horas(f) punta
ラテンアメリカ	América(f) Latina	América(f) Latina
ラテン語	latim(m)	latín(m)
ラベル	etiqueta(f)	etiqueta(f)
乱雑な	desordenado	desordenado
乱暴な	violento	violento
濫用する	abusar de	abusar de

【楽な(容易な)】FACILIS 容易な 【楽園】PARADISUS(m) 天国 【落第】REPROBATIO(f)「排斥」から派生 スペイン語・イタリア語の語源は不詳 アラブshah 王 CADERE「落ちる」から派生 【落胆する】FIXUS「不動の」から派生 DECEPTUS「欺かれた」から派生 DIS-「否定」を表す接頭辞+ANHELARE 喘ぐ SE[再帰代名詞] COR(n)「心」から派生 【楽天的な】OPTIMUS「最良の」に由来 【ラジオ】英語radiotelegrapfy[「無線通信」の略radio-は「無線」を表す]ラジオ 【楽観する】VIDERE 見る CUM ～と共に OPTIMUS「最良の」に由来 TOTUS 全くの IN ～に BELLUS 良い フランク*wardōn 見張る COLOR(m) 色 新ギtriandáfillo「バラ」から派生

— 724 —

フランス語	イタリア語	ルーマニア語
facile	facile	facil
paradis(m)	paradiso(m)	paradis(n)
échec(m)	bocciatura(f)	cadere(f)
se décourager	scoraggiarsi	se descuraja
optimiste	ottimista	optimist(m)
radio(f)	radio(f)	radio(n)
voir tout	guardare con	vedea toate în
en beau	ottimismo	culori trandafirii
heures(f) de pointe	ora(f) di punta	oră(f) de vârf
Amérique(f) Latine	America(f) Latina	America(f) Latină
latin(m)	latino(m)	limba(f) latină
étiquette(f)	etichetta(f)	etichetă(f)
désordonné	disordinato	dezordonat
violent	violento	violent
abuser de	abusare	abuza de

【ラッシュアワー】HORA(f) 時間　DE ～の　BECCUS(m) 嘴　PUNCTUS(m)「点」に由来　スラブvrūhū「先」から派生　【ラテンアメリカ】Americo (Vespuci) [イタリア人発見者の名前] アメリゴ　LATINUS ラティウムの　【ラテン語】LATINUS「ラティウムの」に由来　LINGUA(f) 言語　【ラベル】ギhektikos 習慣的な　【乱雑な】DIS-「否定」の接頭辞＋ORDINARE「整える」の完了分詞ORDINATUSに由来　【乱暴な】VIOLENTUS 激しい　【濫用する】ABUSUS(m)「濫用」の動詞化　DE ～に関して

日本語	ポルトガル語	スペイン語

―り―

利益	proveito(m)	provecho(m)
理解する	compreender	comprender
利害	interesse(m)	interés(m)
陸	terra(f)	tierra(f)
陸軍	exército(m)	ejército(m)
利口な	inteligente	inteligente
離婚	divórcio(m)	divorcio(m)
利子	juro(m)	interés(m)
リスト	lista(f)	lista(f)
リズム	ritmo(m)	ritmo(m)
理性	razão(f)	razón(f)
理性的な	racional	racional
理想	ideal(m)	ideal(m)
理想的な	ideal	ideal

【利益】PROVECTUS(m) 前進 PROFECTUS(m) 成功 【理解する】COMPREHENDERE 理解する INTELLEGERE 理解する 【利害】INTER 〜の間に＋ESSE 〜である→造語 【陸】TERRA(f) 陸 【陸軍】EXERCITUS(m) 陸軍 ARMARE「武装させる」の完了分詞女性形ARMATAから派生 DE 〜の 【利口な】INTELLENENS 理解した 【離婚】DIVORTIUM(n) 離婚 【利子】JUS(n)「法規」から派生 INTER 〜の間に＋ESSE 〜である→造語 【リスト】ゲ*lista 目録 【リズム】RHYTHMUS(m) 律動 【理性】RATIO(f) 理性 【理性的な】RATIONALIS 理性的な 【理想】IDEALIS「理想の」の名詞化 【理想的な】IDEALIS 理想の

フランス語	イタリア語	ルーマニア語
profit(m)	profitto(m)	profit(n)
comprendre	comprendere	înțelege
intérêt(m)	interesse(m)	interes(n)
terre(f)	terra(f)	țară(f)
armée(f) de terre	esercito(m)	armată(f)
intelligent	intelligente	inteligent
divorce(m)	divorzio(m)	divorț(n)
intérêt(m)	interesse(m)	dobândă(f)
liste(f)	lista(f)	listă(f)
rythme(m)	ritmo(m)	ritm(n)
raison(f)	ragione(f)	rațiune(f)
raisonnable	razionale	rațional
idéal(m)	ideale(m)	ideal(n)
idéal	ideale	ideal

日本語	ポルトガル語	スペイン語
率(比率)	proporção(f)	proporción(f)
率(割合)	razão(f)	razón(f)
立候補	candidatura(f)	candidatura(f)
リットル	litro(m)	litro(m)
立派な	maravilhoso	maravilloso
理髪店	barbearia(f)	peluquería(f)
リボン	fita(f)	cinta(f)
略語	abreviatura(f)	abreviatura(f)
略式の	informal	informal
理由	razão(f)	razón(f)
理由(動機)	motivo(m)	motivo(m)
留学する	ir estudar ao estrangeiro	ir a estudiar al extranjero
流行	moda(f)	moda(f)
流行している	estar na moda	estar de moda

【率(比率)】PROPORTIO(f) 比率 【率(割合)】RATIO(f) 割合 TAXARE「強く触れる」から派生 【立候補】CANDIDATUS(m)「志願者」から派生 【リットル】ギlítra 重量の単位 【立派な】MIRABILIS「驚嘆すべき」から派生 ルーマニア語の語源は不詳 【理髪店】BARBA(f)「髭」からの造語 PILUS(m)「毛」からの造語 ゲ°sala 住居 DE 〜の 俗ラ°cofea 兜 NEGOTIUM(n) 仕事 独Friseur 理髪師 【リボン】FIGERE「締める」の完了分詞女性形FICTAに由来 CINGERE「帯で締める」の完了分詞女性形CINCTAに由来 古オランダringhband「首飾り」から派生 ゴート°nastilo 皮紐 新ギfúnda「リボン」から派生 【略語】BREVIS「短い」から派生 【略式の】IN-「否定」の接

— 728 —

フランス語	イタリア語	ルーマニア語
proportion(f)	proporzione(f)	proporţie(f)
raison(f)	tasso(m)	raţie(f)
candidature(f)	candidatura(f)	candidatură(f)
litre(m)	litro(m)	litru(m)
merveilleux	meraviglioso	minunat
salon(m) de coiffure	negozio(m) di barbiere	frizerie(f)
ruban(m)	nastro(m)	fundă(f)
abréviation(f)	abbreviazione(f)	abreviere(f)
simplifié	informale	simplificat
raison(f)	ragione(f)	raţiune(f)
motif(m)	motivo(m)	motiv(n)
aller étudier à l'étranger	studiare all'estero	merge pentru a învăţa în străinătate
mode(f)	moda(f)	modă(f)
être à la mode	essere di moda	fi la modă

頭辞+FORMALIS 形式の SIMPLEX「簡単な」から派生 【理由】RATIO(f) 理由 【理由(動機)】MOTIVUM(n) 動機 【留学する】IRE 行く STUDERE 学ぶ AD ～へ EXTRANEUS 外国の AMBULARE「漫歩する」から派生 ILLE あの EXTERUS「外国の」から派生 MERGERE「沈める」から派生 PER ～によって+INTRO 中へ 【流行】MODUS(m)「方法」から派生 【流行している】STARE 立っている IN ～に ILLE あの DE ～に関して ESSE ～である FIERI ～になる ILLAC そこに

日本語	ポルトガル語	スペイン語
流暢に	fluentemente	con soltura(f)
流通	circulação(f)	circulación(f)
リュックサック	mochila(f)	mochila(f)
猟	caça(f)	caza(f)
猟師	caçador(m)	cazador(m)
猟をする	caçar	cazar
量	quantidade(f)	cantidad(f)
量的な	quantitativo	cuantitativo
寮	dormitório(m)	dormitorio(m)
漁	pesca(f)	pesca(f)
漁をする	pescar	pescar
漁師	pescador(m)	pescador(m)
利用する	utilizar	utilizar
領域	território(m)	territorio(m)
領域(分野)	campo(m)	campo(m)
了解する	consentir	consentir

【流暢に】FLUENS 流れる　MENS(f)「心」の奪格　CUM ～と共に　SOLUTUS「解かれた」から派生　CURRERE「走る」から派生　【流通】CIRCULARE「丸する」から派生　【リュックサック】ポルトガル語・スペイン語・イタリア語の語源は不詳　SACCUS(m) 袋　AD ～へ　DORSUM(n) 背中　ロシア ránec「ランドセル」から派生　【猟】CAPERE「捕らえる」から派生　VENATORIUS「狩りの」から派生　【猟師】CAPERE「捕らえる」から派生　VENATOR(m) 狩人　【猟をする】CAPERE 捕らえる　VENARI 狩る　【量】QUANTITAS(f) 量　【量的な】QUANTITAS(f)「量」の形容詞化　【寮】DORMITORIUM(n) 寮　PENSIO(f) 支払い　スラブ kamina「暖炉」から派生　【漁】PISCARI「釣りを

— 730 —

フランス語	イタリア語	ルーマニア語
couramment	fluentemente	fluent
circulation(f)	circolazione(f)	circulaţie(f)
sac(m) à dos	zaino(m)	raniţă(f)
chasse(f)	caccia(f)	vânătoare(f)
chasseur(m)	cacciatore(m)	vânător(m)
chasser	cacciare	vâna
quantité(f)	quantità(f)	cantitate(f)
quantitatif	quantitativo	cantitativ
pension(f)	dormitorio(m)	cămin(n)
pêche(f)	pesca(f)	pescuit(n)
pêcher	pescare	pescui
pêcheur(m)	pescatore(m)	pescar(m)
utiliser	utilizzare	utiliza
domaine(m)	territorio(m)	teritoriu(n)
champ(m)	campo(m)	câmp(n)
entendre	comprendere	înţelege

する」の名詞化 【漁をする】PISCARI 釣りをする　PISCIS(m)「魚」から派生　【漁師】PISCATOR(m) 漁夫　【利用する】UTI「使用する」から派生　【領域】TERRITORIUM(n) 市の領域　DOMINIUM(n) 支配　【領域(分野)】CAMPUS(m) 平地　【了解する】CONSENTIRE 和解する　INTENDERE 赴く　COMPREHENDERE 理解する　INTELLEGERE 理解する

日本語	ポルトガル語	スペイン語
両替する	cambiar	cambiar
料金	preço(m)	precio(m)
領事	cônsul(m)	cónsul(m)
領収書	recibo(m)	recibo(m)
両親	pais(m)	padres(m)
良心	consciência(f)	conciencia(f)
良心的な	consciencioso	concienzudo
領土	território(m)	territorio(m)
両方	ambos	ambos
療養所	sanatório(m)	sanatorio(m)
料理	cozinha(f)	cocina(f)
料理する	cozinhar	cocinar
旅行	viagem(f)	viaje(m)
旅行者	viajante(m)	viajero(m)
旅費	despesa(f) de viagem	gastos(m) de viaje

【両替する】CAMBIARE 交換する 【料金】PRETIUM(n) 代価 【領事】CONSUL(m) 執政官 【領収書】RECIPERE「受け取る」の名詞化 BONUS「良い」から派生 【両親】PATER(m) 父 PARENS(m) 父 GENITOR(m) 父 【良心】CONSCIENTIA(f) 良心 【良心的な】CONSCIENTIA(f)「良心」の形容詞化 【領土】TERRITORIUM(n) 市の領域 【両方】AMBO 両者の TOTUS 全くの ILLE あの DUO 二つ INTER AMBOS 両者の間で 【療養所】SANATORIUM(n) 療養所 MANSIO(f) 住宅 DE 〜の CURA(f) 世話 【料理】COQUINA(f) 台所 俗ラ*buccata「一口」から派生 【料理する】COQUERE 料理する ルーマニア語の語源は不詳 【旅行】VIATICUM(n)「旅費」から派

フランス語	イタリア語	ルーマニア語
changer	cambiare	schimba
prix(m)	prezzo(m)	preţ(n)
consul(m)	console(m)	consul(m)
reçu(m)	ricevuta(f)	bon(n)
parents(m)	genitori(m)	părinţi(m)
conscience(f)	coscienza(f)	conştiinţă(f)
consciencieux	coscienzioso	conştiincios
territoire(m)	territorio(m)	teritoriu(n)
tous les deux	entrambi	ambii
maison(f) de cure	sanatorio(m)	sanatoriu(n)
cuisine(f)	cucina(f)	bucătărie(f)
cuisiner	cucinare	găti
voyage(m)	viaggio(m)	călătorie(f)
voyageur(m)	viaggiatore(m)	călător(m)
frais(m) de voyage	spese(m) di viaggio	cheltuieli(f) de călătorie

生　CALLIS(mf)「小径」から派生　【旅行者】VIATICUM(n)「旅費」から派生　CALLIS(mf)「小径」から派生　【旅費】DISPENDERE「配分する」の完了分詞女性形DISPESSAから派生　VASTARE「空にする」から派生　DE ～のVIATICUM(n)「旅費」から派生　FRACTUM(n) 骨折　EXPENDERE「支払う」の完了分詞女性形EXPENSAから派生　ハンガリーkölteni「浪費する」から派生

日本語	ポルトガル語	スペイン語
離陸する	decolar	despegar
履歴書	curriculum vitae(m)	curriculum vitae(m)
理論	teoria(f)	teoría(f)
輪郭	contorno(m)	contorno(m)
リンゴ	maçã(f)	manzana(f)
臨時の	temporal	temporal

―る―

類推	analogia(f)	analogía(f)
累積する	acumular-se	acumularse
ルール	regra(f)	regla(f)
留守	ausência(f)	ausencia(f)
留守する	estar ausente	estar ausente
流浪する	errar	errar
ルネッサンス	Renascença(f)	Renacimiento(m)

【離陸する】ギ kolla「糊」から派生 【履歴書】CURRICULUM(n) 履歴　VITA(f) 生涯　【理論】THEORIA(f) 理論　【輪郭】俗ラ*contornare「取りまく」から派生　【リンゴ】MALUM(n) リンゴ　POMUM(n) 果実　【臨時の】TEMPORALIS 一時的な　TEMPORARIUS 時勢にあった　TEMPORANEUS 時を得た　【類推】ANALOGIA(f) 類推　【累積する】ACCUMULARE 堆積する　SE[再帰代名詞]　【ルール】REGULA(f) 規定　【留守】ABSENS「不在の」から派生　【留守する】STARE 立っている　ABSENS 不在の　ESSE ～である　FORIS 外に　FIERI ～になる　【流浪する】ERRARE 流浪する　ERRATICUS「放浪の」から派生　【ルネッサンス】RE-「再び」を表す接頭辞＋NASCI「生まれ

フランス語	イタリア語	ルーマニア語
décoller	decollare	decola
curriculum vitae(m)	curriculum vitae(m)	curriculum vitae(n)
théorie(f)	teoria(f)	teorie(f)
contour(m)	contorno(m)	contur(n)
pomme(f)	mela(f)	măr(n)
temporaire	temporaneo	temporar
analogie(f)	analogia(f)	analogie(f)
s'accumuler	accumularsi	se acumula
règle(f)	regola(f)	regulă(f)
absence(f)	assenza(f)	absenţă(f)
être absent	essere fuori	fi absent
errer	errare	rătăci
Renaissance(f)	Rinascimento(m)	Renaşterea(f)

る」→造語

日本語	ポルトガル語	スペイン語

―れ―

日本語	ポルトガル語	スペイン語
例	exemplo(m)	ejemplo(m)
零	zero(m)	cero(m)
礼	agradecimento(m)	agradecimiento(m)
礼を言う	agradecer	agradecer
例外	exceção(f)	excepción(f)
例外的な	excepcional	excepcional
礼儀	cortesia(f)	cortesía(f)
礼儀正しい	cortês	cortés
冷静な	tranqüilo	tranquilo
冷蔵庫	frigorífico(m)	frigorífico(m)
冷淡な	frio	frío
冷凍	congelamento(m)	congelación(f)
冷凍する	congelar	congelar
冷凍庫	refrigelador(m)	congelador(m)

【例】EXEMPLUM(n) 例　【零】アラブ sifr 空（くう）　【礼】GRATUS「感謝すべき」から派生　MERCES(f)「報酬」から派生　MULTUS「多くの」から派生　【礼を言う】GRATUS「感謝すべき」から派生　MERCES(f)「報酬」から派生　MULTUS「多くの」から派生　【例外】EXCEPTIO(f) 例外　【例外的な】EXCEPTIO(f)「例外」の形容詞化　【礼儀】COHORS(f)「囲い場」から派生　【礼儀正しい】COHORS(f)「囲い場」から派生　【冷静な】TRANQUILLUS 平静な　ギ kauma「熱」から派生　【冷蔵庫】FRIGORIFICUS 冷却する　【冷淡な】FRIGIDUS 冷たい　RECENS 新鮮な　【冷凍】CONGELATIO(f) 氷結　REFRIGERATIO(f) 冷却　CONGELARE「氷結する」の名詞化　【冷凍する】

フランス語	イタリア語	ルーマニア語
exemple(m)	esempio(m)	exemplu(n)
zéro(m)	zero(m)	zero(n)
remerciement(m)	ringraziamento(m)	mulțumire(f)
remercier	ringraziare	mulțumi
exception(f)	eccezione(f)	excepție(f)
exceptionnel	eccezionale	excepțional
courtoisie(f)	cortesia(f)	curtoazie(f)
courtois	cortese	curtenitor
calme	tranquillo	calm
frigorifique(m)	frigorifero(m)	frigider(n)
froid	freddo	rece
réfrigération(f)	congelamento(m)	congelare(f)
réfrigérer	congelare	congela
congélateur(m)	congelatore(m)	congelator(n)

CONGELARE 氷結させる　REFRIGERARE 冷却させる　CONGELARE 氷結する　【冷凍庫】CONGELARE「氷結させる」から派生

日本語	ポルトガル語	スペイン語
冷房	refrigelação(f) de ar	refrigeración(f) de aire
レインコート	impermeável(m)	impermeable(m)
歴史	história(f)	historia(f)
レコード	disco(m)	disco(m)
レストラン	restaurante(m)	restaurante(m)
レタス	alface(f)	lechuga(f)
列	fila(f)	fila(f)
列車	comboio(m)	tren(m)
列島(群島)	arquipélago(m)	archipiélago(m)
劣等感	complexo(m) de inferioridade	complejo(m) de inferioridad
煉瓦	tijolo(m)	ladrillo(m)
練習	exercício(m)	ejercicio(m)
練習する	praticar	practicar
連続した	contínuo	continuo

【冷房】REFRIGERATIO(f) 冷却　DE 〜の　AER(m) 空気　CLIMA(n)「気候」から派生　CONDITIO(f)「条件」から派生　【レインコート】IMPERMEABILIS 水を通さない　PER 〜によって＋DE 〜から＋SUS 上へ　【歴史】HISTORIA(f) 歴史　【レコード】DISCUS(m) 円盤　【レストラン】RESTAURARE「回復する」の現在分詞RESTAURANSからの造語　【レタス】アラブal-khass レタス LACTUCA(f) チシャの一種　【列】FILUM(n)「糸」から派生　スラブrendū「順序」から派生　【列車】仏convoi［＜CUM 〜と共に＋VIARE 行く］護送する→造語　TRAHERE「引く」からの造語　【列島(群島)】ギAigaion pelagos 「エーゲ海」から派生　【劣等感】COMPLEXUS(m) 巻き付けること　DE 〜に

— 738 —

フランス語	イタリア語	ルーマニア語
climatisation(f)	condizionamento d'aria	condiţionarea(f) aerului
imperméable(m)	impermeabile(m)	pardesiu(n)
histoire(f)	storia(f)	istorie(f)
disque(m)	disco(m)	disc(n)
restaurant(m)	ristorante(m)	restaurant(n)
laitue(f)	lattuga(f)	lăptucă(f)
file(f)	fila(f)	rând(n)
train(m)	treno(m)	tren(n)
archipel(m)	arcipelago(m)	arhipelag(n)
complexe(m) d'infériorité	complesso(m) d'inferiorità	complex(n) de inferioritate
brique(f)	mattone(m)	cărămidă(f)
exercice(m)	esercizio(m)	exerciţiu(n)
s'exercer	esercitarsi	face exerciţii
continu	continuo	continuu

関して INFERIOR「より下の」の名詞化 【煉瓦】TEGULUM(n)「屋根」から派生 LATER(m) 煉瓦＋縮小辞 古オランダbricke 破片 イタリア語の語源は不詳 新ギkeramidi「煉瓦」から派生 【練習】EXERCITIUM(n) 練習 【練習する】PRACTICUS「有効な」から派生 SE[再帰代名詞] EXERCERE 練習させる FACERE する 【連続した】CONTINUUS 連続した

日本語	ポルトガル語	スペイン語
レンタカー	carro(m) de aluguel	coche(m) de alquiler
レントゲン撮影	radiografia(f)	radiografía(f)
連絡（通知）	aviso	aviso(m)
連絡する	comunicar	comunicar

—ろ—

廊下	corredor(m)	corredor(m)
老人	velho(m)	viejo(m)
ロウソク	vela(f)	vela(f)
労働	trabalho(m)	trabajo(m)
労働者	trabalhador(m)	trabajador(m)
浪費する	gastar	gastar
六	seis(m)	seis(m)
六月	junho(m)	junio(m)
露骨な（下品な）	indecente	indecente

【レンタカー】CARRUS(m) 荷馬車　DE 〜の　ALLOCARE「置く」から派生　アラブal-kira 賃貸　ハンガリーkocsi「馬車」から派生　MACHINA(f) 機械　VECTURA(f) 輸送　LOCATIO(f) 賃貸　AB 〜によって　ブルガリアkirija「借りる」から派生　【レントゲン撮影】RADIUS(m) 光線＋ギgráphein 書く→造語　【連絡（通知）】VISUM(n)「見えるもの」から派生　【連絡する】COMMUNICARE 伝達する　【廊下】CURRERE「走る」から派生　COLARE「通る」から派生　【老人】VETULUS やや古い　VETERANUS(m) 古参兵　【ロウソク】VIGILARE「眠らずにいる」から派生　アラブBejaïa ベジャイア［アルジェリアの町でロウソク用のロウの積出港の名前］　CANDELA(f) ロウ

— 740 —

フランス語	イタリア語	ルーマニア語
voiture(f) de location	macchina(f) a noleggio	maşină(f) de închiriat
radiographie(f)	radiografia(f)	radiografie(f)
avis(m)	avviso(m)	aviz(n)
communiquer	comunicare	comunica
couloir(m)	corridoio(m)	coridor(n)
vieil(m)	vecchio(m)	bătrân(m)
bougie(f)	candela(f)	lumânare(f)
travail(m)	lavoro(m)	muncă(f)
travailleur(m)	lavoratore(m)	muncitor(m)
gaspiller	sprecare	risipi
six(m)	sei(m)	şase
juin(m)	giugno(m)	iunie(m)
indécent	indecente	indecent

ソク LUMINARE(n)「光」から派生 【労働】TRES 三＋PALUS(m) 棒→名詞化 LABORARE「働く」から派生 スラブmonka「拷問」から派生 【労働者】TRES 三＋PALUS(m) 棒→動詞化から派生 LABORARE「働く」から派生 スラブmonka「拷問」から派生 【浪費する】VASTARE 空にする イタリア語の語源は不詳 ブルガリアrazsipja「破壊する」から派生 【六】SEX 六 【六月】JUNIUS(m) 六月 【露骨な(下品な)】INDECENS 不適当な

― 741 ―

日本語	ポルトガル語	スペイン語
路地	beco(m)	callejuela(f)
露出	revelação(f)	revelación(f)
露出する	revelar	revelar
ロッカー	armário(m)	armario(m)
ロバ	asno(m)	asno(m)
ロビー	vestíbulo(m)	vestíbulo(m)
ロマンス(恋愛)	amor(m)	amor(m)
論文(学位の)	tese(f)	tesis(f)
論理的な	lógico	lógico

―わ―

輪	anel(m)	anillo(m)
輪(円)	círculo(m)	círculo(m)
輪になって	em círculo	en círculo
ワイシャツ	camisa(f)	camisa(f)
ワイン	vinho(m)	vino(m)

【路地】ポルトガル語の語源は不詳　CALLIS(mf) 小径＋縮小辞　RUGA(f) 皺＋縮小辞　VIA(f) 道路＋縮小辞　STERNERE「舗装する」の完了分詞女性形STRATAから派生　【露出】REVELATIO(f) 露出　EXPOSITIO(f) 開陳　EXPONERE「公開する」から派生　【露出する】REVELARE 露出する　EXPONERE 公開する　【ロッカー】ARMARIUM(n) 戸棚　VESTIARIUM(n) 衣服ダンス　【ロバ】ASINUS(m) ロバ　【ロビー】VESTIBULUM(n) 玄関　英語hall ホール　【ロマンス(恋愛)】AMOR(m) 愛　【論文(学位の)】THESIS(f) 論文　【論理的な】LOGICUS 論理的な　【輪】ANELLUS(m) 小さな輪　【輪(円)】CIRCULUS(m) 円　【輪になって】IN ～に　CIRCULUS(m) 円　ROTUNDUS

― 742 ―

フランス語	イタリア語	ルーマニア語
ruelle(f)	vicolo(m)	străduţă(f)
exposition(f)	esposizione(f)	expunere(f)
exposer	esporre	expune
vestiaire(m)	armadietto(m)	vestiar(n)
âne(m)	asino(m)	asin(m)
hall(m)	vestibolo(m)	vestibul(n)
amour(m)	amore(m)	amor(n)
thèse(f)	tesi(f)	teză(f)
logique	logico	logic
anneau(m)	anello(m)	inel(n)
cercle(m)	cerchio(m)	cerc(n)
en rond	in cerchio	în cerc
chemise(f)	camicia(f)	cămaşă(f)
vin(m)	vino(m)	vin(n)

「丸い」から派生 【ワイシャツ】CAMISIA(f) 亜麻でできたシャツ 【ワイン】VINUM(n) ワイン

日本語	ポルトガル語	スペイン語
若い	jovem	joven
若さ	juventude(f)	juventud(f)
沸かす	ferver	hervir
我侭な	egoísta	egoísta
若者	jovem(m)	joven(m)
分かる	compreender	comprender
分かれる	dividir-se	dividirse
分かれる(分岐)	ramificar	ramificarse
別れる	despedir-se	despedirse
別れる(離婚)	divorciar-se	divorciarse
脇	lado(m)	lado(m)
脇腹	flanco(m)	flanco(m)
沸く	ferver	hervir
枠	quadro(m)	cuadro(m)
分ける	dividir	dividir
分ける(分離する)	separar	separar

【若い】JUVENIS 若い　TENER 若い　【若さ】JUVENTUS(f) 青春　TENER「若い」から派生　【沸かす】FERVERE 沸騰する　BULLIRE 沸騰する　【我侭な】EGO「私は」からの造語　【若者】JUVENIS(mf) 青年　TENER「若い」から派生　【分かる】COMPREHENDERE 理解する　INTELLEGERE 理解する　【分かれる】DIVIDERE 分ける　SE[再帰代名詞]　【分かれる(分岐)】RAMUS(m)「枝」から派生　SE[再帰代名詞]　【別れる】DE ～から + EXPETERE 要求する　SE[再帰代名詞]　EXPETERE 求める　SEPARARE 分ける　俗ラ*dispartire 分ける　【別れる(離婚)】DIVORTIUM(n)「離婚」から派生　SE[再帰代名詞]　【脇】LATUS(m) 側面　COSTA(f) 肋骨　【脇腹】フランク*hlanka 腰部　【沸

— 744 —

フランス語	イタリア語	ルーマニア語
jeune	giovane	tânăr
jeunesse(f)	giovinezza(f)	tinereţe(f)
bouillir	bollire	fierbe
égoïste	egoista	egoist
jeune(m)	giovane(m)	tânăr(m)
comprendre	comprendere	înţelege
se diviser	dividersi	se diviza
se ramifier	ramificarsi	se ramifica
se séparer	separarsi	se despărţi
divorcer	divorziare	se divorţa
côté(m)	lato(m)	latură(f)
flanc(m)	fianco(m)	flanc(n)
bouillir	bollire	fierbe
cadre(m)	quadro(m)	ramă(f)
diviser	dividere	diviza
séparer	separare	se separa

〈】FERVERE 沸騰する　BULLIRE 沸騰する　【枠】QUADRUM(n) 正方形　スラブrama「枠」から派生　【分ける】DIVIDERE 分かつ　【分ける(分離する)】SEPARARE 分ける

日本語	ポルトガル語	スペイン語
分ける(分類する)	classificar	clasificar
わざと	de propósito	de propósito
わずかな	pouco	poco
忘れる	esquecer	olvidar
私は	eu	yo
私の	meu	mi
私に	me	me
私を	me	me
渡す	entregar	entregar
渡る	passar	pasar
罠	armadilha(f)	trampa(f)
詫びる	pedir desculpas	pedir perdón
藁	palha(f)	paja(f)
割合	proporção(f)	proporción(f)
割合に	relativamente	relativamente
割り当てる	distribuir	distribuir

【分ける(分類する)】CLASSIS(f)「階級」から派生　SE[再帰代名詞]　【わざと】DE ～によって　PROPOSITUM(n) 提案　EXPRESSUS 非常に際だったルーマニア語の語源は不詳　【わずかな】PAUCUS わずかな　DE ～の　ルーマニア語の語源は不詳　【忘れる】OBLIVISCI「忘れる」の完了分詞OBLITUSから派生　DEMENTARE 狂わす　【私は】EGO 私は　【私の】MEI 私の　【私に】MIHI 私に　【私を】ME 私を　【渡す】INTEGRARE 更に始める　PASSUS(m)「歩み」の動詞化　CUM ～と共に＋SIGNARE 知らせる　MANUS(f)「手」から派生　【渡る】PASSUS(m)「歩み」の動詞化　TRAJICERE 渡る　【罠】ARMA(f)「武器」から派生　フランク*trappa 罠　トルコ kapanca「罠」から

フランス語	イタリア語	ルーマニア語
classifier	classificare	se clasifica
exprès	di proposito	înadins
peu de	poco	puțin
oublier	dimenticare	uita
je	io	eu
mon	mio	meu
me	mi	îmi
me	mi	mă
passer	consegnare	înmâna
passer	passare	trece
trappe(f)	trappola(f)	capcană(f)
faire ses excuses	chiedere scusa	se scuza
paille(f)	paglia(f)	pai(n)
proportion(f)	proporzione(f)	proporție(f)
relativement	relativamente	relativ
distribuer	distribuire	distribui

派生 【詫びる】PETERE 求める　DIS-「否定」を表す接頭辞＋CULPA(f) 罪　PER 〜を越えて＋DONARE 与える→名詞化　FACERE する　SUI 自分の　EXCUSARE「弁明する」から派生　QUAERERE 求める　【藁】PALEA(f) 藁　【割合】PROPORTIO(f) 比例　【割合に】RELATIVUS 関係の　MENS(f)「心」の奪格　【割り当てる】DISTRIBUERE 分配する

日本語	ポルトガル語	スペイン語
割り引きする	descontar	descontar
割る	romper	romper
悪い	mau	malo
悪口を言う	falar mal de	hablar mal de
我々	nós	nosotros
湾	golfo(m)	golfo(m)

【割り引きする】DIS-「否定」を表す接頭辞+COMPUTARE 計算する　FACERE する　UNUS 一つの　DIS-「否定」を表す接頭辞+COMPTUS(m) 計算　【割る】RUMPERE 割る　【悪い】MALUS 悪い　CAPTIVUS 囚われの　REUS 罪のある　【悪口を言う】FABULARI 喋る　MALE 悪く　DE ～に関して　PARABOLA(f)「比喩」から派生　ルーマニア語の動詞の語源は不詳　REUS 罪のある　PER ～に関して　【我々】NOS 我々は　ALTER 別の　【湾】ギ kólpos 入り江

フランス語	イタリア語	ルーマニア語
faire un rebais	fare uno sconto	deconta
rompre	rompere	rupe
mauvais	cattivo	rău
parler mal de	parlare male di	vorbi de rău pe
nous	noi	noi
golfe(m)	golfo(m)	golf(n)

著者紹介

伊藤太吾 [いとう・たいご]

1943年佐渡に生まれる。
大阪大学名誉教授，ブカレスト大学文学博士(ロマンス言語学)。
著書：「フランス語・イタリア語・スペイン語が同時に学べる本」ナツメ社，その他多数。

目録進呈　落丁本・乱丁本はお取替えいたします。

平成 24 年 11 月 10 日　　©第 1 版発行

著　者　　伊　藤　太　吾

発 行 者　　佐　藤　政　人

発　行　所

株式会社　**大 学 書 林**

東京都文京区小石川 4 丁目 7 番 4 号
振替口座　00120-8-43740番
電話　(03)3812-6281〜3番
郵便番号　112-0002

日本語ロマンス語基本語彙集

ISBN978-4-475-01160-0　　　　　　豊国印刷・牧製本

大学書林 語学参考書

伊藤太吾著	ロマンス語基本語彙集	B6判	344頁
伊藤太吾著	ロマンス語概論	A5判	296頁
伊藤太吾著	ロマンス語比較会話	A5判	264頁
伊藤太吾著	ロマンス語ことわざ辞典	A5判	464頁
伊藤太吾著	ラテン語からスペイン語へ	B6判	260頁
伊藤太吾著	スペイン語からルーマニア語へ	B6判	228頁
伊藤太吾著	フランス語からスペイン語へ	B6判	224頁
伊藤太吾著	イタリア語からスペイン語へ	B6判	298頁
伊藤太吾著	スペイン語からカタルーニア語へ	B6判	224頁
伊藤太吾著	スペイン語からガリシア語へ	B6判	296頁
伊藤太吾著	やさしいルーマニア語	B6判	180頁
島岡 茂著	ロマンス語の話	B6判	176頁
島岡 茂著	ロマンス語比較文法	B6判	208頁
富野幹雄著	スペイン語からポルトガル語へ	B6判	224頁
富野幹雄著	ポルトガル語からガリシア語へ	B6判	248頁
菅田茂昭著	超入門イタリア語（CD付）	A5判	192頁
菅田茂昭著	現代イタリア語入門	B6判	260頁
小林 惺著	イタリア文解読法	A5判	640頁
菅田茂昭著	サルジニア語基礎語彙集	B6判	192頁
國原吉之助編著	新版 中世ラテン語入門	A5判	320頁
小林 標著	独習者のための 楽しく学ぶラテン語	A5判	306頁

―目録進呈―

大学書林 語学参考書

島岡　茂著	フランス語統辞論	Ａ５判	912頁
島岡　茂著	フランス語の歴史	Ｂ６判	192頁
島岡　茂著	古フランス語文法	Ｂ６判	240頁
島岡　茂著	古プロヴァンス語文法	Ｂ６判	168頁
工藤　進著	南仏と南仏語の話	Ｂ６判	168頁
多田和子著	現代オック語文法	Ａ５判	296頁
瀬戸直彦著	トルバドゥール詞華集	Ａ５判	376頁
多田和子編	オック語会話練習帳	新書判	168頁
佐野直子編	オック語分類単語集	新書判	376頁
工藤　進著	ガスコーニュ語への旅	Ｂ６判	210頁
多田和子編	ガスコン語会話練習帳	新書判	192頁
田澤　耕著	カタルーニャ語文法入門	Ａ５判	250頁
大高順雄著	カタロニア語の文法	Ａ５判	648頁
中岡省治著	中世スペイン語入門	Ａ５判	232頁
出口厚実著	スペイン語学入門	Ａ５判	200頁
寺﨑英樹著	スペイン語文法の構造	Ａ５判	256頁
三好準之助著	概説 アメリカ・スペイン語	Ａ５判	232頁
浅香武和著	現代ガリシア語文法	Ｂ６判	220頁
池上岑夫著	ポルトガル語文法の諸相	Ｂ６判	246頁
池上岑夫著	ポルトガル語とガリシア語	Ａ５判	216頁
池上岑夫著	ＳＥ考―ポルトガル語のＳＥの正体を探る―	Ｂ６判	168頁
彌永史郎著	ポルトガル語発音ハンドブック	Ｂ６判	232頁

―目録進呈―

大学書林
語学参考書

著者	書名	判型	頁数
小泉　保 著	改訂 音声学入門	A5判	256頁
小泉　保 著	言語学とコミュニケーション	A5判	228頁
下宮忠雄 編著	世界の言語と国のハンドブック	新書判	280頁
大城光正 著 吉田和彦	印欧アナトリア諸語概説	A5判	392頁
千種眞一 著	古典アルメニア語文法	A5判	408頁
小沢重雄 著	蒙古語文語文法講義	A5判	336頁
津曲敏郎 著	満洲語入門20講	B6判	176頁
小泉　保 著	ウラル語のはなし	A5判	288頁
小泉　保 著	ウラル語統語論	A5判	376頁
池田哲郎 著	アルタイ語のはなし	A5判	256頁
黒柳恒男 著	ペルシア語の話	B6判	192頁
黒柳恒男 著	アラビア語・ペルシア語・ウルドゥー語対照文法	A5判	336頁
大野　徹 編	東南アジア大陸の言語	A5判	320頁
勝田　茂 著	オスマン語文法読本	A5判	280頁
森田貞雄 著	アイスランド語文法	A5判	304頁
児玉仁士 著	フリジア語文法	A5判	306頁
間瀬英夫・他著	現代デンマーク語入門	A5判	264頁
山下泰文 著	スウェーデン語文法	A5判	360頁
森　信嘉 著	ノルウェー語文法入門	B6判	212頁
清水　誠 著	現代オランダ語入門	A5判	336頁
上田和夫 著	イディッシュ語文法入門	A5判	272頁
有川貫太郎他編訳	現代ラテン語会話	B6判	256頁

― 目録進呈 ―